面識経済

資本主義社会で
人生を愉《たの》しむための
コミュニティ論

Face-to-Face Economy
Community Theory
for enjoying life in a capitalist society

山崎亮

光文社

はじめに

本書の題名である「面識経済」とは、顔が見える関係（面識関係）にある人の間で行われる経済活動のことです。すでに確立された定義があるように書き始めましたが、面識経済という言葉はまだ辞書に載っていません。ウェブ検索してもほとんど出てきません。[1]

私は、自分の仕事のことをコミュニティデザインと呼んでいます。地域の人々が集まり、対話し、活動を生み出すことを支援する仕事です。その過程で、自分たちの地域の課題を知り、自分自身がどんな人生を送りたいのかを検討し、地域と人生をより良いものにしていくための活動を生み出します。[2]当然、対話を繰り返した人たちは顔見知り、つまり面識関係になります。

面識関係になった人たちのなかでも、気が合う人、同じことに興味を持っている人、自宅が近い人、共通の知人がいる人など、特に仲良くなる人たちがいます。[3]こういう人たちが集まって、地域と人生をより良くするための活動を生み出します。なるべく愉《たの》しい活動を生み出すようにします。愉しいと、さらに仲間が増えるからです。

自分の人生と地域をより良くしていく愉しい活動を広げていくと、少

1 原稿執筆時点では、私が語った記事しか出てきません

2 具体的には、役所が新しく公園や美術館や図書館などをつくるとき、住民の意見を設計に反映させるための話し合いの場を運営します。同様に、市町村の総合計画や地域福祉計画、教育大綱、産業振興ビジョン、環境基本計画などをつくるときも、住民による話し合いの場を運営します。さらに、健康づくりのための活動を生み出したり、参加型アートをつくったり、住民がおもてなしする観光事業を生み出したりする際もコミュニティデザインの手法で進めたりします。また、百貨店やショッピングセンターのなかで住民が市民活動を展開するための支援を担当することもあります

3 「面識関係」のなかでも、特に仲良くなった人たちは「友人関係」になりますね

しずつ人生が変わり、地域が変わることでしょう。そのためには、ある程度の時間が必要になります。[4]我々がお手伝いする場合、平均3年間くらい地域に関わります。ワークショップを繰り返しながら、参加者は自分の人生や地域を見直したり、違う価値観や違う地域での実践事例などを学び合ったりします。[5]そうやって変化していく人々とともに過ごす時間もまた愉しいものです。

このようにして、地域における面識関係が広がっていきます。それぞれの人にとっての「面識社会」が広がっていくわけです。地域社会のなかには、面識関係にない人たちもたくさんいることでしょう。一方、面識関係にある人たちもいて、その人たちとの関係の総体が面識社会をつくっています。[6]同様に、日常的な経済活動も、面識関係にない人たちとのやりとりもあれば、面識関係にある人たちとのやりとりもあります。後者の「面識関係にある人たちとの経済活動」のことを面識経済と呼んでみよう、というのが本書での提案です。[7]

たぶん、これまで多くの人にとって面識経済は「小さくなる一方」だったことでしょう。昔の日本だと、生活における大部分のやりとりは面識関係にある人とのものだったはずです。醤油も味噌も面識関係にある人から買ったり、分けてもらったりしていたでしょう。近所の商店には、顔なじみの主人がいたでしょう。ところが徐々に見知らぬ人から商品や

---

4 私はこの時間のことを「時間資本」と呼んでいます。地域づくりを進めるうえで、貨幣資本も大切ですが、時間資本も同じくらい大切だと思います

5 対話や活動を繰り返す場のことをワークショップと呼んでいます

6 「面識社会」は、英語で表現すると「フェイス・トゥ・フェイス・コミュニティ」ということになるでしょう

7 「面識経済」は、英語で表現すると「フェイス・トゥ・フェイス・エコノミー」ということになるでしょう

8 若い人たちは「幼少の頃から見知らぬ人との経済活動しかしていない」という人も多いでしょうね。かくいう私も、幼少期からほとんどの経済活動は見知らぬ人とのやりとりでした。ただ、今よりは少しだけ顔見知りの人の店で買い物をしていた気がします。昔の本を読んでいると、私が生まれるよりも前はもっと面識経済が広がっていたような気がします

9 大昔は、経済のほとんどがローカル経

サービスを購入することが増え、いつの間にかそれが当たり前になり、グローバル経済と呼ばれる経済のなかで生活することに対する違和感が無くなってしまいました。[8] むしろ、顔が見えない人とのやりとりのほうが気楽だと感じるようになりました。一方、顔が見えないからこそ、客は挨拶もせず感謝も伝えず、店主は不誠実な材料を使ったり大げさに宣伝したりしてでも儲けようとします。顔が見えないから気楽だけれども、油断できない経済活動でもありますね。

グローバル経済に対抗する概念として、ローカル経済という言葉が作り出されました。[9] 地域経済とか地元経済、地産地消とか近産近消という言葉もローカル経済と親和性の高いものです。面識経済もまた、こうした言葉と親和性が高いものと考えますが、もっと小さな規模だろうと思います。地域経済や地元経済のなかには、顔が見えない人とのやりとりもたくさん含まれることでしょう。「私が作りました」という顔写真が貼られた野菜を購入することは、相手の顔が見えるものの、相手にはこちらの顔が見えない「一方的な面識関係」です。それは、代金以外に感謝の気持ちを伝えるのが難しい関係でもあります。面識経済は、画像としての顔が見えるだけではなく、対面して、購入したものについて感謝を伝え合ったり、作り手の想いや使い手の感想を共有したりすることができる関係にある経済を意味します。きっと地域経済＞地元経済＞面識経済という順に範囲が狭まっていくのでしょう。[10]

本書では、コミュニティデザインに携わる私が、なぜ面識経済が大切だと考えるようになったのか、面識経済にはどんな利点があるのか、現代における面識経済はどこに存在しているのか、など

済だったので、あえてローカル経済という言葉を使わなくても良かったのでしょう

10 この点については6章で詳しく述べます

について述べたいと思います。原稿を書いているうちに、付け足したい話題がどんどん湧いてくるので、それらは脚注に記しました。[11] また、各ページにはなるべく余白を設けてもらいました。本書を読みながら思いついたことをメモしてもらえると嬉しいです。[12] そして、読後はメモを元にして友人と感想を共有し、面識関係を深めたり広げたりしてもらえるとさらに嬉しいです。

脚注が多すぎて、本文と脚注を行き来していると読み進めにくいかもしれません。まずは脚注を無視して本文だけ読み終えて、改めて脚注と照らし合わせながら本文を読み直すという方法もあるでしょう。[13]

もうひとつ、自分の読書を顧みて工夫した点があります。私は本を読みながら線を引いたりメモを書いたりしますし、わからない言葉をウェブ検索したりするので、なかなか読み進められません。また、長く本を読むと首が痛くなるので、毎日少しずつしか進みません。だいたい1章ずつしか読み進められない。それなのに忘れっぽい。昨日読んだ章の内容がほとんど思い出せない。「そんな人がほかにもいるかもしれないな」と思ったので、本書では各章の冒頭で前の章の内容をまとめました。たぶん、翌日になって次の章から読み始める際に、前の章の内容を思い出してもらえると思います。複数の章を一気に読み進める方には煩《わずら》わしい冒頭部分が何度も登場するかもしれませんが、どうかご容赦ください。

11 引用はなるべく原文通り表記しましたが、旧仮名遣いや現代ではあまり使われない漢字表記については、なるべく読みやすい表記に変えました

12 私は本を読むとき、気になる部分に線を引き、思いついたことを余白にメモします。そうやってメモした言葉は自分のものなので、何かの原稿を書くときには関連書籍を書棚から持ってきて、そこに書かれたメモを「自分の言葉」としてパソコンに打ち込むところから作業を開始します。だからこそ、余白の少ない本を読んでいると「思いついたことが書き残せない！」と息が詰まる思いになります。同じ気持ちになる人がいるんじゃないかと思ったので、本書はなるべく余白を大きくしてもらいました

13 私は普段、そんな読み方をしています。特にページの下部に注釈を配置する「脚注」ではなく、章末や巻末にまとめて注釈を並べるタイプの本だと、ページを行き来しながら読み進めるのが疲れるので、まずは注釈を無視して最後まで読み、内容の概要を理解したうえで注釈と照らし合わせながら読み直

私と同様に遅読だという人は、安心して章の区切りで読み終えてください。[14]

それでは、本文をお読みいただきましょう。1章は、コミュニティデザインのワークショップに携わるなかで、参加者が語る経済の概念がそれぞれ違っていて、それが対話を難しくしているのではないか、と感じたことについて書きました。

——します

14 忘れやすい私が本を読むときに意識していることは、目次をじっくり読んで、本文を読む前に気になったタイトルに線を引くということです。まだ中身は読んでいないのですが、言葉だけで気になる章や節のタイトルに線を引いておくのです。そうすると、本の全体構成と、自分にとってのクライマックスがどのあたりにあるのかが記憶されます。そのうえで本文を読み進めるようにしています

第1章 コミュニティデザインと経済

第2章 スミス、マルクス、ケインズ

第3章

ラスキン、トインビー、モリス

第4章

超越主義と民藝運動

第5章 1970年代の思想

第6章

地域の経済循環

第7章

コミュニティ概念の変遷

第8章 面識経済へ

第1章

コミュニティデザインと経済

ワークショップで生まれるもの

「はじめに」では、面識経済の意味と、私が携わっているコミュニティデザインという仕事について簡単に説明しました。本章では、コミュニティデザインのワークショップを進めるなかで、参加者のみなさんが語る「経済に関する発言」と、それらについて私が感じていることについて記したいと思います。

私がコミュニティデザイン事務所「studio-L」を立ち上げてから20年ほど経《た》ちました。[1]もともと設計の勉強をしていたこともあって、設立当初の仕事はほとんどが公共施設の設計にまつわるワークショップでした。新しく公園がつくりたい。図書館をつくる予定だ。そんなときに役所から連絡があり、「地域住民の意見を取りまとめて設計に反映させてくれないか」と依頼されるのです。

そこで、住民のみなさんに集まってもらい、ワークショップで対話を繰り返し、出てきた意見を設計に反映させます（**写真1－1**）。当初は自分で設計までやっていたのですが、すぐにワークショップの仕事が忙しくなり、自分で設計までやることができなくなってしまいました。そこで、信頼できる設計者に設計を任せて、私はワークショップ部分だけを担当することになりました。[2]

1　16年間勤めた設計事務所を辞めて、2005年に大阪市でstudio-Lを設立しました。現在は大阪と東京に拠点があり、20人のスタッフとともにコミュニティデザインの実践に携わっています

2　設計業界にいたので、誰がどんな態度で設計してくれるのかはよくわかるのです。最近は少なくなりましたが、「利用者の意見など聞かずに自分の作品をつくりたい」という設計者もいました。私がそういう人と一緒に仕事をすることはほとんどありませんでした。そんなことをしたら、結果的にワークショップの参加者から叱られてしまうことになりますので

3　このあたりについては、建築家の乾久美子さんとの往復書簡をまとめた『まちへのラブレター』という本のなかに詳述しました。住民参加型の設計について詳しく知りたい方には参考になると思います（乾久美子、山崎亮『まちへのラブレター』学芸出版社、2012）

写真1-1 大阪府茨木市に建設された複合施設「おにクル」のためのワークショップ。建築の設計は伊東豊雄さんが担当。撮影：神庭慎次

公共施設の設計に関するワークショップでは、「どんな施設が欲しいか」という問いかけ方はしません。そう問うと、地域の人たちは「洋風がいい」「ガラス張りがいい」「エレベーターが欲しい」といった具体的な空間形態や設備の話をしてしまいます。しかし、設計者は毎日そういうことを考えている人です。具体的な空間や設備のことは設計者に任せたほうがいい。むしろ、地域の人たちは「そこで何がしたいか」を伝えるべきでしょう。それこそが、設計者の欲しい意見なのです。

一般的な「やりたいこと」なら設計者もわかります。しかし、その地域独特の行動様式や、その場所ならではの移動経路などは、ワークショップの参加者からしか聞き出すことができません。設計者は、ワークショップで集めた意見と、一般的な利用方法とを合わせながら、より多くの人が使いやすいように設計を進めます。[3]

「そこで何がしたいか」について聞くことになると、同時に「なぜそれがしたいのか」、「誰とそれがしたいのか」についても聞くことになります。さらに対話を繰り返すと、「将来は何がしたいか」、「新しい時代に何が必要か」ということも問うことになります。こういうことを話し合うためには、自分の人生や地域の未来も考える必要があります。そして「現代とはどんな時代か」、「新しい時代には何が大切になるのか」が気になってきます。

だから、我々が関わるワークショップでは、なかなか施設の形についての話にたどり着きません。しかし、その前提部分をしっかり語り合うことによって、ワークショップ参加者同士が学び合い、信頼関係が生まれ、一緒に活動したくなるようです。施設が完成すると、ワークショップの参加者たちがチームをつくり、訪れた人たちとともに「人生を少しだけ愉しくする活動」を展開してくれます。それらは歌や踊りだったり、将棋や囲碁だったり、まち歩きだったり、クリエイティブなリサイクル活動だったり、多種多様です。自分の人生が少しだけ愉しくなり、友人が少しだけ増え、地域が少しだけ良くなるような活動。新しい公共施設が誕生したことも嬉しいですが、こうした活動がたくさん誕生したことも嬉しいものです（**写真1－2、1－3**）。

生活や人生から考える

建築や造園（ランドスケープ）のデザインに携わっている頃は、目に見える空間が実現する喜びを感じていました。しかし、コミュニティデザインに携わるようになると、人のつながりや熱意、活動など、目に見えない価値が生まれる喜びを強く感じるようになりました。ちょうどその頃、設計に関わるプロジェクト以外の依頼が増えていきました。福祉に関する依頼、教育に関する依頼、観光に関する依頼など、地域における「目に見えないけど大切なこと」について、役所だけで決めるのではなく地域の人々とともに話し合いながら方針を決めていきたい。そんな依頼が増えたのです。こうした依頼に応じてワークショップを開催するときも、「どんな福祉が欲しいですか？」など

写真 1-2　完成した「おにクル」の外観。撮影：厚毛佑太

写真 1-3　「おにクル」で活動するワークショップ参加者たち。撮影：厚毛佑太

とは問いません。やはり「どう生きたいか」、「誰と生きたいか」について話し合います。一方、いま考えている生き方だけでなく、別の生き方や価値観を知ると「どう生きたいか」が変わる可能性もあります。だから、ワークショップ参加者とともに学び合います。そうすると意見がどんどん変わっていくのです。[4]

ちょっとむずかしいなと感じるのは、産業振興や観光開発に関するワークショップでの話し合いです。これらのテーマには経済が強く関係するからです。経済の話も「どう生きたいか」、「誰と生きたいか」を基本に進めたいと思うのですが、ワークショップ参加者の多くは事前に結論が決まってしまっているようなのです。つまり「お金が儲かることは良いこと」で、逆に「お金が儲からないことは悪いこと」という結論です。その結論が大きな影響力を持ち続けている間は、「儲かるためなら何をしてもいいのか」、「どれだけ儲けると幸せなのか」、「儲けようと努力しすぎることで失う幸福はないのか」、「お金は儲かるけど友人が減ることはないのか」といった問いは「めんどくさい問い」ということになります。

たとえば、群馬県富岡市の「富岡製糸場」が世界遺産に指定される前の年に、地域の人たちとワークショップを開催したことがありました。「世界遺産のまちづくり」というテーマで集まった方々とともに、まちの未来について話し合うというものでした。世界遺産に登録されたまちは、日

4 私は、「生き方」とか「人生」を軸に対話を進めるという点を常に意識したいと思っています。そのことを忘れないように、社名を「studio-L」としました。「L」は「Life」の頭文字です。Lifeには、人生、生活、生命、活力といった意味が含まれます。この言葉は、19世紀の思想家ジョン・ラスキンが書いた本のなかに見つけたものです。そのことは3章で詳述します

5 なお、富岡市でのワークショップでは、対話や学び合いを繰り返した結果、「世界遺産を契機として訪れた観光客を相手にどんな商売をすれば儲かるか」という話にはならず、自分たちの生活や人生を少しだけ愉しくするための活動が提案され、それらが実行されることになりました

本にも世界にもたくさんあります。こうした先進事例をワークショップ参加者とともに調べ、「世界中からやってくる観光客を、市民はどう迎えたらいいのか？」、「乱立する商業施設について、市民はどう考えるべきか？」、「そもそも私たちのまちは、将来どんなふうになりたいのか？」などについて話し合いました。

こういうワークショップでは、よく意見が分かれます。「世界遺産に登録されたからといって、商業施設が乱立するのはよくない。そういう企業は観光客が減ったらすぐに撤退する。その結果、まちが以前にも増して荒廃する。そうなる前に規制すべきだ」という意見があると思えば、「世界遺産登録はチャンスなのだから、地域活性化のために有名店の出店を促すべきだ。そうすれば仕事ができて、若者も地域に住み着く」という意見が出てきたりします。

そこから両者の考えを掘り下げていくのですが、多くの場合「お金がなければ暮らしていけない」、「仕事がなければ人は集まらない」という意見が大勢を占めることになります。「仕事の中身は問いませんか？」と聞いてみても、「地方で生きるためには仕事の質なんて言っていられない。まずは仕事ありきだ」という切実な声が返ってきます。

経済活動が意味するもの

多くの人が考える地域活性化とは、つまるところ「地域全体の金銭的な儲けがどれくらい増えたか」ということのようです。いわば、それが「常識」なのでしょう。金銭的な儲けが増えれば税収も増える。その税金を使ってさらなるまちづくりが進められる。そう考えている人が多いようです。

けれど、ここには2つの疑問点があります。

①何をしてでも利益を出せばいいと思う人が出てくる危険性はないの？
②まちづくりは税金を使ったものばかりじゃないはずでは？

仕事をして、利益を出して、その一部を納税し、行政はその財源でまちづくりをする。そう考えると、①地域の人々に迷惑をかけるような仕事で儲けた人も、税金さえ納めてくれれば地域のためになっているということになってしまいます。一方、②市民は仕事だけではなく直接まちづくりに関わることもできる。しかし、そのための時間は仕事をしているわけではないので、利益を生まない活動をしていることになる。つまり税収を増やさない活動です。でも、その活動が税金を使うまちづくりを補完しているのです[6]（図1−1）。

まちづくりのためには、仕事で利益を出して納税する人がいることも大切です。一方、仕事ではないのに直接まちのために活動する人がいることも大切です。この両者の活動が地域の経済活動だと思うのですが、いま「経済活動」というと、前者だけを意味することが多いようです[7]。

6 左側の図は、コミュニティデザインのワークショップに参加した人たちが対話によって学び合い、まちに必要な「高齢者の見守り活動」を開始し始めた例です。このとき、5人の市民が週に1日だけボランティアとして見守り活動を行うとしたら、平日は毎日見守り活動が行われていることになります。これを右側の図のように、行政職員1人が平日5日間勤務で見守り業務に携わるとすると、年収360万円の給料分の税収を手に入れるために、新たに6店舗の店を地域に誕生させなければなりません。5人の市民活動か、6店舗の起業か。時と場合に応じて、コミュニティデザインのワークショップでまちづくりを進めるのか、新規店舗の参入でまちづくりを進めるのかを検討する必要がありそうです

7 経済活動が「経世済民」のための活動という意味なのだとすると、お金を介したやりとりだけでなく、地域をよくするボランタリーな活動も含むはずなのですが、そちらはあまり経済活動とは思われていないようです。また、「②税金を使わないまちづくり」というと、ボランタリーな活動ではなく

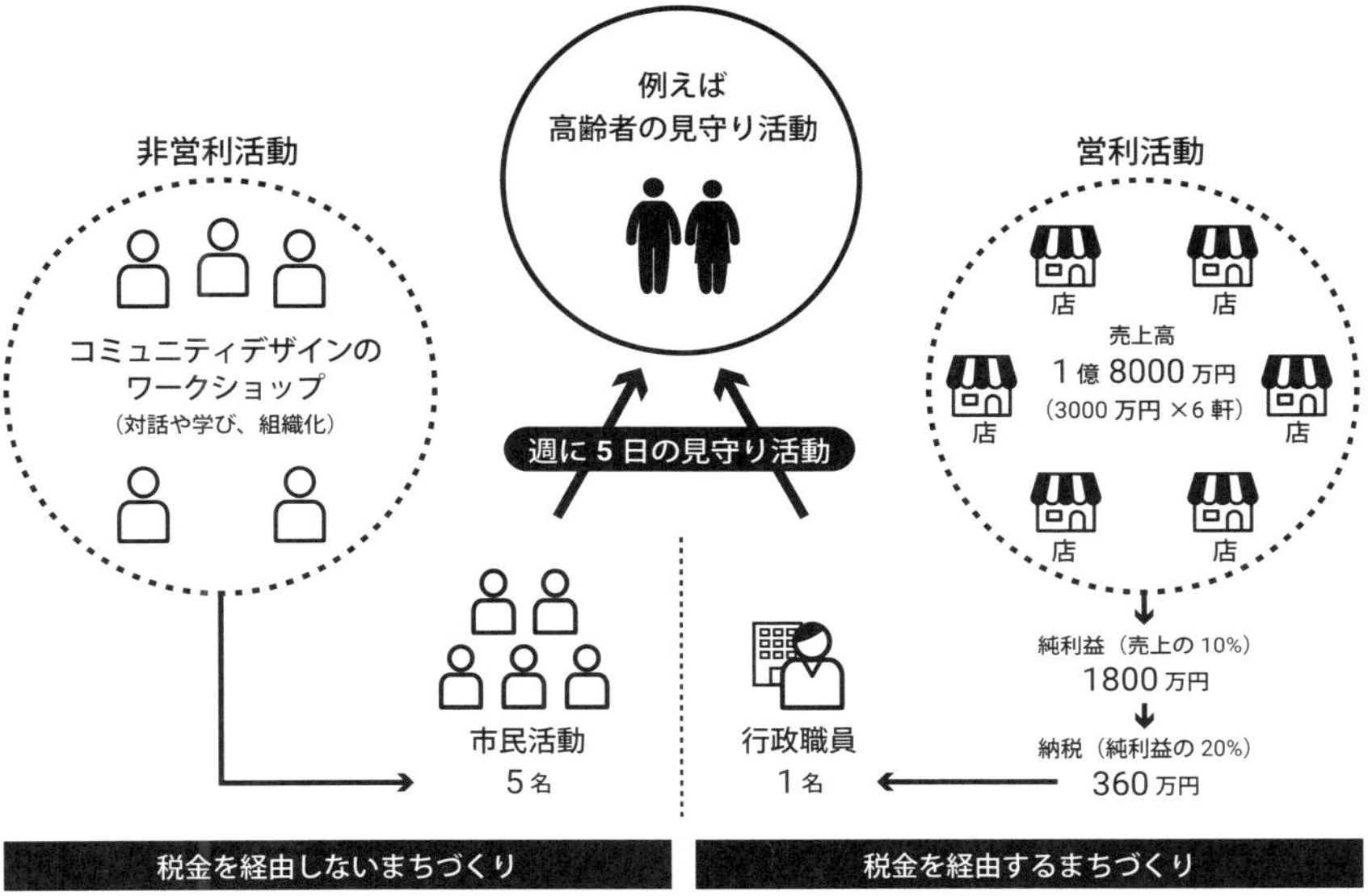

図1-1　税金を経由しないまちづくりが、経由するまちづくるを補完する

——「儲かるまちづくり」を思い浮かべる人が多くなっているようです

「食べていく」ために必要なお金って？

「地域に必要な仕事」ということを考えるとき、併せて考えたいのが「なぜそれほど働かなければならないのか」というテーマです。

働かなければお金が得られない。お金が得られなければ食べていけない。だから仕事が必要なのだ。しかし、地域では仕事の選択肢が限られる。その結果、若者は仕事の選択肢が多い都市部へ出ていくのだ。そんな流れで「食べていくためには仕事が必要。その選択肢が多い都市部に若者は集まる」と理解されます。

ところが、「食べていくのにどれだけのお金が必要か？」ということはあまり問われない。なぜなら、その答えは「人それぞれだから」。確かにそのとおりです。しかし、なぜ「人それぞれ」なのでしょうか。ある人は食べ物にあまりお金をかけず、ほかの趣味にお金をかける。ある人は食べ物にこそお金をかける。なぜそんなことが起きるのでしょうか。

多くの場合、趣味にお金をかけるのも、食べ物にお金をかけるのも、本人がそういう情報を選んで受け取っているからです。「こんな食材がありますす」「こんなレストランがあります」「こんな趣味があります」と、把握しきれないほど多くの選択肢を提示され、そこから我々は「何にお金を使うか」を選んでいるわけです。最近では、似た選択をしそうな人たちをオンラインコミュニティでつなぎ、そのなかで商品が買いたくなるような会話へと誘導するマーケティングまで登場しています。[8]

しかし、これらはいずれも「食べていくためにはお金が必要」というときの「食べていくため」とは少し違う対象です。たくさんの選択肢を提示され、そこから何かを選んで対価を支払いながら生きていると、「食べていくために必要なお金」がたくさん必要かのように思えてくる。[9]しかし、実際に「食べていく」ためだけなら、それほど多くのお金は必要ありません。

8 この種のマーケティングビジネスにコミュニティデザインを活用しようとする企業が、我々の事務所に連絡してくれることがあります。ただ、我々は「欲望と嫉妬を煽る経済活動」についての問題意識を持っているため、そういう依頼にお応えしたことはありません。今後、同様の依頼があった際には『面識経済』を読んでください」と返答したいと思います。我ながら「頑固で儲からない仕事をしているなぁ」と思います

9 あるいは、広告によってそう思わされているのかもしれません。つまり、「必要だと思い込まされている物やサービス」を購入するための代金も「食べていくために必要なお金」に含まれているわけです。物やサービスの多くは「食材」ではないはずなのですが。そして、そういう物やサービスを購入するなら、都市部は便利な場所です。仕事の選択肢が多いから若者は都市部に集まるといわれるのですが、同時に「必要だと思い込まされている物やサービス」を購入するために便利なのも都市部です。つまり、都市部では仕事を得やすいけれども、手に入れたお金

何かを食べるために、食材を手に入れ、それを加工できるキッチンを持ち、風呂やトイレや寝室のある家に住む。このために必要なお金をなるべく少なくしてしまえば、「食べていくため」に必要なお金を少なくすることはできます。さらに、「食べていく」こと以外のもの、広告によって欲しいと思わされているものを購入しなくなると「生きていくため」に必要な貨幣も少なくて済みます。すると、そのために必要な労働時間を減らすこともできます[10]。

我々は、多くの場合「生きていくため」に必要なお金のなかに、「食べていくため」以外のお金をたくさん加えて考えています（あるいは、「食べていくため」という言葉のなかに食べ物以外の物やサービスも含めています）。ワークショップで「生きていくためにはお金が必要だ」という発言があり、「そうだそうだ、常識だ」と片付けられてしまう話のなかに、実はもう少ししっかり考えた方がいい論点が潜んでいるように思うのです[11]。

もし「生きていくため」に必要なお金を最小限まで減らし、贅沢品や趣味に使うお金を減らすことができたら、お金を得るために必要な仕事の時間も減らすことができる。そうして生まれた時間を何に使えばいいのでしょう。その時間を「お金を払って誰かに楽しませてもらうこと」に使うのでは元の木阿弥《もくあみ》ですね[12]。その支払いのために働く時間を増やさなければならないのですから。

そうではなく、まちづくりの活動に参加してみるのはどうでしょう？　ほとんどお金はかかりま

を使わせやすいのも都市部だということになります

10　『みんなでつくる中国山地』という雑誌が「ここで、食っていけるの？」という特集を組んでいます。そのなかに『食っていく』ことが、一つの仕事で『消費に必要なお金を稼ぐ』という価値観が定着した高度経済成長以降の数十年」という表現があります。独特の表現ですが、とても共感できる視点です（中国山地編集舎『みんなでつくる中国山地』003号、2022、p23）。なお、その前号の特集タイトル「暮らしが買えると思うなよ！」も興味深いものです

せん。にもかかわらず、充実した気持ちになります。一緒に活動する友人を得ることができます。困ったときに助けてもらったり、助けてあげたりすることもできます。ときには食材を分けてもらったり、一緒に食事を作ったりして、ひとりあたりの食費を下げることができるかもしれません。そうなれば「食べていくためには仕事が必要だ」という言葉の意味するところが変化していくことでしょう。そういう変化が起きたとき、ワークショップでの話し合いが地に足の付いたものになっていくのを感じます。

この地域で、この仲間と、ともに「生きていく」ために最低限必要なお金はどれくらいなのか。そのお金を得るために、どんな仕事を組み合わせて、どれくらいの時間働けばいいのか。それ以外の時間を誰とどうやって愉しめばいいのか。そんなことを話し合うことができるようになります。そんな話し合いのなかから、「自分たちが愉しいと思えることが仕事になっていく」という未来が見つかることもあります。「趣味」と「仕事」が混ざったような「活動」が発見されていく過程です。そんな場に居合わせることができると、こちらも嬉しくなるものです。[13]

---

11 「生きていくためにはお金が必要だ」という言葉には、脅しにも似た強い圧力を感じます。「食べていけるかどうか、生きていけるかどうかの話をしているのだから、お金を稼ぐ必要はないなんて言うなよ。それは死ねって言っているようなものだからな」という圧力です。多くの場合、この圧力を感じると何も言い返せなくなります。でもそんなとき、天邪鬼な私は頭の中で思考実験をしています。本当に「お金がなければ生きていけない」のなら、人類ははるか昔に絶滅していたはずです。お金が発明されるより前から人類は生きていた。自然界からさまざまなものを取り出して、顔の見える関係性のなかで助け合いながら生きてきたわけです。本来、「自然」と「コミュニティ」があれば人間は生きていける。それがいつの間にか「お金がなければ生きていけない」と思い込まされてきたのです。その思い込みは、「人類の歴史」と「貨幣の歴史」の長さを比べてみるという簡単な思考実験で少し軽くすることができます

12 私は「愉しみ」と「楽しみ」を意識的に使い分けています。「楽《らく》をする」と

豊かな人生とは？

以上のような暮らし方は、ひとつの可能性を示していると思います。しかし、見方を変えると「けしからん」生き方だと言われるようになります。何しろ、使うお金をなるべく減らして、稼ぐお金が少なくても愉しいことをする時間を増やすことができるという生き方なわけです。こんな生き方をする人が増えていけば、多くの企業の売上や利益は下がり、日本のGDPも下がり、税収も下がってしまうことでしょう。だから、企業の株価が気になる人や、日本が経済大国でなければならないと信じる人や、税収を増やしたい人にしてみれば「けしからん」生き方だということになるわけです。そして、ワークショップでは往々にして、こうした「けしからん」という意見が声の大きな人から発せられ、人々が「そうかもしれないな」と思わされてしまうのです。[14]

同じ漢字を用いる「楽しみ」は、一般的に楽しいといわれていることで、その多くは誰かから与えられるもののような気がします。一方、自分の心から生まれたものは「愉しみ」と表現します。人生に「楽しみ」が多いとお金がかかりますが、自ら「愉しみ」を生み出すことができる人の人生にはそれほどお金がかからないような気がします。なお、この漢字の用法は私の勝手な使い分けです

13 それこそが我々の仕事の「悦《よろこ》び」であり「愉しさ」です

14 私の友人にも、儲かるまちづくりが大切だと信じている人や、地域活性化とは経済活性化のことだと思っている人や、持続可能な地域づくりには経済活動が不可欠だと主張している人がいます。本書は、そういう考え方を否定するものではありません。それを否定してしまうと、自宅近くにある美味しいパン屋さんや蕎麦屋さんの存在も否定しなければならなくなるので。また、尊敬すべき経済活動に携わる多くの友人たちの実績を否定してしまうことになるので。そして、仕事で使っているスマホやパソコンの製造販売過程も否定せざるを得ないので。ただ、そんな生活のなかに「面識経済」という考え方を差し込んでみてはいかがでしょう？ という提案がしてみたいだけなのです。「面識経済」という概念を手に入れると、ワークショップでの対話が「ありきたりな経済の話」に引きずられにくくなるような気がするのです

でも、我々は企業の利益のために生きているわけではないし、GDPや税収を増やすために生きているわけでもありません。人生の豊かさはそんなところから感じられるものではないと思うのです。むしろ、自分の生活の固定費をできるだけ小さく維持し、そのために働く時間を最小限にし、余った時間で仲間にいい影響を与え続けられるように生きていきたいものです[15]。そんな人が集うワークショップなら、地域の未来に向けて健康なアイデアや活動がたくさん生まれてくることでしょう。

逆に、こうした前提を共有しないで話し合うワークショップでは、どうしても意見がまとまらず、目指す方向が定まらない時間が長くなってしまいます。その結果、「大企業の工場を誘致すれば地域は元気になる」とか「外国人観光客にたくさん来てもらってお金を落としてもらおう」という話になってしまいます[16]。また、そういう意見こそが地域の現実を直視したものだと評価されるようになります。そして、この手の「現実的」な話が続くとワークショップを欠席し始める人たちが出てくるのですが、それはとてももったいないことだと感じてしまうのです[17]。地域の未来を変える可能性が霧散してしまっているように思えるからです。

「うちの地域には仕事がないから若者が出ていってしまうんだ」という、もっともらしい意見も、以上のような視点に立つと物悲しい意見のように聞こえてきます。仕事がないからふるさとを出て都市に出ていく若者

15 この考え方は、19世紀の思想家であるジョン・ラスキンの著作から影響を受けています。詳しくは3章で述べることにします

16 私は「お金を落としてもらう」という表現があまり好きではありません。お金を使っている人は、それを「落としている」とは思っていないでしょうし、お金を受け取る側も落としてもらったものをありがたく「拾っている」とは思っていないでしょうから

17 これまでの経験を振り返ると、この手の「現実的」な話から距離を置こうとするのは地域の女性たちに多く見られるように感じます。地域で現実的に生活している女性たちがワークショップを欠席してしまうと、実際の活動が生まれにくくなってしまいます。抽象的に「現実的」な話をしている人たちは、議論ばかりで活動しないことが多いのです。ここに不思議なねじれが見られます。経済成長を目指す「現実的」な意見を主張する人たちが現実の地域活動にあまり参加せず、現実的な地域で活動する女性たちが「現実的」な意見に呆れてワークショップに参加しなく

たちは、都市でさまざまな職業の選択肢を提示されて嬉しくなる。そんな選択肢の中から仕事を選び出し、懸命に働くのだけれども、同時に商品やサービスの選択肢もまたたくさん提示されることになる。お金を払ってでもやりたいことや手に入れたいものが次から次へと示される。なぜなら、それを示すこともまた誰かの仕事になっているからです。

　都市部に集まった若者が、誰かにお金を使わせようと仕事をし、そんな仕事で得たお金を別の誰かが示した選択肢につぎ込むことで短期的な「楽しさ」を手に入れている。これを続けるためには、労働時間を減らすわけにはいかない。むしろもっと給料の高い職種を探し、もっと「楽して」儲かる仕事を見つけようとする。なぜなら、日々提示される選択肢が多すぎるし、それらはどんどん魅力を増すし、過剰になっていくから[18]。

　都市部で生活しながら、こうした生き方に疑問を感じる人もいます。「なにかおかしいな」と気づいてしまう人もいます。こうした人は、どこで誰と暮らすのかを見直すことになるでしょう。そして、生活の固定費が高い都市部を抜け出し、選択肢は減るけれども自分に必要な選択肢はすべて揃っていると感じられる地域で生活を始めることでしょう。それは素敵な決断だと思います。そんな地域を見つけて暮らし始めたのに、スマホの広告ばかり目にしながら時間を過ごすのは得策ではありません。欲しい物が増え続けるからです。それより地域づくりに参加してみてください。お金を使わない愉しさを見つけ出してください。そんなふうに思います。

なるのです。これはあまりにもったいないことです

18　都市部で消費的な生活を続けている人にとっては、気分が悪くなるような表現が続いているかもしれません。もしそう感じているとすれば、それは本書の目的ではないと申し添えておきます。我々の生活を別の視点から見直し、消費を抑え、働き過ぎに気づき、「地域づくりのための時間を生み出せないか」と考え始めてもらうことが目的です

最近、こういうことがわかっている若者がワークショップに参加してくれるようになってきました。こういう人たちと出会うたびに「地域の希望だな」と思います。[19]

不安を煽る時代

「楽しさ」の選択肢が増えただけではありません。一方では、不安を煽るような情報も増えているのが現代です。[20] 人工知能とロボティクスによって自分の仕事が奪われるのではないかという不安。技術革新の速度がますます早くなり、ついていくことができなくなるのではないかという不安。老後に必要だとされるお金が年々高くなっているように感じるのだが、自分の貯蓄で大丈夫だろうかという不安。

　ワークショップの現場でも、「新しいテクノロジーについていけるか不安だ」、「オンラインで町内会をやると言われた。何がどうなっているのかわからない」といった声が聞かれます。確かに、最近のコミュニティデザインを語る際、どうしても「Ｗｅｂ３」や「ＮＦＴ」や「ＤＡＯ」といった横文字が出てきてしまうし、それを裏付けるブロックチェーンの技術やスマートコントラクト、そして具体的な活動場所としての

19 大学の教員をしている身からすれば、大学こそ「人生の愉しさ」をじっくり学び合うことができる場所であって欲しいと思います。「地域の希望」となる若者が育つ場であって欲しいものです。ところが、多くの大学生はスマホで広告を見続けて、欲しいものを増やされ続け、それを手に入れるためにアルバイトの時間が増えるばかり。そのために大学の授業を欠席するほどです。そんな学生たちを見ていると、心底「もったいないな」と思ってしまいます。同時に、自分の至らなさを実感します

20 つまり、「欲望」と「不安」を煽って、人々に商品やサービスを購入させようという手法が広がりつつあるのが現代における経済活動の特徴になっている気がします。そして、そんなことができてしまうのも、経済活動の相手の顔が見えていないからなのではないか、というのが本書の仮説です

21 こうしたキーワードについて理解しようと思うなら、伊藤穰一さんが書いた『テクノロジーが予測する未来』という本がわかりやすいと思います（伊藤

メタバースを考えなければならない時代になっています。[21]

ここに書かれた横文字を見て不安になる読者がいるとしたら申し訳ありません。本書は皆さんの不安を煽って何かを購入させようとするものではありません。ただ、右記のような横文字群もまた、数年後には懐かしい響きを持つものになるということこそが不安なのです。今はまだ、NFTもDAOも理解できる。でも、次の次の次に出てくるキーワードくらいになると、もう理解しようという気力がわかないのではないか。そうなると、さらにその先の技術を理解することはできないだろう。「次の次の次」といっても、それは遠い未来の話ではなく、きっと10年後くらいの話なのです。

「Windowsショック」とまで言われた画期的な技術革新は1995年のことであり、まだ30年くらいしか経っていないわけです。Amazonで買い物をすることが日常になってからまだ10年くらいしか経っていない。そう考えると、次の10年、20年でどんな技術が登場し、どんな横文字を使って会話が進むのか、不安になることでしょう。[22]

このことは、仕事のあり方にも影響を与えるでしょう。近い将来、人工知能とロボティクスが代替する仕事がかなり明確になってきました。「都市部は仕事の選択肢が多い」などと簡単に考えることはできない時代です。人工知能というのは、いわば人間の脳の一部の機能と似た働きをします。だから、ある種の頭脳労働は人工知能に置き換えられるでしょう。ロボティクスの進化は、足（車

——穣一『テクノロジーが予測する未来』SB新書、2022）

22 ちなみに、2016年に翻訳出版された『〈インターネット〉の次に来るもの』という本は、今後のテクノロジーを予測するような内容なのですが、その目次に並ぶ言葉を見ただけで私は「早晩、ついていけなくなりそうだな」と思わされました。全12章のタイトルは、ビカミング、コグニファイング、フローイング、スクリーニング、アクセシング、シェアリング、フィルタリング、リミクシング、インタラクティング、トラッキング、クエスチョニング、ビギニング、です（ケヴィン・ケリー著、服部桂訳『〈インターネット〉の次に来るもの』NHK出版、2016）

輪）、脳（人工知能）、腕（アーム）、顔（表情）、指という順で開発されていくそうです。すでに人工知能で考え、車輪で動き回り、腕で荷物を運ぶロボットは誕生しています。今後は表情と指先の微妙な動きを代替するロボットが登場することでしょう。分業化し、企業の歯車のひとつになって働くという行為は、それぞれの分野に特化したロボットが代替しやすいものです。近い将来、「都市へ行けば仕事がある」という話が「常識」ではなくなるかもしれません。むしろ、人間力全体を駆使して「あれもこれも」やらなければならない中山間離島地域での仕事こそが求められることになるかもしれないのです。[23]

「学ばない」から「不安になる」

コミュニティデザイナーとしては、デザインやアートなど、クリエイティブな仕事は無くならないと主張したいところです。ところがそう安泰でもないようです。画像生成系の人工知能アプリは、複数の言葉を打ち込むと、瞬時にそこから連想される絵を数種類提示してくれます。例えば「古い、レンガの建物からなる都市」といった具合です。このキーワードから人工知能が描き出した4枚の絵を見て、自分のイメージに近

23 この点について、ヴィクター・パパネックというデザイナーが「専門家的デザイナー」から「万能人的デザイナー」になることを推奨しています。また、都市部以外の地域で活躍するデザイナーたちが口を揃えて「何屋さんかわからないくらい、いろんなことを頼まれる」と言っていることにもヒントがありそうです。このあたりのことは6章にて詳述します

24 画像やイラストを描いてくれる人工知能アプリはどんどん増えています。「自分が描いたラフなスケッチ」と「いくつかの言葉」から連想される絵を瞬時に生み出してくれるアプリも一般化してきました。そして、こうしたアプリがデザインの現場でも使われることが多くなっています

25 むしろ友人と遊びまくって、人間の感情やかけひき、人徳を高めることの重要性などを学ぶほうが、将来の「人間的な」活躍につながるのかもしれません

い絵をひとつ選ぶ。そして、さらにキーワードを足す。「蔦が絡まって、一部は崩れ落ちている、古い、レンガの建物からなる都市」といった具合に。そうするとまた4枚の絵が描かれる。これを何度か繰り返して、自分がイメージしている絵を作り出すことができれば、その絵は他の誰も描いたことのないものになるわけです。[24]

そんな時代になったとき、「デザインやアートの仕事の未来はどうなるのか」、「この仕事は都市でなくてもできるのではないか」、「オリジナルとは何なのか」といったことを考えないわけにはいかないでしょう。不安になる人もいるだろうし、逆に楽しみになる人もいるでしょう。こうした技術を使いこなして、いまはまだ名前が付いていない仕事を生み出す人が出てくるはずです。そして、その手の仕事は「必ずしも都市部でなければできないものではない」ということになりそうです。「10年後の地域について考えよう！」というワークショップで、以上のような技術革新を学ばずに意見交換してしまうと、「わがまちには仕事がないから若者が減るんだ」「だから企業誘致を！」という話になってしまいます。

もちろん、上記のような時代が来るなら、教育のあり方も変わらざるを得ないでしょう。人工知能は、人間の能力のうち偏差値で測定することができる能力を代替しやすい特徴を持っているからです。それどころか、デザインやアートなど点数を付けるのが難しい分野にまで進出し始めているのです。そんな時代に「偏差値の高い大学を目指すために、高校時代はなるべく友人と遊ばず、無駄なことをせず、受験勉強に集中せよ」と考える保護者は減るでしょう。[25]

にもかかわらず、地域の教育大綱などをワークショップで考えると「とはいえ偏差値は大切ですよね」という話のほうが常識的だということになりがちです。偏差値の低い地元の大学へ進学するよりは、偏差値の高い都市部の大学へ進学するほうがいいと思われがちです。そうやって地域から若者を押し出しておいて、「仕事がないから若者が戻ってこないんだ」という話し合いをする。具体的なアイデアを出す前に、共有しておかなければならないことがたくさんあるような気がします。[26]

これからの時代がどうなるのかを学ばないと不安になる。その不安を解消したいけど、いまさら勉強はしたくない。それなら、生活の隅々にまで行き渡った不安を解消するために、お金を払って商品やサービスを購入しよう。そんなことになってしまうのはもったいない。「よくわからないけれど、これを買っておけば将来は安心なんですよね」という人は、その代金のために労働時間を減らすことができない。次から次へと煽られる不安に対して、毎回何かを購入させられてしまう。

それならワークショップに参加しましょう。同じテーブルに集った人たちとともに学び合いましょう。徐々に不安を減らしていきましょう。ワークショップに参加している人たちの愉しそうな対話を聞くたびに、まだ参加していない人のことを考えてしまいます。

26 ここでは「地域の未来について話し合う場合、まずは未来の社会がどんなものになりそうなのかを学ばなければ判断を間違えてしまいそうですね」という話題に留めたいので、偏差値偏重型の教育の是非については深入りしないようにします。ただし、「生涯学習」といわれるとおり、人生の最初の20年間だけでなく、その後の80年間も学び続けるためには、学びの基本となる科目について、ある程度の学力を身に着けておく必要があるだろうと思います。一方、必要以上の学力を手に入れようとして、友情を育んだり道徳心を養ったりするための時間を疎かにしてしまうのは、「人工知能と共存する時代」の学びとして適切ではないかもしれません。このことは、面識経済について考えるとき「誰と仲良くなりたいか」、「誰と経済的なやりとりをしたいか」を判断する材料にもなりますので重要です

27 そういう気持ちを表現する言葉が「会社を辞めたら、食べていけない」なのでしょうね

会社を辞められない

欲しいものが増える社会。不安を煽られる社会。このふたつが合体した社会で暮らしていると、「お金を稼ぎ続けなければ生きていけない」と思うでしょう。「会社を辞めるわけにはいかない」と考えるでしょう。[27] これは、資本家や経営者にとって悪くない状態です。社員が会社を辞めない。給料やボーナスが少々安くても我慢してくれる。それでいて必死に働いてくれる。生産性を高め、利益率を高めれば、資本家や経営者への配当は高くなる。ただし、資本家や経営者の多くもまた、欲しいものと不安がいっぱいなので、手にした配当金を消費に充てることが多いわけですが。

新しいスマホが発売されると、スペックが上がっているので欲しくなるし、新しいテクノロジーについていけないのが不安なので購入したくなる。本体代金をなるべく安く購入しようと思うと、月々の通信量が高くなって「2年縛り」にもなる。同様に、新しいクルマをローンで購入して「5年縛り」。新しい住宅をローンで購入して「35年縛り」。これだけ縛られれば、大人しく会社で働き続けるしかないでしょう。いきおい「お金がなければ生きていけない」と言いたくもなるでしょう。給料に不満があっても働き続け、株主に喜んでもらえる結果を出さねばならない。そしていつしかこう言うのです。「まちづくりなんてやってる時間はない」。

「あなたが住んでいるまちの未来を、あなた以外の誰がつくるのですか」。思わずそう問い返したくなるのですが、多くの人は「たくさん働いて、たくさん税金を納めて（もちろんローンも返済しながら）、その税金で役所がまちづくりをしてくれればいい」と考えているようです。しかし、それはあまりにもったいない。愉しく学び合う機会を失ってしまっているし、「欲しいもの」や「人生の不安」を減らす機会も失ってしまっている。そんな人にこそ、まちづくりのワークショップに参加する時間をなんとかして確保して欲しい。ほかの参加者とともに生活や人生のあり方を考え直してみて欲しい。そう思うのです。

欲望と不安を増幅させないために

ワークショップに参加する時間を確保するために、仕事の時間を減らすこと。仕事の時間を減らしても生活していけるように、「欲しいもの」や「人生の不安」を減らすこと。まちづくりは、そこから始まるんじゃないかと思っています。では、どうやって欲望と不安を減らすのか。第一歩は、欲望や不安を煽る情報から距離を置くことです。手始めに「広告」を避けてみましょう。広告は、不安を煽りながら欲望を作り出そうとします。「あなたはまだ満足してはいけない」と呼びかけます。「そのままではまずい」と脅します。そして「この商品やサービスを購入すれば満足します」、「いざというときも安心ですよ」と提案します。[28] そんなやりとりから離れてみる。

28 広告では、「いま話題の○○」、「まだ○○してるの?」、「ワンランク上の○○」、「これで今日からあなたも○○」、「まだ間に合う!」という言葉をよく目にします

29 テレビドラマの中に登場する家具、衣服、時計、ジュエリー、スマホ、パソコン。それらの商品はスポンサー企業が提供しています

30 ワークショップのなかで「課題図書」を示すことがあります。「次回までにこの本を読んできてください」と伝えると、「それって宿題ですか?」と嫌そうな顔をする人がいます。宿題といえば宿題なのですが、愉しい宿題だと思います。ところが、小中学校の9年間、高校も合わせると12年間も「嫌な宿題」を経験させられ続けた人は、大人になっても宿題を避けようとします。学校教育は、学習や宿題が愉しいと感じる児童や生徒を増やす場であって欲しいと思います。そうすれば、大人になっても宿題を愉しんでくれる人が増えると思うのです。学び続ける大人も増えるでしょう

具体的には、テレビCMを見ないようにする。「私は番組を録画して、CMを飛ばしながら観ているから大丈夫」という人がいます。ところがテレビ番組自体も、視聴者が食べたくなったり、着たくなったり、住みたくなったりするようなものを発信し続けます。[29]

SNSは、それをより巧妙に実現させます。あなたが長く閲覧した記事、「いいね！」を押した投稿などから、あなたの興味を見つけ出して広告を届けようとします。テレビ、雑誌、SNSに接し続ける限り、欲望や不安を減らすのは難しいでしょう。つまり、仕事の時間を減らし、ワークショップに参加し、学び合い、仲間を増やすことは難しいということになります。

情報を得るのなら、むしろ書籍がお薦めです。この文章を書籍に載せているから「お薦め」するわけではありません。書籍には広告が忍び込みにくい。編集者が内容をしっかり確認してくれている。だから、本当に伝えなければならないと思うことを、広告主に忖度することなく伝えることができる。もうひとつお薦めなのがワークショップ。参加者同士で学び合い、話し合い、活動を生み出していく。書籍とワークショップの組み合わせは、欲望と不安を減らしていくための特効薬といえるかもしれません。[30]「本を読む時間がない」、「ワークショップに参加する時間がない」という人は、仕事や消費で忙しすぎるのでしょう。そして、その忙しさは「欲しいもの」と「人生の不安」が増幅を繰り返す間、ずっと続くことでしょう。私には、その先にどうしても幸せな未来が見えないのです。

書籍と図書館

以上のようなことを考えているので、自分が情報を発信するときは同様の注意が必要だと感じています。「山崎はどうして本を書くのか？」という質問をいただくことがあるのですが、それは右記のような理由からです。書籍には広告が入り込みにくいし、伝えたいと思っていることを丁寧に記すことができる。入手するのにお金がかかってしまうのですが、急《せ》かされることなく自分のペースで読み進んでもらうことができる。生活の固定費を極限まで下げようとする人は、図書館で本を借りて読むこともできる。それが書籍のすごいところだと思います。

だから、最近増えてきた「オシャレ図書館」には少し思うところもあります。人々が図書館を利用しなくなった、本を読まなくなった、だから図書館にカフェを入れて、雑貨屋も入れて、雑誌を並べて、これまで来なかった人にも図書館を訪れてもらおう。そういう企画が増えてきています。

そうやって訪れた人が、人生を変えるような本に出合うこともあるでしょう。でも、多くの人は、本を買うのと同じくらいの値段を出してカフェラテを飲んだり、ケーキを食べたり、雑貨を購入したり、雑誌を眺

31 このことは、最近の「オシャレ公園」にも感じることです。6人に1人の子どもが貧困家庭であることが分かっている国の公園が、オシャレカフェやレストランに場所を貸して、その地代で運営費を稼ごうとしています。その公園で遊ぶ子どもたちのうち、何人かは「私には行けないお店だな」ということを何度も思い知らされることになってしまうでしょう。「カフェやレストランを利用してくれる人がいるから、貧困家庭の子どももきれいに管理された公園で遊ぶことができるんだ」という意見もあるかもしれませんが、公園外のカフェやレストラン、その他の企業が納めた税金で「欲望や嫉妬を煽らない公園」を整備するのが理想的だと思います。公園運営まで新自由主義的な発想に流されるのではなく、税財源から公園運営費を捻出するよう正々堂々と要求し続ければいいのです。その要求理由のなかに説得力と創造力を埋め込むことこそが、行政職員の腕の見せ所なのではないでしょうか。なお、公共施設の建設や運営を民間企業に任せようというPFI（Private Finance Initiative）事業は、日本において2000年頃から増

めて欲望を増幅させて帰るのです。それは図書館がやるべきことなのかどうか。利用者の欲望と不安を増幅させて、お金を使わせて、そのために仕事を忙しくさせて、「お金がないと生きていけない」、「まちづくりに参加する暇はない」と思わせたりすることは、図書館に求められる機能ではないだろうと思うのです[31]。

そんなことを考えているからこそ、我々はよく図書館でワークショップをします。人生やまちの未来を考えるとき、図書館には参考になる情報がたくさんあります。その日のテーマを発表したら、参加者は1時間かけて本を探す。参考になる本を見つけたら会場に戻り、ほかの参加者とそれらを紹介し合う。こんな図書館の使い方なら、欲望や不安を増幅させずに済むのではないかと考えています。

ＳＮＳの活用方法

書籍以外の発信方法としては、フェイスブックをよく使っていました。文字と写真で伝えたい内容を表現できる手軽なツールとしては良かったのですが、年々広告の入り方が巧妙になってきました。当初は画面の隅の方に広告が顔をのぞかせていただけだったのですが、そのうち両側、上下にも広告が登場し、さらにはタイムラインにも広告が混ざるようになってきました。私が書いた記事

え続けています。パークＰＦＩなど、公園の整備や運営にも活用されています。ところが、公共施設運営の民営化を、日本に先駆けて１９８０年代から進めてきたイギリスは、２０１８年にＰＦＩ事業の終了を宣言しています。その理由は、「民間企業が公共施設を使って利益を上げて株主に配当することを目指しすぎる」、「行政からの支出に見合った価値が生まれなかった」ということのようです

を読むたびに、閲覧者の欲望と不安を増殖させるのは申し訳ないと思い、最近はほとんどフェイスブックの記事や、インスタグラムは、広告だけでなく写真記事自体を投稿しなくなりました。インスタグラムは、広告だけでなく写真記事自体が商品を販売するものであることが多いため、こちらもほとんど更新しなくなりました。

ユーチューブは自分が伝えたいことを自分の音声と表情で伝えられるという意味でありがたいツールです。ところがこちらも広告が巧妙になってきました。画面の上下左右だけでなく、ひとつの動画の最初と最後、さらには動画中にもテレビCMのような広告が入るようになってきました。ただし、月額1000円ほど払えば広告が表示されなくなります。「月額1000円も払っていたら、働く時間を減らせないだろう」と思われる方もいるでしょう。そういう考え方もあると思います。

一方、広告を見続けると月に1000円以上買いたいものが湧き出てきてしまうという考え方もあります。ユーチューブを観ても欲しいものが増えないという自信がある人はいいのですが、不必要なものを月に1000円以上買ってしまっているという人は有料コースにしたほうが仕事の時間を短くできるかもしれません。「ユーチューブを有料コースにすると、仕事の時間を短くすることができる」というと、「風が吹けば桶屋が儲かる」ように聞こえるかもしれませんが、広告を観ないことの効果は小さくないと思います。

ただし、ユーチューブには動画自体が欲望や不安を煽るものも多く投稿されています。高額の時計やクルマを購入する動画、高級な食材や食事を楽しむ動画、オシャレな服やカバンや化粧品を紹介する動画など、欲望と嫉妬を増幅させる動画が多く公開されています。そして、この手の動画こそが再生回数を伸ばしていたりもします。多くの人が、自ら進んで欲望や嫉妬を増幅させていると

32 チャンネル名も「山崎亮チャンネル」という、目新しさも色気もない名称です

いえるでしょう。有料コースにして広告を表示させないのであれば、閲覧する動画の種類も吟味する必要があります。広告を表示させていないにもかかわらず、欲望や嫉妬が増幅し続けているのでは意味がありませんから。

その点、私のユーチューブチャンネルは安心して観ていただけることでしょう。何しろ、ここで語っているような固い話を一人でブツブツ喋っているだけですから。高額の時計もクルマも登場しないし、高級な食材や食事も紹介しません。ヨレヨレのTシャツ姿にボサボサの髪型で、おっさんがしゃべり続けているというチャンネルです。欲望や嫉妬が増幅される理由がどこにも見当たりません。オススメです。[32]

雑誌、テレビ、講演会

以上のように、自分の考えを伝えたい場合は広告の少ない媒体を使うように心がけています。もちろん、雑誌やウェブメディアの取材を受けることもありますし、テレビ番組でコメントすることもあります。それは、これまで出会うことのなかった読者や視聴者にコミュニティデザインという考え方を知ってもらうきっかけになるかもしれない、と期待するからです。

だから基本的に矛盾しているのです。雑誌の読者やテレビの視聴者に対して、「雑誌やテレビを観るのをやめて、ワークショップに参加して、地域の未来について対話してください」と呼びかけているのですから。雑誌の編集者やテレビのプロデューサーが望まないことばかりしゃべる。だからすぐに呼ばれなくなります。それでいいんだと思っています。たまに呼ばれた番組を観て、ひとりでも「コミュニティデザインという考え方があるんだ」と知ってくれる人がいれば嬉しいのです。そんな人が本書を手に取ってくれて、なぜ番組でテレビを否定するようなことを言っていたのかを読み取ってくれたら幸いです。それでも私に声をかけてくれる編集者やプロデューサーは、その世界にいながらも「これでいいのだろうか？」と疑問を持ち続けている人が多いように感じます。[33]

「山崎はなぜテレビに出るのか？」という質問もよくいただきます。その返答は右記のようなものです。でも、講演会場などでは時間の関係もあってここまで丁寧に返答することができません。「そもそも欲望と不安を減らす必要がありまして」などと語り始める余裕がないのです。その意味では、やはり書籍はありがたい。時間を気にせず、伝えるべきだと思っていることを伝えきることができるのだから。

ちなみに、時間が限られているとはいえ、講演会というのはありがたい機会です。なにしろ広告がほとんど付いていない。聞きに来てくれた人の欲望や不安を煽る必要もない。伝えたい話や読むべき本などをしっかり伝えることができる。そして、私の場合はできるだけ講演会は無料にしてもらっているので、聞きに来てくれた人の仕事を増やさなくて済む。たまに有料の自己啓発セミナーのようなものをやって欲しいと頼まれることもあるのですが、講演中に「こういうセミナーを受けている人が幸せな人生を歩むとは思えない」などと語ってしまうのですぐに呼ばれなくなります。企業の新商品紹介の講演などに呼ばれても同じ調子ですので、結果的には役所やＮＰＯが主催する

33 最近、価値観が近いなぁと思う番組プロデューサーが、次々とテレビ業界を卒業してしまいます。その気持ちがよく理解できるので、ついつい「おめでとうございます」というメッセージを送ってしまいます

無料講演会がほとんどになります。

コモンセンス

協賛企業の広告がなくて、無料で参加でき、伝えたいことがしっかり伝えられる場としての講演会。さらに、参加者同士が対話し、伝えたいことを交換し、意識や行動が変わるきっかけになるとすれば、こんなにうれしいことはありません。私にとって、それがワークショップという場です。

ワークショップでは、最初に話題提供があり、それについて参加者同士が対話し、自分たちが学んだことを発表して全体で共有する。あるいは実際に活動してみる。その結果を受けて、また対話を繰り返す。必要なら次のワークショップまでに本を読んでヒントを見つけてくる。コミュニティデザインの現場では、こうしたことが繰り返されます。

コモンセンスという言葉があります。日本語では「常識」と訳されます。コモンというのは「共通の」という意味だそうです。センスは「意識、観念、認識」という意味のようです。常識というと誰もが共通して持っている価値観のように聞こえますが、ワークショップ会場に集まった人たちが持つコモンセンスはそれぞれ少しずつ違っています。「お金がなければ食べていけない」というコモンセンスによって、仕事に縛られている人がいます。「企業誘致で地域は活性化する」というコモンセンスによって、自分にできることが取るに足らないことのように感じている人がいます。そんなコモンセンスを、ワークショップで繰り返し学び合うなかで、参加者たちの「共通の」「観念」へと紡いでいくこと。それができて初めて、人々の意見が同じ土俵の上に乗ることができるのです。ここでようやく、付箋と模造紙を使ったワークショップを始める準備が整ったわけです。

コモンセンスは参加者で紡いでいくものであり、ワークショップ内の「常識」は参加者たちが作るものなのです。

自分たちの常識をつくること

ここまで読んでくれた方々は、山崎は消費社会を否定し、資本主義を否定し、しかし原始時代に戻りたいわけではないようだから、まったく新しい経済システムを提案しようとしているのか、と感じているかもしれません。あるいは『僕らの社会主義』などという書籍を出版しているくらいだから、「もう一度社会主義の夢を！」と主張しようとしているのかと思われるかもしれません。[34] でも、私は新しい経済システムを提案するほど経済に詳しくありませんし、『僕らの社会主義』にも書いた通り「主義は病気」だと思っている人間です。[35] 本書でみなさんに問いたいことはそういうことではない。むしろ、地域のつながりを大切にし、顔が見える関係性の中で、まずは自分たちなりの新しい常識を共有してみ

34 実は、今回の本のタイトルを考えているとき、『僕らの資本主義』にしようかなと考えたことがあります。資本主義自体は否定しないし、その次に来るものを予測できるわけでもない。ただ、「僕らにとっての資本主義はもう少し優しくて温かくて居心地のいいものであってほしいな」と思ったのです。そんな気持ちを掘り下げていくと、「優しさや温かさや居心地の良さの根底には、面識関係があるんじゃないかな」と思い至り、書名は『面識経済』になりました

35 國分功一郎、山崎亮『僕らの社会主義』ちくま新書、2017、p122

36 美しい風景も美味しい食べ物も、人々の優しさもお土産も、土地も労働力も、すべて商品化してお金に変えていくのが地域活性化なのか。私には地域「商品」化ではないかと思えるのです。商品化された地域で暮らすことが、自分たちの人生を幸せな状態にしてくれるのか。そんなことをワークショップで話し合いたいのです

ませんか？　ということが問いたいのです。自分たちなりのコモンセンスを共有し、そこから活動を開始してみませんか？　と提案したいのです。

そうでなければ、我々は社会全体の一般常識を自分たちが住む地域や自分たちの人生に適用してしまいがちです。それは資本主義を成立させるための常識だったり、消費社会を前提とした常識だったりするわけです。人口は増え続けなければならない、経済は成長し続けなければならない、地域は活性化しなければならない、など、よく考えれば「何かおかしいな」と思うような常識も、深く考えようとすると難しそうだから放置してしまう。そして、お互いに放置したままワークショップで話し合いを続けている。それはもったいないことです。地域活性化策について話し合う前に、地域が活性化するというのはどういう状態なのかを共有しておきたいし、地域が活性化することと自分たちの人生が幸せな状態になることはどう関係しているのかを理解しておきたい。[36] それは人口が増えることと本当に関係しているのか。経済が成長し続けることと本当に関係しているのか。正しい答えを見つけられなくてもいいから、ワークショップに集まった地域の人たちとともに考えておきたい。そう思っています。

顔の見えない企業と株主

ここまで、地域活性化（地域商品化）、資本主義、消費社会、欲望と不安などについて書いてきました。こうしたことに少なからず関わってきたのがデザイナーだったといえます。私自身、デザインを学んでいるとき、世界的な有名デザイナーになりたいと考えたことがありました。若手デザイナーの間では、「あのデザイナーが担当した広告で売上が2倍になったらしいよ」、「すげー!」などという話題がよく登場します。そこでは「何を売ったのか」や「どう売ったのか」は問われません。

しかし私は、健康を害するようなものや環境に負荷をかけるようなものの売上げを高めることにデザインの力を使いたくなかったのです。また、人々の欲望や不安を煽るような方法で売上を高めることにも加担したくなかったのです。だから、若手デザイナーが集う会でも「売上を高めることなんて簡単だ。重要なことは、売上を高めることが正義なのかどうかを見極めることだ」などと生意気なことを言っては嫌われていました。当然、有名デザイナーへの道も閉ざされることになります。

同世代の若手デザイナーからは「広告は広告主から頼まれて作るものだ。広告主である企業の製品が健康や環境に良いかどうか、それを売ることが正義か否かをデザイナーが悩んでもどうしようもないだろう」と反論されました。「そんなことを言っていたら、山崎には誰もデザインを頼まなくなるぞ。霞を食って生きていくつもりか?」と忠告してくれる人もいました。

それでも私は、「ワンランク上のラグジュアリーなライフスタイルを」

37 デザインの勉強をしているとき、こうした考え方に影響を与えてくれたのが、前述のヴィクター・パパネックが書いた『生きのびるためのデザイン』という本でした。この本の「まえがき」は、以下のような文章から始まります。「多くの職業のうちには、インダストリアル・デザインよりも有害なものもあるにはあるが、その数は非常に少ない。たぶん、たった一つの職業がいっそういかがわしいものだといえよう。広告デザインがそれである。多くの人を説き伏せて、手元に金がありもしないのに、もっぱら人目をひきたいという理由から要りもしない品物を買ってしまうように誘惑する職業などというものは、恐らくいまの世の中にある職業のうちで最もいかがわしいものだといえるだろう。そして、宣伝・広告人の広めるあくどい白痴的な考えを商品へとでっち上げるインダストリアル・デザインは、すぐその次に並ぶものだろう」。こんな刺激的な文章から始まるパパネックの本は、デザイナーが社会に貢献する存在になるために、何をすべきか、どう発想すべきか、などについて教えてくれました(ヴィクター・パパネック著、阿部公正訳『新版:生きのび

――るためのデザイン』晶文社、2024、p9)

などという広告を作りたくはなかったし、そんなマンションインテリアのデザインに携わりたいとも思えなかったのです。そうやって購入者に35年ローンを組ませて、会社を辞めることができない状況に追い込むことがデザイナーの役割だとは思えなかったからです。[37]

とはいえ、こう書くと企業が悪者のように思われるかもしれません。もちろん、企業には本当に社会のためになるような活動を追求してもらいたいとは思います。ただし、その企業に出資している人たちの多くは、出資した金額に見合うだけの配当があるかどうかを気にしてしまいがちです。逆に企業は、出資してくれた資本家たちにしっかり配当できるよう売上や利益を高め続けなければならない。そうなると、「これを売ることは正義か?」などといちいち考えていられなくなるのかもしれません。つまり、資本を集めて会社を作り、その会社が生み出す商品を売って利益を出し、利益の一部を資本家に配当するという方法自体が、「これを売ることは正義か?」を問いにくくしているのです。そう考えると、資本主義という仕組み自体をよく考えてみなければなりません。

顔の見えない資本主義

さらにいえば、現在の資本主義は高度化しており、広域化しており、複雑化しています。ものすごく大きなお金が動いているし、地域や国を超えて世界中での取引を前提としているし、数人の大金持ちが資本提供しているのではなく世界中の人たちからさまざまな方法でお金を集めています。

いまや世界中の企業の株がスマホを使って個人的に購入できます。社長にも社員にも会ったことがない企業の株を買うのです。最近株価が上がっているという理由だけで、何をどう作っているのかを知らない企業の株を買う人もいます。手持ち資金の3倍の株を取引きして、より大きなお金を動かす人もいます。ＩＴ業界や医療業界など業界ごとに詳しい人が代わりに株をまとめて売り買いしてくれる金融商品もあります。業績が伸びている企業のトップ５００社の株を自動的に入れ替えながら利益を出してくれる金融商品もあります。

　何が言いたいのかというと、こんなに複雑で広域化、高度化した資本主義経済のなかで、「企業は何を売れば正義なのか」を問う場所がほとんどないということです。企業は株主を意識しますが、その「株主」というのがほとんど顔の見えない複雑な方法で投資している人たちなのです。その人たちに届くのは利益や配当といった数字だけ。そうなると「なにをしてもいいから利益を最大化させ、株主に褒めてもらおう」という企業が出てきてしまうことでしょう。そうしなければ、社長をはじめとした経営陣は、株主たちから解雇されてしまうかもしれないのですから。[38]

「何をしてもいいから利益を最大化させよう」と思う企業にとって、政府が定めるさまざまな規制が利益の最大化にとって邪魔になることがあります。特にグローバル企業にとっては、国ごとに違う規制を緩和させたほうが利益を増大させられることも多い。世界中で、より自由に売り買いができる状態にしたほうが良い。顔が見える関係のなかで売り買いしている地域の小売店を守るための

38 顔が見えない株主から経営陣が解雇されてしまうというのですから、面識経済とは程遠い状態ですね

39 それによって世界中でお金が巡るので、グローバル市場が均衡し、結果的に戦争が起きにくくなると言う経済学者もいるようです。一方、実際には規制緩和によってグローバル市場が自動的に均衡することはないと指摘する経済学者もいます

規制だったとしても、それを緩和したほうがグローバル企業も競争に参入できるようになる。地域で産出される材料を使って製品を作ることで循環型の地域経済を守るための規制だったとしても、それを撤廃したほうが世界中の安くて品質の良い製品を持ち込むことができる。政府に規制された市場ではなく、自由な市場でこそ公平な企業間競争が生まれるのであり、そこでこそ消費者は自分が欲しいものを正当に選ぶことができる。だから規制緩和すべきだ。そうすれば、消費者は本当に必要だと思うものを買うし、本当に必要なものを供給した企業の売上や利益は増大するはずだ。そうやって、地球上のどの地域にも必要なものが行き渡る世界が実現するのだ。新自由主義的な市場経済を目指す人たちはそう考えているようです。[39]

道徳と金儲け

とはいえ、こう書くと資本主義が悪者のように思われるかもしれません。しかし、資本主義は道具です。それをどう使うのかは、道具の使い手の道徳や倫理観によるところが大きい。最近では、経済活動が持続可能であるために目指すべき17の目標（SDGs）を決めたり、株主の利益を重要視する資本主義（ストックホルダー資本主義）から、従業員や顧客や地域社会など多様な関係者を重要視する資本主義（ステークホルダー資本主義）を目指そうという掛け声が多くの賛同を得たりしています。もちろん、こうした動きによってすべての問題が解決するわけではありません。SDGsやステークホルダー資本主義という掛け声を隠れ蓑にして、裏ではこれまで以上に環境を破壊し、株主の利益を最大化させ続ける企業も出てくることでしょう。資本主義は使い方次第というわけです。

複雑怪奇になってしまった資本主義経済は、油断すると利益の最大化を目指しすぎて人間や環境に悪い影響を生み出してしまう危険性がある。だからこそ、企業がどう倫理観を担保し続けることができるのかを考えておく必要がある。それが新自由主義経済とSDGsの関係性であり、古くはアダム・スミス**（人物1）**の『道徳感情論』と『国富論』の関係性であり、日本においては渋沢栄一**（人物2）**の『論語と算盤』の関係性なのでしょう。

ただ、ここで気になるのは現在の潮流が「新自由主義経済とSDGs」というように、先に新自由主義経済が出てきてしまうことです。これは私の書き方が悪かったのかもしれませんが、多くの人も同じ順番で思考してしまうのではないでしょうか。新自由主義経済が暴走すると危険だからこそ、その対抗策としてSDGsが大切なのだ、と。

しかし、資本主義が誕生した頃

人物1

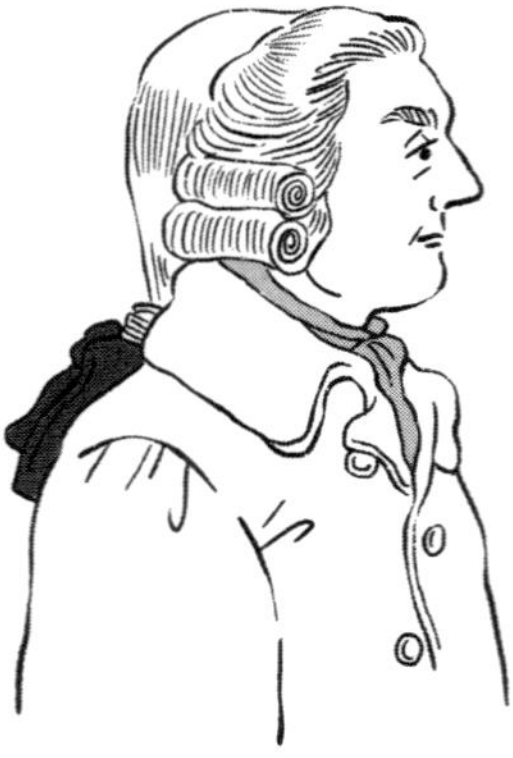

アダム・スミス（1723－1790）イギリスの経済学者、哲学者、倫理学者。古典派経済学の重要人物であり「近代経済学の父」と呼ばれる。主著に倫理学書『道徳感情論』（1759）、経済学書『国富論』（1776）など。

人物2

渋沢栄一（1840－1931）日本の実業家。数多くの会社や経済団体、銀行などの設立・運営に関わり、「日本資本主義の父」と呼ばれる。主著のタイトル『論語と算盤』（1916）に代表される道徳経済合一の思想でも広く知られる。

に遡《さかのぼ》れば、先に来るのは道徳であり、金儲けはそれに続くものであったはずなのです。「近代経済学の父」と呼ばれるアダム・スミスは1759年に『道徳感情論』を著し、共感に基づく道徳的社会のあり方を示した17年後、経済成長論としての『国富論』を著しています。[40]「日本資本主義の父」と呼ばれる渋沢栄一も、その著書名において算盤よりも論語を先に位置づけています。[41]

そう考えると、現在でもまずはSDGsがあり、そのなかでの経済行為として資本主義を考えるという順序であるべきでしょう。ところがなかなかそうもいかない。というのは、資本主義が複雑化しすぎていて、新自由主義的な思考の前提として道徳を位置づけるのが難しいからです。

では、どうすれば世界中で複雑に絡み合った新自由主義経済を道徳的なものへと改変できるのでしょうか？　経済の専門家ではない私に、その答えを示す力はありません。「主義は病気だ」と思っている私としては、社会主義でも共産主義でもない、新しい主義を発明するつもりもありません。

40 私の手元には2冊の『道徳感情論』があります。水田洋さんが初版から訳したもの（岩波文庫）と、高哲男さんが第6版から訳したもの（講談社学術文庫）です。前者は2003年に、後者は2013年に出版されています。私にとっては、どちらかというと後者のほうが読みやすかったです。また、第6版を底本とする後者には、スミスが晩年に付け加えた第6部「美徳の特徴について」が含まれていること、上下巻に分かれず1冊にまとまっていることなども勘案し、本書では高さんの訳本を参照したいと思います（アダム・スミス著、高哲男訳『道徳感情論』講談社学術文庫、2013）。また、『国富論』についても同じ翻訳者のものを参照したいと思います（アダム・スミス著、高哲男訳『国富論（上下）』講談社学術文庫、2020）

41 渋沢栄一著、守屋淳訳『現代語訳：論語と算盤』ちくま新書、2010。この本は、1916年に出版された『論語と算盤』の抄訳版です。訳者が重要だと思った章を抜き出し、訳者自身の解説も加えた本です。読みやすい内容ですが、全編が掲載されているわけではない点には注意が必要です。なお、渋沢栄一が論語について詳しく述べた本としては、1925年に出版された『論語講義』の現代語訳『孔子』が読みやすくて興味深い内容だと思います（渋沢栄一著、竹内均編・解説『孔子』三笠書房、2017）

ただし、コミュニティデザインの現場で感じている小さな可能性なら提示することができます。それは、地域に根ざした顔の見える関係性の間で行われる経済活動、つまり「面識経済」です。ここには可能性を感じる。もちろん、この「面識経済」には、非営利のものも含まれますし、趣味としての「経世済民」的活動も含まれます。こうした活動もまた、グローバル経済によって広がったフェイスブックやユーチューブを使って情報を発信していたり、スマホを使って連絡を取り合ったりしていますだから、グローバルな自由主義経済を完全に否定するわけにはいかないのですが、完全に肯定しなくても愉しく生きていくことはできそうだな、という予感はあります。つまり、ローカルもグローバルも、道徳も金儲けも、我々がどうバランスさせながら使いこなしていくのかが重要だと思うのです。[42]

以上が、ワークショップで参加者とともに話し合うときに「もし時間があるならじっくり語りたいなぁ」と思っていることです。いや、じっくり語りたいことはアートやデザインの分野にもあるのですが、今回は特に経済の分野に関する「じっくり語りたいこと」に絞って書き進めたいと思います。[43]

そこでまずは、経済思想の歴史的な変遷を大まかにおさらいしておきたいと思います。とはいえ、私は経済学の専門家ではありません。だから、かなり有名な経済思想だけを追いかけたいと思います。なぜなら、有名な経済思想は我々のような経済学の素人にも知らず知らずのうちに影響を与え

42 バランスの経済学については、イリイチやシューマッハーの思想を解説した5章で詳述します

43 ギリシアやローマ時代からのアートの歴史と、その終着点としての現代アートが「なぜ目に見えない関係性に着目しようとしているのか」などという話は、地域の未来を考える際、「目に見えない関係性が大切です」という話をするときに語りたくなるテーマです。しかし、ワークショップ中に「2000年以上にわたるアートの歴史」を語る時間はありません。もちろん本書にもそんな紙数はありません。そういう話はどこかでやりたいと思うのですが、今回は我慢して経済に関する話から逸脱しないよう心がけます

ているからです。それはつまり、ワークショップでの話し合いにも見えない影響を与えている可能性が高いということです。だからこそ、次章では、アダム・スミス、カール・マルクス、ジョン・メイナード・ケインズという3人の有名人が示した「三大経済思想」を整理し、時代に応じて揺れ動く経済思想の系譜を概観したいと思います。

第2章

スミス、マルクス、ケインズ

経済思想史を学ぶこと

1章では、コミュニティデザインのワークショップでよく出てくる意見と、その背景にある経済の考え方について述べました。この章では、自由市場や資本主義経済がどう発展してきたのかについて述べたいと思います。

まちづくりやコミュニティデザインに携わる人が、なぜ経済思想について考えるのでしょうか。我々が自分の考えだと思っていることも、多くの人から引き継いだ思想に影響を受けています。親の話、友人の話、先生の話。読んだ本の内容、観た映画の内容、ユーチューブで誰かが語っていた内容。こうしたものに少しずつ影響を受けながら「自分の考え」を作っています。つまり、他者の意見を複合的に組み合わせたものが「自分の考え」ということになります。[1]

ワークショップなどで出てくる意見の多くも、その人の意見として出されているものの、よく聞いてみるとさまざまな意見や思想を組み合わせたものであることがほとんどです。そんな意見を冷静に受け止め、それらが主にどんな思想の影響を受けているのかを理解することができれば、それぞれの意見を適切に位置づけて整理することができます。だか

1 影響を受ける「他者の意見」が少ないと、自分の意見がほとんど他者の意見と同じになってしまうことがあります。逆に、多くの意見を知り、その中から共感できるものを選び取り、それらを混ぜ合わせていくと、いつの間にか「自分の考え」のようなものができあがります。どんな意見を選び取ったのか、それらをどう混ぜ合わせたのか、というのが「自分の考え」の独自性になるのでしょう。本書もさまざまな著作から影響を受けてできあがっています。少し煩雑になるかもしれませんが、影響を受けた文章には脚注を付けて、その著作名を紹介していきたいと思います

2 作家のマーク・トウェイン（1835－1910）は、晩年に書いた『人間とは何か』のなかで、人間とはこうした外部からの影響を受けながら行動する機械のような存在だという見解を示しましたね（マーク・トウェイン著、大久保博訳『人間とは何か』角川文庫、2017）

3 アダム・スミス著、高哲男訳『国富論（上下）』講談社学術文庫、2020

らまちづくりやコミュニティデザインに携わる人は、「多くの人に影響を与えた思想」を知っておく必要があります。偉大な思想は、先生から生徒へ、親から子へ、作者から読者へ、先輩から後輩へと、現在を生きる人たちの考えのなかに継承されていくからです。[2]

ただし注意すべき点もあります。「多くの人に影響を与えた思想」は、ほとんどの場合断片的にしか継承されていません。ほかの思想と混ぜ合わされて継承されている場合もあります。曲解され、逆の意味として理解されてしまっている場合もあります。だから、なるべく元の思想を知り、そこで語られている内容を包括的に理解したうえで、現在を生きる人たちが語る言葉を補完しながら、各人の発言を整理していくことが必要になります。

例を挙げてみましょう。ワークショップで参加者に「地域の役に立つような企画を考えましょう」と呼びかけたとします。そのとき、ある人が「地域のために活動しているという人が成果を上げたことなんてあるのか？　人間は自分が儲かるためだけに活動すればいいんだ。全員が自分のことだけを考えて行動すれば、巡り巡ってそれが誰かのためになるんだよ」と主張するかもしれません。なかなか勇ましい発言です。もっともらしい響きを持っています。もし、あなたがそのワークショップの進行役だったら、こういう話をどう受け取りますか？

あなたがアダム・スミスの『国富論』の内容を知っていれば、きっと上記の発言を聞いてスミスの言葉を思い出すでしょう。[3] 確かにスミスは『国富論』のなかで「〝公共のため〟と気取っている人が成果を出した例を私は知らない。人は自分の利益だけを考えて行動すればいいんだ」というようなことを述べています。でも、同時に「自分の利益だけを考えた行動」が巡り巡って他人の利益につながるためには、「自由な市場」が担保されていなければならないとも述べています。また、それらの行動は「フェアプレイ」に則ったものでなければならないとも述べています。さらに、『国富論』より前に書かれたスミスの著書『道徳感情論』では、他者の感情に共感することが大切だと述べています。[4]その共感力を高めるためには、自分の中に「公平な観察者」を育てる必要があるとも指摘しています。「公平な観察者」を育てるためには、他者との対話を繰り返すことが大切だとも教えてくれます。なんだか「ワークショップが大切だ」と教えてくれているみたいですね。

もう少し詳しく見てみましょう。「公共のためと気取っている人が成果を出した例を私は知らない」というようなことをスミスが書いているのは、『国富論』の中盤あたりです。ちょうど有名な「見えざる手」という言葉が一度だけ本書に登場した直後です。ここは、「個人は自分の利益だけを考えて経済活動すればいい。国は輸出入の制限なんてかけなくてもいい」ということを語っている箇所です。こうした内容が、「公共の利益のために仕事をするなどと気取っている人々によって、大きな利益が実現された例を私はまったく知らない」と訳されて紹介されていることがあります。これを読むと「公共心など無くてもいい。そんなものを持っていても大して成果を出せない。自分の利益だけを考えて働け」という意味のように理解してしまいがちです。スミスが他の箇所で主張したフェアプレイ、共感力、公平な観察者とは違ったことを述べているように見えます。

4 アダム・スミス著、高哲男訳『道徳感情論』講談社学術文庫、2013

5 アダム・スミス著、高哲男訳『国富論(上)』講談社学術文庫、2020、p654。一方、水田洋さんの訳だと、同じ箇所が「わたくしは、公共の利益のために営業をするのだと気取っている人々によって、おおきな利益があたえられたことを、いままでしらない」と表現されています。前後の文脈や当時の時代背景を知る人ならこの表現でも真意が読み取られるでしょうけど、この一文だけを抜き出されてしまうと全く違う意味として捉えられてしまう危険性があります

6 繰り返しになりますが、ワークショップの進行役は参加者の意見を冷静に受け止めて、適切に進行するためにも、多くの人に影響を与えた思想をなるべく正確に理解しておく必要があります

しかし、この文章には前後も含めた文脈があります。この章でスミスは、海外との貿易に政府が制限を設けるべきではないということを語っています。つまり、「公共の利益のために仕事をするなどと気取っている人々」というのは政府の役人のことであり、国内産業を守るために輸入制限をかけようとしている人々を指しています。スミスは「そんなことをしないほうが、人々は共感に基づく取引によって、必要なものを生み出したり手に入れたりして、幸福になることができるはずだ」ということが言いたかったのだと思います。高哲男さんが翻訳した『国富論』ではそのあたりが補足されていて、「公共のためと称して貿易に影響を及ぼした人々によって、多くの望ましい結果が達成されたことなど、私は聞いたことがない」と訳されています。[5] これなら前後の文脈が理解しやすい。逆に、有名な文節を取り出して、その部分だけを強調してしまうと、違う意味の響きを持ってしまうことがあるのです。

このように、スミスが述べたことに近いことを発言するワークショップ参加者の言葉は、スミスが述べた他の言葉とセットで理解すべきだったりするのです。ところが、その一部だけを抜き出して主張されてしまうと、「自分の利益だけを考えて行動せよ」という身勝手な話として受け取られてしまうことになります。自分の利益だけを考えて行動した結果、そのコミュニティが充実したものになるためには、ほかにも考えておかねばならないことがある。こうしたことが冷静に判断できれば、そのワークショップでほかに何を話し合ったほうが良いのかが思い浮かぶことでしょう。[6]

そんなことをワークショップの現場でよく感じるので、本章では歴史を遡って250年前の経済思想から概説してみたいと思います。経済思想については、専門家の間でも解釈がいくつも存在しています。私は経済の専門家ではありませんから、ここではかなり簡単な説明になってしまうでしようし、浅はかな理解にとどまっていることでしょう。それでも、概要を頭に入れておくことで、ワークショップ参加者の言葉がどんな思想に影響を受けているのかが判断できるようになります。より詳しく知りたい方は、それぞれの思想についての専門書を読み進められることをお勧めします。

7 「スミス経済学」というのは聞き慣れない言葉だと思いますが、そのあたりについては後で説明します

経済思想の「振り子」

繰り返しますが、私は経済の専門家ではありません。コミュニティデザインの現場で参加者の発言を聞いていると、かなりの確率で経済思想が発言内容に影響を与えていると感じたからこそ、それは元々どういう思想だったのかに興味を持っただけの人間です。その意味では、実体経済よりも経済思想に興味があるのです。

経済の歴史をざっと眺めてみると、人々が幸せに暮らすために経済はどうあるべきなのかを語る経済思想があり、実際はその思想に沿ったり沿わなかったりしながら経済行為が営まれてきたことがわかります。もし、数人の社長だけを集めて経済思想を共有すれば、その社長たちは思想どおりの経済行為を遂行してくれることでしょう。しかし、世界中にさまざまな考え方を持つ社長がいて、株主がいて、労働者がいます。著名な経済思想家が「こんな思想で経済活動すべきです」と唱えても、それを知る人はごく一部でしょう。政治家も多様な考え方を尊重しなければならないので、

「これからの時代はこの思想だけで進める」とは言い切れません。

その結果、経済思想が理想とした世界にはならず、常に「そうではない状態」へと進んでいきます。それを修正し、より人々が幸せに生きることができると思われる新しい思想が登場します。経済思想の歴史は、この繰り返しだったように思います。それを私のような経済の素人が単純化して語るとすれば、①自由に経済活動すればいいんだよという「スミス経済学」、②自由じゃだめだろうという「マルクス経済学」、③ちょっと介入しながら自由でいいんだよという「ケインズ経済学」の3種類に分けられるように思います。[7] いわば、振り子が右に振れて、その反動として左に振れて、間を取って中央に位置した、といった感じです。

では、現在は③のケインズ経済学に落ち着いているのかというと、そうともいえないようです。振り子が中心にあって、うまくバランスが取れているように思えるのですが、この状態を維持するにはいろんな力が必要なようで、無駄な出費も多いようなのです。その結果、現在では「やっぱり自由に経済活動すればいいんだよ」という新自由主義的な考え方が強くなってきており、振り子は再び右の方に向かっているようなのです。一方で、コロナ禍において政府が補助金やクーポン券などを配ったように、「やっぱり政府の介入が必要だ」と一時的に振り子が少し左に戻ったりすることもあるようです。

発言の背後にある経済思想

ワークショップの参加者にも、「こうあるべきだ」という経済思想にばらつきが見られます。「役所は余計なことをしなくていい」という人もいれば、「もっと役所が我々の生活を支援すべきだ」という人もいます。「基本的には我々の自由にさせてもらいたいけど、必要なときは役所の支援があると嬉しい」という人もいます。それぞれの意見を聞きながら、「この意見は右のほうに寄ってるな」「この意見は中央のちょっと左側だな」と位置づけることができるようになれば、発言をまとめたり、組み合わせたりしやすくなります。[8] ただし、ワークショップ参加者のほとんどは、私と同じく経済思想史に詳しくない。かつて振り子が右、左、中央に位置していたことを知ったうえで自分の発言内容を選び取っているわけではありません。なんとなく、現在の「常識」として発言しているのですが、それが歴史的に見ると右のほうだったり左のほうだったりするのです。

そんなワークショップの方向性がどんなふうに決まるのかというと、多くの場合は声の大きな人が「右のほうだぞー!」と叫ぶと、ほかの参加者は経済について詳しくないので「なるほど、右なのか」と賛同する。別のワークショップでは「左しかない!」と主張し、多くの参加者が「よくわからないけど左が良さそう」という。そのたびに進行役としては「もう少しじっくり考えてみましょう」という気持ちになります。私も含めて多くの人は経済思想史の専門家ではありませんが、そ

8 頭の中に座標軸をつくって、ワークショップでの発言を適切なところに配置しながら話をまとめることができるようになると、ファシリテーションはやりやすくなります。弊社の若手コミュニティデザイナーが現場であたふたしてしまうのは、頭の中の座標軸が定まっていないため、出てくる意見に右往左往してしまうのが原因です

れでも「どういう流れで振り子が右や左に振れているのか」を知ったうえで、地域の未来について考えてみたいと思うのです。

いや、もう少し正確に表現しましょう。実は流れはひとつではないと思うのです。大きな流れは確かに「右、左、真ん中、そして右へ」というものかもしれません。しかし、仮に大きな流れが再び右へと振り切れていこうとしていたとしても、地域での生活は違う方向を目指すほうが幸せなのではないか。そんなことを考えています。つまり、大きな流れ＝グローバル経済は新自由主義的な流れになるのかもしれない。各国が自由に貿易できるように規制をなるべく撤廃し、補助金を使ってでも競争力を高め、必要なものを必要な場所へと自由に届け合うことによって地球全体として富を増幅させていくという流れです。しかし、それによって環境問題や格差問題が生じるだろうという話もあります。だから、然るべきルールが必要なのではないかという主張も頷けるところがあります。ただし、これらはいずれもグローバルな経済の話です。

一方には、顔が見える範囲のローカルな経済があるはずです。顔が見える範囲のやりとりは、相手が顔見知りだからこそ生まれる抑制力を伴うものです。暗黙のルールが存在するものです。顔が見えない相手とグローバルにやりとりするなら数字の上下だけで一喜一憂することもできるでしょうが、ローカルでのやりとりはもっと複雑な感情を内包したものになります。

そう考えると、グローバルなやりとりには環境問題や格差問題を悪化させないように制度化されたルールが必要かもしれませんが、ローカルなやりとりは人間関係や道徳を大切にしつつ自由にやりとりすればいいのではないかといえそうです。そして、経済学の始祖と呼ばれるアダム・スミスが生きた250年ほど前のイギリスは、この「顔が見える関係によるやりとり」が圧倒的に多かったのではないかと思うのです。だから、スミス経済学が自由主義経済を目指したというローカル起点の話と、２５０年後の現在が新自由主義経済であるべきだというグローバル重視の話は、前提がまるで違っているように感じるのです。

　にもかかわらず、ローカルな話をしているコミュニティデザインのワークショップにおいて、グローバルな新自由主義経済を思い描きながら発言している人がいる。これについては、発言の背後にある経済思想を共有しつつ、その歴史を紐解いて、前提となる世界観を確認したほうがいいのではないかと思うのです。

　とはいえ、ワークショップの場で「２５０年にわたる経済思想史について」を延々と語るわけにはいきません。できれば「事前の本を読んで学習してきてください」と言いたい。ところが、経済思想史の本は、できるだけ正確に、細かく語ろうとされているものが多く、読んでいるうちに「これとワークショップの発言とは、どんな関係があるんだっけ？」と思わされてしまいます。これから経済学を学ぼうという人にはどれも重要な入門書なのでしょうけど、「まちづくりのワークショップで出てくる発言の前提をちょっと共有しておきましょう」という人にとっては詳しすぎる（難しすぎる）ことが多い。

　そこで、本章に「ワークショップの発言の前提を共有するための経済

9　私が好きな経済思想史の入門書は、中村隆之さんの『はじめての経済思想史』（講談社現代新書、２０１８）、松原隆一郎さんの『経済思想入門』（ちくま学芸文庫、２０１６）、ロバート・Ｌ・ハイルブローナーさんの『入門経済思想史』（ちくま学芸文庫、２００１：原著は１９５３年出版）の３冊です。いずれも読みやすく、経済思想史の流れが時代背景とともに語られているので理解しやすい内容です。中村さんの本は、経済思想史を「道徳的条件をどう取り扱うか」という視点でまとめてくれているので、本書で語りたい内容に近いものだと感じました。松原さんの本は前半に経済思想史がまとめられており、思想家たちの考え方が詳細に紹介されています。ハイルブローナーさんの本は、思想家たちの考え方だけでなく性格や交友関係、生き方など人間味溢れる内容として語られていて興味深いものです。なお、松原さんはハイルブローナーさんの書籍の翻訳者のひとりであり、２００１年に文庫版が出版された際の訳者代表になった人でもあるため、両者の本には共通した話題がいくつか登場しています。出版年順にまずはハイルブローナーさんの本を読み、続いて

思想史」をまとめておきたいと思います。当然、専門家が読めば「そこはもっと詳しく！」とか「その思想はそんなに単純化できるものではない！」といった指摘があることでしょう。物足りなさを感じた方は、経済思想の入門書などへと読み進められることをお勧めします。

——松原さんの本を読むと内容が復習できて頭に入りやすいと思います

スミス経済学

あまり馴染みのない表現かもしれませんが、経済思想史をざっくり3種類に分けるとき、1種類目を「スミス経済学」と呼んでみることにしました。2種類目と3種類目の「マルクス経済学」と「ケインズ経済学」はよく使われる言葉だと思いますが、スミス経済学という言葉は一般的ではないでしょう。この点からして「だから経済学の素人は」とお叱りを受けそうです。古典派経済学とか主流派経済学とか、そういう呼称が一般的だとご指摘いただきそうです。もちろん、そう表記してもよかったのですが、3つとも人の名前で表現したいなと思ったのです。そのほうがなんだか覚えやすくないですか？　ひとつだけ「古典派経済学」で、続く2つが「マルクス経済学」と「ケインズ経済学」だというのは、素人にはどうも覚えにくい。「スミスとそれに続く学派を古典派経済学と呼んだのはマルクスだ」とケインズが書いていることもあって、どうも経緯がややこしい。ということで、勝手に「スミス経済学」と名付けてしまいました。

スミスとはアダム・スミスのことです。だからスミス経済学。どうか経済学者の前でスミス経済学などと「したり顔」で語らないようにしてください。「ああ、素人だな」と黙殺されるでしょうから。

私はアダム・スミスの考え方が好きです。「商品やサービスをたくさん流通させる国こそが裕福なのだ」などと主張していますから、「GDPで幸福は測れない」といわれる今の時代から顧みれば「いやいや違うだろう」と思うような主張もあるけど、やっぱり憎めないのがスミスという人です。[10]「自分の儲けだけを考えて商売していればいいんだ」「そうすれば社会の利益を生み出すことになるんだ」と言って憚《はばか》らない。その一方で、「富と名誉と出世を目指す競争においては、フェアプレイに徹するべきである」「そうでなければ社会は成り立たない」「人にされたら嫌だと思うことはしないように」といった道徳も説いています。

この人は、もともと道徳哲学の専門家だったので、倫理や道徳についてはよく考えていたようです。[11]そのうえで、どうすれば国が豊かになるのかを考え、経済学にたどり着いた。だから、表面上はとても利己的で冷たい表現が多く見られる彼の著作『国富論』も、その土台に道徳や愛が感じられるのです。

その良さは、スミスが生きた18世紀のイギリスが「顔の見える関係性」を多く残す国だったから生まれたものなのかもしれません。スーパーマーケットもコンビニもネット販売も無かった時代。日常生活に必要

10 その背景としては、当時が重商主義の時代だったことが挙げられますが、これについては後述します

11 スコットランド生まれのスミスは、グラスゴー大学でスコットランド啓蒙の哲学者フランシス・ハッチソン（1694-1746）の教えを受けました。卒業後に母校へ戻ったスミスは、ハッチソンの後任として道徳哲学を教えています

12 『道徳感情論』の第一章「共感について」は、以下のような文章から始まります。「いかに利己的であるように見えようと、人間本性のなかには、他人の運命に関心をもち、他人の幸福をかけがえのないものとするいくつかの推進力が含まれている。人間がそれから受け取るものは、それを眺めることによって得られる喜びの他に何も無い。哀れみや同情がこの種のもので、他人の苦悩を目の当たりにし、事態をくっきりと認識したときに感じる情動に他ならない。我々がしばしば他人の悲哀から悲しみを引き出すという事実は、例証するまでもなく明らかである。この感情は、人間本性が持つ他のすべて

なものは近所の商店で購入していたわけです。あるいは購入せずに、ご近所同士で都合し合っていたことでしょう。「ちょっとたくさん作ったからおすそ分け」「どうもありがとう。じゃ、お返しにうちで作ったものを」といった、貨幣を介さない「顔の見えるやりとり」がかなりあった時代のイギリスで、国の経済について考えていたということです。

そんな日常から考える経済思想は、人間の感情や道徳の共有を前提としていました。実際、スミスは本格的に経済思想を語る『国富論』（1776年）を書く17年前に、『道徳感情論』（1759年）という哲学書を出版しています。「人間は他人の喜怒哀楽を想像し、共感することができるよね」という『道徳感情論』は、遠く離れた「顔が見えない人」の感情も、近くに住む「顔が見える人」と同じように感じることができる、という人間の特性について論じたものです。[12]この特性は人間同士の社会的な交流によって養われ、いずれ「公平な観察者」として道徳的な判断ができる人へと成長するというのがスミスの考え方なのですが、私にはこの本がローカルな視点、地域における人間関係のあり方から発想されたように思えて仕方ありません。そして、そこがとても大切な点だと思えるのです。[13]我々の仕事に引き付けていえば、近所づきあいが希薄になった現代において、ワークショップでの対話を続けることによって、道徳的な判断ができる地域住民を増やしていくことができるのではないか、と思わせてくれる思想です。

の根源的な激情と同様に、高潔で慈悲深い人間がおそらくもっとも敏感に感じるものではあるではあろうが、しかし、そのような人間に限られるわけではない。手の施しようがない悪党や、社会の法のもっとも冷酷かつ常習的な侵犯者でさえ、それをまったくもたないわけではないのである（アダム・スミス著、高哲男訳『道徳感情論』講談社学術文庫、2013、p30）」

13 スミスは『道徳感情論』の第4版の出版時に「人間がまず隣人の、次に自分自身の行為や特徴を、自然に判断する際の原動力を分析するための論考」という長い副題を付けています。まさに隣人との顔が見える関係、面識関係から考え始めているということを示していますねそんな『道徳感情論』を前提として、『国富論』では「自分の利益だけを考えて物を作れば、それは必ず誰かが必要としている物である」、「それが自由に取引される市場に出品されれば、必要としている人が購入してくれる」という話になり、だから市場は自由であるべきなんだ、政府が特定の商品を優遇したり流通を規制したりしないほうがいいんだ、という考え方へとつながります。市場を自由放任状態にしておけば、「見えざる手」が差配してくれるかのように、必要な物が必要な人のもとに届くことになる。スミスはそう考えたのです。[14]

よくデザイナーは「あなたが本当に好きだと思える物をデザインしなさい。それはきっと誰かにとって欲しい物になるから」という教育を受けるのですが、その考え方は多分にスミス的です。デザイナーの心にも「公平な観察者」が宿っており、市場におけるフェアプレイを基本にしながら、自分の利益を追求して新たなデザインを提供する。それが自由市場を通じて必要とする人のもとに届く。そんな考え方です。[15]

ただし、現在のデザインを取り巻く状況は、少しややこしいものになっています。広告などによって、人が必要だと思っていなかった物を「欲しい物」へと仕立て上げることができてしまうからです。人の心に「欲しい物」という欲望を生み出させるというデザイン行為が「フェアプレイ」かどうかは検討の余地があります。必要のないものなのに、新

14 逆に言えば、政府の役人が「見えざる手」で市場を規制したり調整したりしないほうがいい、という主張だったのでしょう

15 ただし、そのためにはデザイナー自身に道徳哲学が根付いていなければなりません

16 この点を鋭く指摘したのが1971年に出版されたヴィクター・パパネックの『生きのびるためのデザイン』です。つまり、もう50年以上前からデザイナー自身によってデザイナーの社会性や倫理観が求められているにもかかわらず、状況はますます欲望増幅マシーンとしてのデザイナーを増やしてしまっている気がします。そのくせ、デザイナーは人工知能によるデザイン生成技術に怯えています。社会性や倫理観を持たないデザイナーは、人工知能にその仕事を奪われても仕方ないのではないか、と突き放してしまいそうになりますが、だからこそ若いデザイナーたちは「人類がこの地球で生きのびるためのデザイン」に取り組むべきだと思います。そんなことを『新版：生きのびるためのデザイン』の巻末に掲載さ

しいデザイン、かわいいデザインとして登場したから欲しくなる。その結果、消費者はそれらの支払いのために労働を続けなければならず、それらの製品を大量生産するために地球の資源を浪費することにもなる。デザイナーはその責任を負っているわけですが、この点についての道徳的視点を持ち合わせているデザイナーはそれほど多くないように感じます。[16]

　スミスが『国富論』を書いていた18世紀には、生活必需品が十分に揃った家庭は少なかったことでしょう。労働したくても労働できない人も多かったことでしょう。ましてや、顔が見えないくらい遠方で作られた物を購入するという機会も少なかったことでしょう。だからこそ、必要な物を作れば必要な人が購入してくれるし、作る仕事が増えれば労働したい人が働くこともできると考えることができたわけです。生活必需品が揃い、特に欲しいものがなくなり、糸井重里さんが「ほしいものが、ほしいわ。」（１９８８年）というコピーを生み出してから30年以上経った現在とは違う状況だったといえます。

　そう考えると、現在のデザイナーが「自分が欲しい物を作れば、必ず他人もそれを欲しがるはず」と信じてものづくりに邁進すること自体が道徳的な行為だといえるかどうかは怪しくなるのです。そして、そんなものづくりを応援するかのように人々の購買欲求を駆り立てる広告もまた、道徳的な行為かどうかを疑わねばならないのです。[17]

　そして最も重要なことは、そんなデザイナーや広告屋によって、市民は欲しい物を増やされ続け

れている「解説」に書きました（ヴィクター・パパネック著、阿部公正訳『新版：生きのびるためのデザイン』晶文社、２０２4、p274-285）

17 ベネトンの広告予算を使って社会問題を扱い続けたオリビエーロ・トスカーニは『道徳感情論』的だったのかもしれません（オリビエーロ・トスカーニ著、岡元麻理恵訳『広告は私たちに微笑みかける死体』紀伊國屋書店、１９９７）

ているということです。欲しい物が増え続ける市民は、それを購入するために働き続けて貨幣を手に入れなければなりません。前章で述べたとおり「生きていくためにはお金が必要だ」という発想になってしまうわけです。その結果、「まちづくりのためのワークショップなんかに出席している暇はない。仕事が忙しいし、消費にも忙しいんだから！」という話になります。

これは「顔が見える関係性だったらいろいろと違ってくるだろうな」と思わされるような状態です。スミスはきっと、２５０年後に「人々の欲望と不安を煽って消費を促すような商売」が登場するとは思っていなかったでしょう。地域社会では、そんなことをする人が登場する余地はないからです。そんなことをしたら末代まで嫌われてしまうと信じられていたでしょう。[18] でも、顔が見えない人に対してならそれができてしまう。[19] 大量消費社会というのは、スミスが予測した「豊かな社会」を歪めながら増幅させてしまった結果のようです。

分業について

もうひとつ、スミスが分析したことに「分業」があります。[20] 国を豊か

18 当時のイギリスなら「神に見放される」と信じられていたかもしれませんね

19 スミスが生きた時代のイギリスなら、神の存在がいまの日本より近く感じられたかもしれません。その場合、顔が見えない人に対しても不義理なことはできなかったことでしょう。神が見ているかもしれないからです。ちなみに、スミスが『道徳感情論』や『国富論』の内容を「神の存在」によって説明しようとしなかったのは、宗教ではなく人間の理性を重視するスコットランド啓蒙思想の影響だといえるでしょう

20 『国富論』の第一章のタイトルは「分業について」です。また、続く二章と三章も分業についての分析です

21 アダム・スミス著、高哲男訳『国富論（上）』講談社学術文庫、２０２０、p33

22 分業しないと、労働者は1日で1本しかピンをつくることはできないでしょう。ところが分業すると、1人で1日あたり４８００本のピンをつくること

にするには、たくさんのものを生産する必要がある。分業はものづくりの生産性を高めることに貢献している、とスミスは指摘したのです。

たとえば布などを留めるピンをつくる工場では、「一人の従業員が針金を引き伸ばし、他の従業員が真っ直ぐにし、三人目が切断し、四人目が先端を尖らせ、五人目はヘッドを支えるために反対側の先を削る。ヘッドを作るには、さらに二つか三つの異なった作業が必要だが、それを付けるのはまったく別の作業だし、ピンを白く塗るのはさらに別の作業である。出来上がったピンを紙で包むことさえ、独立の仕事になる」[21]といったように、分業すると1日に多くのピンを生産することができます。ピン先を尖らせる役割の人も、初日は尖らせるのに時間がかかることでしょう。しかし、慣れてくればたくさんのピンの先を尖らせることができる。同じくピンのヘッド（頭）を作る人も効率的に仕事をこなすようになる。その結果、一人でピンを1本ずつ完成させていたときに比べて格段に生産量を高めることができる[22]。そういう考え方です。

これもきっと同じ工房のなかで、顔の見える仲間同士が分業している状態をイメージしていたのではないでしょうか[23]。それが大規模化し、それぞれが別の部屋で作業するくらい大人数になっても、ピン先を尖らせる人のことを想像しながらピンの頭を作ることができる。感情を共有しながら仕事ができる。ところがイギリスの産業革命が高度化し、ピンを作る工程のところどころに機械が入り込むと、分業は機械と人間の作業を分けることになる。感情が共有できない機械との共同作業にな

―ができる、とスミスは述べています

23 実際、『国富論』の最初に登場する分業についての説明は、スミス自身が観察した労働者10人のピン製作工場の情景でした。まさに顔が見える関係のうちに働く人たちを観察しながら分業について考察していたのです。「このような分野で使用される労働者は、しばしば同じ仕事場に集められ、監督の目の届く範囲に配置されていることが大きな理由である」とスミス自身が述べています（アダム・スミス著、高哲男訳『国富論（上）』講談社学術文庫、2020、p32-33）

るわけです。さらには国際分業になり、ある国で作られた生地を輸入して別の国で裁断したり縫製したりして、それをさらに別の国の店舗に並べて販売する。[24] これではもう、顔が見えないだけでなく感情すら共有できなくなりそうです。そんな商品を市民は購入することになるわけですから、「作り手の気持ち」を共有するのは難しいでしょう。

スミスと同じイギリスで、１００年後くらいに分業を批判した人たちがいます。[25] 19世紀に活躍したトマス・カーライル（**人物3**）、ジョン・ラスキン（**人物4**）、ウィリアム・モリス（**人物5**）といった思想家たちです。スミスの時代に比べて、さらに機械化が進んだ労働現場において、分業は人間を分断し、労働の悦びを減じさせていると指摘したのです。[26] なかでもモリスの後輩たちが進めた「アーツ・アンド・クラフツ運動」は有名です。

ラスキンやモリスの指摘は50年くらいかけて日本にも伝わり、20世紀には柳宗悦《やなぎむねよし》（**人物6**）をはじめとする民藝運動が「労働の悦び」を中心に据えたものづくりの重要性を説くことになります。特に河井寛次郎（**人物7**）は手仕事に宿る悦びを重視した作家でした。民藝作家のなかには分業によって作品を作る人もいますが、その働き方は顔が見える関係性であること、仕事の悦びを減じない分業であることなどに注意しているようです。[27]

民藝運動が始まってから１００年経った21世紀の現在、グローバル経済の名の下に国際分業が当たり前になり、仕事に悦びを見出そうという話は夢物語のように感じられる社会になってしまいま

24 スミスの時代、分業は零細企業によく見られた特徴だったようです。大企業になると顔が見えなくなるので、監督できなくなる。だから分業はあまり見られなくなったようです。「零細な製造業と比べた場合、大規模な製造業でも実際には仕事をずっと多くの部分に細分化しているのだが、後者では分業がそれほど目につかないため、観察される機会がずっとすくなかった（アダム・スミス著、高哲男訳『国富論（上）』講談社学術文庫、２０２０、p32）」。しかし、現在では顔が見えないくらい大規模で遠隔になっても、国際的な分業ができてしまうような技術力を我々は手に入れています

人物3

トマス・カーライル（１７９５－１８８１）
イギリスの歴史家、評論家。ドイツ文学の研究でも知られ、ゲーテとの往復書簡がある。英雄崇拝を強調し、『過去と現在』（１８４３）で人道主義の立場から資本主義を批判した。

人物4

ジョン・ラスキン（１８１９－１９００）
イギリスの美術批評家、社会改良家。ウィリアム・モリスやアーツ・アンド・クラフツ運動にも大きな影響を与えた。主著に『近代画家論』（１８４３－１８６０）、『この最後の者にも』（１８６２）など。

人物5

ウィリアム・モリス（１８３４－１８９６）
イギリスの思想家、詩人、デザイナー。アーツ・アンド・クラフツ運動の主導者であり、「近代デザインの父」と呼ばれる。『ユートピアだより』（１８９０）では理想的な社会主義の世界を描いている。

した。つまり、この２５０年間、分業推進（とそれによる経済成長）が主流であり続けたということです。アーツ・アンド・クラフツ運動や民藝運動などは、分業を批判したものの、結果的には経済の傍流でしかなかったということかもしれません。

　しかし、この傍流は現在にもつながっています。各地で「丁寧な手仕事」が見直され、顔が見える関係性や地域（ローカル）が大切にされています。効率的ではないかもしれませんが、自分で責任を持って材料を選び、それを加工し、自分の言葉でそれを説明しながら販売する。そんなふうに、あえて分業しない働き方が見直されています。農林漁業の6次産業化[28]にも、根本には同様の哲学が横たわっているように感じます。

　250年前のローカルを起点としたスミスの経済学は、産業革命の波に乗って主流派経済学となり、グローバルな社会における国富の増加（経済成長）や国際的な分業へと展開しました。一方、アーツ・アンド・クラフツや民藝などの運動もまた傍流として脈々と大切なことを伝え続けてくれています。現在のところ、主流はグローバルに対応し、傍流はローカルに対応しているように見えます。ワークショップで地域（ローカル）について考えようと思うとき、主流と傍流、グローバルとローカル

人物6

柳宗悦（1889－1961）日本の美術評論家、宗教哲学者、思想家。芸術を哲学的に探求し、日用品に美と職人の手仕事の価値を見出す民藝運動を主唱した。主著に『工藝の道』（1929）、『手仕事の日本』（1948）など。

人物7

河井寛次郎（1890－1966）日本の陶芸家。その作風は、中国の古陶器を模範にした「初期」、用の美を表現した「中期」、普遍的な造形を追求した「後期」に分けられる。柳宗悦、濱田庄司らと民藝運動を推し進めた。

を錯綜させないようにしたいものです。つまり、グローバルな経済思想をローカルな活動の思想的支柱としないように注意する必要があります。それをしてしまうと、さまざまな面で矛盾が生じてしまうからです。

25 実はスミスも分業には肯定的な部分と否定的な部分がありました。『国富論』の第一編で「分業が生産性を高めている」という観察と分析を行ったうえで、第五編では分業が人間をダメにすると警鐘を鳴らしています。具体的には以下のとおりです。「分業が進展してくると、労働によって生きるほとんどすべての職業、すなわち国民の大部分の職業は、しばしば少数のきわめて単純な作業に限定されてくる。だが、大部分の人間の理解力は、必然的にその通常の職業によって形成される。人生のすべてを、（中略）単純な作業の遂行に費やす人間は、（中略）困難を除去するための方策を見つけ出すことにおいて、理解力を行使したり、想像力を発揮したりする機会をもつことがない。それゆえ、彼は自然にそのような努力をする習慣を失い、一般的に人間という被造物がここまでなれるかというほど、愚かで無知になってしまう。心の麻痺状態は、あらゆる理にかなった会話を楽しみ参加することを不可能にするだけでなく、寛大で、高貴で優しい感情を理解し、私的な生活における通常の義務にかんする多くの正当な判断を下すことさえ、結果的にできないようにする（アダム・スミス著、高哲男訳『国富論（下）』講談社学術文庫、２０２０、p420）」

26 このあたりの話は次章で詳述します

27 例えば、民藝の思想を現代に引き継ぐ「出西窯《しゅっさいがま》（島根県）」は分業によって生産量と品質を安定させてきましたが、このときの分業は顔が見える関係性が前提となったものです。お互いの顔が見えないほど離れた場所で分業したり、間に機械だけに任せる作業が入ったりしているわけではありません。こういう「人間が太古の昔からやってきた分業」と、「ひとまとまりの作業をさらに細かく分ける分業」は、同じ「分業」という言葉を使いますが別のものだと考えたほうがいいでしょう。前者の「顔が見える分業」を「分業」と呼ぶなら、後者の「ひとまとまりの仕事をさらに分ける分業」のことは「細分業」とでも呼ぶのが適切なのかもしれません。このあたりのことを、『出西窯と民藝の師たち』の巻末に掲載されている「解説」に書きました（多々納弘光『出西窯と民藝の師たち』青幻舎、２０２３、p213-219）

28 1次産業（原料生産）×2次産業（加工）×3次産業（販売）＝6次産業化

その意味で、ローカルから生まれて主流へとつながったスミスの経済思想を、今の時代にもう一度しっかり学び直しておきたいと思うのです。スミス自身、経済を考えるときはまずローカルの農業（1次産業）、次にローカルの製造業（2次産業）、最後にグローバルな経済について考えるべきだという順序を説いています。[29]

重商主義という時代背景

ここで、スミスが『国富論』を書くことになった時代背景についても触れておきたいと思います。『国富論』より前のイギリスは、ヨーロッパの覇権争いに心血を注いでいました。軍事力を高め、植民地を拡大し、うまく経営してイギリスに多くの金銀を集中させることが国を富ませることになる。そう考えられていました。いわゆる「重商主義」です。だから政府は輸入を制限して金銀が流出しないようにしつつ、輸出を促進して対価としての金銀を増やそうとしていたのです。「国の富は金銀の量が決める」というわけです。

その結果、軍事力強化のために多くの費用をかけ、他国を支配しては不平等な交易によって金銀を増やす。国家は金銀が得られる輸出を推奨

29 「事物の自然な進路に従えば、あらゆる成長しつつある社会の資本の大部分は、まず農業に、そのあとで製造業に、そして最後に、外国貿易へと導かれるのである（アダム・スミス著、高哲男訳『国富論（上）』講談社学術文庫、2020、p555-556）」

30 スミスは『国富論』の第四編第一章で「商業、つまり重商主義の体系と原動力について」述べています。その一節で「富は貨幣であるとか、金や銀であるというのは、交換の手段および価値の尺度としての貨幣の二重の機能から自然に発生する通俗的な観念である」と語り、続く二節で「豊かな国とは、金持ちの人間と同じ仕方で、貨幣がたくさんある国のことだと考えられているし、どの国であれ、金や銀を蓄積することは、国を富ませるもっとも手短な方法だと信じられている」としたうえで、第十七節で「富は貨幣に、すなわち金や銀にあるのではなく、貨幣が購入するものにある」とスミスは述べています（アダム・スミス著、高哲男訳『国富論（上）』講談社学術文庫、2020、p615-628）

し、逆に金銀を国外に支払ってしまう輸入は控えるよう規制する。これが国を富ます方法だと信じられていたようです。

そんな風潮に対して、スミスは異を唱えた。国富とは他国の支配や貿易で金銀を増やすことではない。自国の懸命な労働によって物を増やすことこそが国富である。そう主張したわけです。[30]私はスミスについて語り始めた冒頭に「物をたくさん持つ国が豊かだという、現代から見れば時代錯誤な考え方をしている」と書きましたが、その背景には重商主義からの脱却という命題があったのです。少なくともスミスの時代には、「金銀を多く持つことが国の豊かさではなく、国民が使うことができる物やサービスが多く存在する国こそが豊かなのだ」と言わなければならなかった。そういうことなのでしょう。だって、金銀財宝は食べられないし、土も掘れないし、ピンの先を削ることもできないのだから。だからこそ、市民が必要だと思うものを別の市民が作り、それを自由にやりとりできる市場を準備することこそが「国富」につながる方法だと主張したわけです。[31]

スミスが『国富論』を書いてから約100年後、同じくイギリスの思想家であるジョン・ラスキンは『この最後の者にも』(1862年)を書きました。このなかでラスキンは、「人生こそが財産である。その財産を使って他の人に良い影響を与えましょう。そういう人生こそが豊かな人生であり、そういう人がたくさん住む国こそが豊かな国なのです」という国富論を説きました。[32]「国の富とは何か」についていえば、私はスミスよりもラスキンの考え方が好きです。ただし、こ

31 金や銀をたくさん手に入れるために他国と戦争したり、金や銀を国外へと流出させないよう政府が貿易を規制したりすることを、スミスは『国富論』第四編第一章の後半と第二章で批判しています。それが、先に挙げた「公共のためと称して貿易に影響を及ぼした人々によって、多くの望ましい結果が達成されたことなど、私は聞いたことがない」という言葉につながるのです

32 この点については次章で詳述します

れは時代が違うし時代背景も違う話なので、後世から見た人間の勝手な好き嫌いの話だと聞き流してください。スミスやラスキンが「富んだ国」と表現したものを「富んだ地域」と読み替えてみれば、私には金銀をたくさん蓄えた地域（重商主義的地域）が富んだ地域だとは思えないし、物をたくさん蓄えた地域（国富論的地域）が富んだ地域だとも思えない。むしろラスキンが言うように、「他の人に良い影響を与え続ける人」がたくさん住む地域こそが富んだ地域だと思います。[33]もちろん、「他の人に与える良い影響」のなかには、必要な物を生産したりそれを販売したりすることも含まれますが、その量だけが地域の豊かさを測る指標だとは思えないのです。

だからこそ、コミュニティデザインのワークショップでは顔が見える関係づくりを重視し、信頼できる関係性を構築し、他の人に良い影響を与えるようなつながりを生み出したいと考えています。同時に、しつこいくらい他者との対話を繰り返したいと思います。なぜなら、道徳感情の共感や、心の中に育まれる「公平な観察者」は、他者との対話から生まれてくるものだとスミスが指摘しているからです。地域で貨幣のやりとりが生じてもいいと思いますが、他者を押しのけたり欺《あざむ》いたりしないフェアプレイであることや、貨幣をたくさん蓄えることが目的化しないように注意したいと思っています。

以上のようなことを考えながらワークショップで出る意見を聞いているので、参加者からの意見の背景にある経済思想がどんなものなのかがとても気になるのです。古典派経済学と呼ばれるスミスの考え方は、地域社会における対話、交流から発想した『道徳感情論』と、そこから発想して金銀を溜め込むのではない『国富論』を大胆に論じたという意味で好きな思想です。そして、スミス

33 ジョン・ラスキン著、飯塚一郎ほか訳『この最後の者にも』中央公論新社、2008、p158

以後にもマルクス、ケインズと振り子を大胆に揺り戻すような思想が登場しました。これらについても概説してみたいと思います。

マルクス経済学

スミスは「人間は他人の感情に共感し、道徳的な判断ができる存在である」と信じました。そのうえで、自分が必要だと思うものを作れば、それを必要とする人がどこかに必ずいるものだと考えました。それを届けるためには自由な市場の存在が不可欠であり、それがあれば必要なものを市場から調達することができるとしました。つまり人々は、道徳に反しない限り必要だと思う物を作って市場に出せば、それが巡り巡って必要とする人に届くことになるわけです。まるで「見えざる手」が差配しているかのように。

それから約100年。カール・マルクス（**人物8**）は『資本論』（1867年）を書きました。ラスキンが『この最後の者にも』を書いた5年後です。スミスが描いたとおりの未来になっていたでしょうか。残念ながら、理想的な未来は実現されていませんでした。必要な物が必要な人へとちゃんと届く仕組みになっていなかったのです。また、フェアプレイに則った道徳的な社会にもなっていなかったのです。

人物8

カール・マルクス（1818－1883）
ドイツの哲学者、経済学者、革命家。科学的社会主義の創始者。マルクス経済学は20世紀以降の国際政治や思想に多大な影響を与えた。主著に『共産党宣言』（1848）、『資本論』（1867）、など。

もちろん、スミスの時代に比べれば産業革命はますます進み、分業と機械化によって多くの物が作られ、安く販売されるようになっていました。しかし、その安い商品でさえ買えないくらい貧乏な労働者たちが増えていたのです。なぜなのか。そのことを考えたのがマルクスです。

たとえば、ある労働者が小麦をこねてパンを作ったとします。これを１つ１００円で販売する。これが売れれば、労働者は利益を手にします。原材料費や光熱費や地代や人件費（＝諸経費）を除くと、パン１つあたり10円の利益が手に入るとしましょう。[34] １家５人が１日に１０００個のパンを焼いて販売すれば１万円の利益が手に入り、１ヶ月に20日間働けば20万円を得ることになります。

このパンを仕入れてサンドイッチを作って販売する人も同様です。１００円のパンを仕入れて、１家５人でハムや野菜を挟み、１つ３００円で販売する。諸経費を除いてサンドイッチ１つあたり30円の利益があるとすれば、１日に４００個売って１万２０００円の利益が得られる。１ヶ月に20日間働けば24万円を得ることになります。

このように何かを作って販売するときには、その原材料費などの諸経費を考慮したうえで利益を生み出そうとします。何をいくらで仕入れて、どれくらい作り、いかほどの利益を得るか。そんなことを考えます。これと同じように、「労働者の〝労働力〟を仕入れて、たっぷり労働してもらい、利益を最大化させようとするのが資本家だ」とマルクスは指摘します。

34 １００円のパンを売って10円の利益があるので、営業利益は10％ということになります

35 工場法が成立する前のイギリスは過酷な労働が横行していたようです

36 先のサンドイッチ屋は、１家５人で機械を使わず１日４００個のサンドイッチを作って販売すると想定しましたので、ここでは労働者５人が工程の一部を機械化し、労働時間も15時間まで延長させると、それが１０００個に増えると仮定しています

37 30万円 ×26日＝７８０万円

自分自身が小麦を購入してパンを焼くのではない。パンを購入してサンドイッチを作るのでもない。資本家は労働者の「労働力」を購入して、その労働者にパンを焼いたりサンドイッチを作ったりしてもらう。小麦やパンは購入した分しか手に入らないけれども、「労働力」は長時間労働させたり無理やり頑張らせたりすれば購入した金額以上の利益を生み出してくれる。こうして生まれた利益は資本家のものになるというわけです。

当時の資本家は、労働者を1日15時間以上、1ヶ月に26日以上働かせ、なるべく利益を増大させようとしたようです。[35] たとえば、5人の従業員を雇い、機械の力も借りながら1日15時間労働で1000個のサンドイッチを作るとします。[36] 300円のサンドイッチは1日30万円の売上になり、1ヶ月（26日労働）で780万円の売上となります。[37] 一方、5人の労働者にそれぞれ20万円の月給を支払えば合計で100万円。残り680万円のうち、いくらが材料費に充てられ、地代に充てられ、光熱費に充てられ、機械の導入費や維持費に充てられ、そしていくらが資本家の手にわたっているのかはわかりません。でもきっと、資本家の取り分は労働者の月収20万円より多いでしょうね。資本家は自ら労働に携わっているわけではないにもかかわらず、ですよ。

それにしても1日15時間労働、1ヶ月に26日労働とは非情な条件です。しかし、資本家はできれば同じ賃金で1日18時間働かせたいし、1ヶ月28日働かせたい。そのほうが利益を上げられるからです。工場法や労働基準法が制定されるまでは、資本家によって労働者は「労働力」という商品を極めて安く購入されていたというわけです。

給料の算定基準

たくさんのサンドイッチを作って、売上が上がったら、労働者の賃金も上がればいいのですが、すでに分業が進み、その一部は機械が担当しているので、厳密に誰がどれだけ働いたのかを判断するのが難しい状態です。そこで、労働者の給料は「再生産費」という考え方から算定されます。一日中、パンやサンドイッチを生産してクタクタになった労働者が、翌日もまた生産できる状態になるためには、食事、睡眠、遊びなど「余暇のための時間と費用」が必要となります。「そのために週に1日の休日と1ヶ月20万円くらい必要だろう」ということであれば、週休1日で月給20万円になるというわけです。「週に1日の休日と月に20万円の給料があれば、クタクタになったあなたもまた翌日から生産できるようになるでしょう」ということです。

現在では労働に関するさまざまな法律が整っているため、19世紀にマルクスが生きた社会のように1日15時間以上、週に6日以上働かされるということはほとんどなくなりました。[38] また、最低賃金が法的に決められ、安すぎる給料は設定できないことになっています。しかし、マルクスが指摘した「再生産費に基づく給与計算」は未だにその影を残してい

38 そうなるためにマルクスたちの指摘が重要な役割を果たしました。そして、ほかにも労働者の働き方を調査した人たち、貧困者の生活を調査した人たちがいました。その多くは産業革命期のイギリスの研究者でした。代表的な人物として、チャールズ・ブース（1840-1916）とベンジャミン・シーボーム・ラウントリー（1871-1954）が挙げられるでしょう。2人は友人であり、それぞれロンドンとヨークの貧困調査を行いました

39 自分がどれくらい働いたら、いくらくらいの給料になるのか。その根拠がしっかり示されている職場は多くありません。担当する業務数が増えても、その分の給料が増えるわけではないというのが一般的な給与体系です。会社全体の業績が上がれば、その分はボーナスとして支払われるということもありますが、その金額の根拠も明確ではないことがほとんどです

40 あるいは奴隷という、当時は同じ人間とは考えられなかった労働力に頼っている地域もありました

ます。分業と機械化が労働を複雑化し、会社の売上のうち自分がどれだけ貢献できているのかが見えにくくなっているからこそ、会社から提示される給与で納得するしかないのです[39]。しかし、実際には会社の総売上から、株主への配当、銀行の借り入れに対する利子、会社の建物の家賃や地代、そしてさらなる設備投資費などが引かれています。つまり、労働者以外へと流れているお金がかなり多いのです。

資本家側から見れば、再生産費をなるべく低く見積もり、その給料でも働き続けてくれる人を雇い、利益を最大化させて、さらなる機械化を進めることができれば、人件費をさらに削減することができます。もちろん労働者の賃金は生活必需品が買い揃えられるかどうかわからないギリギリまで切り詰めます。すると資本家が手にする利益が増大します。こう考えている資本家の心には、スミスが唱えたフェアプレイや公平な観察者はほとんど存在していないように見えます。マルクスにもそう見えたことでしょう。

なぜ資本家はそんな非人道的な経営を進められたのでしょうか。ここにも「顔が見える関係」が失われたという原因があるように感じます。家族経営だった頃の店や工場は、お互いの顔が見えているから無茶な働かせ方はできない。それが少し大きくなっても経営者は従業員の顔が見えているし、従業員の家族もまた地域に住んでいる顔が見える関係の人々だから無茶な働かせ方はできない。ところが、店や工場の規模が大きくなり、店舗が増え、機械化が進み、外部からの融資が入り、株主の数が多くなると、事業は顔が見えない人たちによって進められることになります[40]。株主は働いている人たちの顔が見えないので、経営者に対して利益を上げるよう求めるだけ。経営者はそれを受けて部門長や店長に経営改善を求めるだけ。店長は従業員の顔が見えているはずなのに、上層部からの指示に従わざるを得ない。働いている人たちが愛想を尽かして辞めていくと、非正規雇用の従業員を増やしてでも働いてもらわねばならないし、利益を上げ続けなければならない。どんどん顔が見える関係が減ってしまい、そこに含まれていた配慮や感謝や道徳や倫理など「目に見えない価値」が減じていってしまうでしょう。仕事で疲れた身体と精神を休めるための「再生産費」もできるだけ低く見積もり、それを給料という形で支給するということになってしまいます。なんだか淋しい関係性ですね。

再生産費まで消費の対象に

さらに最近では、この「再生産費」まで消費の対象とみなされています。再生産は英語で「リ・クリエーション」。いわゆるレクリエーションです。明日もまた生産できる状態まで回復させるために、レクリエーションの時間と費用が用意される。ところが、このレクリエーションまでもが「お金がなければ味わえないもの」と思われています。再生産費としてもらった給料から、レクリエーションを楽しむための費用を支払っている。自分で食事を作るのではなく、話題のお店で食事をする。洋服や化粧品を購入して喜んだり、遠方に旅行してはレクリエーションを楽しんだりする。しかし、それにはもれなくお金が必要になる。

41 将来の再生産費をまとめて前借りし、その後は手に入った再生産費の一部を利子も含めた返済に充て続ける、というのがローンの仕組みですね

42 だからこそ、我々が開催するワークショップでは、人生の哲学について学び合ったり、1日24時間の時間割を見直してもらったりしています。「早く具体的な計画や設計の話をしようよ」と言われても、「もう少しだけ人生について考えましょう」と言って、なかなか本題に入らないワークショップばかりしています

43 このあたりのことは前章でも検討しましたね。あれは再生産費の話だったというわけです

なかには再生産費を超えて、ローンを組んでレクリエーションを楽しむ人までいるようです。[41]

そのために仕事を減らすことができない。働き続けなければならない。だから「まちづくりのワークショップに参加する時間などない」ということになるわけです。でも、ワークショップに参加すること自体をレクリエーションだと捉えることができれば、ほとんどお金を使うことなく愉しむことができる。なるべく広告を観ないようにして、欲しい物を増やさないようにする。そうすれば、欲しい物を購入するための貨幣を稼ぐ必要性が低下し、仕事が忙しすぎてワークショップに参加できないという状態に陥らずに済みます。我々は、ワークショップ参加者とよくそんな話をしています。「まちづくりのワークショップ」と言われますが、その根底には我々自身の「生き方」の問題があるように思えます。[42]

18世紀や19世紀の再生産費は、文字通り再生産のためにギリギリな賃金として支払われていたことでしょう。余分な物を購入するお金はなかったし、必要なものすら買えないこともあったはずです。それが20世紀の経済成長によって給料も増え、必要なものが購入できるようになってきた。さらに、必要ではない物まで欲しくなるような広告を目にする機会が増え、給料が足りなければローンを組んでも手に入れようとする人たちも現れた。そんな21世紀を生きる我々にとって、「生きていくためにはお金が必要だ」というときの「お金」はどれほどのものなのでしょうか。それは再生産費のことでしょうか。それとも生活必需品以外の嗜好品を購入する費用を含むのでしょうか。[43]

ワークショップで「生きていくためにはお金が必要だ」という意見が出るたびに、「それは再生産費が必要だということですか、それとも嗜好品を含めたお金のことですか」と問い直したくなるのですが、そう語る人の身なりを見れば嗜好品を含めたお金だということがすぐにわかるので問わないことにしています。

18世紀や19世紀に比べれば、20世紀の経済成長によってイギリスも日本も相対的に豊かになったといえるでしょう。「生活必需品が手に入らない」という状況ではない人が大半だという国になりました。先にその段階へと進むことができた国、いわゆる「先進国」になったわけです。[44]

でも、だからといってこれから先も経済成長が必要だというわけではないでしょう。資本家と労働者の関係は、改善されてきたとはいえ問題の本質は変わらないように見えます。資本家は労働者をなるべく安く働かせ、それによって資本家と労働者の格差は拡大し続けるでしょう。土や水や木など、ものづくりのための材料は無料でいくらでも採取できると考え、利益を増大させるために多くの労働者や機械の力を使って地球上の資源を浪費し続けることでしょう。また、途上国はこれから経済成長が必要であるとはいえ、現在の先進国と同じような方法を用いるなら未来は同じような課題を抱え込むことになるでしょう。[45] そんなことを考えていると、ついつい「経済成長を諦めよう！　資本主義を終わらせよう！」などと叫びたくなります。

でも、少なくとも私にはその呼びかけだけで問題が解決するようには思えないのです。地球の未来のためにどうすればいいのかはわからないので、グローバル経済については今後もいろいろと学んでいきたいと思います。ただし、まちづくりのワークショップというローカルな場面にまで「経済成長が大切だ」という論理を持ち込みすぎないようにしたいと考えています。ローカル経済、なかでも面識経済の場であれば、スミスが描いた道徳心のある社会が実現できそうな気がするし、マ

44　もちろん、先進国にも深刻な貧困問題は残存してしまっています

45　なお、先進国と途上国という直線的な発展モデルは、世界の一部の地域に特徴的な思考形式だったということが、構造主義の立場から指摘されていますね

写真 2-1　studio-L のメンバーたち。撮影：吉田英司

ルクスが指摘した問題点を乗り越える方法が見つかるような気がするのです。

studio-Lの働き方

以上のようなスミスの思想とマルクスの問題意識に影響を受けた私は、コミュニティデザイン事務所を設立するときに同業者組合であるギルドのような組織にしたいと考えました（**写真2―1**）。設立者である私が資本家になってスタッフを雇い、彼らに再生産費としての給料だけを支払い（月給制）、あとはできるだけ売上や利益を上げるように働かせるということがしたくなかったのです。もちろん、給料制にしつつ経費率を下げるよう努力し、売上の前年比増加を繰り返せば利益率は上がっていくし、それによって資本家である私の元にはお金が貯まっていくことでしょう。しかし、そんな「からくり」を知ったうえでスタッフを働かせ、「去年より売上を高めよう！」と声をかけるのが嫌だったのです。[46]

もちろん、売上が高まれば、それをボーナスとしてスタッフに還元するという手もあります。しかし、それは前提としての再生産費を設定し、固定給で働いてもらい、ときにボーナスを上乗せするという方法です。それよりも、各人が総額いくらの仕事を担当していて、そのうちどれくらいの金額を自分がもらえるのかを把握したうえで仕事ができる仕組みにしたいと思いました。

だから、うちの事務所はスタッフ全員が個人事業主であり、自分が担当する仕事の事業費を把握し、チームの誰がいくら分の仕事をしたのかを話し合いながら各人の取り分を決めていくことにしています。銀行から借り入れをせず、利子を払わず、地代や光熱費も最小限に抑えて、各人の取り分を最大化させるようにしています。そのため、歴代の事務所は古い建物の、階段で4階まで上がった家賃の安い部屋でした[47]。

現在では、個人事業主であるスタッフたちが好きな場所に住み、好きな時間帯に働いています。全国各地からワークショップの会場に集まって仕事をして、終わったらまた別の場所へと散っていく。オンラインで打ち合わせや準備を進めて、空いた時間にさらなる仕事を入れるのか、ほかのことをする時間に充てるのかを各人が決めています。もちろん副業している人もいます。もはやコミュニティデザインのほうが副業ではないかと思うくらい他の仕事に熱中している人もいます。

46 同時に、事務所を必要以上に大きくしたくなかったので、仕事仲間たちとの面識関係が続くような規模を維持してきました。お互いの顔が見える関係だからこそ、再生産費を最小化して資本家の利益を最大化させたいとは思えなかったということもあります

47 エレベーターがある建物は、その維持費が含まれるため家賃が高くなります。階段で4階まで上がる事務所は、家賃は安いし、スタッフは健脚になるし、良いことばかりだと思っていたのですが、あまり喜ばれていませんでした

48 実際、子育てが忙しくなった人や、学び直しのために大学院の博士課程で研究を始めた人は、担当する業務数を減らしたりします。また、やりたいことが別に見つかった人は、担当業務数を減らしていき、そのうちstudio-Lの仕事をゼロにしたりします。そうなるとたぶん「studio-Lから独立した」ということになるのでしょうね。そう思っていたら、数年後にまたいつか一緒に仕事をし始める人もいます。各人が自らstudio-Lとの距離感を調整できるような組織でありたいと思っています

こうした働き方なので固定給は支払われません。毎月給与がもらえるわけではない。プロジェクトが終わると業務費用が会社に入金され、それをプロジェクトメンバーで話し合いながら分けることになります。今ではわりと多くなってきたこの働き方も、２００５年にstudio-Lを設立した当初はなかなか理解してもらえませんでした。いまでもウェブサイトを検索すれば、「studio-Lは給料無しで働かせているらしい」、「他の仕事を掛け持ちしなければ生きていけないらしい」、「ブラック企業だ」という書き込みが見つかると思います。離れていても一緒に働くことができる「スマホを持ったギルド」という概念は、当初なかなか理解してもらえませんでした。ただし、その当時から離れずにずっと仲間であり続けてくれているメンバーたちは、この働き方の価値を実感してくれているのだろうと思います。

もちろん、個人事業主の集団ですから、studio-Lに集う理由がなくなれば副業を本業化して離れていけばいいし、無理に仲間であり続ける必要もないわけです。[48] そんな条件のなかで「この人たちと一緒に働きたい」と思うような求心力をどう維持するのか。こんな働き方だからこそできる地域への貢献とは何か。そんなことを常に考えています。

「従業員を就業規定で縛り付け、固定給で働かせたうえで、生産性を上げようとする」という働き方を避けたとして、時代に応じた新しい働き方をどうデザインするのかは試行錯誤の連続だと思います。そして、社会がそのことを理解してくれるまでにも長い時間がかかるものだということを実感しています。それでも、「市民活動を支援するコミュニティデザイン」という仕事を進めるためには、その内容に応じた新しい働き方が必要だ」と思う仲間が集まってくれたから、これまで続けてこられたのでしょう。

こんな働き方を選ぶときに重要となるのは、ほかのスタッフの感情に共感することであり、フェアプレイに則って仕事を進めることです。ほかのスタッフを押しのけたり欺いたりしないということが、ギルド的に働く組織にとって大切です。20人ほどの顔が見える組織であれば、アダム・スミスの理想を実現できるのではないかと思っています。[49]

同様に、顔が見える地域であれば、こうした働き方は十分に可能ではないかと思います。自分の店を応援してくれる人が地域に何人いるのか。その人たちのことを考え、選りすぐりの材料を使って、忠実に製品を作る。そこで得た利益を働く仲間と話し合いながら分ける。過度な分業と機械化を避け、資本家に頼らず、自分たちで小さな商いを続ける。

我々は、マルクスが想像し得なかったくらいの技術を手にしています。[50] こうした技術を使って、地域で小さな商いを続けることは、かつてに比べてかなり容易になっていると感じています。自分の店の情報を発信したり、仲間を募ったり、事業を応援してもらったりすることが、スマートフォンひとつでできてしまうわけです。そんな時代に「大企業でなければ、給料制でなければ、生きていくために必要なお金が得られない」と思い込みすぎる必要はないだろうと思います。[51]

資本家に搾取されず、自分たちで決断し、それなりの利益を手に入れることが実現しやすい時代に、我々は生きているのだと思います。

49 だからスタッフの数を増やしていきたいとは思いません。いわば「面識組織」であり続けたいのです

50 それは経済成長のおかげだと思うので、グローバルな経済成長自体をどう考えればいいのか迷っているということは先に述べたとおりです

51 もちろん、「大企業で給料をもらいながら働きたい」と思う人がいることも重要です。そういう人たちがインターネットを拡充したり、スマートフォンを創り出したりしてくれているのですから。そして、各地でワークショップを開催するための移動手段、飛行機や新幹線を安全に動かしてくれているのですから

学び合いと革命

以上のように、マルクスは「労働者って大変な状況に置かれているよね」と指摘しました。まるで「働けど働けど、なお我が暮らし楽にならざり」という状態です。この歌を詠《よ》んだ石川啄木（1886－1912）は「じっと手を見」たようですが、マルクスはその理由を「資本家による搾取だ」とし、労働者の団結を呼びかけ、革命を意識させました。[52]

マルクスと一緒に活動していたフリードリヒ・エンゲルス（**人物9**）はむしろ資本家の息子でしたが、マルクスの気迫に影響されて資本主義の矛盾を指摘することになります。彼は自分たちが唱える社会主義こそが科学的であり、先輩たちが唱えた社会主義は空想的だったと決めつけます。先輩たちというのはクロード＝アンリ・ド・サン＝シモン（**人物10**）、シャルル・フーリエ（**人物11**）、ロバート・オウエン（**人物12**）の3人です。エンゲルスは俗に『反デューリング論』と呼ばれる著作のなかから、この3人について書いた箇所だけを抜き出して『空想より科学へ』というパンフレットを作っています。そのうえで最初の章を使って3人の思想を紹介しているのですが、ある程度の敬意と称賛を表明しつつ、「結局は3人とも空想的社会主義者だったよね」と結論づけています。[53] 3人は「正しいことを主張したり、その一部を実行したりすれば、それが誰かの気持ちに火を付け、いず

人物9

フリードリヒ・エンゲルス（1820－1895）　ドイツの経済学者、哲学者、政治家。カール・マルクスと協力して科学的社会主義の世界観を構築し、世界の労働運動、革命運動、共産主義運動の発展に指導的な役割を果たした。

れ正しい社会へと変わっていく」と期待しているようだけど、実際はそうならない。そんなぼんやりとした理想社会は、どれだけ提唱されたって小川に転がる石の集まりのようなもので、「論争の激流の中で、その理論の鋭角がすりへらされ」ていってしまうだろう。そんな空想的な社会主義ではなく、科学的な社会主義が必要なのだ。マルクスと私はそれに取り組んでいる。これがエンゲル

人物10

クロード＝アンリ・ド・サン＝シモン（1760－1825）フランスの社会主義思想家。経営者と労働者が一体となった普遍的な報酬の概念に基づく産業社会の構想（サン＝シモン主義）は、ナポレオン3世時代の経済政策に影響を与えた。

人物11

シャルル・フーリエ（1772－1837）フランスの哲学者、倫理学者、社会思想家。フランス革命の自由・平等・友愛の原理の社会的実現を望み、農業を主とする協同組合社会の実現を主張した。主著に『産業的協同社会的新世界』（1829）など。

人物12

ロバート・オウエン（1771－1858）イギリスの実業家、社会改革家。マンチェスターで工場経営に成功し、ニューラナークで社会改良に取り組んだ。労働組合運動や協同組合運動を指導し、「イギリス社会主義の父」と呼ばれる。

スの主張だったわけです。[54]

エンゲルスは3人の取り組みを全否定しているわけではありません。見るべき取り組みもあると述べています。たとえばオウエンのニューラナークでの実践は勇ましかったし、彼が理想社会について主張するために①私有財産制、②宗教、③婚姻制度という3つのタブーに触れて没落していったことにも一定の理解を示しています。それだけでなく、労働組合を主導し、共産主義的な組織の前段階として生活協同組合という組織を生み出したことも評価しています。労働時間を単位とした貨幣を作って物を取引する仕組みを作ったことも、失敗するのは明白だったけど良い試みだったと述べています。[55]

ただ、そういう個別の取り組みはいずれも小川の中の小石のようであり、角が取れて一般的なものに成り下がってしまうとし、もっと抜本的に新しい社会を作り上げなければ労働者の幸せは生み出せないとしました。[56]

では、マルクスとエンゲルスの考える理想社会はどう到来するのでしょうか。資本家が搾取を続けていると貧富の差はどんどん拡大していく。日々の生活に困る労働者が増えていく。労働者は結束して、お互いの生活を維持させるよう支え合うし、学び合う。こうして学び合う労働者たちが、それでも生活が限界になったとき、生き延びるために力を合わせて革命を起こす。労働者の数と資本家の数を比べてみれば、労働者による本気の革命が成功するのは明らかである。その後は、学ん

---

52 ちなみに、マルクスは実際に貧乏生活を送っていたようですが、石川は借金を繰り返したり踏み倒したりしながら貧乏生活を逃れていたようですね。そのあたりが「資本主義の構造を解明するぞ」というマルクスの気迫と、石川の「じっと手を見る」という態度に現れているようにも感じます。だからといって、マルクスが良くて石川が悪いと感じるわけでもありません。本書の最終章で述べるとおり、「じっと手を見る」ほどの余裕を持った人生こそが大切だと思うところもあります

53 エンゲルス著、大内兵衛訳『空想より科学へ』岩波文庫、1946、p34-49

だ労働者たちが次の平等な社会を作り出すだろう。それが社会主義であり共産主義に基づく国家である。そんなシナリオでした。[57]

そんなシナリオが世界各国を救ったのでしょうか。現在のところ、そうは見えません。その理由はいくつか挙げられています。実際の革命は「学び合った労働者」ではなく「一部の知識階層」が主導して起きていて、労働者たちが学び合う前に革命が成就してしまったとか、革命を主導した人たちが次の権力者になってしまい、学び合っていない労働者はまた搾取される側に留められたとか、権力者たちは次の革命を恐れて自由なコミュニケーションを制限したり言論統制したりしているとか。一方で、権力者たちの統制によって民主主義国家よりも経済成長の道を進みやすかったり、強権発動によってコロナなどの感染症を素早く封じ込めることができたりと、その体制を評価する声がどこからともなく聞こえてきたりもします。

ただし、こうした話はいずれも国全体の経済やグローバル経済を対象としています。私はやはり「顔の見える地域」でのやりとりに興味があります。いわば「小川の小さな石」に興味があるのです。だから、エンゲルスが「取るに足らない」と一蹴したオウエンたちの思想や実践から学びたいと思うのです。そのオウエンの影響を受けたジョン・ラスキンやウィリアム・モリスの思想や実践から学びたいとも思うのです。たと

---

54 この点については、ユートピア思想を「空想」と翻訳してしまったところにも原因があるような気がします。ユートピアというのは「どこにもない理想の場所」であり「理想郷」なわけですから、ユートピア社会主義は空想的社会主義というよりは理想的社会主義と訳すべきだったのかもしれません。ちなみに、都市計画分野では「理想都市計画」と「行政都市計画」という整理があって、理想的な都市のあり方を提案した人たちによる計画は理想都市計画と呼ばれています。そして、そのなかにはオウエンの「ニューラナーク」やフーリエの「ファランステール」といった都市も登場します。もし『空想より科学へ』が『理想より科学へ』と翻訳されていたら、「先輩たちが提示してくれた理想を、我々が科学的な方法で実現させるぜ」というくらいの意味として読めたかもしれませんね。なお、ユートピアという言葉を最初に小説のタイトルとして使ったのはトマス・モア（1478－1535）です。この小説はモアの友人2人が編集者となってまとめられたものですが、そのうちのひとりであるオランダのデジデリウス・エラスムス（1466－153

えモリスがエンゲルスから「センチメンタルな空想社会主義」者と呼ばれたとしても、ローカルな文脈ではむしろモリスや、それに続くアーツ・アンド・クラフツ運動や民藝運動のなかにこそ、地域で幸せに生きていくためのヒントが多く含まれているように思えるのです。[58]

顔が見える関係だからこそ、相手のことを慮《おもんぱか》ることができる。道徳感情が芽生える。道徳と

6）がギリシア語の「ユートピア」をタイトルにするよう勧めています（本文はラテン語で書かれていたにもかかわらず、タイトルをギリシア語にしたというのは、「分かる人には分かるよね」というメッセージだったのでしょう。文中に登場する首都や河川の名称も同様に「分かる人には分かるよね」という意味を持つギリシア語となっています）。この小説が、当時の新大陸、つまりアメリカ大陸の先住民族たちのコミュニティにおける生活に影響されて書かれていたという点が象徴的です。モアは、新大陸でさまざまな国を見てきたという船乗りから、顔が見えるコミュニティにおける理想的な生活を詳しく聞き、それを文章に記録したと述べています。しかし実際には、クリストファー・コロンブス（1451－1506）やアメリゴ・ヴェスプッチ（1454－1512）などの航海記から影響を受けて、新大陸の先住民の暮らしを理想化して小説を書いたということなのでしょう。いずれにしても、この小説に見られるユートピアには「顔が見える関係によってうまく統治される地域」に関するヒントがたくさん含まれます。スペインやポルトガルがキリスト教世界の常識を持ち込むまでのアメリカ大陸では、先住民族が理想的な社会を形成していたのではないか、と夢想してしまいます。なお、『ユートピア』はさまざまな訳書が出版されていますが、ラテン語から直接翻訳された版が読みやすいと思います（トマス・モア著、澤田昭夫訳『改版：ユートピア』中央公論新社、1978）

55 エンゲルス著、大内兵衛訳『空想より科学へ』岩波文庫、1946、p43-48

56 実際、オウエンの実践やフーリエやサン＝シモンの理論は、社会全体を変えていくというよりはひとつのプロジェクトや考え方を示すようなものでした。その意味では確かに小川の中の小石のようだったのかもしれません。3人についてまとめた『社会主義前夜』を書いた中嶋洋平さんは、彼らの取り組みについて社会企業家や社会プランナーのようだと表現していますが、言い得て妙だと思います（中嶋洋平『社会主義前夜』ちくま新書、2022）

57 そんなシナリオにしては、労働者が資本の特徴を学び合うためにマルクスが書いた『資本論』は長すぎたし、難しすぎたように思います

経済のバランスが生まれる。地域でのやりとりについて考えるとき、これらは自然なことだと思えることでしょう。ところがグローバルなやりとりについて考えるとき、顔が見えない人たち同士のやりとりに道徳感情を期待するのは、それこそ「空想的」であるように感じます。

グローバル市場においては、ローカルと同じような道徳的やりとりが期待できない。それならそこに国家の介入が必要なのではないか。私には、ジョン・メイナード・ケインズ（人物13）という人がそんなふうに考えていたように思えるのです。

58 ラスキンやモリスの思想については次章で詳述します。なお、アダム・スミス、エンゲルス、ラスキン、モリスはいずれもイギリスの人だったことを考えると、産業革命期のイギリスは世界に先駆けて社会課題が噴出し、それに対応しようとした偉人をたくさん生み出した国だったんだなぁと感慨深くなります。ドイツ人のマルクスも過激な発言で国を追われ、最終的にはイギリスで『資本論』を書くことになりました

ケインズ経済学

本章で語ったスミス、マルクス、そしてこれから語るケインズについて、ざっくりと並べてみると以下のように整理できると思います（表2―1）。18世紀のスミス、19世紀のマルクス、20世紀のケインズ。市民革命期のスミス、産業革命期のマルクス、世界恐慌期のケインズ。自由経済のスミス、計画経済のマルクス、調整経済のケインズ。地域（ローカル）経済を軸に考えたスミス、国内（ナショナル）経済を軸に考えたマルクス、世界（グローバル）経済を軸に考えたケインズ。

詳しい人からは「単純化し過ぎだ」とお叱りを受けそうですが、コミュニティデザインのワークショップに携わる者が最低限知っておいた方がいいというレベルでいえば、上記のような枠組みと

経済思想家	時代	出来事	経済のあり方	思想の出発点
スミス	18世紀	市民革命	自由経済	地域（ローカル）
マルクス	19世紀	産業革命	計画経済	国内（ナショナル）
ケインズ	20世紀	世界恐慌	調整経済	世界（グローバル）

表2-1 スミス・マルクス・ケインズの比較

して流れを把握しておくといいのではないかと思います。つまり、スミス、マルクス、ケインズという流れを意識したとしても、時代背景や捉えようとしているスケール感がそれぞれ違うという点も考慮しておかねばならないということです。その意味でいえば、ケインズは「20世紀」の「世界恐慌」に対応するために「グローバルな経済」について考えた人だったといえるでしょう。

本書がテーマにしているのは地域（ローカル）経済であり、顔が見える関係性に可能性を感じています。だから、国際（グローバル）経済を軸に考えたケインズの経済思想は関係ないと無視することもできます。でも、ケインズがなぜグローバル経済に政府の介入や調整機能が必要だと感じたのかを考えてみることは、我々がローカル経済で何を大切にしなければならないのかを考えるヒントを与えてくれるような気もします。その意味で、ここではケインズ経済学についても概説しておきたいと思います。

人物13

ジョン・メイナード・ケインズ（1883−1946）イギリスの経済学者。金融政策と財政政策による需要拡大、失業解消を提唱した。マクロ経済学の基礎を確立し、アメリカのニューディール政策や戦後のイギリス労働党の経済政策にも大きな影響を与えた。

すでに見たとおり、スミスは自由な市場を主張しました。人々はそれぞれ「これを社会に提供すれば儲かるだろう」と思うものを提供し、それらが自由に売買される状態が担保されれば、市場は安定するだろうと考えました。大きな事件や事故、政治的な変化、技術の革新などによって一時的に市場が不安定になるかもしれないが、「長期的に見れば市場は均衡するだろう」という見方です。

これに対してマルクスは「長期的に見れば格差は増大し、生きていくことができなくなった労働者が革命を起こすだろう」と考えました。しかし、実際には「マルクスが予言したとおりの革命」は起きませんでした。ソ連や中国で起きた革命は、学びあった労働者によって成し遂げられたわけではなく、一部の知識人が主導して起こされたものであり、主導者と労働者を二分しただけだったというわけです。

マルクスの考え方を引き継ぐ人たちのなかには、「もっと長期的に見れば資本主義社会における格差は確実に増大し、今度こそ本物の労働者革命が起きるんだ」という人もいます。また、定期的に起きる世界的な不況についても、スミスの考え方を引き継ぐ人たちのなかには、「もっと長期的に見れば世界的な不況もいつかは解消されるはずだ」という人もいます。

こうした主張に対してケインズは「長期的に見れば、我々は全員死んでいるよね」と皮肉を言います。[59] いつまで待てば市場が均衡したり、真の革命が起こったりするのか。それよりも目の前で起きている定期的な不況に対応すべきではないか。ケインズの問題意識はそのあたりにあったのでし

59 「ケインズがズバリといってのけたように、人はみな長期的に見れば死んでしまうのだからという理由で、長期より短期をはるかに重くみる（E・F・シューマッハー著、小島慶三ほか訳『スモールイズ ビューティフル』講談社学術文庫、1986、p57）」

60 これを財政政策と呼びます。ケインズの提案はもうひとつあって、そちらは金融政策と呼ばれますが、ここでは財政政策について述べておきます

ょう。特に１９２９年の世界大恐慌については、長期的に眺めていればなんとかなるというものではないと感じられたはずです。何しろ、その影響は10年後の第二次世界大戦勃発の時まで続いたのですから。

では、不況時に何をすればいいのか。ケインズは「政府が新たな仕事を生み出せばいい」と言います[60]。特に、これからの社会に共通して必要だと思われるような公共事業にお金を出して、多くの人がそこで働くことができるようにしようというのです。

仮に人々が収入のうちの１割を貯金するとしましょう。すると９割は何かを購入していることになります。それは家賃かもしれないし、食費かもしれないし、レクリエーション費かもしれません。同様に、会社も１割を内部留保として貯金しつつ、９割は従業員への給与支払いや家賃や光熱費として使うとします。

国民や企業の多くがこの割合でお金を使うと想定すると、政府が１００億円分の公共事業をいくつかの会社に発注すれば、90億円は従業員や下請け企業に支払われます。給与を受け取った従業員や下請けを担当する企業もまた１割を貯蓄して９割を使うとすれば81億円分が支払われることになります。こうして、最初の１００億円は何度も会社や従業員の手に渡り、経済活動を活発化させることになります。

また、お金が他者に渡るたびに消費税や所得税を徴収することができます。何度も何度もお金のやりとりが続けば、ついに政府は最初の１００億円よりも多くの税金を徴収することができるかもしれません。そう考えると、不況時には政府が借金してでも公共事業を発注すればいいということになります。公共事業によってダムや道路が完成し、その後の経済活動を支える社会基盤整備になるとともに、何度もお金のやりとりが続くことによって政府の借金を返済することができるくらいの税金を集めることができるからです。

実際、1929年の世界大恐慌の後にアメリカ政府がとった政策はケインズ経済学に倣《なら》ったものでした。これによってアメリカは大恐慌から回復したという人もいるし、ケインズとは関係なく第二次世界大戦へと突入したから軍事需要が高まって不況を脱することができたという人もいます。いずれにしても、不況時には政府が借金してでも公共事業を発注すればいいんだという考え方は、その後の政策に大きな影響を与えたことでしょう。

ケインズが想定していなかったことといえば、政府は経済が回復して税収が増えても、それを借金の返済に充てず、その時の政治家が手柄を立てるための新たな公共事業に使い込んでしまうという点です。「良識的なケインズ一派の前提が、政治家の意思決定には通用しなかった」と揶揄される所以《ゆえん》です。[61]

地域の経済

ただし、この考え方から学ぶことができる点もあります。ケインズはグローバル経済のなかでお金のやりとりが続くことの効果を説明しましたが、これをローカル経済に応用すると「限られたお

61 ケインズが生まれ育った街はハーヴェイロードという名前で、そこには知識階層の人たちが集まっていたそうです。その街の常識では、借金した人はできるだけ早くそれを返済するはずだったのでしょう。ところが政府はそうしなかった。これを後の経済学者は「ハーヴェイロードの前提が崩れた」と揶揄しました

62 このあたりの話は、6章で詳述します

金を何度もやりとりすることで、地域の経済活動を活発化させることができる」ということになります。地域で暮らす人たちが、なるべく自分たちの地域で作られたものやサービスを購入しようと決意するだけで、地域内でお金が循環する割合が高まるというわけです。

先の例でいえば、1割を貯蓄するとしても9割は消費することになるわけです。この9割のうちの8割を地域産のものやサービスの購入に充てることを決意した地域と、2割しか地域産のものやサービスの購入に充てない地域とでは、お金の循環がまったく違ってくるでしょう。

30万円の給料を手にしたとして、3万円を貯金して27万円を生活費として使うとしましょう。地元消費8割を意識している地域の人なら27万円のうち22万円ほどを地域で使います。その22万円を受け取った人たちも、そのうち約2万円を貯金して16万円を地域で使います。その16万円のうちの1・6万円が貯金されて11・5万円が地域で使われることになります。これを繰り返していくと、地域で使われるお金は、8・3万円、6万円、4・3万円、3・1万円、2・2万円、1・6万円、1・2万円となり、1万円を下回るまでに10回地域で使われて、合計で約75万円分のやりとりを生み出しています。つまり、30万円の給料が75万円分の地域の経済活動を支えたというわけです。

一方、2割しか地域で使わないとすると、30万円の給料のうち3万円を貯金して27万円を使っても、そのうち地域で使われたのは5・4万円ということになります。このうち5万円を次の人たちが使っても、地域には1万円しか支払われませんので、2回のやりとりで1万円以下になってしまいます。つまり、30万円の給料が6・4万円ほどの地域の経済活動しか支えていないのです。[62]

お金に色が付いていたらわかりやすいなぁと思うことがあります。30万円の給料をもらった時、22枚の1万円札に赤い色が付いている。赤い色のお札は地域で使うためのお金だということで、それを使うとそのうちの6枚は色が消えて16枚には赤色が残る。だから次の人たちは16枚分を地域で使う。実際には、色が付いたり消えたりするお札を作るのは難しいので、それを地域通貨として流通させている地域もあります。あるいはWeb3の技術を使って、ＮＦＴによる独自の地域トークンを生み出してしまうという手もあります。

ワークショップで「どうすれば地域が元気になるでしょう」という話をしているときに、「東京の有名店に出店してもらえばいいだろう」という意見が出ることもあります。しかし、東京で有名なお店が増えると、地域の人たちが支払ったお金のうち高い割合が地域の外に出ていくことになってしまいます。それよりも、地域のなかで循環するお金の比率をどう高めるのか。ケインズが不況から脱するために考えたことをローカル経済に当てはめて考えると、地域で暮らす人たちが少しだけ意識したほうがいいことが見えてきそうです。[63]

顔が見えない関係へ

振り返ってみれば、スミスがイメージしていた経済の世界は素朴でした。家族経営や同業者組合など、父親と子ども、親方と弟子という関係はあれども、関わる人はみんなで働き、利益を分配し

63 このあたりのことをわかりやすくまとめてくれたのが枝廣さんの本です。地元経済の基本的な考え方と国内外の事例が紹介されていてオススメです（枝廣淳子『地元経済を創りなおす』岩波新書、２０１８）

64 マックス・ウェーバー著、中山元訳『プロテスタンティズムの倫理と資本主義の精神』日経ＢＰ、２０１０。なお、ウェーバーの著作や宗教的背景について詳しく知りたい方には『解読：ウェーバー』がわかりやすくてオススメです（橋本努『解読：ウェーバー』講談社、２０１９）

ていたのですから。そんな人たちが分業し、生み出したものを市場で自由にやりとりすれば、経済は安定的に成長していく、という考え方です。

その１００年後の社会は少し複雑になっていました。働く人たちのなかでも懸命に働いて貯蓄できる人が現れていました。マックス・ウェーバー（**人物14**）は「懸命に働いて余剰を生み出すことができていた人は、だいたいプロテスタントだ」と言い切りましたが、現在では「そうでもなかったんじゃないの？」という言説が主流になっています。[64] いずれにしても余剰を生み出すことができた人が、他人を雇ったり機械を購入したりしたわけです。スミスの時代に比べると産業革命はさらに進み、大規模で高額な機械が販売されていました。こうした機械を購入したり、工場を建設したりできる人たちが資本家となり、「社会人」が資本家と労働者の2種類に分けて検討されるようになりました。マルクスはまさにこの時代に生まれ、資本家が労働者の労働力を搾取していることを示しました。

そのマルクスが亡くなった１８８３年に生まれたのがケインズです。ケインズが成人して活躍する時代（20世紀）になると、「社会人」の概念はさらに複雑化します。資本家と労働者に分かれるだけでなく、労働者のなかにも経営者と被雇用者がいるよね、と理解されるようになります。たとえば株式会社は、会社を所有している株主（出資者）と、会社を経営している経営者は別人だということになるわけです。いわゆる「所有と経営の分離」ですね。一般的に、会社が巨大化していくと

人物14

マックス・ウェーバー（１８６４－１９２０）ドイツの社会学者、政治学者、経済学者。プロテスタントの世俗内禁欲が資本主義の精神に適合していたとする論理を提唱し、大きな議論と影響を与えた。

株主の数も多くなっていきます。会社の事業や組織が複雑化していくと、株主はそのすべてを把握するのが難しくなります。

そのうち、株主たちは会社の情報を把握しないまま、株の売り買いを進めるようになるでしょう。こうなると、「あの会社はいい仕事をしているから株を買おう」という判断ではなく、「あの会社はきっと多くの人が株を買うだろうから私も買っておこう」という判断になりがちです。なぜなら、そういう会社の株価は上がるからです。つまり、その会社の事業内容よりも人気が出そうかどうかで株価が上下することになるわけです。[65]

ケインズはこの状態を「誰がグランプリに輝くかを予想する美人コンテスト」に似ていると表現しました。見事グランプリを予想した人は賞金をもらうことができるというコンテストです。この場合、自分が美人だと思う人に投票するのではなく、みんなが投票しそうな人（グランプリに輝きそうな人）に投票することになりますね。[66] 株主がこれと同じような方法で株の売り買いをすると、会社の事業内容（倫理的な良し悪し）とは関係なく、売上や利益が上がりそうな会社の株価が上がってしまいます。当然、経営者は短期的に売上や利益が上がりそうなことばかりに取り組むことになるでしょう。[67] 経営者は株主の顔色ばかりを見て経営を進めることになってしまいます。そんな会社ばかりになってしまった資本

65 株主は経営者や労働者の顔が見えなくなりますし、労働者も株主の顔が見えなくなります。この規模になると、顧客の顔も見えない状態になっていることでしょう

66 株主や労働者の顔が見えなくなってしまった株式市場を説明するために、ケインズが顔の見た目を重視しがちな美人コンテストを持ち出したというのは皮肉のようにも感じます

67 大勢の株主の顔が見えているはずはないのですが、それでも「顔色」を見るという表現になるのは不思議ですね

68 金融政策のほうは、人々がなるべくお金を使いたくなるような状況を作ろうというものです。貯蓄性向より消費性向を高めようというわけです。その方法として、株式などに投資したときに得られる利益率よりも、銀行に貯金したときの利子率を低くすることをケインズは提案しました。そうすれば、多くの人は銀行に貯金するより株式に投資するだろうというわけです。こうして人々が貯め込んでいたお金を流動化させて経済活動を活発化させようとい

主義は、中身のないものになってしまいそうです。中身のない資本主義社会が長期的に活力ある社会であり続けられるか。難しいでしょうね。早晩、不況が訪れることになるでしょう。

　こんな状態を避けるための方法は2つ。1つはしっかりとした経営者を会社のトップに据えること。しかし、これは政府や経済学者の力でなんとかなる話ではありません。そこでもう1つの方法である金融政策や財政政策を駆使することで、利子率を調整したり新たな仕事を生み出したりしながら、会社が実質的に活躍できる状況を整えようというわけです。「不況時は政府が借金してでも公共事業を発注すべき」という話は、以上のような方針のうちの財政政策のひとつとして打ち出されたものです。[68]

顔が見える関係

以上のような流れを見ていると、グローバル経済について考えなければならないケインズは大変だっただろうなぁと思います。一方、私が本書で考えたいのはローカル経済についてです。なかでも「顔が見える関係における経済＝面識経済」です。会社が大規模化し、株主が会社の実態もわからずに株の取引をしてしまうというのは、まさに顔が見えない状態だといえるでしょう。巨大化し、

うのが金融政策です。このとき、株式市場というのは美人投票のような性質を持つよね、というのが先の例です。ケインズは財政政策による公共事業の増加と、金融政策による消費性向の向上によって、景気を回復させようとしました。もちろん、景気が回復したら財政政策も金融政策も緩やかに元へと戻せば良いというわけです。国債を発行していた場合は、景気回復によって得られた税収によって借金を返済すればいいと考えていたわけですが、政治家たちはケインズが思ったような行動をしなかったというのは先に述べたとおりです

高度化し、複雑化したグローバル経済では、顔が見えない関係が当たり前であり、だからこそ政府による市場の調整が必要だということになります。

しかし、地域における顔が見える関係であれば、こうしたことが起きる危険性は低いように感じます。顔も見たことがないような株主がいきなり地域のお店に出資してくることもなければ、出資者として遠方から「もっと利益率を高めよ」などと指摘してくることもない。利益率を高めるために材料費を低くして、質の悪い商品を大量に売りつけてでも株主の機嫌を取ろうとすることもない。何しろ、商品を購入してくれる地域の人たちとは顔見知りであり、その人たちに喜んでもらうために仕事をしているのですから。[69]

以上のように考えるから、地元のお店が人気店になり、会社を大きくし、株式を公開して上場し、株主と経営者が別物になってしまうことはあまり喜べません。せっかく顔が見える関係性のなかで働いているのに、顔が見えない関係性のなかで経営判断がなされてしまう危険性が高まるからです。

弊社 studio-L も20年間、20人というスタッフの数を増やさずに仕事を続けてきました。「もう少し頑張れば100人規模の会社に成長するはずだ」と言われることもあるのですが、そこを目指していないので返

69 アダム・スミスは、お客さんが喜んでくれるから仕事をするのではなく、自分の利益だけを追求して仕事をする経済人を前提にしていましたが

70 ちなみに弊社の面倒を見てくれている会計事務所は、何度も小さな事務所を上場させた経験があるそうです。ただ、うちはそれを望まないので、これまでに一度も上場を提案してくれたことがありません

71 商品を生み出した労働に価値があるという視点ともいえますね

72 この「見えざる手」を「神の見えざる手」と訳す人がいます。原文は「見えざる手」と書かれているだけで、「神の」という言葉はないのですが、「神の見えざる手」が差配することで、市場は正しく均衡するというイメージを添えたかったのかもしれません。冷静に考えれば、宗教によって世界が規定されていた時代を乗り越えて、人間の理性や科学によって世界を把握しようとした啓蒙主義（スコットランド啓蒙）の影響を受けたスミスのことですから、「神の」見えざる手と表記するとは思

事に困ります。もちろん、株式を公開して「顔が見えない株主」からの指摘に怯えつつ経営したいとも思っていません。弊社に「株式を上場して事業を拡大させませんか？」という営業メールを頻繁に送ってくる人には、ぜひとも本書を読んでもらいたいものです。[70]

——えないですよね

重心を移動させながら左右に移動する振り子

以上、コミュニティデザインの現場でワークショップ参加者と共有しておきたい経済の大まかな流れについて語ってみました。まるで振り子が左右に振れているような流れだったと思いませんか。右側に自由市場、左側に計画経済があるとすると、スミス経済学は振り子が右側にある状態です（**図2-1**）。また、振り子の重心は「地域」にあって、そこから国内や世界を見据えています。重商主義の世界において各国の富は金銀の量で測られると考えられていた時代に、国の富は商品とその流通の量であると言い切ったスミス。[71] そのためには政府が介入しない「自由な市場」が必要であり、富を増大させるためには分業が効果的だと提案しました。そうすれば市場での需要と供給はいずれ一致し、必要な人の元に必要なものやサービスが届くようになる。まるで「見えざる手」が差配するように。そんな考え方でした。[72]

その100年後、マルクスは振り子を大きく左側へ寄せました（**図2-2**）。その重心は「国内」にあり、そこから地域のあり方や世界とのネットワークについて検討しました。時代は産業革命の絶頂期であり、資本集約型の大規模産業が登場しつつありました。[73] マルクスは資本主義が「身の回りのものをすべて商品へと変えていく社会」であると分析しました。そして、その商品には労働力も含まれると指摘しました。資本家は労働力を商品として購入し、なるべく多く働かせ、生まれた利益を自分たちのものにする。これが続くと労働者は

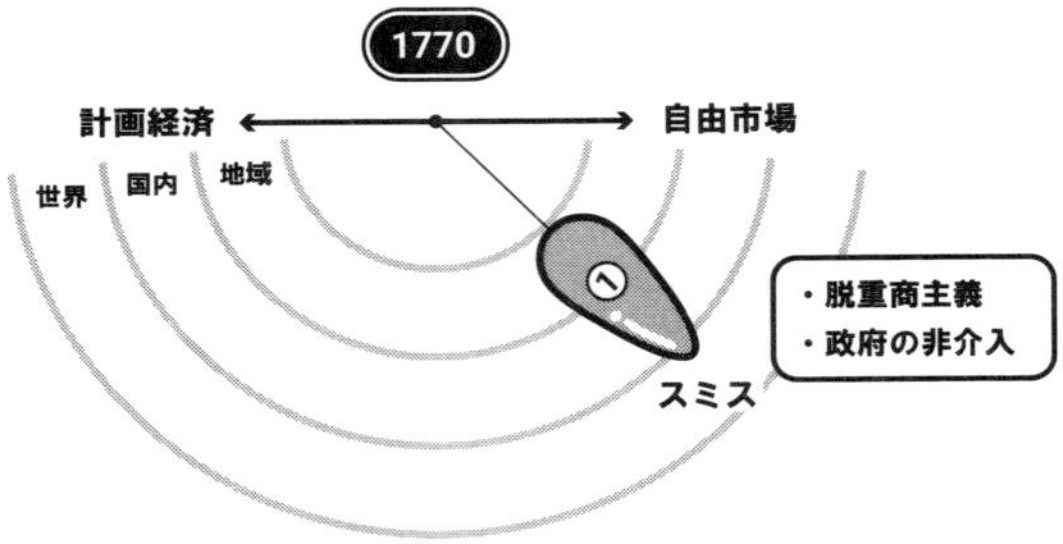

図 2-1　自由市場と計画経済の振り子（1770 年）

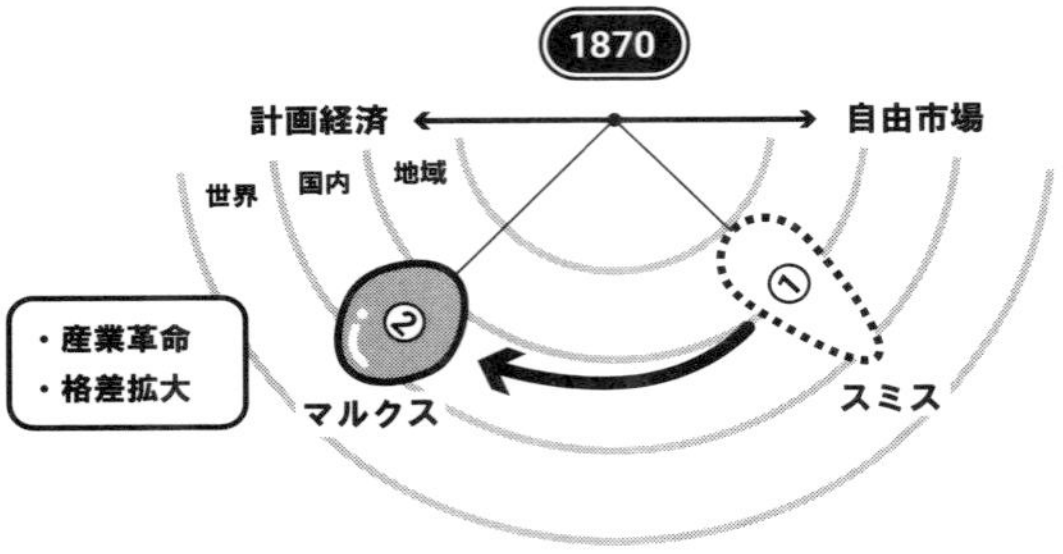

図 2-2　自由市場と計画経済の振り子（1870 年）

---

73 資本集約型産業は、多くの貨幣資本を投じて大型機械やインフラなどを整備し、これらに働いてもらうことによって利益を得る産業のこと。したがって、人間の筋力を使った労働が少なく、相対的に人件費も低くて済みます。こうした産業は往々にして大規模な展開を前提にしており、規模のメリットを得やすいと言われています。一方、労働集約型産業の場合は、労働者が筋力を使って労働することが主たる業務内容になるため、事業費に占める人件費の割合が相対的に高くなります。この種の産業は、機械化などで資本集約型産業に置き換えられると多くの労働者が不必要となります。かつては肉体労働者が産業革命の機械化によって職を失いましたが、今後は知識労働者が集うサービス産業における仕事の多くが人工知能に置き換えられることになり、知識労働者が職を失うことになるかもしれません

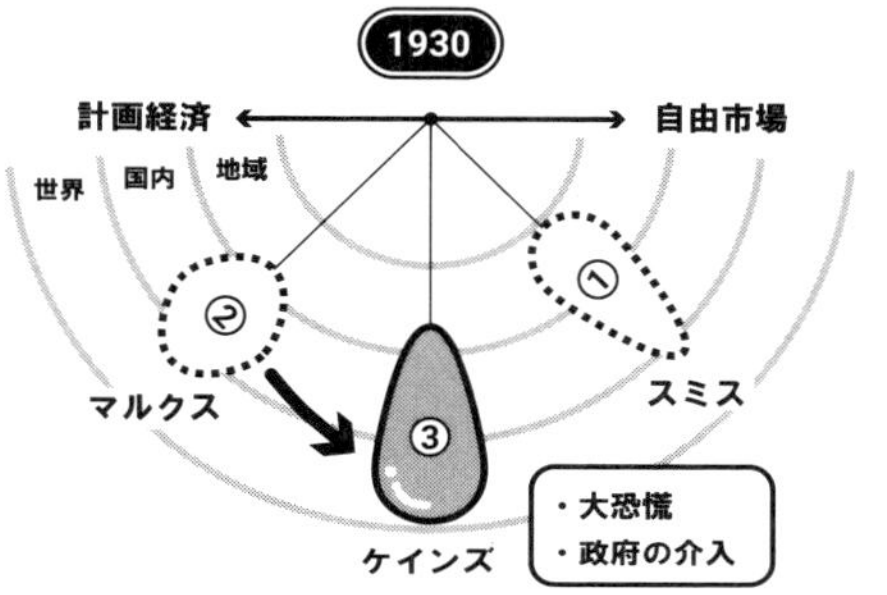

図2-3　自由市場と計画経済の振り子（1930年）

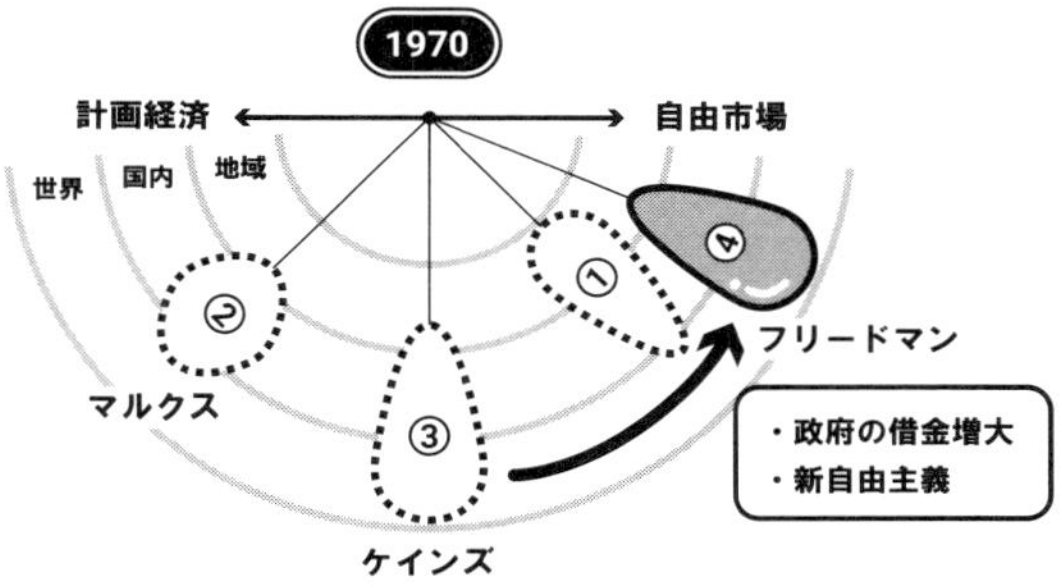

図2-4　自由市場と計画経済の振り子（1970年）

生活できないほど困窮するので、対抗策として学び合い、ついには革命を起こすだろう。そのうえで、労働者が主体となる社会が誕生し、必要なものが必要なだけ生産される計画的な経済が実現するとしました。

　その60年後、世界恐慌の時代にケインズは振り子を中央に戻しました（図2－3）。重心は「世界」にあり、そこから国内や地域を見据えています。スミスが示したような「市場の安定」は実現せず、定期的に不況が訪れる。かといってマルクスが指摘したように「学び合った労働者による革命」は起きない。そんななかでケインズは、「市場には政府の適切な介入（金融政策と財政政策）が必要であり、特に不況時には借金をしてでも公共事業を進めることによって市場の安定を目指すべきだ」と提案しました。

　この160年間に、振り子は右、左、中央へと移動しました。これで決まりかと思いきや、ケインズの常識は世間の非常識だったという結果に至ります。政府は借金をしてでも公共事業を進めて景気回復を目指したのですが、景気が回復して税収が増えても借金の返済に充てなかったのです。なぜなら、政治家は公共事業を削減することによって票を失いたくなかったからです。その結果、公共事業は減らず借金は増えるばかりでした。

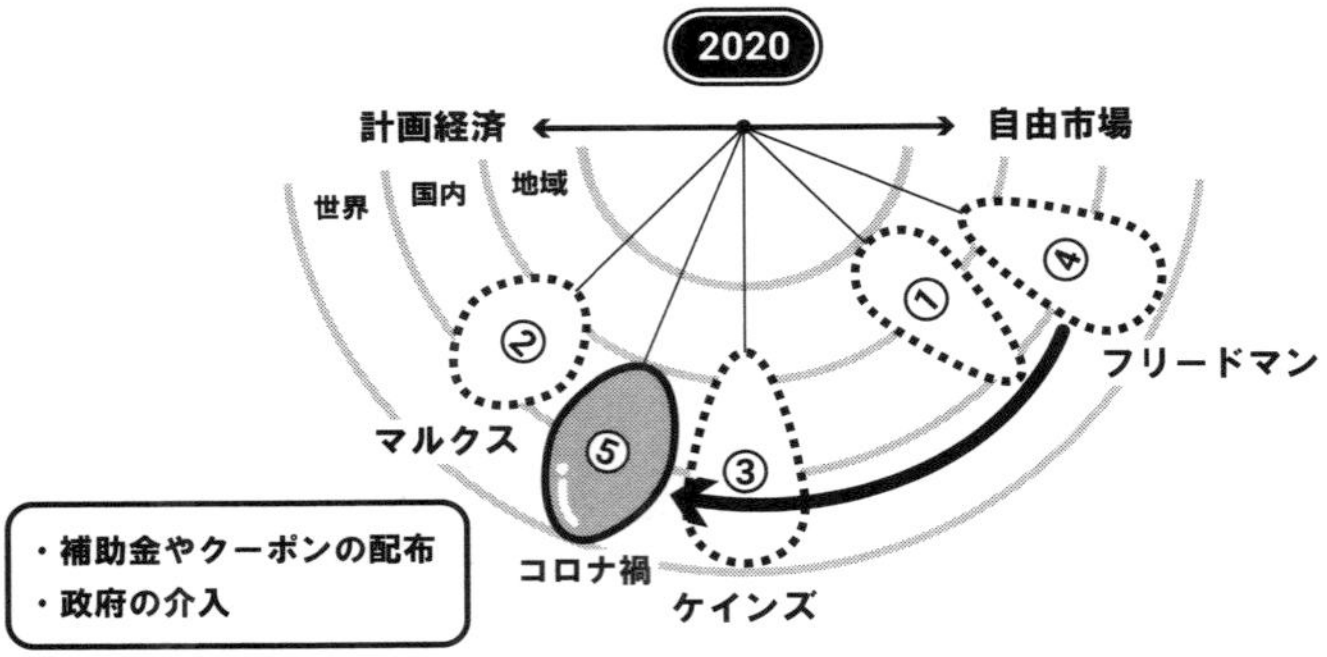

図 2-5　自由市場と計画経済の振り子（2020 年）

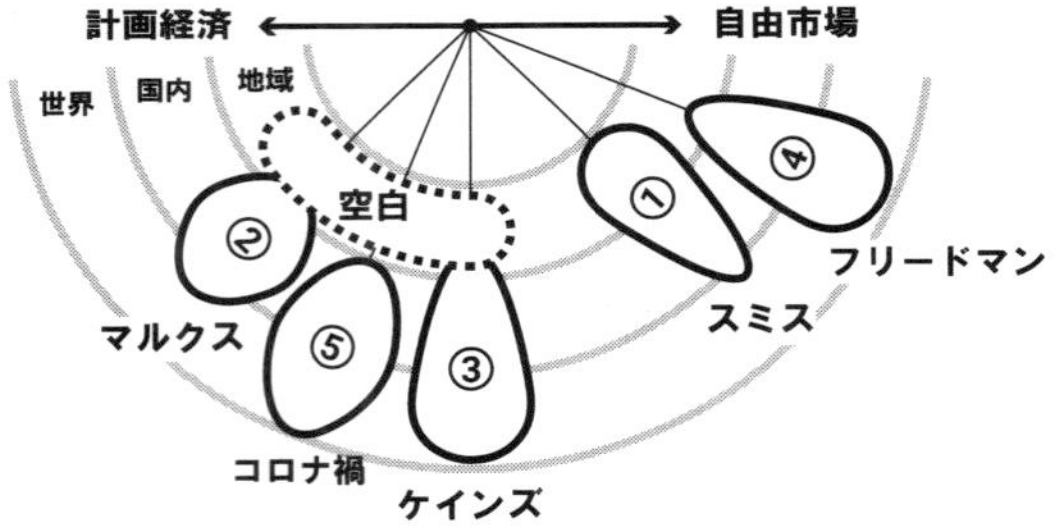

図 2-6　自由市場と計画経済の振り子（1770 年〜 2020 年の推移）

そうなると「やはり政府は介入しないほうがいいんだ」という新自由主義的な考え方が広がることになり、フリードリヒ・ハイエク（1899−1992）やミルトン・フリードマン（1912−2006）といった経済学者の主張が受け入れられるようになります（113ページの**図2−4**）。アメリカ大統領のドナルド・レーガン（1911−2004）、イギリス首相のマーガレット・サッチャー（1925−2013）、日本の中曽根康弘首相（1918−2

019）が規制緩和や公共事業の民営化などを進め、政府の構造改革を進めました。振り子は大きく右へ移動したのです。

ところが、なんでもかんでも民営化し、自由放任を是とし、競争社会を生み出した結果、国内外の経済格差が著しくなりました。また、多くの企業が経済成長に邁進《まいしん》したために、資源が枯渇したり環境が汚染されたりしました。こうした状況に対応すべく、SDGsや脱成長など振り子を左へと移動させる機運が高まりつつあります。

そんななかで到来したコロナ禍。経済活動を自粛することによる不況が懸念されました（図2－5）。そこで政府は補助金やクーポンを配布するなど政府による経済への介入を積極的に行いました。一時的に、振り子がさらに左へ進んだようにも見えました。当然、政府の借金は増大していることでしょう。

これから先、世界経済がどういう方向へ向かうのかはよくわかりません。そのために何をすべきなのかも本書のテーマを超えたものであり、ここで語るべきことがあるようにも思えません。

繰り返し述べたとおり、本書が対象としたいのは世界経済のことではありません。むしろ地域経済のことです。スミスの振り子が右側に移動してから「地域」の左側がずっと空いているのです（図2－6）。私は、この領域に興味があります。スミスは『道徳感情論』でこのあたりの話をしていたように思うのです。自由市場が大切だと思うのだが、その前提には道徳感情の共有がある。地域における顔の見える関係があれば、そこに政府の介入は必要ないが、代わりに道徳感情の共有がしかるべき役割を果たすのです。共感を育むためには、面識関係による対話の繰り返しが必要だ、とスミスは述べています。いわゆる共感ですね。

したがって本書では、スミスの『道徳感情論』を参考にしながら、『国富論』やマルクス、ケインズの思想からもヒントをもらいつつ、地域における経済の考え方について検討したいと思います。

ミクロ経済学？　マクロ経済学？

以上の流れとまとめについて、経済学に詳しい人なら、「それはミクロ経済学を起点にしたか、マクロ経済学を起点にしたかの違いじゃないの？」と反応するかもしれません。確かにスミスは、家計や会社の経営などを考えるミクロ経済学から国の経済を考えていたように感じます。[74] 個人の道徳心を重視する考え方からも、それは自然な流れだったのかもしれません。一方、マルクスは革命に通じるような経済や国家のあり方を模索しており、どちらかといえばマクロ経済学から経済を考えていたようです。ケインズは世界恐慌に対応するための経済を考えていたという点で、まさにマクロ経済学起点だったといえるでしょう。[75]

ただ、読み進むうちに3人とも最終的には国の経済に関する提言へと収斂《しゅうれん》していきます。その点が、私がこだわっている「顔が見える関係」による面識経済とはスケールが違うところなのでしょう。経済の専門家

74 ただし、アダム・スミスが生きた時代には、まだ経済学をミクロとマクロに分ける発想がなかったようです

75 ドイツの経済ジャーナリストであるウルリケ・ヘルマンは「ケインズは、個々の企業の価格やコストというミクロの地平から離れ、国民経済を全体として、すなわち生産と需要の全体構造として見た、初めての経済学者でした」と指摘しています（ウルリケ・ヘルマン著、猪股和夫訳『資本の世界史』太田出版、2015、p204）

76 かつて経済学は、ミクロ経済学の集積がマクロ経済学になると考えられていたようです。ところが、ケインズ以降はこの両者に直接的な関係はないと考えられるようになりました。前述のヘルマンは「それまでの経済全体は企業活動の総計としか見られていませんでした。個々の企業にとってよいことは国民経済にとってもよいにちがいないと、何の疑いもなく受け止められていたのです。それに対してケインズは、経済は全体としては会社とは別の規則に従って動いていることを示しました。この「マクロ経済」の発見は今も受け

ではない私にとって、国や世界の経済がどうあるべきなのかは論じたくても論じることができないものです。一方、地域の未来を語り合うワークショップで、参加者が暗黙のうちに影響を受けている経済思想については、思うところがたくさんあります。ミクロ経済学でもマクロ経済学でもなく、その間にあるコミュニティ経済学について考えてみたいと思うのですが、同時に世界的な経済思想についても学んでおきたいと思うのです。[76]

コミュニティ経済は、個人や家族や会社の経営を考えるミクロ経済学からの影響を受けますし、政府や世界の経済について考えるマクロ経済学からも影響を受けます。だから、両者について考慮しつつ、「コミュニティという概念」や「地域というスケール」だからこそ生まれる経済的な関係性や特徴を注視したいと思います。[77]

さて、以上のようなスケール感覚を持ちながら、本書ではミクロ経済学とマクロ経済学の間にあるコミュニティ経済について考えてみたいと思います。コミュニティ経済のなかにも、都道府県くらいのスケールを扱う「地域経済」から、生活圏くらいをイメージした「地元経済」、そして顔が見える関係における「面識経済」など、さまざまなスケールがあるように思います。[78] そんなスケール感覚を念頭に置きながら、次章ではラスキンやモリスを中心としたイギリスの思想と、そこから派生したアメリカの思想などを辿《など》ってみたいと思います。

継がれているケインズの遺産です」と述べています（ウルリケ・ヘルマン著、猪股和夫訳『資本の世界史』太田出版、2015、p204）

77 「地域というスケール」については6章で、「コミュニティという概念」については7章で、それぞれ詳述します

78 マクロ経済がグローバル経済に、ミクロ経済が家計に、それぞれ対応しているとすれば、コミュニティ経済はローカル経済に対応しているようなイメージです。そのローカル経済のなかにも、地域経済、地元経済、面識経済といった異なるスケールが含まれていると思います

第3章

ラスキン、トインビー、モリス

経済学の巨匠以外の偉人たち

前章で言及したスミス、マルクス、ケインズは、経済思想史のなかで特に大きな思想の転換点を作り出した人たちだったといえます。いわば「経済学の三巨匠」です。もちろん、その他にもマルサス、リカード、ミルなど、重要な考え方を提示してくれた経済思想家たちがたくさんいますが、まちづくりやコミュニティデザインに携わる人間が最低限知っておいたほうがいい経済思想としては、3人の巨匠の考え方が重要になるでしょう。この考え方こそが、意識的にも無意識的にもワークショップ参加者の発想の前提となっていることが多いからです。[1]

スミス、マルクス、ケインズは、それぞれ18世紀、19世紀、20世紀のイギリスで活躍した経済学者たちでした。一方、同じ時期のイギリスには、経済学者ではないけれども経済学に準ずる分野で重要な思想を提示した歴史哲学者や社会批評家やデザイナーがいました。それがトマス・カーライル、ジョン・ラスキン、ウィリアム・モリスです。

さらにその思想は海外へと越境し、アメリカ、ドイツ、日本へと波及します。波及するごとに、少しずつ地域に合わせて変形された思想が、後の社会に影響を与えることになっていくのも興味深い流れです。こうした流れを追いかけていくと、時代や地域は違っても、現在の日本で生きる我々

1 有名な3人の学説だからこそ、いたるところで引用されたり参照されたりしているのでしょうね。だからこそ、ワークショップの参加者もどこかで見聞きした経済思想だということになるのでしょう。それが明確にスミス、マルクス、ケインズの思想だと認識していなくても、なんとなく経済について考えるときの「常識」だと思っている人が多いような気がします。それなら、ワークショップで経済の話をする際は、前提として3人の主張を共有しておいたほうがいいでしょうね。それも、できるだけ正確に。なお、これら3人の巨匠の経済思想をまとめて解説してくれているのが『スミス・マルクス・ケインズ』です（ウルリケ・ヘルマン著、鈴木直訳『スミス・マルクス・ケインズ』みすず書房、2020）

にとって大きなヒントを与えてくれるような考え方に出合うことがあります。ワークショップ参加者に伝えたくなるような思想が見つかることがあります。そして、我々の生き方を鼓舞してくれるような人生を歩んだ人を見つけることがあります。本章では、そんな人たちの思想や人生を紹介したいと思います。

まずはラスキンから始めましょう。

ラスキンの美術批評

ラスキン（1819－1900）は、マルクス（1818－1883）の1歳年下です。ほぼ同時代を生きたと言ってもいいでしょう。マルクスは1849年からイギリスで生活していますので、30代からのふたりは同じ国に生きたということになります。

ラスキンがマルクスと違ったのは、人生の前半を美術批評家として過ごしたことです。そして、その評価がとても高かったということです。前半生の代表的な著作を3冊挙げるとすれば、『近代画家論』（1843－1860）、『建築の七燈』（1849）、『ヴェネツィアの石』（1851－1853）ということになるでしょう。

『近代画家論』は、近代的な画家の特徴についてまとめた書籍であり、全5巻からなる大著です。原稿を書き始めたのはラスキンが17歳の頃。彼が大好きだったウィリアム・ターナー[2]の絵が雑誌で酷評されていたことがきっかけでした。その反論として「ターナーの絵がなぜ良いのか」を書き綴

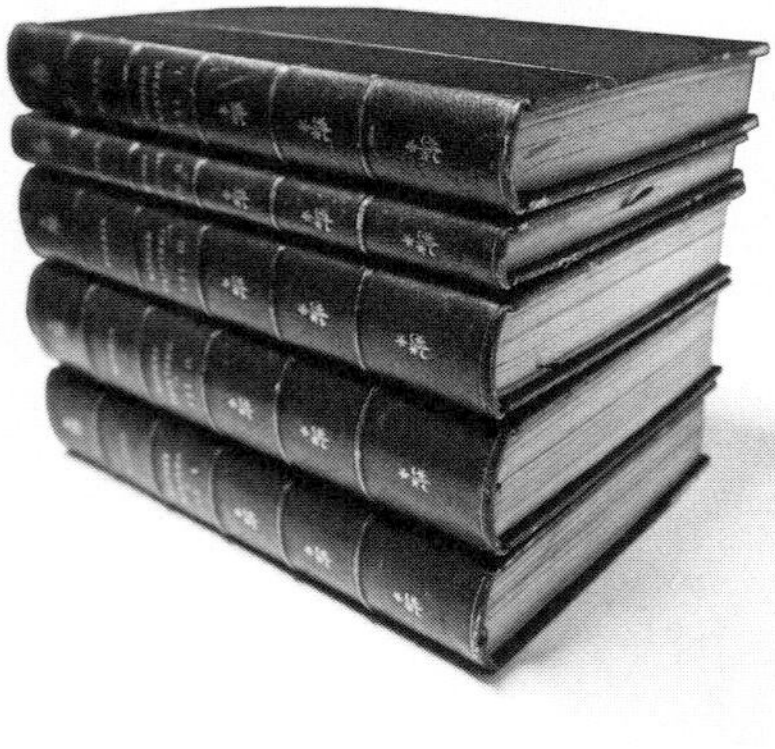

写真 3-1　『近代画家論』の原著。所蔵：大阪ラスキン・モリスセンター／撮影：吉田英司

るうちに7年が経ち、24歳のときに『近代画家論』の第一巻を出版しました。さらに3年後にはイタリアのルネサンス時代の画家について評論した第二巻を出版し、その10年後の37歳のときに第三巻と第四巻を出版しました。そして4年後、41歳のときに第五巻を出版して、『近代画家論』は完結したのです[3]（**写真3－1**）。

　第二巻から第三巻の出版までに10年間もの時が経っているのですが、この頃のラスキン

2　ジョゼフ・マロード・ウィリアム・ターナー（1775－1851）。イギリスのロマン主義を代表する画家。光の芸術家と呼ばれることも多い。写実的な絵画作品が多く、大気、光、雲などの大胆な表現が特徴的です。全体的にぼんやりとした印象を与える作品が多く、印象派を30年以上も先取りした表現だったのですが、当時は酷評されることも多かったようです

3　現在、ラスキンの『近代画家論』はまとまった翻訳本が出版されていません。そのうちのいくつかが部分的に翻訳されて、順次出版されつつあります。それらは以下のとおりです。いずれもジョン・ラスキン著、内藤史朗訳、法藏館による発刊で、『風景の思想とモラル』2002、『芸術の真実と教育』2003、『構想力の芸術思想』2003

4　ジョン・ラスキン著、杉山真紀子訳『建築の七燈』鹿島出版会、1997。本書の初版まえがきでラスキンは「人間はときには黙ってはいられないほど強烈に心に感じることがある。また場合によっては強烈な過ちを犯している

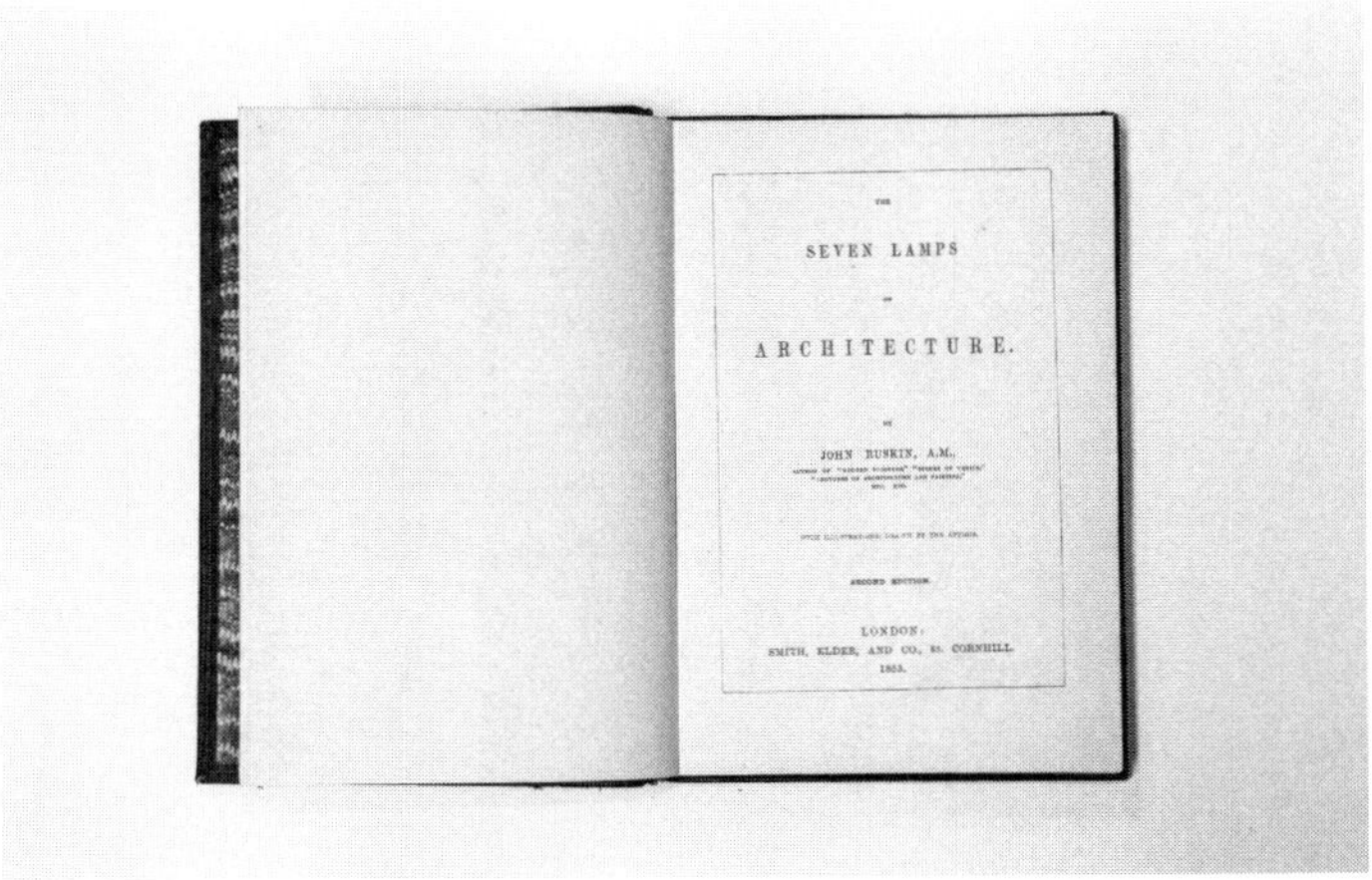

写真3-2　『建築の七燈』の原著。所蔵：大阪ラスキン・モリスセンター／撮影：吉田英司

はイタリアのルネサンス時代の建築が各地で解体されていることが気になっていたようです。30歳のときに『建築の七燈』を出版し、建築の美しさを①犠牲、②真実、③力、④美、⑤生命、⑥記憶、⑦従順という7つの側面から解説しました[4]（写真3－2）。

さらに32歳のときには『ヴェネツィアの石』第一巻を出版し、ヴェネツィアにあるさまざまな時代の建築の魅力について述べました[5]。続く第二巻の6章「ゴシックの本質」は評価が高く、後にこの部分だけを切り出して単行本化されるほどでした[6]（写真3－3、3－4）。

ことに気がついて、黙ってはいられなくなることがあるものだ。すなわち、私が最も愛している建築が、いま無惨にも破壊されてしまい、そして私が愛することができない建築が数多く作り出されている、そういった現状のなかで私はあまりにも苦しんでいた、ということだ」と書いています

5　この本は全三巻からなる大著です。すべてを邦訳するのは難しかったようで、訳者が必要だと思う部分だけを抜き出して翻訳したのが以下の本です。ジョン・ラスキン著、井上義夫編訳『ヴェネツィアの石』みすず書房、２０１９

6　単行本化したのは、ラスキンの弟子であるウィリアム・モリスです

写真 3-3 『ヴェネツィアの石』の原著。所蔵：大阪ラスキン・モリスセンター／撮影：吉田英司

写真 3-4 『ゴシックの本質』の原著。所蔵：大阪ラスキン・モリスセンター／撮影：吉田英司

このなかでラスキンは、なぜゴシック様式の建築が美しいのかを説明しています。建築をじっくり観察すると、そこに施された装飾には3種類のものがあることに気づきます。[7] 1つ目は職人が親方の指示どおりに正確に作った装飾（隷属的装飾）。2つ目は親方の仕事を手本にしつつ自分の独自性を追求している装飾（規範遵守的装飾）。3つ目は親方を手本とせず自分の独自性だけを追求している装飾（革命的装飾）。

そのうえで、1つ目の装飾はギリシアやエジプトの装飾によく見られる「完璧」なものだと指摘します。しかし、完璧だから良いというのではないのです。ラスキンは、そんな働き方はつまらないし、職人の工夫が生まれる余地がないといいます。2つ目の装飾は中世のゴシック装飾に見られるもので、親方を手本としながら職人が思い思いに工夫しており、不完全な装飾も見受けられるものの全体としてはこれ以上無いほどに美しい建築物となっていると褒めます。その建築を作る人たちが労働に悦《よろこ》びを感じていたことが分かるのが良いというのです。ちなみに、3つ目の装飾についてラスキンは全く認めていません。これはルネサンス期に多く見られた装飾なのだそうですが、職人が新しい意匠や技工に挑戦しすぎていて、技術が伴わず、どれも中途半端なものでしかないというのです。

お気づきかもしれませんが、『ヴェネツィアの石』の頃のラスキンは、すでに絵画や建築の美しさだけを批評するのではなく、それが作られた当時の職人の働き方にまで想いを巡らせています。単なる形態の美しさではなく、その作品が生まれた時代背景や作者の働き方もセットで美しさを語っているのです。ラスキンが後半生に経済や社会のあり方について語り始める予兆を感じることが

7 ジョン・ラスキン著、川端康雄訳『ゴシックの本質』みすず書房、2011、p27-28

できますね。

もう少し『ヴェネツィアの石』におけるラスキンの言葉を見てみましょう。ラスキンは分業について言及しています。「最近われわれは分業という文明の偉大なる発明について大いに研究し、大いにそれを究めてきた。ただし、この命名は間違っている。じつは分割されているのは労働ではない。人間である。人間が分割されて、たんなる人間の断片にされてしまっているのである」[8]。そして、「そのために、人間に残された知性の小片を全部あわせても一本のピンや一本のクギをつくることも満足にできず、ピンの先やクギの頭をつくることで消耗してしまうのだ」[9]と続けます。これは明らかに、アダム・スミスがピン工場での労働を観察して分業の利点を分析したことに対する皮肉ですね[10]。

そのうえでラスキンは、「それに対処する方途はただひとつ、どのようなたぐいの労働が人間にとって好ましく、人間を高め、幸福にするものであるかということをあらゆる階級の者が正しく理解することによってしかない。労働者の堕落によってしか得られぬような便利さとか美しさとか安価さとかを断固として放棄すること、そして健全で人を高める労働の産物と成果とを同じく断固たる態度で要求することによってしかない」[11]と提案します。

そのためには、労働者に①不必要なものや役に立たないものを作らせ

8 ジョン・ラスキン著、川端康雄訳『ゴシックの本質』みすず書房、２０１１、p39

9 ジョン・ラスキン著、川端康雄訳『ゴシックの本質』みすず書房、２０１１、p39-40

10 スミスは分業の利点だけでなく欠点についても冷静な分析を加えていましたが、なんとなく「分業推進派」という印象を後世に残してしまいました。『国富論』の内容が、「分業によって生産性を高めて、生産物を自由市場で交換し合えば、国は豊かになる」と単純に理解されてしまったことによる弊害かもしれませんね

11 ジョン・ラスキン著、川端康雄訳『ゴシックの本質』みすず書房、２０１１、p40-41

12 もちろん、その前提にはスミスの「重商主義政策への問題意識」や「道徳感情の共感」があるわけですが、『国富論』だけを読んだ人たちは「分業と自由市場」の組み合わせだけが印象に残ったことでしょう。なお、この頃のラ

ないこと、②単なる正確さや見た目の美しさだけを求めないこと、③模倣や模写をさせないこと、という3点を重視することをラスキンは求めます。これは「自分が儲けることだけを考えて労働すればいい」と喝破したアダム・スミスとは明らかに違った考え方ですね。[12]

ラスキンの経済批評

『近代画家論』、『建築の七燈』、『ヴェネツィアの石』。この3冊でラスキンの芸術論は世間に認められ、美術批評家としての名声を手に入れました。ところが、ラスキンは徐々に社会や経済のあり方についても言及し始めます。[13]そして、ラスキンの後半生は美術批評家としてより社会改良家として知られるようになります。この時期は経済に関する書籍を刊行しており、代表的な3冊を挙げるとすれば『芸術経済論』（1857）、『この最後の者にも』（1860）『ムネラ・プルヴェリス』（1872）となるでしょう。

『芸術経済論』は、ラスキンがマンチェスターで行った2日間の講演が元になっています（**写真3－5**）。1日目は「芸術の発見と適用」について、2日目は「芸術の蓄積と配分」について、それぞれ語っています。このときラスキンは38歳であり、経済については18歳のときに読んだアダム・

スキンは、経済学的な視点で美術を論じるようになっているのが特徴的です

13 ラスキンはなぜ芸術論に飽き足らず、経済論に取り組んだのでしょう。これについてはさまざまな憶測があります。それらを池上惇は6つに整理しています。①誠実な性格ゆえに貧困者たちの悲惨な生活が無視できなかったから、②芸術の価値が鑑賞者から正当に評価される社会を目指していたから、③スコットランドの家系に多い勤勉と自立の精神だったから、④ラスキンの芸術論を応援し続けた両親から独立したかったから、⑤結婚生活が不調だったから、⑥師匠であるトマス・カーライルに影響されたから（池上惇ほか編『文化経済学を学ぶ人のために』世界思想社、1993、p250）

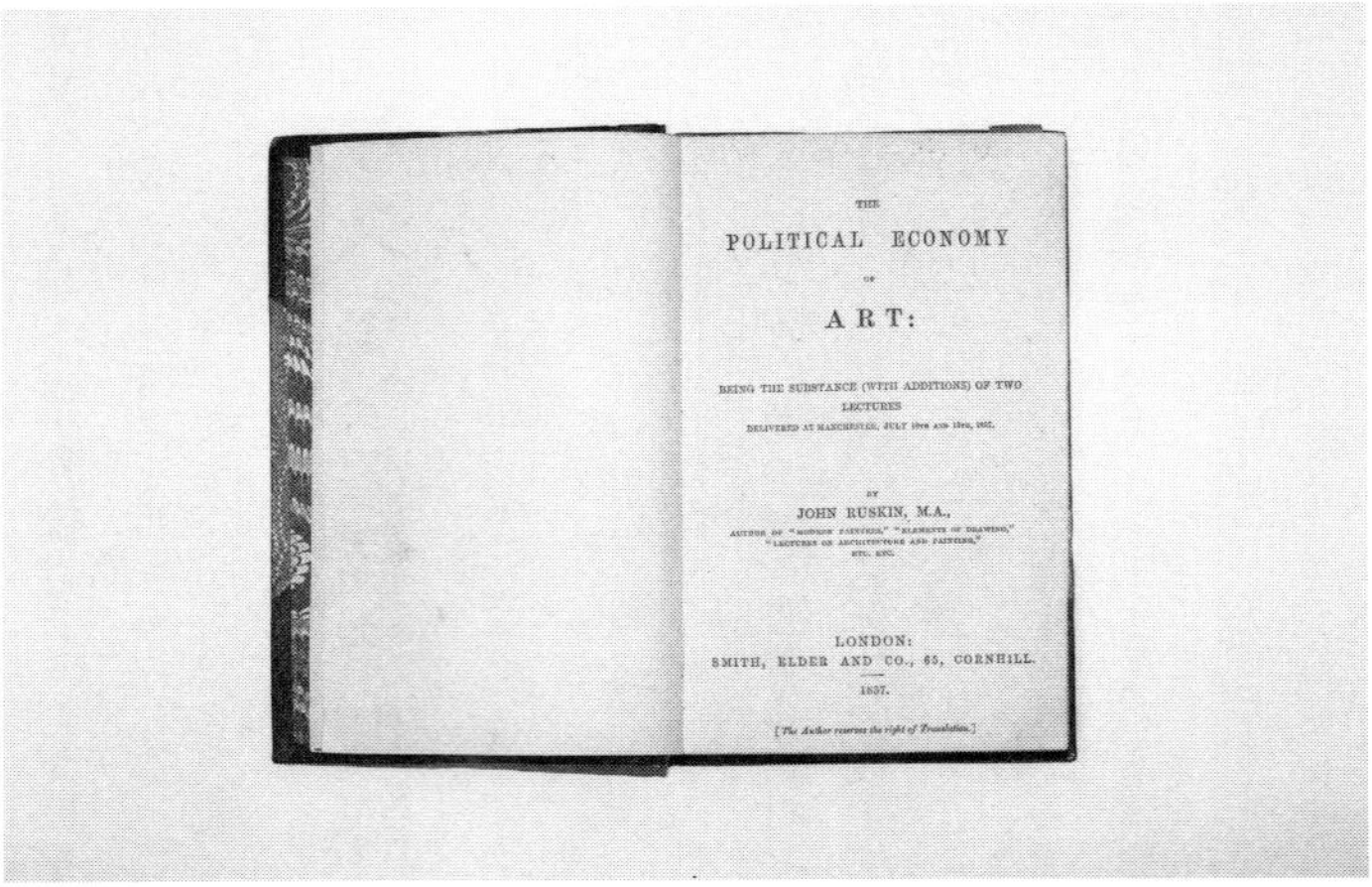

写真3-5　『芸術経済論』の原著。所蔵：大阪ラスキン・モリスセンター／撮影：吉田英司

スミスの本しか知らないといいます。[14] しかし、本当に大切な経済の原理については誰でも理解できるとし、ややこしいことは何もないと言い切ります。それをややこしそうに語る人がいるとすれば、シンプルな原理が自分にとって都合の悪い人だろうと指摘します。そのうえで、だからこそ「市民としての責任を分担する人々はすべて市民経済学の根本原理を理解しなければならない」と述べます。経済学の原理はシンプルなんだから、と。

　このラスキンの文章は、本書を書こうと思った時の私の気持ちを代弁してくれています。「ワー

14　ジョン・ラスキン著、宇井丑之助ほか訳『新訳版 芸術経済論』水曜社、2020、p28

15　のちほど登場する民藝運動における柳宗悦の思想を彷彿とさせるキーワードです。なお、その柳はラスキンが美術から経済へと視点を向けたことを評価しています。「私は多くの経済学者が、なんら美に対する反省なくして、彼らの経済学説を建設するのを不充分に感じる。（中略）ラスキンの偉大は彼に社会の目標としての美が認識されていた点にあると云ってよい。彼は彼のいかなる社会的理論においても美への守護を忘れることがなかった」（柳宗悦『工藝の道』講談社学術文庫、2005、p186-187）

クショップに参加して地域の未来を考える人はすべて、経済学の基本的な知見を有していてほしい」という気持ちから、私は本書を執筆することにしました。芸術論しか語ったことがなかったラスキンが経済について語ったときのように、私も経済に関する本を書いてみようと決意したのです。ただし、ラスキンは『芸術経済論』から始まる経済三部作の出版によって、経済の専門家から批判されまくりました。いわく「美しいことが正しいことだと信じ込みすぎている」、「経済に倫理や道徳を入れ込みすぎている」、「経済理論の理解が雑すぎる」、「理論に矛盾や飛躍が多い」、「ゆえにこれは素人の戯言《たわごと》だ」などなど。こうした批判のために、晩年のラスキンは精神を病《や》んだほどです。そのことを考えると、ちょっと恐ろしくなります。どうか、本書を批評する経済の専門家たちは、できるだけ優しく批評してほしいなと思います。

さて、『芸術経済論』でラスキンは、経済に「実と華」を求めます。これは人々の役に立つ物事と、人々に美しさを届ける物事とを指します。「用と美」と表現してもいいでしょう[15]。そして、美しさには正しさが宿っていると考えます。だから、経済を考える場合は、人々の役に立つ労働ばかりではなく、美しさを通じて倫理を広げる芸術の営みも大切だと主張します。できれば芸術家として労働する人が増えるべきだとも考えていたようです。『芸術経済論』の具体的な内容を見てみましょう。

1章「発見」では、どうすれば芸術家として労働する人を発見することができるかについて語られています。人には向き不向きがあるのだから、できるだけ多くの仕事を経験できるような社会にして、若い人がどこかの分野で芸術的な力を発揮させられるよう自分の得意分野を探ることができる仕組みが必要だとラスキンは提案します。

2章「適用」では、芸術家として労働する人をどうやって育てるべきかについて語られています。できるだけ自由に働くことができる条件を整えることが大切だというのがラスキンの主張です。また、無益な仕事をさせないようにすることも大切だと指摘します。この点はラスキンが『ゴシックの本質』で語っていることと同じですね。

3章「蓄積」では、芸術的な仕事の結果を社会全体で蓄積させるために何が必要かについて語られています。そのためには、芸術的な仕事の成果を適正な価格で売買することが大切だとラスキンは主張します。安く買い叩くと、丁寧で芸術的な仕事が成り立たなくなって、安価で量産できるような方法で仕事が進められるようになります。これは社会にとって良いことではないというわけです。また、古いものを美しく保存したり復原したりする仕事も大切にせよと指摘しています。

4章「分配」では、芸術的な仕事をどのように分配するべきかについて語られています。芸術的な仕事を一部の金持ちが所有するというだけでは良くないですよね。より多くの人が芸術的な仕事を体感できる社会にしていかなければなりません。ラスキンは、学校、商工会議所、救貧院、病院をなるべく芸術的な仕事で建て、そこに芸術作品を展示することを提案します。

イギリスが産業革命によって工業社会へと移行しつつあるとき、ラス

16 日本の政府は、工業社会の次の次の社会を標榜しているようです。内閣府が提唱している内容を見ると、社会は①狩猟社会、②農耕社会、③工業社会、④情報社会を経て、いまや5番目の社会へと向かっているとのこと。いつの間にか情報社会は過去のものになっていたのですね。内閣府ウェブサイト「Society5.0」

17 この点については、ラスキンの書き方にも問題があったように思います。切れ味が良すぎたとでもいいましょうか。例えば『この最後の者にも』の雑誌連載中に、「同じ仕事をする人には同じ賃金を払うべきだ」と述べた箇所があります。これに対して、ラスキン経済学に反対する新聞記者が「ラスキンは、熟練者にも新米にも同じ賃金を払えと言うのか？　名文の記事にも駄文の記事にも同じ賃金を払えというのか？」という記事を書いて難癖を付けました。連載が単行本化されたとき、ラスキンは「同じ仕事をする人に同じ賃金を払うということになれば、より良い仕事をする人に仕事を頼むことになり、悪い仕事をする人は頼まれなくなるから他に自分の力が発揮できる仕事を探す

キンの経済論は「人々が芸術的な仕事に従事できるような社会をつくろう」と主張するものでした。これによって、美しくて役に立つものを社会にたくさん生み出すとともに、働く人たちが自分の仕事に悦びを感じることができるような社会をつくろうと呼びかけたのです。しかし、当然のことながら、工業社会で効率的に経済成長を目指そうとする政治家や経済学者たちからは批判される結果となりました。

でも、それは国が工業社会へと移行しているときの話です。いまや先進国は工業社会から情報社会へと移行しています。[16]情報社会で一人ひとりが質の高い人生を送ることができるように、我々はどう働いて、どう暮らすべきなのか。改めて読み直してみると、ラスキンの経済学にそのヒントが記されているように感じます。

ことになるだろう。そうやって世の中の仕事は調整されていき、自分に合った仕事に精一杯取り組み、多くの人が良い仕事をする社会が実現するだろう」と回答したうえで、新聞記者に対して「あなたはそんな記事で紙面を埋めるより別の仕事を探したほうがいい」とアドバイスしています。切れ味が良すぎます

『この最後の者にも』の第一章

『芸術経済論』（１８５７）の3年後、ラスキンは雑誌の連載をまとめて『この最後の者にも』（１８６０）を刊行しました。ところが、こちらも雑誌連載時から不評で、単行本化してくれる出版社がなかなか見つかりませんでした。いかにラスキンの経済学が当時のイギリスで受け入れられなかったかがわかりますね[17]**（写真3－6）**。

『この最後の者にも』は4章構成です。[18]第一章では、これまでの経済学の前提を疑うことを提案し

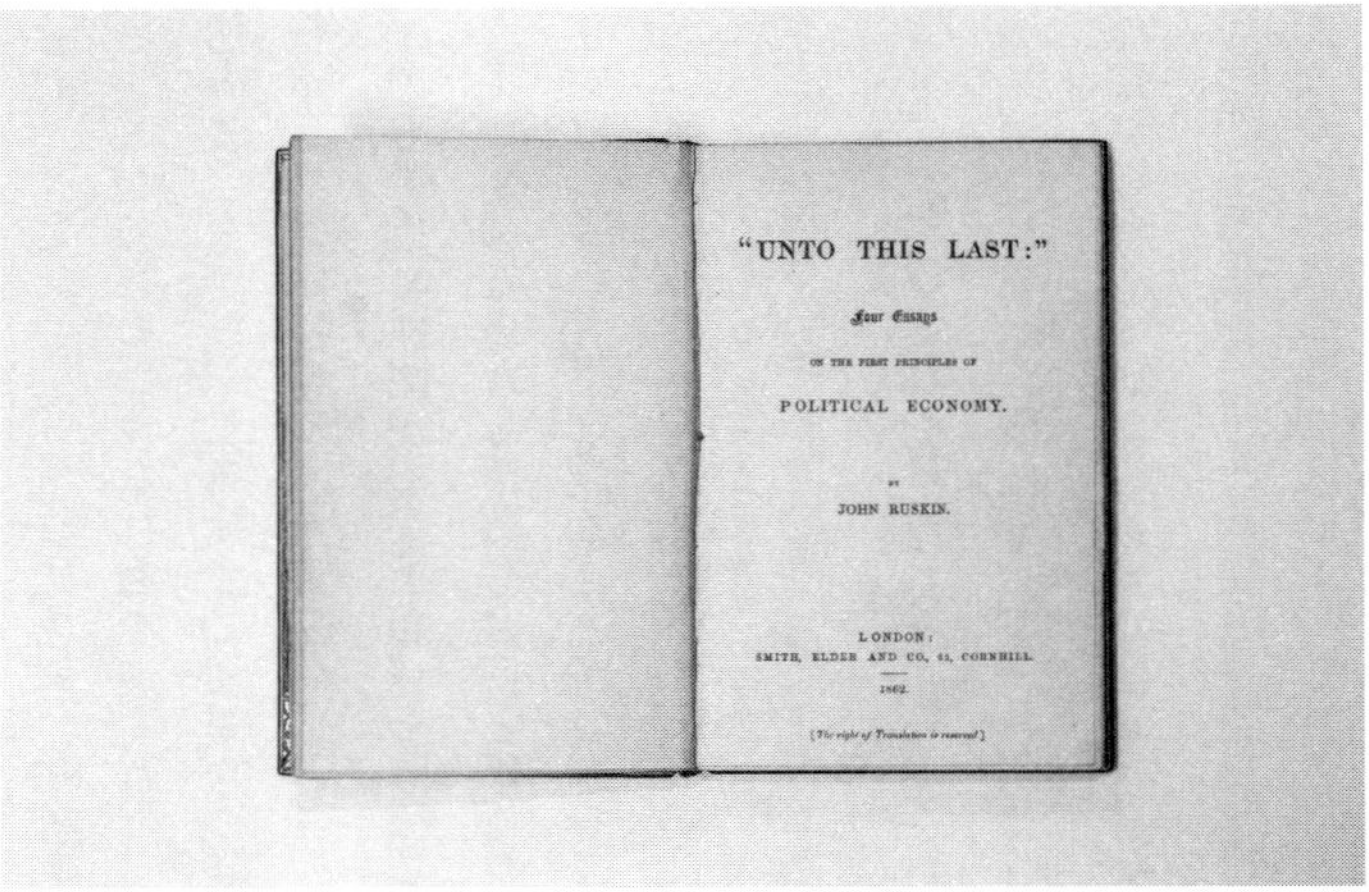

写真 3-6　『この最後の者にも』の原著。所蔵：大阪ラスキン・モリスセンター／撮影：吉田英司

ています。アダム・スミス以降、これまでの経済学が前提としてきた人間像は、「自分の要求を満たすために合理的に行動する人」というものでした。こういう人がたくさん集まって自由に取引すると、全体としてはどういう経済の特徴を持つことになるか、ということについて考えてきたわけです。ところが、ラスキンはこうした人間像を前提とすることが間違っていると指摘します。

　例えば、母親と子どもが飢餓に苦しんでいるとき、パンが一切れだけあるとする。これまでの経済学の前提だと、母親と子どもはそれぞれ自分の欲望を満たすために合理的に行動するため、子どもよりも力の強い母親がパンを奪って

18 訳書の表現では「第一論文」「第二論文」といった表記になっていますが、ここでは他のラスキンの本と同様に「第一章」「第二章」と表記します

19 このあたりの表現こそが、私に「面識経済」を考えさせるきっかけのひとつとなっています。面識のある人、なかでも友情や愛情を感じる人とのやりとりは、従来の経済学では説明できないことが多いような気がしています

食べるということになる。しかし、実際にはそうならないだろう、とラスキンは指摘します。実際にはそこに「情愛」が関係するのだが、従来の経済学はこれを考慮しない。情愛などというものは数値化できないし、時と場合によって変化してしまうものだからです。[19]

これは会社の経営陣と従業員との関係も同じでしょう。仕事のやりがい、自己実現と仕事内容との関係性、裁量の自由度、経営陣と従業員の間の情愛、そして給与の多寡など、さまざまな要因が関わり合って「その会社で働く」という行動が成立しているわけです。ところが従来の経済学では、その大半が計測不可能な要因だということになります。数値化可能なのは「給与の多寡」と「労働時間」くらいであり、そのほかは「取るに足らないもの」ということになります。もし、仕事の内容がとてもやりがいのあるものだとしても、給与が少ないのであれば「やりがい搾取」だということになります。裁量が自由で情愛に溢れた職場でも、給与に対して労働時間が長すぎると「ブラック企業」だということになります。数値化できるものだけで経済学のフレームを組み立てて、情愛ややりがいなど測定しにくい要因については「参考にする」程度の扱い。そんな経済学が有効だとは思えない、というのがラスキンの主張です。

そのことをラスキンは、「人間には骨格がないという前提で考えれば、人を丸めて丸薬にしたり、平たくして餅にしたり、引き伸ばして針金にすることで活用すればいいという結論になる。そのうえで、骨格という要素も加えておこうということになっても、餅や針金に骨格を後から入れるのは難しい。この逆も同じである。人間には骨格しかないという前提で考え、骨格だけで幾何学的に面白い形を作っておきながら、あとでそこに精神や情愛を入れ込んだとしても、それは全く人間を研究する手順としては適切ではない」と指摘します。

ところが、これまでの経済学は情愛、精神、倫理、道徳などを人間から省き、自分が儲けるためだけに動く合理的な人間像を作り、そこから経済学を考えつつ、後から「情愛とか道徳とかも付け足しておこうか」という手順で検討されているわけです。そんな経済学は信じられない、というのがラスキンの立場です。むしろ、情愛とか道徳など、精神面から考える経済学でなければならないだろう、というのがラスキンの主張なのです。[20]

確かに、顔が見えない経済について考えるのならば、合理的な経済人をモデルにした経済学もそれなりに機能するのかもしれません。しかし、顔が見える関係の人間がやりとりするということになれば、そこに情愛も生まれるだろうし、道徳も重要な役割を果たすことになるでしょう。その意味では、面識経済を考える場合、工業社会の経済学とは違った人間像を前提とすべきだろうし、そのときはスミス、マルクス、ケインズの前提よりもラスキンが想定した人間像を前提として考えたほうがいいのかもしれません。

20 ジョン・ラスキン著、飯塚一郎訳『この最後の者にも』中央公論新社、2008、p18-25

21 ジョン・ラスキン著、飯塚一郎訳『この最後の者にも』中央公論新社、2008、p53

22 ジョン・ラスキン著、飯塚一郎訳『この最後の者にも』中央公論新社、2008、p65-66

23 ジョン・ラスキン著、飯塚一郎訳『この最後の者にも』中央公論新社、2008、p67

24 ジョン・ラスキン著、飯塚一郎訳『この最後の者にも』中央公論新社、2008、p67。なお、ここでの「楽しい」は「愉しい」と表現したいところですが、訳書の表記どおりとしておきます

『この最後の者にも』の第二章と第三章

続く第二章では、「合理的に行動する人間を前提とする従来の経済学では、富を得るために何をすればいいのか」について語られています。人々が富を得るためには、自分のために貨幣を蓄積すると同時に、隣人が自分より所得を減らす必要があります。つまり、富裕層になるための方法というのは、「自分自身に都合の良いように最大限の不平等を作り出す術」だというわけです。[21]

ひどい術ですね。ところが、情愛や道徳を加味しない経済学では、この方法で経済成長することが良いことだとされるのです。もちろん、こんな方法で経済成長しても我々は幸せになるはずがありません。人は貨幣によって行動を左右される存在ではありますが、貨幣だけに左右される存在ではないはずです。「貨幣によって達せられないものがたくさんあり、また貨幣では保持できないものもある。黄金では買うことのできない多くの喜びが人間には与えられ、黄金では償《つぐな》われない多くの忠誠が見出される」とラスキンは述べます。[22]

そして、ここでラスキンは重要なことを指摘しています。「もし富というものが人々を動かす力だとするなら、貨幣によって人々を動かすこともできるけれども、情愛や道徳によって人々を動かすこともできるのだから、貨幣も情愛も富だと考えられるだろう」というのです。さらに進めて考えると、結局は貨幣や情愛を操る「人間自身が富である」[23]というのです。つまり、富の究極の結果は「できるだけ多くの元気のいい、眼の輝いた、心の楽しい人間をつくりだすこと」[24]にあるというのです。

私は、この富の定義にとても共感しています。富というのは「たくさんの貨幣」ではない。「豪華な住宅や高級な車」でもない。貨幣や情愛を操る「人間自身が富」なのであり、国富を考えるなら「元気で、目を輝かせて、心が愉しい人をたくさんつくりだすこと」こそが目指すべき結果なのです。つまり、情愛や道徳に溢れた人間こそが富であり、そういう人たちが正しく貨幣や情愛を操り、周囲の人々を正しい方向へと動かすことになる、というわけです。

なお、この話は一旦ここで終わっていますが、のちに第四章の77節で再考されることになります。この章の最後にラスキンは「りっぱな精神の人間をつくることが、結局は最も利益のあることになりはしないか」という問いかけをしています。[25]

続いて第三章です。第四章の77節というのが本書のクライマックスなので、第三章については簡潔に紹介しましょう。第三章では、情愛や道徳なしに金銭的な富を求めるとどうなるのか、ということについて書かれています。興味深い表現は、「大きな財産をもっている人を毒殺するのは、中世において盛んに用いられた金持ちになる方法であり、わずかな財産をもっている人の食物に粗悪品を混入するのは、今日盛んに用いられる富を得る方法である」[26]というものです。これは現在でも行われている方法かもしれません。

莫大な財産を有しているわけではない「普通の人」が買う食物に、安くて質の悪い素材や合成保存

25 ジョン・ラスキン著、飯塚一郎訳『この最後の者にも』中央公論新社、２００８、p68。なお、このページの注釈で訳者が「わが財宝はわが子なり」という言葉を紹介していますが、この表現はラスキンの富の概念を理解しやすくしているように感じます

26 ジョン・ラスキン著、飯塚一郎訳『この最後の者にも』中央公論新社、２００８、p78

27 ジョン・ラスキン著、飯塚一郎訳『この最後の者にも』中央公論新社、２００８、p81

28 ラスキンが生きた19世紀にも、すでに環境破壊が起きていたのでしょう。産業革命によって多くの資源が強奪され、空気や水が汚されていた。ラスキンは美しい風景が汚されたり壊されたりすることに心を痛めていたようです

料を使って、少額ずつではあるが大勢の人から合計で莫大な利益を得ようとする方法です。これは情愛や道徳心がないからこそできる所業なのでしょう。顔が見える関係性なら決してできないような行為です。しかし、経済学は「合法であれば」こうした方法も良しとするわけです。ラスキンは注釈で「需要と供給の法則によって生きるのは鼠や狼の特権だが、正義の法則によって生きるのは人間の特質である」と牽制しています。[27]

『この最後の者にも』の第四章

そしていよいよ本書のクライマックスです。ラスキンの話になると長くなって申し訳ありません。なかでも『この最後の者にも』は最も好きな本であり、そのクライマックスということで勝手に盛り上がってしまって申し訳ありません。

第四章は、「富」についてさらに詳しく考えてみようという章です。まず、富は金銀財宝のことではないとラスキンは念を押します。「真珠とか、青や赤の石のかけらのような無用の長物を価値あるものと思うな」、「そんなもののために水にとびこんだり土を掘り起こしたりするな」、「そんな石を研磨するために長時間労働するな」、「そんなものを手に入れるために空気や太陽や清潔をないがしろにするな」というわけです。[28] さらに「平和とか信頼とか愛よりも、宝石とか真珠のほうが価値あるものだと思うな」と付け加えます。

そのうえで、富はその価値を知り、活用方法を知る人が持つから意味があるのだと指摘します。[29]

「宝の持ち腐れ」ということがあるというのです。富が持っている固有の価値を、ちゃんと使いこなすことのできる人が使用したとき、富は初めて価値を発揮することができるのです。[30]「ある物に有用性が生ずるようになるか、悪用性が生ずるようになるかは、そのものによるというよりはむしろ人によるのである」[31]。だからこそ、「適切な物」を「適切な者」に分配するのが経済学の役割なのです。そして、それは複雑で難しいことだから、数理経済学で解ける問題じゃないというのがラスキンの主張です。

また、ラスキンは経済学という学問自体についても疑問を呈します。経済学というのは交換の学問だと言われるが、「交換の学が当事者の一方だけの利益を考慮するかぎり、それは相手の無知ないしは無能に基礎を置くもの」[32]であり、これは正当な学問とはいえないのではないか。つまり、一方の無知や無能がなくなってしまうと、もう一方の利益もまたなくなってしまうような学問なのです。

そんな学問は「暗黒の科学」である、とラスキンは指摘します。経済学は、取引の片方が無知であることを前提として利益が増える方法を考える学問だというわけです。無知な人に教えてあげるのではなく、無知なままでいてもらうことこそが経済学にとって重要なのです。[33]

そう考えると、もし一方的に儲けている人がいるとすれば、その人は

29 このあたりのことをラスキンは固有価値と享受能力という言葉で説明しています。物事が本来持っている価値が固有価値であり、その使い方を知っているというのが享受能力です。この世界に存在するすべての物が持つ固有価値を最大限に使いこなすためには、人びとの享受能力を高める必要がある。人びとの享受能力が高まれば、固有価値を正しく判断できる人たちが増えていくので、物事に正当な交換価値が宿ることになる、というわけです。コミュニティデザインのワークショップで参加者同士が学び合うというプロセスも、享受能力を高めて身の回りにある物事の固有価値を感知できる人を増やしているといえるのかもしれません。そうなれば「うちのまちには何もない」という人は減り、地域に存在するものすべてに固有価値があることを理解し、その交換価値を認知し、適切な経済活動が展開できるようになるというわけです

30 親から莫大な財産を相続しただけの人に、それを活用する勇気と能力がないのなら、相続したものを富と呼ぶことはできないでしょう

取引先の無知を放置している人だといえるのかもしれません。そして、自分だけが有利であり続けるために学び続けているということになります。金持ちに対してなんとなく「ずるい」気がするのは、このあたりに原因があるのかもしれません。

　しかし、富裕層はよく「日本では金持ちが認められない。たくさん学んで、努力して、税金もたくさん納めているというのに」と嘆きます。でも、その前提には無知な人々の存在があります。その人たちを放置することが金持ちであることの前提となっている構図がなんとなく感じられるから、「日本では金持ちが認められない」という富裕層の発言に共感できないのかもしれません。

　私がコミュニティデザインの仕事を始めた頃、「ワークショップをやって、参加者にコミュニティデザインの方法を教えてしまったら、次の年から君に仕事を頼まなくなるぞ。それじゃ儲からないぞ」とアドバイスしてくれた先輩が何人もいました。でも、人々が無知であり続けることが儲けにつながるという仕事をしたいとは思えませんでした。[34] むしろ人々がワークショップを通じて学び合い、自分たちの地域を良くする方法を検討し、チームを作って実践するようになることこそが、自分の仕事の悦びだと思ったのです。つまり、ワークショップの参加者が地域にある物事から固有価値を見つけ出す能力（享受能力）を高め、それを正

31 ジョン・ラスキン著、飯塚一郎訳『この最後の者にも』中央公論新社、２００８、p126。せっかくの固有価値をうまく享受できない人が活用してしまうと、悪用性が生じてしまう危険性があります

32 ジョン・ラスキン著、飯塚一郎訳『この最後の者にも』中央公論新社、２００８、p133

33 ラスキンは「他のあらゆる科学や技術は、（中略）無知や無技巧を取り除くことをその目的とするものである。しかし諸科学のうちでこの科学だけは、あらゆる手段をつくして、（中略）無知を宣伝し維持しなければならない。それでなければ、この科学自体がなりたたなくなるのである。それゆえこの科学だけがひとり暗黒の科学である。おそらくはにせものの科学であるかもしれない（ジョン・ラスキン著、飯塚一郎訳『この最後の者にも』中央公論新社、２００８、p134）」と書いています。なお、この表現は多分にラスキンの師匠であるトマス・カーライルの影響が強いものと考えられます

しい方法で使いこなし（有用性を発揮し）、うまく活用しながら地域づくりを進めること（正当な交換価値に基づく取引をすること）を目指しているわけです。そんな考え方になったのは、きっと学生時代にラスキンの『この最後の者にも』を読んでいたからでしょう。

そして、２００５年に自分が設立した会社の名称を「studio-L」にしたのも本書の影響です。「studio-L」の「L」は、「Life」の頭文字です。本書の第四章の第77節にある「There is no wealth but Life」という文章のなかで重要な単語として登場している「Life」です。[35] 飯塚一郎さんが訳した『この最後の者にも』では、この部分が「生なくして富は存在しない」とされています。それは前後の関係を踏まえた訳出なのでしょう。この文章の直前では、生産と消費の関係について語られています。そこには「生産というのは苦労してものをつくることではなく、有益に消費されるものをつくることである。そして国家の問題は国家がどれだけ多くの労働を雇用するかということではなく、どれだけ多くの生をつくりだすかということである。なぜかといえば、消費が生産の目的であり標的であるように、生が消費の目的であり標的であるからである」と書かれています。

生産は、よき消費のために行われる。よき消費は、よき生のために（あるいは、よき生によって）行われる。だから国は、よき生を増やすべき

34 こんなふうに頑固で生意気な後輩だったから、多くの先輩から嫌われていました。助言してくれた先輩方、言うことを聞かない生意気な後輩でスイマセン

35 原文では、この文章を強調するためにすべて大文字で「ＬＩＦＥ」と書かれています

36 ジョン・ラスキン著、飯塚一郎訳『この最後の者にも』中央公論新社、２００８、p158

37 しかも、この場合の人間というのは「正しく享受能力を高められた人間」というほどの意味でしょう

38 ラスキンを文化経済学の始祖だと位置づける池上惇は、その著書『文化経済学を学ぶ人のために』のp258で、「これにはさまざまな訳文が充てられたが、ここでは【いのちとくらしが充実してこそ、豊かさもあるというものだ】と訳しておこう」と述べています。一方、経済学者の宇沢弘文は『経済学は人びとを幸福にできるか』の序文で「若いころお寺で修行したことのある私は、

である。そうすれば、よき消費が増え、よき生産が増えるだろう。そのうえで「生なくして富は存在しない」と続くわけです。これはこれで納得できる文章です。

一方、生産と消費の文章の直後には、こんな文章が続いています。

「わたくしは二ヶ月前にこの問題を読者の考慮にまかせておいた。それはわたくしが読者にはっきりと説明するよりも、むしろ読者自身に考えてもらうのが良いと思ったからである。しかしいまは十分に基礎ができたから、わたくしはこの一連の序説を終わるにあたって、つぎの重大な一言をはっきりと述べておきたいと思う」。そして続けます。「つまり、生なくして富は存在しない」と。[36]

ここで「二ヶ月前に読者の考慮に任せておいた」というのは、第二章で語られた「よき人間こそが富なのである」というラスキンの言葉です。『この最後の者にも』は雑誌の原稿をまとめたものでしたので、第二章の文章は第四章の文章の二ヶ月前に掲載されたものだったのです。そこには「元気で、目を輝かせて、心が楽しい人こそが富なのだ」ということが書かれています。そのうえで「読者のみなさんはどう思いますか?」と投げかけて二ヶ月が経過したというわけです。そう考えると、「There is no wealth but Life」という言葉は「よき人間こそが富なのだ」と翻訳したくなります。[37]ただし「Life」ですから「人間こそ」ではなく「よき人間の人生こそが富である」、つまり「よき人生こそが財産である」とするのが妥当かもしれません。

私は長い間、『この最後の者にも』のクライマックス、いわば「オチ」部分をどう翻訳すべきなのかを迷ってきました。ほとんどの先輩たちは「生なくして富は存在しない」としています。[38]きっ

この言葉を【富を求めるのは道を聞くためである】と訳して、経済学を学ぶときの基本的姿勢をあらわすものとして大切にしていた」と述べています。これは他で見たことがない訳文です

とそちらが正解なのでしょう。しかし、第二章からのつながりを考えると「よき人生こそが財産である」と訳したい気持ちもあります[39]。

その理由は、続く文章にもあります。この後ラスキンは、こんな文章を続けています。「生というのは、そのなかに愛の力、歓喜の力、賛美の力すべてを包含するものである。最も富裕な国というのは最大多数の高潔にして幸福な人間を養う国、最も富裕な人というのは自分自身の生の機能を極限まで完成させ、その人格と所有物の両方によって、他人の生の上にも最も広く役立つ影響力をもっている人をいうのである」[40]。

この文章中に登場する「生（Life）」を「人生」としてみると、およそ以下のような内容になるのではないでしょうか。「人生というのは、そのなかに〝人を愛する力〟、〝人と喜び合う力〟、〝人を褒めてやる気を引き出す力〟のすべてを含むものである。最も豊かな国というのは、高潔にして幸福な人間をたくさん養う国のこと。最も幸福な人間というのは、自分自身の人生の機能（愛や歓喜や賛美の力）を極限まで高め、その人格（情愛を含む）と所有物（貨幣を含む）の両方によって、他人の人生に良い影響を与え続ける人のこと」。そういう人は「元気で、目を輝かせて、心が愉しい人」であり、その人から影響を受けた人もまた同様の人へと育つことでしょう[41]。

つまり、ラスキンは「人生こそが財産なのだから、その財産をしっか

39 「生なくして富はなし」という訳文は、「生命がないなら富があっても無意味である」というニュアンスにも受け止められます。しかし、ラスキンが言いたいことはそういうことではないはずです。むしろ「よき生（固有価値を正当に享受できる能力を兼ね備えた生）なくして、富は存在しない」という意味ですよね。ただし、そこに第二章の「元気で、目を輝かせて、心が楽しい人こそが富なのだ」という言葉と、「そういう人が貨幣や情愛を正しく操って、周囲の人が良い行いをするよう導くようになる」という言葉を合わせて考えてみると、「There is no wealth but Life」という部分は、「よき生以外に富はなし」というほどの意味なのではないかと思うのです。言い換えれば「よき生こそが富である」というわけです。だから私は、この一文を「よき人生こそが財産である」と訳したいと考えています

40 ジョン・ラスキン著、飯塚一郎訳『この最後の者にも』中央公論新社、２００８、p158-159

41 『この最後の者にも』というタイトル

り運用して、愛や歓喜や賛美の力で他人の人生に良い影響を与え続けましょう。そんな人がたくさん住んでいる地域こそが豊かな地域であり、そんな地域がたくさんある国こそが豊かな国なのです」と言いたいのではないか、と思うのです。[42] これは私の勝手な解釈です。[43]「生なくして富は存在しない」、「命がなければ富もない（命あっての物種）」というような意味ではなく、「人生こそが財産なのだから、その財産を正しく運用しなさいよ」という意味だと捉えたいなと思ったのです。[44]

だから、「山崎さんにとって地域活性化とはどういうことですか？」という質問を受けたとき、「活性化という言葉はほとんど使いませんが、その質問に答えるとすれば、人生

は、その本の最後にラスキンが引用しているとおり、『マタイ福音書』に登場する「この最後の者にもあなたと同様の施しがあるように」という有名な言葉によるものだと推察されます。ラスキン自身がそうやって著作を結んでいる以上、それがタイトルの意味するところなのでしょう。ただ、「良き人生こそが財産である」という考え方を大切にしたい私としては、『この最後の者にも』というタイトルに別の意味を含ませたいと思ってしまいます。貧困者や高齢者など、どんな境遇にいる人にも人生がある。その人生には、人を愛したり、喜び合ったり、褒めたりする力が宿っている。「この最後の者にも」人生の力は宿っているのである。誰がその力を発揮させるのか。開花させるのか。高めるのか。それは神かもしれないし、隣人かもしれない。コミュニティデザインの役割は、ワークショップの対話を通じて「この最後の者にも」宿っている人生の力を高め、こうした人たちの「良き人生という財産」によって地域を少しでも良いものにしていくことなのではないか。そんなふうに捉えたいと思っています

42 そんなラスキン自身の人生もまた、他人の人生に良い影響を与え続けたものだったといえるでしょう。ラスキンの人生とその影響については、以下の本が参考になります。ジョージ・P・ランドウ著、横山千晶訳『ラスキン：眼差しの哲学者』日本経済評論社、2010

43 ちなみに、前の章でみたアダム・スミスは、『道徳感情論』の冒頭で「いかに利己的であるように見えようとも、人間本性のなかには、他人の運命に関心をもち、他人の幸福をかけがえのないものにするいくつかの推進力が含まれている」と喝破しています（アダム・スミス著、高哲男訳『道徳感情論』講談社、2013、p30）。これはラスキンの「人生こそが財産なのだから、それを活かして他人に良い影響力を与え続けましょう」という提案に通じる考え方だと思います

（Life）が持つ力を使って、他の人の人生に良い影響を与え続ける人がたくさんいる地域が、活性化した地域だと思います」と答えることにしています。「コミュニティデザインが目指している地域って、どんなイメージですか？」という質問にも同様に答えています。[45]

そんな地域には、きっと「元気で、目を輝かせて、心が愉しい人」がたくさんいるでしょうね。

アーノルド・トインビー

ラスキンの弟子として3名を挙げるとすれば、2章で登場したウィリアム・モリスと、アーノルド・トインビー（**人物15**）、オクタヴィア・ヒル（**人物16**）が思い浮かびます。[46] このなかで、特にデザイン業界で有名なのはモリスでしょう。一方、福祉業界で有名なのはトインビーとヒルでしょう。経済について語るなら、まずはトインビーから語らねばなりません。何しろ、彼が「産業革命」という言葉を経済学のなかで位置づけたと言われているのですから。

トインビーはオックスフォード大学でラスキンの授業を受け、ラスキンの活動にも参加していた学生であり、貧困層が多く住む地域の状況を改善するための「セツルメント運動」にも積極的に携わっていた人でした。そんなトインビーがオックスフォード大学の講師となり、学生に向

人物15

アーノルド・トインビー（1852－1883）　イギリスの経済学者。世界最初の隣保館であるトインビー・ホールを興した。セツルメント運動の発起人の1人であり、「セツルメントの父」とも呼ばれる。

けて経済学の連続講義をしたことがあります。[47] 残念ながら彼は30歳を過ぎたあたり（1883年3月）で病気により亡くなってしまったのですが、その授業ノートなどから彼の講義がまとめられ、『英国産業革命史』として出版されています。[48]

ラスキンは1862年に出版した『この最後の者にも』のなかで、アダム・スミス（1723－1790）、デイヴィッド・リカード（1772－1823）、ジョン・スチュアート・ミル（1806－1873）などを批判しました。これは、端的にいえば「前提としている人間像が違う」というわけです。金儲けだけを追求して合理的に動く人間像ではなく、美しい生活を愛し、人とつながって協力し合う人間像を前提とした経済学を考えるのならば、『この最後の者にも』のような富の定義になるだろう、と主張しました。

その20年後、ラスキンの影響を受けたトインビーは『英国産業革命史』のなかで1760－1840年の産業革命の状況を振り返りつつ、アダム・スミス、トマス・ロバート・マルサス（1766－1834）、デイヴィッド・リカードの3人を批判的に乗り越えようとしました。ラスキンと共通しているのは「前提としている人間像が違う」という点です。

私にとって近代経済学の三巨匠といえば前章で挙げたスミス、マルクス、ケインズということになりますが、ラスキンやトインビーにとっては、同世代のマルクスや、まだ生まれていないケイン

人物16

オクタヴィア・ヒル（1838－1912）　イギリスの社会改革者。ロンドンの過密した貧困地域に暮らす人々に居住生活の改善指導などを実践した。また、ナショナル・トラストの創立など、多様な慈善活動にも取り組んだ。

ズは除外されるのでしょうね。乗り越えるべき経済学者は、ラスキンの場合がスミス、リカード、ミルであり、トインビーの場合はスミス、マルサス、リカードだったようです。[49]

トインビーは、「前提としている人間像が違う」ということを「経済学は社会の複雑な問題を抽象化し、単純化して、その状態のなかで辻褄が合う計算をしている」と表現しています。その前提として、かなり単純化された人間像、金儲けにしか興味がない合理的行動者としての人間像が設定されているというのです。彼は「この抽象的科学はある限定をもととしてのみ正しいのであるが、これらの限定がしばしば完全には正確ではない」とし、「経済学者達は、第一に人間性の一面のみを考察して、人間を単なるお金をつくる動物として取り扱い、第二に習慣の影響を無視して競争のみを問題とする」と指摘しています。[50] そのうえで、「この法則は、文明の一定の段階に達し、富の獲得のみが人間の目的となっている場合に限って真実である」と付け加えます。逆にいえば、複雑な現実世界において、これまでの経済学はそのまま通用するものではないと釘を刺しているのです。それなのに、「多くの人は経済学の諸法則と、それにもとづく教訓とを混同して」おり、単純化された経済学の法則を教訓だと信じ込んでしまっていたり、その教訓が実生活で役に立たないことが分かると経済学者に文句を言ったりしているが、それはフ

44 ラスキンが『この最後の者にも』を書いた理由は「富の論理的な定義を与えること（序文第二節）」としていますが、後に書かれた『ムネラ・プルウェリス』の序文第二節で「富が何を意味するかということについて、じゅうぶんに正しい観念をもっている者は一万人にひとりもいない」と述べています。私が富の意味について理解できる一万人にひとりになれるかどうかはわかりませんが、だからこそ「生」と「富」の関係についてしつこく考え続けたいと思っています

45 ミュージシャンのボブ・マーリーは、インタビュアーから「あなたはリッチマンですか？」と尋ねられたとき、「君にとってリッチとは何だ？」と聞き返し、インタビュアーが「物や金をたくさん持っていることですかね」と答えると「私にとってそれらはリッチネスではない。リッチネスとは人生である、永遠に」と返答しています（ユーチューブ「豊かさとお金についてのボブ・マーリーのインタビュー」）。これはラスキンの富と人生の関係に近い感覚だと思います。また、日本の暉峻淑子さんが『豊かさとは何か』の中で繰り返し

エアじゃないと述べています。

この指摘は、コミュニティデザインのワークショップにとっても示唆的なものだといえます。ワークショップでの話し合いの最中に「経済学的にいえば、そんなことをしても無駄だよ」、「そのプロジェクトはあまり経済的じゃないね」と言われると、言われた人は意気消沈してしまうことがあります。自分の発言の全てに意味がなかったかのように感じるようです。しかし、経済学的な話というのは抽象化されて限定的な前提にのみ適用されるべきものであって、我々がワークショップで話し合っている「人間味溢れた」、「数字に換算できない」、「道徳や情愛に基づいた」内容を受け止めきれるものではないのです。だから、話し合いのなかで「経済的」という言葉が出てきたとき、我々は怯えることなく「ああ、経済的ね。つまり、ごく一部の側面について話をしているんだね」と理解すればいいのだと思います。それなのに、「経済的に成り立たないのなら意味がない」と考えてしまうと、地域づくりはごく一部の人にしか共感されないものになるか、長続きしないものになってしまうでしょう。[51]

問うていたことにも通じる感覚だと思います（暉峻淑子『豊かさとは何か』岩波新書、1989）

46 拙著『コミュニティデザインの源流：イギリス篇』では、ラスキンに続いてこの3名について述べました

47 1881年10月から1882年5月まで

48 アーノルド・トインビー著、塚谷晃弘ほか訳『英国産業革命史』邦光書房、1951。原著は1884年に英語で出版されています。また、いち早く日本語訳されたものは1943年に高山書院から刊行された川喜多ほか訳バージョンがありますが、本書では1951年バージョンを引用します

49 共通して最初に登場しているのはスミスですね。さすがは近代経済学の始祖

50 アーノルド・トインビー著、塚谷晃弘ほか訳『英国産業革命史』邦光書房、1951、p3

『英国産業革命史』

トインビーは、イギリスの産業革命期に起きていた様相を整理し、スミス、マルサス、リカードの理論を参照しつつ、中世の社会にはほとんど存在しなかった「競争を勝ち抜くこと」という概念を危険視しています。というのは、同じイギリスで1859年に『種の起源』が出版され、それが多くの人に読まれたことによって、「生存競争」という概念が正当化されたからです。『種の起源』においてチャールズ・ダーウィン（1809－1882）は、生存競争を勝ち抜いた種こそが生き残る種であり、そうやって自然は進化してきたと匂わせました[52]。

この影響によって、人々はこの社会においても経済的な生存競争が存在し、それを勝ち抜いていく人や企業の活躍によって社会は進化していくはずだと信じるようになってしまった。逆にいえば、経済的な生存競争に干渉し、格差を是正するように動くことは、社会の進化を鈍化させる行為であり、「それゆえに生存競争に対する一切の人為的干渉は誤りであると考えられている」[53]。

しかし、トインビーはこの一般的な考え方を否定しています。スミスから始まる近代経済学における「自由競争」は、格差を広げ、過酷な労

51 ところが、コミュニティデザインのワークショップで経済的な話をする人の多くは、経済的でなければ意味がない、持続可能ではない、失敗するに違いないと強気な発言をすることが多いのです。そんな人は、経済的な物の見方が一側面からの視点だということを忘れているか、あるいは経済思想の歴史において経済学の単純さが繰り返し批判されてきたことを知らないのかのどちらかなのでしょう

52 哲学者であるハーバート・スペンサー（1820－1903）が使った「進化」や「適者生存」という言葉を、ダーウィンは『種の起源』のなかで比喩的に使いました。一方、生物学では生存競争や適者生存のことを「自然選択」と呼ぶそうです

53 アーノルド・トインビー著、塚谷晃弘ほか訳『英国産業革命史』邦光書房、1951、p93

54 アーノルド・トインビー著、塚谷晃弘ほか訳『英国産業革命史』邦光書房、1951、p93

働を増やし、労働者の幸福を減じることになっている。だからトインビーは「文明の全意義は、この野蛮な闘争への干渉である」と考え、「我々は闘争の凶暴性を緩和し、弱者が足元に蹂躙《じゅうりん》されるのを、ふせぐべくつとめる」べきだと主張します。[54]

このあたりに、貧困地域に住み着いて地域改善運動に取り組んだトインビーの言行一致が見られます。彼は自由市場における生存競争によって貧困層が生み出されることを知っており、貧困層とともに学ぶための拠点を作ろうとします。その構想の途中でトインビーは亡くなってしまうのですが、ともに活動していたバーネット夫妻[55]によって「トインビー・ホール」が設立され、ロンドンの貧困地域であるイーストエンドでさまざまなセツルメント運動が展開されることになります（**写真3－7**）。

「それなら競争をやめればいいのに」と考える人もいることでしょう。しかし、トインビーは競争自体を否定的には見ていませんでした。トインビーは、「資本主義は競争心をうまく利用して社会を発展させ、社会主義は競争心をなるべく排除して社会を安定させようとした」と指摘したうえで、「要は競争すべき場面と競争すべきではない場面とを区別することが大切だ」とします。[56] 競争するから良いアイデアが生まれることもあるし、逆に競争によって生きにくさを感じることもある。それを見極めることこそが大切なのであって、いきなり社会主義や共産主義の社会を作ればいいというわけでもない、と考えていたようです。[57]

55 トインビーが活動していたイーストエンド地区にある教会の司祭だったサミュエル・バーネット（1844－1913）と、その妻で社会活動家のヘンリエッタ・バーネット（1851－1936）

56 このあたりの発想は、宇沢弘文さんが「競争社会においても、競争を促してはならない社会的共通資本というものがある。それをどう管理運営するかを考えるべきだ」と提唱したことに通じるものがあります。私はこの考え方に共感しており、公園もまた社会的共通資本ではないかと思っています。ところが、昨今の公園運営は競争原理を持ち込み、なるべく税金を使わず、民間企業が儲けながら公園を運営することが推奨されているように感じます

写真 3-7　ロンドンのトインビー・ホール。撮影：著者

そのうえで、資本家たちが競争を激化させ、労働者の賃金を飢餓ラインぎりぎりにまで下げてしまうことは避けるべきであるとし、「競争が団結か立法によって、あるいはその両方によって緩和されることなくして、長く続いた歴史的な事例は全くない」と注意を促し、「英国においては、その2つの救済策が前者は労働組合を通じて、後者は工場立法によって、実施されている」と述べています。

つまりトインビーは、社会を進歩させるためにある種の競争は必要だが、悪影響を及ぼすような競争については労働者の団結や政府の立法によってそれを防がねばならないと考えていたようです。

57 トインビーは「生産においてお互いに他に打ち勝たんとする人々の間の闘争は社会にとって有益である。協働の生産物の分配についての人々の争いは有益ではない」として、生産するときは切磋琢磨し、分配するときは仲良く分けようと考えていました。その意味で、トインビーは「生産も分配も公平に」という社会主義の思想には共感していなかったようです（アーノルド・トインビー著、塚谷晃弘ほか訳『英国産業革命史』邦光書房、１９５１、p94）

58 実際、私がラスキンを知ったのも、大学院時代に近代建築の三巨匠について学び、その全員が間接的に影響を受けていたモリスを知り、その師匠ということでラスキンの建築論を読み始めたことがきっかけでした。その後、ラスキンの経済論にも興味が出てきて、残りの2人の弟子であるヒルとトインビーについて調べ、さらにスミスやマルクスやケインズなどの経済学についても興味を持ったという順番でした

59 ウィリアム・モリス著、城下真知子訳『素朴で平等な社会のために』せせらぎ出版、２０１９、p17

ウィリアム・モリス

先に「近代経済学の三巨匠」として、スミス、マルクス、ケインズの名前を挙げました。この3人ほど有名ではないのですが、「近代建築の三巨匠」と呼ばれる人たちがいます。それが、フランスのル・コルビュジエ（**人物17**）、ドイツのミース・ファン・デル・ローエ（**人物18**）、アメリカのフランク・ロイド・ライト（**人物19**）の3人です。建築や造園のデザインを学んでいた私にとっては、スミスやマルクスやケインズよりも身近な巨匠たちです。そして、この3人が、いずれも間接的に影響を受けていたのがウィリアム・モリスです。先に挙げたラスキンの3人の弟子のうちのひとりですね。[58]

スミスが「近代経済学の父」と呼ばれる人なら、モリスは「近代デザインの父」と呼ばれるべき人だといえるでしょう。彼は師匠であるラスキンの思想を受け継ぎ、分業を嫌い、芸術を愛し、労働に悦びを求めました。そして物事の固有価値を重視し、その享受能力を高めるような生き方をすることを大切にしました。そんなモリスの考え方に基づけば、身の回りにある物事の固有価値を理解できるほど享受能力の高い人は、自分の生活空間を美しい物で満たすようにするはずでした。1877年の講演では「人の手で作られた物にはすべて形があり、それは美しいか醜いかのどちらかだ。自然の摂理にかない、自然を生かしているなら美しく、自然に沿わず逆らっているものは醜い。どちらでもないということはありえない」と言い切っています。[59] 自然の持つ固有価値を減じないようなものづくりを推奨していますね。そのうえでモリスは、「美しくないと思うものを家のなかに入れないように注意すべきだ」と述べています。[60] それが判断できるくらいの享受能力を高めておくべきだということなのでしょう。

享受能力の高い人ばかりが住む地域では、固有価値を減じることのない美しいものだけが生産さ

人物17

ル・コルビュジエ（1887－1965）フランスの建築家。建築業界に革新的な影響を与えた「近代建築の五原則」を提唱し、モダニズム建築の基礎となった。建築だけではなく、抽象絵画や家具のデザインから都市計画まで幅広くその才能を発揮した。

人物18

ミース・ファン・デル・ローエ（1886－1969） ドイツ出身のアメリカの建築家。鉄骨とガラス壁面による空間構成など、独自の作風によって近代主義建築のコンセプトを確立した。家具のデザインも手掛け、「バルセロナ・チェア」は名作として知られている。

人物19

フランク・ロイド・ライト（1867－1959） アメリカの建築家。幾何学的な装飾や、立地環境と溶け合った流れるような空間構成が特徴。近代建築の巨匠のひとりとされ、より豊かな人間性の保証に寄与する「有機的建築」の理想を追求し続けた。

れ、流通することになります。そういう地域で生産されるものには嘘がないでしょう。人を騙すような質の低い材料を使ったり、目に見えないところは適当に作ったりするような仕事は存在しない。食物も食器も家具も嘘のないように作られている。そして適切な値段で取り引きされている。なぜなら、「嘘のない物が固有価値を減じていない」ということが分かるくらいの享受能力を持つ人たちばかりが取り引きするわけですから、不当に値切るようなこともしないのです。そして、だからこそ労働に悦びが生まれるのです。[61]

モリスは以上のような社会が理想だと考えました。嘘のないものづくりに従事する人たちは、そ

60 モリスは「生活の美」という講演のなかで、不用意に樹木を切って住宅を建てようとする人は芸術について語らない方がいいと指摘しています（固有価値の重視）。また、古い建物を活かして住むことを提案しています（リノベーションの勧め）。どうしても新築の住宅を建てるのなら、なるべく堅実で質素なものを建てることを薦めています（いつかリノベーションできるように）。そのうえで、人びとは「芸術的で文明的な暮らし」のことを「贅沢で安楽な暮らし」と混同していると注意を促します。「ふかふかの椅子やクッション、絨毯や照明、またうまい食物や飲み物を増やすこと」は単なる贅沢で安楽な暮らしであり、芸術的で文明的な暮らしとは関係ないと言い切ります。だから、芸術的な暮らしを実現させようとするのであれば、家に侵入しようとする安楽なものを排除しなければなりません。文明的で芸術的な生活を実現させるための黄金律は、「有用であると思えないもの、あるいは美しいと信じられないものは、なにも家には置かないこと」。これを徹底する人が増えれば、①建築関係者は余計な装飾を提案しなくなるでしょう、②お金の無駄遣いが減るので品位ある家を手に入れるための資金が貯まるでしょう、とモリスは提案しています（ウィリアム・モリス著、川端康雄編訳『小さな芸術』月曜社、2022、p120-124）

61 こうした地域の前提には、面識関係があるような気がします。顔が見える関係だからこそ、人を騙すような仕事をする気にはなれない。高い享受能力と広い面識関係が組み合わさると、幸せな地域が実現しそうな気がします

の労働に悦びを見出している。そうやって作り出されたものは固有価値を減じないからどれも美しい。[62]お互いに享受能力を高め合っている人々は、美しいものを適正な価格で購入し合う。だから、生活が美しいもので満たされ、労働には悦びが溢れている。[63]

もちろん、当時のロンドンはそんな状態ではなかった。しかし遠い将来、そんな社会が実現したらどうなるだろうか、ということを想像して1890年にモリスが書いた小説が『ユートピアだより』です。[64]この小説に登場する人物たちは、まさに理想的な人生を歩んでいます。[65]ラスキンがいうところの「人生という財産」を活かしながら生きているといえるでしょう。それはスミスやマルクスが前提としている人間像とは全く違う、道徳や情愛に溢れた人々なのです。

大芸術と小芸術

モリスが理想とした社会はどうすれば実現するのでしょうか？　彼はその答えを社会主義に求めました。当時、まだ英語版の『資本論』が出版されていなかったため、モリスはフランス語版の『資本論』をボロボロになるまで読み、独自の社会民主主義的な理想を練り上げました。[66]そ

62 モリスは彼が生きた1880年より前に作られたものは、ほとんどが固有価値を減じないよう丁寧に作られたものであり、美しいものだったと評価しています。そして、地域に残る古い建物や家具などは極力保存すべきだと主張しました。彼は古建築保存協会などを組織し、なるべく古い物を残しながら活用する地域づくりを推奨しました

63 コミュニティデザインのワークショップでは、参加者同士の対話や学び合いを通じて享受能力を高め合ってもらえるようなプログラムを目指しています

64 ウィリアム・モリス著、川端康雄訳『ユートピアだより』岩波文庫、2013

65 前章でマルクスの盟友であるエンゲルスが、オウエン、フーリエ、サン＝シモンの先輩たちを「ユートピア社会主義者」と呼んだと書きました。エンゲルスは、同世代のラスキンやモリスたちのこともユートピア社会主義の流れを受け継いでいると見ていました。この「ユートピア」という言葉が「空想」と訳されるか「理想」と訳される

のうえで、「私たちが、社会民主主義によって勝ち取りたいのは、きちんとした暮らしだ。生きるにふさわしい暮らしが欲しい。それもいますぐだ」[67]と述べています。「きちんとした暮らし」とは、先に挙げたように「人々が固有価値を理解し、美しいものに囲まれ、労働に悦びを感じられるような暮らし」のことです。

ここでモリスの主張を2つに要約すると以下のようになります。①暮らしのために使わざるを得ない物を、使うのが愉しくなるほど美しいものにすること。②作らざるを得ない物を悦びながら作ることができるようにすること。[68] この2つを同時に実現させるような仕事といえば、芸術家の仕事

かによってイメージがかなり変わると指摘しましたが、モリスの『News from Nowhere』が『ユートピアだより』と訳され、ユートピアが「理想郷」と理解されているのは、彼の思想を単に「空想」ではなく「理想」として捉えることができる点で優れた表現だといえます。なお、『ユートピアだより』はさまざまな訳書が出版されていますが、私は川端さんのものが最も読みやすいと感じました

66 『資本論』はドイツ語で書かれていますが、生前のマルクスは初版にも再版にも修正を加えています。そして、フランス語版の『資本論』はマルクスが直接手直しした最後のバージョンだと言われています。モリスはドイツ語が得意ではなかったし、英語版もまだ出版されていなかったので、マルクスが生前最後に手直ししたフランス語版を読んだようです。ただし、モリスは『資本論』の歴史的叙述は楽しく読んだが、正直言って、あの大作の純粋に経済学的な部分には頭が混乱し、読むのに苦労した」と論文に記しています。また、それより前にはわずかにミルを読んだことがあっただけで、経済学の本はスミスもリカードもマルクスも読んだことがなかったとも明かしています（ウィリアム・モリス著、城下真知子訳『素朴で平等な社会のために』せせらぎ出版、２０１９、p4-5)

67 ウィリアム・モリス著、城下真知子訳『素朴で平等な社会のために』せせらぎ出版、２０１９、p11

68 ウィリアム・モリス著、城下真知子訳『素朴で平等な社会のために』せせらぎ出版、２０１９、p18

が思い浮かぶでしょう。モリスは、自分の手で何かを作ろうとする人は、全員が特別な芸術家になるべきだといいます。理想的な社会では、すべての人が芸術家として暮らすのが良いというわけです。

ただし、このときの芸術は美術館に飾られているような純粋芸術だけを意味するわけではありません。便宜上、モリスは芸術を「大芸術」と「小芸術」に分けて考えます。生活を美しくするための芸術は概《おおむ》ね「小芸術」に分類されるものであり、それは装飾芸術とか工芸などと呼ばれることもあります。陶器とか織物とかガラス製品といった手仕事が生み出す「美しい実用品」ですね。こうした身近な芸術領域を拡大し、社会全体が小芸術で満たされることをモリスは望みました[69]（**写真3－8**）。そうなれば、人々は固有価値を減じないようなものづくりに従事し、労働に悦びを感じることができていることでしょう。そこでは分業が廃され、闇雲に機械を使う生産も避けられていることでしょう。産業革命がさらに加速して、近い将来に機械で美しい物が作られるようになったとしても、機械を利用した労

写真 3-8　モリスの自邸であるレッドハウスの内装。撮影：著者

69 モリスの『小さな芸術』という本には、「民衆の芸術」、「生活の美」、「生活の小芸術」といった興味深い論考が含まれています。ウィリアム・モリス著、川端康雄訳『小さな芸術』月曜社、2022

70 ウィリアム・モリス著、城下真知子訳『素朴で平等な社会のために』せせらぎ出版、2019、p24

71 モリスは、マルクスの末娘であるエリノア・マルクスと社会主義運動に加わっていたこともあります

働に悦びが感じられないのであればそれは避けなければなりません。悦びを感じられない労働は、誰にとっても苦痛であり、それを他人にさせる権利は誰も有していないからです。

さらにモリスは、大芸術が小芸術から乖離《かいり》している状態についても危惧しています。絵画や彫刻や建築といった大芸術は、もともと陶芸や染色や織物などといった小芸術と一体的に取り組まれていたはずなのです。ところがいつの頃からか、工芸職人たちのなかから大芸術に携わる人たちだけが「芸術家」を名乗りはじめ、工芸職人とは違う身分として特別視されるようになりました。しかし、大芸術と小芸術が乖離してしまうと、大芸術を実現するための職人が見つからなくなるので純粋芸術の質も下がるし、小芸術に取り組もうとする芸術家が減るので生活工芸の質も下がってしまうのです。モリスはこれを「隊長と兵士が乖離してしまったようなものだ」という。隊長が兵士から遊離して一人で突っ込めば無駄死にするだけだし、残された兵士も統率が取れずに捕虜となるだろう。芸術家と工芸職人、大芸術と小芸術、アートとクラフトは、ともに手を携えながら発展していくべきである。それがモリスの主張でした。[70]

モリスは理想の社会について語るだけでなく、自分自身がアートとクラフトが融合したデザインを主導し、多くの美しい製品を生み出し、それを自分の店「モリス商会」で販売しました。しかし、丁寧に作られた美しい商品はどうしても高価になってしまい、「モリス商会は金持ち相手の商売しかしていない」と揶揄されることになります。そんなこともあって、モリスは「悦びを持って丁寧に作られた美しい商品が適正な価格で（もしくは物々交換で）取引される社会を作らねばならない」と、社会民主主義の運動に邁進したのです。[71]

一方、モリスには弟子がたくさんいました。その弟子たちがモリスの意志を引き継いで起こしたのが「アーツ・アンド・クラフツ運動」です。いわば「大芸術（アート）と小芸術（クラフト）を融合させる運動」というわけです。この運動の中心人物のひとりだったチャールズ・ロバート・アシュビー（**人物20**）は、ロンドンのイーストエンドにあったトインビー・ホールに住み込んで貧困層の人々の生活改善運動に取り組みました（**写真3－9**）。また、デザイナーとしてアメリカのシカゴで講演し、トインビー・ホールの魅力を伝えました。

この講演に感銘を受けたアメリカのジェーン・アダムズ（**人物21**）たちは、イギリスのトインビー・ホールを視察し、シカゴに戻ってハルハウスを設立しました（**写真3－10**）。このハルハウスで、シカゴ・アーツ・アンド・クラフツ協会を設立したメンバーのひとりが、建築家のフランク・ロイド・ライトです。前述の「近代建築の三巨匠」のひとりですね。彼はイギリスのアシュビーと交流があり、アメリカの家具デザイナーであるグスタフ・スティックレイ（1858－1942）の影響もあってアーツ・アンド・クラフツ運動の思想に共感していたのです。つまり、ライトは間接的にモリスの影響を受けているということになります。ただし、合理的に思考する人だったライトは、「生活を美しい物で満たす」というモリスの思想には共感したものの、機械を使った建築を推し進めたため、「労働に悦びを感じる」という思想を引き継ぐことができたかどうかは疑わしいところです。

人物20

チャールズ・ロバート・アシュビー（1863－1942）　イギリスの建築家、工芸家、著作家。芸術と工芸の共同体「ギルド・オブ・ハンディクラフト」の創設者。ウィリアム・モリスの没後はアーツ・アンド・クラフツ運動の中心となって活動した。

ドイツへの影響

イギリスで大流行していたアーツ・アンド・クラフツ運動は、早い段階でドイツにも伝わりました。その立役者は、ドイツの建築家であるヘルマン・ムテジウス（**人物22**）です。彼はイギリスのドイツ大使館に約7年間滞在し、アーツ・アンド・クラフツ運動の顛末をドイツに報告し続けまし

写真 3-9 アシュビーがデザインした水差し。撮影：著者

人物21

ジェーン・アダムズ（1860－1935）アメリカの社会事業家、平和活動家。シカゴでセツルメントハウスである「ハルハウス」を創設。ソーシャルワークの先駆者として知られ、アメリカ人女性ではじめてノーベル平和賞を受賞した。

た。当然、モリスの2つの主張である「生活を美しいもので満たすこと」と「美しいものを作る労働に悦びがあること」に共感していたことでしょう。

しかし、徐々にアーツ・アンド・クラフツ運動の内部でも機械を使うことに対する意見が分かれることになります。モリス商会は丁寧な手仕事を続けましたが、その結果どうしても商品の価格が上がってしまいます。そして先述の通り、「金持ちのための店」と呼ばれることになってしまいます。そんな状況を見ながら、モリスの弟子たちの何人かは「機械を使うこともやむを得ない」と判断しました。前述のアシュビーもそのひとりでしたが、その考え方はアメリカの合理主義者、フランク・ロイド・ライトからの逆輸入だったのかもしれません。

いずれにしても、ムテジウスはアーツ・アンド・クラフツ運動が徐々に機械を受け入れていく過程を目にしながらドイツへと帰国しました。帰国したムテジウスはデザイナーの仲間たちと1907年に「ドイツ工作連

写真3-10　シカゴのハルハウス。撮影：著者

人物22

ヘルマン・ムテジウス（1861－1927）　ドイツの建築家。『イギリスの住宅』（1904）を刊行し、アーツ・アンド・クラフツ運動の紹介者として知られるようになる。ドイツ工作連盟の設立に加わり、産業と芸術の統一を構想した。

人物23

アンリ・ヴァン・デ・ヴェルデ（1863－1957）ベルギーの建築家、デザイナー、画家。アール・ヌーヴォーからモダンデザインへの展開を促した。ワイマールにバウハウスの前身となる工芸ゼミナールを設立し、ドイツ工作連盟の設立にも尽力した。

人物24

ワルター・グロピウス（1883－1969）ドイツの建築家。バウハウスの創立者であり、初代校長を務めた。主著『国際建築』（1925）において、「造形は機能に従うものであり、国を超えて、世界的に統一された様式をもたらす」と主張した。

人物25

ペーター・ベーレンス（1868－1940）ドイツの建築家。画家・グラフィックデザイナーとして活動した後、建築家に転じてドイツ工作連盟に参加。モダニズム建築や工業建築の発展に多大な影響を与え、ウィーン美術院建築学校長も務めた。

盟」を組織します。いわばドイツにおけるアーツ・アンド・クラフツ運動を推進させようという組織です。ここには手仕事で美しいものを作るという理念に共感したアンリ・ヴァン・デ・ヴェルデ（**人物23**）や、その後輩であるワルター・グロピウス（**人物24**）、ペーター・ベーレンス（**人物25**）などが参加しました。

その後、ドイツ工作連盟は分裂します。アーツ・アンド・クラフツ運動が「手仕事と機械」で揺れたように、ドイツ工作連盟の内部でも「個性重視の手仕事か、定型化による機械生産か」についての意見が分かれたのです。ヴェルデやグロピウスは手仕事推進派となり、ムテジウスやベーレンスは機械容認派となりました。[72] ムテジウスは手仕事の良さを知りつつも、モリス商会のことやアーツ・アンド・クラフツ運動の若手たちの動向も見えていたのでしょうね。[73]

結局、紆余曲折ののち、1919年にバウハウスという芸術学校が誕生します。初代校長はグロピウスでした。手仕事重視のグロピウスはバウハウスの教育理念にアーツ・アンド・クラフツ運動の思想を取り入れ、ギルドの雰囲気を重視し、教授をマイスター（親方）と呼びました。

ところが、1922年頃からドイツ政府は経済成長を目指します。芸術学校であるバウハウスにも機械による大量生産に応じたデザインを教えるよう圧力がかかります。[74] グロピウスは器用に立ち回り、機械生産のための設計に対応できる教授陣を加えました。新たに加わった教授陣たちは、形態を丸、三角、四角という3種類に抽象化し、色彩を赤、青、黄の3種類まで突き詰めました。これがちょうど旋盤や轆轤《ろくろ》など初期の工業機械で作り出す形態として都合が良かったのでしょう。[75] バウハウスが教える抽象的なデザインは、ドイツの経済成長を支える工業生産に貢

――72 このときの論争は「規格化論争」と呼ばれています

――73 ドイツ工作連盟は何度かの内部論争を経て、ナチスの影響もあって第二次世界大戦時に一時期活動を休止しましたが、戦後は活動を再開し、現在も活動を続けています

――74 このあたりの経緯については、『ビフォー　ザ　バウハウス』に詳しく記述されています（ジョン・V・マシュイカ著、田所辰之助ほか訳『ビフォー　ザ　バウハウス』三元社、2015）

――75 当時の機械は、3Dプリンターやレーザーカッターのように複雑な形を作り出すことができませんでした

――76 ヴァシリー・カンディンスキー著、宮島久雄訳『点と線から面へ』ちくま学芸文庫、2017

――77 ミースを校長に推薦したのは初代校長のグロピウスです

――78 ちなみに近代建築の四巨匠とするときは、最後のひとりにグロピウスが加え

写真3-11 バウハウスの教員だったマルセル・ブロイヤーが、同僚のワシリー・カンディンスキーのためにデザインした「ワシリー・チェア」。（宇都宮美術館編『バウハウス展』集巧社、2000、p88）

献することができました（**写真3－11**）。この時期、バウハウスの教員として加わったワシリー・カンディンスキー（**人物26**）の『点と線から面へ』という書籍は有名です。[76]

　結局、バウハウスはナチスの圧力もあって1933年に閉校してしまうのですが、最後の校長を務めたのがミースです。[77]ミースはドイツ工作連盟に参加していたベーレンス事務所で働いていたことがあり、同じ事務所でコルビュジエも働いていたことがあります。前述の「近代建築の三巨匠」の2人、ミースとコルビュジエは、ドイツ工作連盟やバウハウスを介してモリスやアーツ・アンド・クラフツ運動の影響を受けているといえそうです。[78]

　以上、デザイン分野の話が長くなってしまいましたが、ここで興味深いのはラスキンやモリスの

られることが多いようです。なお、グロピウスとミースはバウハウスが閉校させられた後はナチスから逃れるためにアメリカへと亡命しました。そしてグロピウスはハーバード大学で、ミースはイリノイ工科大学で教えながら建築の実務を続けました。フランク・ロイド・ライトと同じ時期にアメリカで活躍したというわけです

経済論と芸術論が、徐々に機械生産や経済成長を助長するための論理にすり替わっていくという過程です。ラスキンやモリスの経済論は、彼らの芸術論を実現させるために必要不可欠な思想でした。ところが、イギリスの後の世代や、アメリカ、ドイツの若手デザイナーたちにとっては、「美しいもので生活を満たす」という点だけが引き継がれ、それを安く生産し、大衆が購入できるようにするためには機械生産を受け入れるしかない、ということになりました。さらには、機械生産できるように形態や色彩を単純化させ、そのシンプルさのなかに美しさがあるということにしてしまいました。[79] デザインを進める際は、標準的で合理的な人間像を前提とし、抽象化した形態と色彩で機械生産しやすい商品を大量に安価で作り出せるよう検討する。ラスキンやモリスが考えたような「人生こそが財産である」、「良い人生を歩む人たちが美しい暮らしと楽しい労働を生み出し、良い社会を実現する」といった思想は忘れ去られ、スミスたちが前提とした単純化された人間像に基づくデザインが広まっていったのです。[80]

以上、本章ではラスキンの芸術論と経済論に始まり、その弟子のモリスやトインビーの活動、そしてアメリカやドイツへと広がったアーツ・アンド・クラフツ運動の顛末について述べました。[81] ラスキンの経済学は、その前提がスミスやマルクスの経済学とは違っていて、血の通った人間を対象としていることが特徴的だったといえます。言い方を変えれば、複雑な人間を複雑なまま検討する経済学を模索していたということかも

人物26

ワシリー・カンディンスキー（1866－1944）　ロシア出身の画家、美術理論家。抽象絵画の概念を生み出した人物とされる。バウハウスの教授も務め、講義の内容の一部を収めた『点と線から面へ』（1926）は抽象絵画の基礎造形理論として名高い。

しれません。

一方、同じように経済を数字だけで説明しようとしない思想がアメリカで生まれました。それが超越主義という思想です。次章では、超越主義を先導したエマソンと、その弟子のソローの思想や実践について述べてみたいと思います。

79 個人的な話をすると、白や黒や原色などを使い、丸や四角や三角などシンプルな形にまとめたモダンデザインは、お店などの内装には向いているのかもしれないけれども、自宅のインテリアとしては採用したくないというのが本音です。同様に、当時最先端だった鉄やガラスといった素材を使ったテーブルや椅子も自宅に置きたいとは思いません。工業デザイナーのヴィクター・パパネックは、バウハウスでデザインされた家具について「当時の食事用テーブルは、たいてい、輝くような白大理石の形の良い上面と、ピカピカに光るステンレス・スチールの脚（最小の材料で最大の強度が得られるように綿密に計算されたもの）からできていた。だが、このようなテーブルを見たならば、だれでもその上に横になって盲腸の手術でもしてもらおう、と思うだろう。これでは食卓に上ったものもわれわれの食欲をそそるわけにはいかない」と述べています（ヴィクター・パパネック著、阿部公正訳『新版：生きのびるためのデザイン』晶文社、２０２４、p19）。毎日使い、眺めるものは、やはり作り手が仕事の悦びを感じながら丁寧に作っただろうと思いを馳せることができるような、アーツ・アンド・クラフツ的な思想を持ったものを選びたくなるのです。これは個人的な話ですよ

80 大げさに言えば、我々が取り組んでいるコミュニティデザインは、「抽象化された人間像」ではなく、さまざまな特徴を有する市民とともに対話を繰り返しながら地域のデザインを考えることを通じて、「モダンデザイン」を乗り越えようとしているのです。また、市民の対話を通じて享受能力を高め合い、固有価値を減じることのない美しい地域を作ろうとしているのです

81 大阪府能勢町に「大阪ラスキン・モリスセンター」という施設があります。ここには、露木紀夫さんが集めたラスキンやモリスの原著や手紙、スケッチなどの貴重な資料が保管されています。私は、この施設の運営を任されたため、仲間たちとともにその場所を改修し、コミュニティデザインの手法を学ぶためのラーニングセンターにしつつ、ラスキンやモリスの資料を後世へと引き継ぐことにしました。興味のある方は、「コミュニティデザイン・ラーニングセンター」や「大阪ラスキン・モリスセンター」で検索してみて下さい

第4章

超越主義と民藝運動

トマス・カーライル

前章で述べたとおり、ラスキンからモリスへと引き継がれた「芸術思想」は、アーツ・アンド・クラフツ運動を通じてアメリカへと伝わり、スティックレイやライトによって展開されました。[1] また、ムテジウスを通じてドイツへと伝わった流れは、グロピウスやバウハウスによって展開されました。近代建築やモダンデザインへとつながる道筋です。

一方、ラスキンからトインビーへと引き継がれた「福祉思想」は、セツルメント運動を通じてアメリカへと伝わり、ジェーン・アダムズやハルハウスによって展開されました。[2] 社会福祉や社会教育へとつながる道筋です。

では、そんなラスキンの思想はどこから生まれてきたのでしょう。もちろん、ラスキンもまた先輩たちから多様な影響を受けて自分の思想を作り上げていったわけですが、特に影響を受けたと考えられるのがトマス・カーライルです。カーライルはマルクスより23歳年上であり、ラスキンより24歳年上でした。ラスキンは、30歳になる頃からカーライルと手紙をやりとりするようになりました。[3]

前章で述べたとおり、ラスキンは『この最後の者にも』を出版しよう

1 その拠点はシカゴでしたね

2 これまたシカゴが拠点でした

3 つまり、カーライルは54歳のころにラスキンという若手を見つけて手紙をやりとりするようになったわけですね。これは幸せな出会いだったと思います。50歳を超えてから、20歳以上年下の友人をつくるのは難しいと思いますが、それができると人生の後半は愉しいものになるでしょう。私も、そういう友人を見つけたいと思います。なお、まちづくりのワークショップに参加すると20歳以上年齢の離れた友達を見つけやすくなります。大げさに言えば、まちづくりに関わることは健康長寿の秘訣じゃないかと思います

4 このあたりの話は、拙著『コミュニティデザインの源流：イギリス篇』に詳述しました（山崎亮『コミュニティデザインの源流：イギリス篇』太田出版、２０１６、p222-223）

5 この粘り強さを評して、宗教哲学者の内村鑑三は『後世への最大遺物』のなかで「私はカーライルという人につい

としましたが、なかなか出版社が見つからず、しかたなく雑誌の連載として続けたものの4回で打ち切りになるという経験をしています。この時期、手紙でラスキンを励まし続けたのがカーライルでした。なぜなら、カーライルもまた30代の頃に『衣装哲学』という本を出版しようとしたのですが、どの出版社も相手にしてくれなかったので細々と雑誌で連載を続け、5年後にようやく書籍化されるという苦しい経験をしていたからです。また、『衣装哲学』の次に書いた『フランス革命』については、1年間ずっと図書館に通い続けて原稿を書き上げ、それを若き友人のジョン・スチュアート・ミルに読んでもらい感想をもらおうとしたところ、誤って原稿が燃やされてしまうという出来事がありました。[4] それでもカーライルは再度原稿を書き直し、半年後には『フランス革命』の第1巻を出版させました。[5] こうした経験のあるカーライルだからこそ、ラスキンが原稿や書籍で悩んでいるときの良き相談相手になったのでしょう。ラスキンは手紙の宛名に「わが心の父、カーライルさまへ」と記すようになっていきます。ものすごく慕っていたことがわかりますね。

もちろん、カーライルは精神的な父としてラスキンを励ましただけではありません。カーライルが書いた『過去と現在』は、中世の都市における働き方や暮らし方を礼賛し、産業革命による機械化が労働に与える弊害を指摘しました。また分業の弊害についてもいち早く指摘し、ラスキンやモリスの時代認識を刺激しました。カーライルはアダム・スミスが亡くなった5年後に生まれていますす。生きた時代が比較的近かったこともあり、スミスが『国富論』で分析した分業について、いち

ては全体非常に尊敬を表しております」と語っています（内村鑑三『後世への最大遺物』岩波文庫、1946、p63）。ちなみにこの本は内村が33歳のときに行った講演が元になっているのですが、彼はその年齢ですでにカーライルの本を40冊ほど読んでいたようです。そのほとんどは邦訳されていなかったでしょうから、英語の原文で読んでいたのですね。すごい先人がいるものです。私は内村鑑三という人について全体非常に尊敬を表しております

早く批判的な考察を加えることができる立場にいたといえるのかもしれません。[6]

そんなカーライルは身体が弱かったようです。特に胃痛がひどく、健康な暮らしを求めて各地を転々としています。『衣装哲学』の雑誌連載をしていた頃は、クレイゲンパトックという地域の農場にある妻の実家で暮らしていました。水と空気がきれいだから健康な暮らしができるだろうという狙いがありました。ここでカーライルは「時代の徴候」という論文を書き、雑誌に掲載されました。「産業革命による機械文明が生活の隅々にまで浸透した結果、人々の思考まで機械的になってしまった」と指摘したこの記事を読んで、ラスキンは『この最後の者にも』の執筆を決意したといわれています。また、アメリカでこの記事を読んだラルフ・ウォルドー・エマソン（**人物27**）は、「機械的な思考によって、人間が本来持っていた自然性が破壊されている」というカーライルの指摘に深く共感しました。[7]

ラルフ・ウォルドー・エマソン

エマソンはアメリカのボストン第二教会で牧師の仕事をしていましたが、チャールズ・ダーウィ

6 2章で見た通り、実はスミス自身も『国富論』の第五編で分業の結果、人間が堕落してしまうことを予見しているのですが、第一編で述べた分業の利点が「自由な市場」と相まってスミスの主張したかったことだと後世に伝わってしまったようです

7 エマソンはカーライルより8歳下です。イギリスのカーライルとアメリカのエマソンもまた、出会いの後に手紙でやりとりを続けました。なお、そのやりとりは書籍にまとめられています（ケネス・マーク・ハリス著、谷崎隆昭訳『カーライルとエマソン』山口書店、1980）

8 エマソンはこの旅行のときに出会った人々について、長所と短所をそれぞれ書き綴っています。したがって、カーライルについても「当初の印象は悪く、欠点も多いが、評価できる点もたくさんある」というような表現をしています（ラルフ・ウォルドー・エマソン著、加納秀夫訳『英国の印象』研究社、1957）

ンの進化論などの影響で「神が人間をつくった」、「キリストが数々の奇跡を起こした」ということが信じられなくなっていました。自分が信じられないことを教会に通う人たちに伝え続けるという仕事をしていていいのだろうか。そんなことに悩んでいるときに、カーライルの記事と出合うことになります。歴史上かつてなかった程に科学が信奉されることになり、産業革命が人々の考え方や働き方を変えていった時代に、我々はどう生きるべきなのか。この問いに答えを出してくれそうなカーライルに会いに行きたい、とエマソンは考えました。

　こうしてエマソンはアメリカからヨーロッパへと渡り、イタリアやフランスを経てイギリスを訪れ、クレイゲンパトックの農場までやってきました。ヨーロッパの旅でエマソンはさまざまな人に会って話を聞いたそうですが、最も印象的だったのはカーライルだったようです。[8] 一方のカーライルも、アメリカの若者がわざわざ農場まで会いに来てくれたというのが嬉しかったようです。8歳下のエマソンと夜中まで語り続け、翌日エマソンを送り出しています。

　エマソンとカーライルが「田舎暮らし」についてどこまで語り合ったかはわかりませんが、この頃のエマソンはボストンという大都市で暮らすことに限界を感じていたようです。だからこそ、農場で暮らすカーライルのライフスタイルに憧れるところがあったのでしょう。一方のカーライルは農場での暮らしに限界を感じていました。訪れる人も少なく、知的な刺激もほとんどない。冬は雪

人物27

ラルフ・ウォルドー・エマソン（1803−1882）アメリカの思想家、哲学者、作家、詩人。神性を宿す自然の一部としての人間は、自然に従って生きるべきであるとする超越主義の代表者。主著に『自然論』（1836）、『アメリカの学者』（1837）など。

に閉ざされてしまう。ロンドンに移住しようと考えていたところ、エマソンが農場を訪れたというわけです[9]。その結果、エマソンはアメリカに戻ってボストンから郊外のコンコードというまちに移住し、逆にカーライルはクレイゲンパトックの農場からロンドンへと移住することになりました（写真4－1）。

『自然論』から『アメリカの学者』、そして『自己信頼』へ

エマソンはヨーロッパからアメリカへと帰る船のなかで多くのメモを書き、コンコードへ移住してからメモをもとに『自然論』を書きました[10]（写真4－2、4－3）。自然界の大きな流れを感じれば、人間には動物や昆虫や植物とも共通した点を見つけることができる。経済や政治など人間が後天的に仕入れた知識を省いて、自分自身の内側を直観すれば、動植物を含む自然と相反するような発想が生まれるはずはない[11]。なぜなら神は「人間の外側にいて天上から我々を見守っている存在」なのではなく、神的なるものは人間の内部に宿っているはずだからだ。そんな人間内部の神性、これを善性と呼び替えてもいいが、神性や善性を直観しな

9 現在なら、田舎暮らしでもネット経由でさまざまな人と交流し、知的な刺激を受けることも与えることもできるでしょう。新刊も届くし、動画も視聴できる。オンライン講演会も可能です。しかし、当時のイギリスではそれらができなかったので、カーライルはロンドンに移住しようと考えていたようです。そう考えると、現代の田舎暮らしに可能性を感じますね

10 エマソンはヨーロッパの旅でフランスの動物園を訪れています。ここでさまざまな動物を見るなかで、自分と動物との間にある共通点に何度も気づきます。「サソリと自分にも共通するものを感じる」とメモしています。こうしたメモが、『自然論』の基礎的な考え方をつくったのでしょう

11 モリスがベルフォート・バックスとともに書いた『社会主義』という本のなかに、エマソンの思想に近い表現が見られます。「〈未開状態〉の宗教は普遍的なアニミズムと結びついた祖先崇拝だった。つまり、生物だろうと無生物だろうと、万物に人間の意志や意識が付与されているという概念である」。

写真4-1 ロンドンに現存するカーライル邸の書斎。撮影：著者

ところが、文明が発達すると人間は頭で考えすぎるようになり、五感の直感力を鈍らせてしまい、人間とほかの生物や無生物を違う存在として区切ってしまうようになった、というのです。ただし、より自然と近い関係にある子どもたちは、「ペットや玩具などを自分たちと同類の生きた仲間として受け入れている」のであり、我々は「進化した」と思いこんでいるけど、無くしてしまった能力もたくさんあるのではないかと指摘しています。たしかに万物とのつながりを感じることができなくなり、自然を破壊してでも金儲けをしようという人間が増え、経済を肥大化させることばかりが目的になってしまう社会になってしまったのが産業革命期だったといえるのかもしれません（ウィリアム・モリスほか著、川端康雄監訳『社会主義』晶文社、２０１４、p32-33）

がら自分の行動規範を整えていくことが大切であり、それは教会で牧師から教えてもらうようなことではない。そんなふ

写真 4-2　エマソンが『自然論』を書いた家。撮影：著者

写真 4-3　エマソンが『自然論』を書いた部屋。この部屋で、のちにナサニエル・ホーソーン（1804-1864）が『わが旧牧師館への小径』と題したエッセイを書くことになる。撮影：著者

うに考えました。[12] そのうえでエマソンは牧師を辞め、コンコードへ移住し、人間と自然との間に共通する神性について考えを進めました。そして、万物は神性によってつながっており、より大きな連環である大霊も直観することができるようになると期待したのです。[13]

こうした期待は「アメリカの学者」という講演にもつながりました。万物の自然とつながっている人間という存在なのですから、アメリカ人とヨーロッパ人の間にもつながりがあるはずです。「アメリカの学者は、しょっちゅう『ヨーロッパの学者はこう言っている』と言いながら論を展開する。しかし、アメリカの学者もヨーロッパの学者も同じ人間である。アメリカの学者はもっと自分自身を信頼し、アメリカの実情を直視すれば、独自の論理や哲学を生み出すことができるはずだ。アメリカの学者よ、いつまでもヨーロッパを追うのではなく、独自の研究を進めよう」と呼びかけました。[14]

さらに、学者だけでなく国民全体に呼びかけた著書が『自己信頼』です。自分自身の神性や善性を直観し、それを信頼しましょう。それこそが、他人とつながる部分であり、環境と矛盾しない生

12 １８３８年、エマソンはこの考え方をハーバード大学神学部の講演会で述べました。さらに「牧師は自分自身の神性を直観せず、教義を暗記して信者に伝えているだけだ。努力が足りない」と付け加えました。これが神学部の教授たちを怒らせることになり、エマソンは以後30年間、母校であるハーバード大学への立ち入りを禁じられたそうです。ちなみに、その講演はのちに『神学部講演』として出版されています（ラルフ・ウォルドー・エマソン著、斎藤光訳「神学部講演」『エマソン選集Ｉ：自然について』日本教文社、１９６０、p151-179）

13 日本人の宗教観のなかにも、「万物のなかに神が宿っている」「八百万《やおよろず》の神がいる」というものがありますね。エマソンはドイツ観念論の影響を強く受けていましたが、同時に東洋哲学や東洋の宗教観などについても興味を持っていました。エマソンの「万物は神性によってつながっている」という考え方は、東洋の宗教観に影響を受けた結果だと指摘する研究者もいます

14 ラルフ・ウォルドー・エマソン著、斎藤光訳「アメリカの学者」『エマソン選集Ｉ：自然について』日本教文社、１９６０、p117-147

き方を教えてくれる哲学なのです。100ページ弱の小さな冊子だった『自己信頼』は、当時のアメリカ人を大いに鼓舞したと言われています。[15]そして、自分自身を深く信じることがすべての人とつながることであるという「個人主義」という考え方を広めることになりました。

しかし、この「個人主義」という考え方は、時代が下るとともに表面的に捉えられるようになり、「自分勝手に生きることだ」という「利己主義」と混同されてしまう結果になりました。現在のアメリカが、真の意味での個人主義を学び直すことができれば、世界情勢やグローバル経済のあり方が少し変わるのかもしれません。もちろん、戦後から今日までアメリカの影響を受け続けた日本の個人主義もまた、学び直すべき概念だといえるでしょう。[16]

自己を深く信頼し、自己のなかにある善性を直観すると、自己を超えた他者との共通性を感じることができる。共通善を知ることができる。こうした考え方は、アダム・スミスが『道徳感情論』で論じた「公平な観察者」を自分のなかに育てることに通じるように感じます。こうした道徳や倫理を置き去りにした経済は、スミスにとってもエマソンにとっても受け入れがたいものだったに違いありません。さらにエマソンはこれを人間同士にだけ当てはめるのではなく、動植物や水や土壌や空気といった万物にも当てはめ、すべての物は大霊によってお互いにつながっているのだから反目し合うような行動をするはずはないと結論付けました。[17]「こうすれば儲かるだろう」「こうすれば有名になるだろ

15 『自己信頼』は多くの訳書が出版されていますが、伊東さんの訳が読みやすいと思います（ラルフ・ウォルドー・エマソン著、伊東奈美子訳『新訳：自己信頼』海と月社、2009）

16 日本を含む東洋の宗教観に影響を受けたエマソンによって提示された「万物は善性によってつながっているのだから、自分の中にある善性を直観し、自己を信頼し、他者にも地球にも宇宙にも反しないような生き方をしよう」という「深い個人主義」が、回り回って日本に戻ってきたら「浅い利己主義」になっていたというのは皮肉なものですね

17 『自然論』の内容ですね

う」「こうすればモテるだろう」という人間だけが後天的に知ってしまった知識などを外して、自己の善性を直観し、万物とつながりながら自己を超越するならば、人間が他者を傷つけたり、環境を破壊するような決断を下すはずがない、というのがエマソンの「超越主義」思想です。[18]

こうしたエマソンの超越主義の思想を引き継いだ弟分が、同じくコンコードで暮らしたヘンリー・デイヴィッド・ソロー（**人物28**）です。

ヘンリー・デイヴィッド・ソロー

ソローはエマソンの14歳下で、エマソンと同じくコンコードで生活していました。[19] 彼はエマソンの『自然論』を読み、超越主義的な考え方に共感し、エマソンと交流するようになります。『自然論』によれば、人間と自然は大霊によってつながっていることになります。それなら、自らの神性を直観しながら自然のなかで生きていけば、一人で暮らしていても孤独を感じることはないかもしれない。それを実験してみたいということで、ソローはエマソンに「土地を貸してください」と願い出ました。場所はコンコードのウォールデンという池のほとりで、エマソン家が所有する土地でした（**写真4-4**）。当時、ここは最も近い民家でも1・5km以上離れていたといいます。ここで自然とともに質素に暮らしてみたい、というのがソローの願いでした。

人物28

ヘンリー・デイヴィッド・ソロー（1817-1862）　アメリカの作家、思想家、詩人。ウォールデン湖畔の森に小屋を建て、約2年の間、自給自足の生活を過ごした。その記録をまとめた『ウォールデン：森の生活』（1854）は、後の作家などに大きな影響を与えた。

写真 4-4　ウォールデン池。撮影：著者

18
エマソンのいう善性というのは、人間のなかにある「善きもの」であり、それらは道徳心だったり倫理観だったり、叡智だったり謙虚さだったり優しさだったりするものだろうと思います。そうした善性を直観し、それに基づいて行動する。そして他者のなかにも善性を見つけようとする。すると、人間以外の万物のなかにも、同様の善性を見つけることができる。自分の善性を直観すると、自己を超越して万物の善性とのつながりを意識するようになる。そうやって万物は「善きもの」でつながっていると感じることができる。その状態で自然を破壊することができるはずがなかろう、というのがエマソンの視点のひとつなのだと思います

19
ソローはラスキンの2歳上ということになります。つまり、年長者から順にソロー（アメリカ）、マルクス（ドイツ）、ラスキン（イギリス）が3年連続して生まれていたのです

20
「私は1845年の3月も終わり近くになって、斧を借り、ウォールデン池の近くの森に出かけました」。このときの斧を誰に借りたのかは明らかにな

エマソンの許可を得たソローは、自分が住む小屋を建てるために森の木を切る必要があることから、知人に借りた斧だけを持って森に入りました。[20]ソローは28歳でした。そのときから2年2ヶ月以上を森で生活し、日記を付け、森から出てエマソンの家で暮らすようになってから『ウォールデン：森の生活』という本を出版しました。[21]

ソローの本は自然とともに豊かに生きることを記したものですが、その前提にはアダム・スミスが提唱した『国富論』の経済思想に対する批評があります。そのことが冒頭の第1章に書かれています。「森の生活」という副題を見てから第1章を読むと、そのタイトルが「経済」であることに驚くかもしれません。この本は自然礼賛ではなく経済批評から始まるものなのです。

『ウォールデン：森の生活』の翻訳者である今泉吉晴さんが脚注に書かれているとおり、「ソローは本章で、富をより多く生産し、消費することを『美徳と豊かさ』の指標にするアダム・スミスの経済学に対して、簡素に生き、自然と自由を享受する真の豊かさを説く」というのが第1章の趣旨なのです。[22]

っていません。コンコードに住んでいたエマソン、オルコット、チャニングの3人が「ソローに斧を貸した」と書いているそうです。ソローは借りた斧を使い、借りたときよりも鋭利に研ぎ直して返したと書いています。ヘンリー・D・ソロー著、今泉吉晴訳『ウォールデン：森の生活（上）』小学館文庫、2016、p100-101

21 エマソンがヨーロッパへ旅行に行くため、空き家をソローに管理して欲しいと依頼したことから、ソローは「森の生活」を打ち切ってエマソン邸で暮らすことにしたそうです

22 ソローは第1章の随所で、スミスが分析した「分業」を批判しています。その点でいえば、カーライル、ラスキン、モリスに近い思想を持っていたといえます。また、スミスの労働価値説についても、労働者が費やした労働力が商品の価値を決めるのではなく、労働者が犠牲にした「暮らしの量」が商品の価値を決めるのではないか？　と皮肉を記しています

ソローの衣食住

翻訳本は第1章の「経済」だけで200ページ近くあり、これだけでひとつの経済書になりそうな内容です。しかも、かなり実践的な経済書です。ここでソローは、衣食住についての基本的な考え方を示し、具体的に自分がどれだけのお金をかけて衣食住を整えたかを記しています。[23]

衣服については「私たちはいつも、衣服が必要だから買うのではなく、新しい服が欲しいという単純な欲望のためや、古い服を着ていては人にどう思われるかわからないといった理由で、衣服を新調します」[24]と書き始めます。そのうえで、別にラグジュアリーな服を着ているから人間性が優れているというわけではないし、仕事ができるというわけでもないのだが、人々は衣服の立派さにすぐ騙されると指摘します。また、古くなった衣服を修理しながら大切に着ている人を馬鹿にしたりもすると嘆きます。そして、衣服の流行を追いかけるアメリカ人を揶揄して「パリのサルたちの組頭が旅行家の帽子を頭に乗せると、アメリカのすべてのサルたちが真似して大喜びします。(中略) アメリカのサルたちは、みな一度は、強力な圧搾機にかけて古い考えを搾り取り、ちっとやそっとでは立ち上がれないくらい、痛めつけたほうがいいでしょう」と強烈に

23 実際に彼が言及した順番は衣住食でした

24 ヘンリー・D・ソロー著、今泉吉晴訳『ウォールデン：森の生活(上)』小学館文庫、2016、p50

25 ヘンリー・D・ソロー著、今泉吉晴訳『ウォールデン：森の生活(上)』小学館文庫、2016、p77

26 ヘンリー・D・ソロー著、今泉吉晴訳『ウォールデン：森の生活(上)』小学館文庫、2016、p85

27 建築家もまた、人々に豪華な家を建てるようにそそのかすような職能であっていいのかをしっかり考えねばなりません。無駄に豪華な家を建てさせて、多くの金を支払わせることができれば、経済成長につながることにはなるのでしょうが、経済学者もまた、そんな経済成長を目指すということでいいのかをしっかり考えねばなりません

28 「文明化した人の人生の目的が、未開の人のそれと比べ、格段の価値があるとはいえず、実際、暮らしのほとんど

批判します。もちろんソロー自身は、森での生活に支障がない程度の衣服を選んで着続けていました。

住居についてては「一番外側の衣服」だと考えていたようで、そんなものに高い金を払う必要はなく、簡素であるべきだと主張しています。[25] 広くて豪華な家を手に入れてしまうと、そのための支払いに人生の大半の時間を費やさねばならなくなる。これでは人が家を手に入れたのではなく、家が人を手に入れたようなものだ、とソローは言います。[26] 確かに、家が人を手に入れれば、その人が毎日働いてくれて、家自身の装いを豪華にするためのお金を手に入れてくれるのだから都合がいいですね。逆に人間は、そんなふうに家を豪華にするために働くという人生で良かったのかをしっかり考えねばなりません。[27] そして、人生の目的から逆算しても、それほど豪華な住居で生活する必要はない、とソローは指摘します。[28] 実際、ほとんどの人が「住居とはなにか」を考えたことがなく、ほかの人と同じような家を建てて、その支払いのために人生を貧しく過ごしており、これでは「洋服屋が仕立てた服なら何でも着る」という人と同じだとソローは述べています[29]（**写真4－5、4－6**）。

建築について、ソローは住人の生活がにじみ出るような意匠を重視します。例えるなら貝類が貝殻を作り出すように、住人の生活に応じて最も簡素な住宅を形作ることが大切である、というわけです。ところが建築家たちはそこにさまざまな装飾を取り付けようとします。ソローは「住居に関してなら、この国にも建築家と呼ばれる人がいます。私はその中の少なくともひとりが、建築の装飾は真実の核心で、必需品で、美であると、まるで新しい発見でもあるかのように述べるのを聞い

を、ただ暮らしに必要な物と心地よさを追い求めるだけに費やすとしたら、なぜ、文明化した人は未開の人より良い住居に住む必要があるのでしょうか？」ヘンリー・D・ソロー著、今泉吉晴訳『ウォールデン：森の生活（上）』小学館文庫、2016、p86

29 このあたりの表現は、カーライルの『衣装哲学』の影響かもしれません

写真 4-5　ソローの小屋の跡地。撮影：著者

写真 4-6　コンコードのまちなかに復元されたソローの小屋。撮影：著者

ています。この考えは、建築家に都合が良すぎて、単なるディレッタント（引用者注：芸術や学問を趣味として愛好する人）の考えとほとんど変わりません」[30]と書いていますが、この建築家とはエマソンと交流があったホレーシオ・グリーノウ（1805－1852）のことです。グリーノウはアメリカの彫刻家であり建築家でもある人でしたが、建築は自然の摂理に従って設計されるべきだと主張していました。この点が『自然論』の著者であり超越主義者であるエマソンには共感できたのでしょう。ところがソローにしてみれば、住人の生活が滲み出すような簡素な建築のほうがよほど良いのです。自然の摂理に従ったと言いながら、余計な意匠を建築に貼り付けるグリーノウを、ソローは認めていなかったようです。なお、グリーノウは同じくアメリカの建築家であるルイス・サリヴァン（1856－1924）に影響を与え、サリヴァンは有名な「形態は機能に従う」という言葉を生み出します。この言葉は、いくらかソローの考え方に近づいた気がしますが、たぶんソローにしてみればサリヴァンの機能的建築でさえも装飾過多だと感じたことでしょう。

このサリヴァンの弟子が、前章に登場したフランク・ロイド・ライトです。イギリスのモリスやアシュビーの影響を受けて、アメリカのシカゴでアーツ・アンド・クラフツ運動を展開したライトは、サリヴァンの影響もあって機能的な建築を設計するようになりますが、一方でソローの愛読者でもあり、簡素な住宅のあり方を模索した結果、「プレーリースタイル（草原様式）」というシンプルな住宅を設計するようになりました（**写真4－7**）。

カーライルの影響は、イギリスでラスキンやモリスに伝わり、生活を美しいもので満たすことが強調されました。それは、労働者が美しい物を作る悦びを感じ続けることができるようにするため

30　ヘンリー・D・ソロー著、今泉吉晴訳『ウォールデン：森の生活（上）』小学館文庫、2016、p119-120

写真 4-7　代表的なプレーリースタイルの住宅であるロビー邸。出典：ウィキメディア・コモンズ

でもありました。一方、アメリカではエマソンやソローに伝わり、生活を簡素な状態として維持することが強調されました。それは、生活者が無駄な出費を抑え、労働に振り回されず、自由な時間をできるだけ多く手に入れるためでもあったのです。そんなモリスとソローの影響を受けたライトは、美しくて簡素で安価な住宅をどのように設計すべきかを考えた結果、機械で生産しやすい水平や垂直からなる部材で建設する住宅を考案したのでしょう。

なお、ソローがウォールデンの森で建て

31 ヘンリー・D・ソロー著、今泉吉晴訳『ウォールデン：森の生活（上）』小学館文庫、2016、p79

32 ヘンリー・D・ソロー著、今泉吉晴訳『ウォールデン：森の生活（上）』小学館文庫、2016、p141

た小屋については、その金額が細かく記されています。それによると、彼が小屋を建てるために調達した材料の合計金額は28ドルでした。同じ本のなかでソローは「人が1日働いて手に入れるお金は1ドル程度」[31]と書いていますので、現在の日本における日給が1万円程度だと考えれば、ソローの小屋の材料費は28万円くらいだったということになります。住宅を建設するのに約30万円しかかけず、ローンも組まずに暮らし始めたのなら、確かに「支払いのために労働に縛り付けられる」ことなく生活できそうですね。

食事については、畑で食材を育てることにしていました。ソローは「人は、自分で食べる以上の作物を作らず、自分の作物を贅沢で役に立たない高価な品物と交換しなければ、50㎡の畑を耕すだけで十分暮らせるし、それくらいの畑なら、牛を使うよりひとりで耕したほうが簡単です」[32]といいます。また、これくらいの広さなら、堆肥をやるより毎年場所を変えて畑を作るほうが良いと付け加えています。そして、「ある日の平和な昼時に、欲しいだけのスイートコーンを獲って茹《ゆ》でて、塩味で食べる以上に心豊かな経験があるでしょうか？」と問いかけます。

簡素な生活が持つ力

そのほかに、家具と余暇についても簡単に触れておきましょう。ソローは家具のほとんどを自作していました。それ以外の家具は古いものを無料でもらってきています。そして、家具はなるべく増やさないよう努力したといいます。家具を増やしてもそれほど生活は豊かにならないし、引越が大変になるだけだからというのがその理由です。

ちなみに、ソローは墓も豪華にする必要はないといいます。エジプトのピラミッドが巨大な墓だとするなら、あんなものは何の役にも立たないと切り捨てました。「私は、同じ時代にあって記念碑を建てなかった人と知り合いたいのです。おかしなものを建てずに超然としていた人の考えを知りたいのです」[33]とソローはいいます。実際、ソローの墓はスリーピーホロー墓地というところにありますが、「ソロー家の墓」という文字は大きな石に彫り込まれているものの、ソロー自身の墓はその脇にある小さな石に「ヘンリー」と書かれただけのものでした（写真4－8）。

ソローは余暇にお金をかけたりしません。彼の遊びはほとんどが森の動植物、あるいは池での愉しみでした。『ウォールデン：森の生活』に登場するソローの遊びは、森で木を切ること、畑を耕すときの音とリズムを愉しむこと、雑草を『イリアス』のトロイア戦争になぞらえて退治すること、釣りをすること、野ネズミと遊ぶこと、水鳥と遊ぶこと、池の氷に内包された気泡の数を数えること、氷に石を投げて硬さを調べること、池の氷がいつ頃生じるのかを記録すること、池の深さを調べることなどです。いずれもお金がかからない遊びです。[34]

そして、その背景にはさまざまな本の知識が見え隠れします。『イリアス』を読んでいなければ雑草軍との闘いをトロイア戦争になぞらえることができないように。多読家だったソローは近くを通る線路沿いを歩いてコンコードの図書館へ通っていました（写真4－9）。

33 ヘンリー・D・ソロー著、今泉吉晴訳『ウォールデン：森の生活（上）』小学館文庫、2016、p148

34 人が見ると「何がそんなに愉しいんだ？」と不思議に思うようなことばかりかもしれません。でも、ソロー自身がこれらのことを心底愉しんでいたのなら、幸せな生活だったのだろうなと思います。そんな幸せな生活を送るのに、ソローはほとんどお金を使っていません。だからあまり働かなくても良かったし、愉しいことをする時間がたくさん手に入っていたのです

写真4-8 ソローの墓。墓石の左下に置かれているのは、2枚のコインと1本のえんぴつ。それらと比べると、墓のサイズが分かる。撮影：著者

彼が30歳までに読んだ本を挙げてみると、アダム・スミスの『国富論』、ルイザ・メイ・オルコットの『若草物語』、『アーサー王伝説』、孔子の『論語』、孫子、老子、孟子。インドの『ヴェーダ』と『バガヴァッド・ギーター』。『ゾロアスター』、『パンチャタントラ』、『マハーバーラタ』、『ビシュヌ・プラーナ』、『シャクンタラー』。ホメロスの『イリアス』、プラトンの『対話篇』。ゲーテの『イタリア紀行』といった具合です。こうした知識が頭にあると、森のなかでのあらゆる遊びが神話や哲学と結びついて愉しいものになるのでしょう。

ソローは旅を好みましたが、そのほとんどは歩いて愉しんだようです。友人から「君はお金を貯めていないようだから、汽車に乗るお金が無くて旅が

写真 4-9　ソローが歩いた線路。撮影：著者

35 ヘンリー・D・ソロー著、今泉吉晴訳『ウォールデン：森の生活（上）』小学館文庫、2016、p135

36 ソローは『ウォーキング』という本も書いていています

37 『旧約聖書』の創世記に「神は6日かけて世界を作り、最後の1日で休んだ」と記されているから、人間は週に6日働いて1日休むことにしているが、質素に暮せばその逆で、週に1日働けば6日は好きなことをして過ごすことができる、とソローはいいます。これは、ソローが2年以上の実践から得た「森の生活」の利点でした（ヘンリー・D・ソロー著、今泉吉晴訳『ウォールデン：森の生活（上）』小学館、2016、p173）。なお、ポール・ラファルグ（1842－1911）はその著書のなかで、「髭を生やしたいかつい神エホヴァは、理想的な怠惰の最高の手本を示した。6日間の労働のあと、彼は永遠に休息したのだ」と紹介しています。神はソローが思っていたよりも長く休んでいたのかもしれませんね（ポール・ラファルグ著、田淵晉也訳『怠ける権利』平凡社、2008、p18）

できないだろう」と言われたことがあるそうです。[35]しかし、ソローは歩いて旅をするので、汽車のためのチケット代がかからない。ソローは旅を始めたいと思ったとき、すぐに歩き始めるといいます。1日かけて、さまざまなものを見聞きしながら歩いて旅をして、夜には目的地にたどり着く。一方の友人は汽車のチケット代を稼ぐために1日働いて、夕方に1万円の日給をもらって、そのお金で切符を買って出発する。結局、目的地に着くのはソローと同じく夜になる。「それなら今すぐ歩き出したほうがいい」というのがソローの考え方です。[36]

以上のようなソローの経済思想を考慮すると、お金のかかる娯楽、贅沢な衣服や食事や旅行、豪華な住宅や墓碑などを手に入れようと思えば、仕事の時間を長くして貨幣を手に入れなければならないということがわかります。「食べていくためにはお金が必要だ」というのが資本主義社会での常識になっているようですが、「食べていくとはどういうことか？」について真剣に考える機会は少ないように感じます。本当に質素に生きていく＝「食べていく」だけなら、週に1日の労働で残りの6日間を生きていくことができる、とソローはいいます。[37]つまり「週休6日制」の暮らしが実現できるというわけです。

我々は日々、広告を目にして、欲しい物を増やし、それを手に入れるために働いています。働いて欲しかったものを手に入れても、新たな広告を目にし続けると欲しいものは増え続けます。そうやって増えた「欲しい物」をすべて手に入れることが「食べていく」ことなのかと問われると、そうではないことに気がつくでしょう。「食べていくためには働かなければならない」というのはその通りかもしれませんが、何が「食べていく」ことなのかをしっかり考える機会がないままに働き続けているのが現状なのかもしれません。その結果、「コミュニティデザインのワークショップなんかに出ている時間はない」ということになる。そんな時間があるなら、もっと働いて、もっと欲しいものを手に入れたいと思わされているからです。

試しに広告を見ないように生活してみたらどうでしょう？　ソローは2年と2ヶ月を森の小屋で生活しました。我々も同じく2年と2ヶ月、広告を見ないように生活してみたら、驚くほど欲しい物が減るのではないでしょうか？　そして、お金を使わなくて済むのではないでしょうか？[38]　そうなったとき、初めて「仕事を減らすことができるかもしれない」と感じられるようになるだろうし、「仕事を減らした時間にお金を使わずに何をして愉しもうか」と考え始められるでしょう。[39]　そのとき、お金を使わない「コミュニティデザインのワークショップ」に参加して、仲間とともに楽しい時間を過ごし、居心地のいい地域をみんなで実現させよう、と思ってもらえたら嬉しいです。

38　私は試しにやってみました。そうしたら、欲しい物が格段に減りました。以来20年間、なるべく広告を見ず、欲しい物を増やさない生活を続けています

39　あるいは、本当に自分がやりたいと思える仕事を探し始めることができるかもしれませんね。増え続ける「欲しいもの」を手に入れるための仕事ではなく、意義と愉しさを感じることができるような仕事を探すことができそうです

40　ソースタイン・ヴェブレン著、村井章子訳『有閑階級の理論』ちくま学芸文庫、2016、p139

41　このことをヴェブレンは「衒示的閑暇」と呼びます

ソースタイン・ヴェブレン

「贅沢しようと思うと生活に自由はなくなる。簡素に暮せば生活の自由は高まる」というソローの主張に似たことを、別の角度から指摘したのがソースタイン・ヴェブレン（**人物29**）です。ヴェブ

レンはソローの40歳下のアメリカ人です。ヴェブレンが1899年に書いた『有閑階級の理論』は、スミスに始まる経済学の前提が「合理的な経済人としての人間」だったことに対して、「ほとんどの人間は合理的な経済活動をしているわけではなく、見栄のために経済活動をしているのでは？」という疑問を呈しました。彼の理論におけるキーワードは「衒示的《げんじてき》」です。つまり「見せびらかし」ですね。

　ヴェブレンはまず、「現代社会では大半の人々が、肉体的に快適な生活に必要とされる以上の支出をしている」[40]と指摘します。つまり、「食べていく」ため以上の支出をしているということです。ソローはそれを「ばかげたことだ」と切り捨て、「簡素に生きたほうがいい」と提案しました。一方ヴェブレンは、なぜ一般人が「食べていく」ため以上の支出をするのかについて研究しました。そして、その理由を「一般人が金持ちの生活に憧れているからだ」と結論付けました。そうであるならば、金持ちの生活の特徴を明らかにする必要がある。そこで、ヴェブレンは「働かなくてもいいくらいの金持ち階級」、つまり「有閑階級」の理論を明らかにしようとしたのです。

人物29

ソースタイン・ヴェブレン（1857－1929）　アメリカの経済学者。慣習的思考や制度（家族・会社・組合・国家など）の進化過程を経済現象として捉えた制度派経済学の創始者。有閑階級が顕示欲を満たすために高額商品を購入する「衒示的消費」を明らかにした。

　有閑階級の人たちは、自分が他人よりも金持ちだということを示したいがために、無駄だと思われることをしています。自分が「いかに働いていないか」を示そうとするのです。[41]それは、働かなくても食べていくことができるだけの財力を持っているということを示すためです。そのために長い時間をかけて絵を描いたり、ピアノを練習したりします。また、食料のためではなく遊びのために狩りをします。絵を見せたり、ピアノを演奏したり、狩りの獲物を示したりすれば、自分が無駄に使った時間を、その場にいなかった人に対して示すことができます。自分で描いた絵や、優雅なピアノの演奏や、狩りで仕留めた鹿の首などは、「十分に時間を浪費した」という証拠になるので価値があるというわけです。

本当の金持ちであることを示すためには、自分だけでなく家族も働いていないということを見せびらかさなければなりません。妻や息子や娘にも絵やピアノや狩りをさせ、普段から「いかにも労働していなさそうな服」を着せます。また、召使いをなるべく多く雇い、そのうちの何人かにも「労働していなさそうな服」を着せます。こうした衣服の名残は、教会の牧師やホテルの従業員などの制服にも見られます。彼らが着ている服は動きにくそうであり、動作もゆっくりとしています。「あくせく働いていなさそう」であることが重要なのです。

もちろん住居は豪華絢爛な内装と家具で埋め尽くされていなければなりません。[42]使っていない部屋がたくさんあることも重要です。庭園を美しく維持し、作るのに手間がかかっていそうな食器を使うことが求められます。食事も遠方から運ばれた珍しい食材を使い、客を呼んで多くの人に振る舞うことが大切です。ペットもまた、珍しい種類の役に立たない動物であるべきで、飼い

42 このことをヴェブレンは「衒示的消費」と呼びます

43 猫はあまり褒められたペットではないようです。「猫は、その気質からして、飼い主が尊敬を勝ち得るという目的には適していない。猫という動物は人間と対等に暮らし、主従関係にはとんと知らん顔だ。しかし主人に服従しないのでは、主人の価値や名誉や評判を上げる役には立たないし、隣人に差をつける手段にもならない」。ソースタイン・ヴェブレン著、村井章子訳『有閑階級の理論』ちくま学芸文庫、2016、p172-173

44 昭和の金持ちの応接室の壁には、自分が狩りで仕留めたわけではないのに鹿の顔の剥製などが飾ってありましたね。あれは、有閑階級が「衒示的閑暇」を示すために飾ったものであり、似たものを時間ではなくお金を使って手に入れるというのは典型的な「衒示的消費」だったというわけです

主に従順な犬が重宝されるといいます。[43] 衣食住と余暇のすべてが、ソローの理想とは真逆な方向へと進んでいるのが、金持ちの「見せびらかし消費」というものなのです。

以上は、使っても使い切れないほどの財力を持つ金持ちの見せびらかし生活です。重要なことは、一般人がこの金持ちの生活に憧れる性質を持っているという点です。また、一般人の生活の「品の良さ」を決めるのが、金持ちたちの価値観だということです。だからこそ、一般人たちは少しでもラグジュアリーな衣服を着たいと願い、豪華な住宅や家具に囲まれたいと考え、希少な食材を口にしたいと思うのだ、とヴェブレンは指摘しています。生活の役に立たないペットを飼って、地域住民に見せびらかしたがるのも金持ちの衒示的消費の影響だというのです。[44]

ヴェブレンからみたアーツ・アンド・クラフツ運動

そして、そんな文脈でヴェブレンはアーツ・アンド・クラフツ運動に触れます。機械で作った製品は手作りの製品よりも正確で使いやすく値段も安い。しかし、金持ちに憧れる人々はこれを喜ばない。なぜなら、それが安価であるという点で衒示的消費にならないからだというのです。だから、わざと手作りの、不完全な、値段の高い、アーツ・アンド・クラフツ運動による製品を求めるのだ、というのがヴェブレンの分析です。

本来は工場で作られた機能的なものが美しいはずなのですが、それが安物だと分かると人々は美しさを感じてくれないので、余計な手間をかけて値段を高くするのです。「かくして、美しいとされ、美しさゆえの役割を果たしている物の大半は、次の2つの特徴を備えるようになる。①斬新なデザインで人を驚かせ、突飛な印象を与えて戸惑わせること、②その物の表向きの実用目的を十全に果たす以上の労力が払われているのだとはっきり示すことである」[45]。そのうえで、モリスが立ち上げたケルムスコット・プレスという出版社での印刷製本について、ヴェブレンは「現代の書物を出版するのに時代遅れの綴りを髭文字で印刷し、羊皮紙を革紐で綴《と》じた装幀にした。実用本位の立場からすれば、ばかばかしいといえるほどである」と指摘し、「芸術的な製本の経済的地位を決定づけたもう一つの特徴として、優美な本ほど値付けを有利にするために限定出版だった」ことも付け加えています[46]。**（写真4－10）**丁寧な手作りの製本の限定出版ですから、当然その値段は高くなります。だからこそ、ケルムスコット・プレスの本を手に入れて人に見せびらかせば衒示的消費の役割を果たすことができるというわけです[47]。

一般人は金持ちの暮らしに憧れている。金持ちは「今の社会状況だからこそ金持ちでいられる」ということを知っている。となれば、誰が革命を起こそうとするのでしょう。革命を起こして社会を変えようとすべきなのは貧困層でしょう。しかし貧困層は「明日も生きていけるかどうか」がわからない生活をしており、革命を起こす気力も知識も得られない。では、貧困層ではなく一般人はどうか。「一般人が金持ちに憧れ続ける限り、社会を変えるような革命が起こるはずはないよね」というのがヴェブ

45 ソースタイン・ヴェブレン著、村井章子訳『有閑階級の理論』ちくま学芸文庫、２０１６、p183

46 ソースタイン・ヴェブレン著、村井章子訳『有閑階級の理論』ちくま学芸文庫、２０１６、p193

47 この点について、後述する柳宗悦は少し違った視点からモリスの作品を批判しています。柳はモリスの作品が工藝を美術に近づけようとする「貴族的な贅沢品」だと断罪し、追い打ちをかけるように「モリス自身が手本とする中世の美には到達していない」と切り捨てます。柳はモリスがデザインしたケルムスコット・プレスの本と、中世に刊行された古い本を比較しながら「やはり中世の本には及ばない」と酷評しています（柳宗悦『工藝の道』講談社学術文庫、２００５、p219-220）

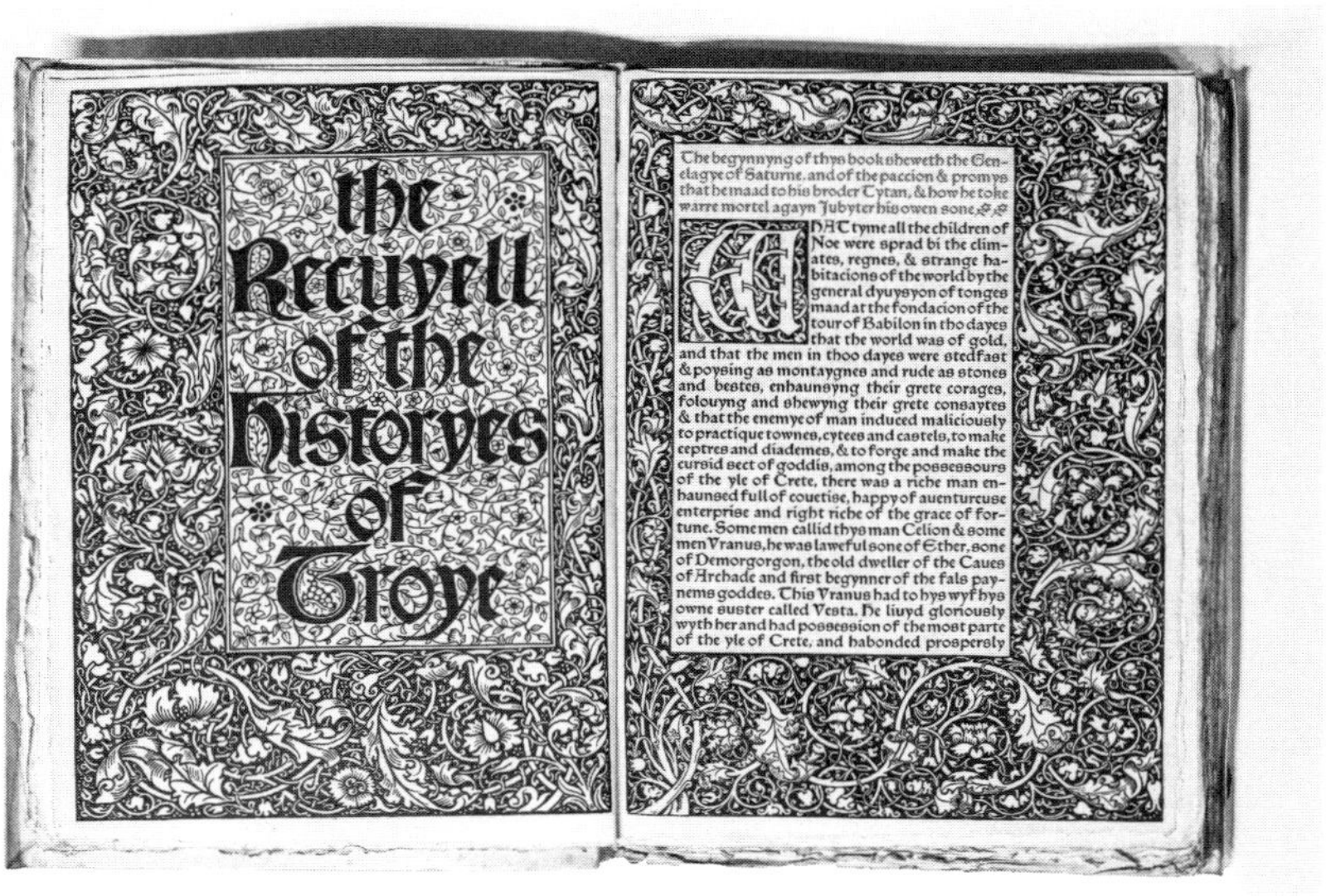

写真 4-10　ケルムスコット・プレスで製本された本のページ。『トロイ物語』の原著。撮影：吉田英司

レンの結論のひとつです。

　１８４８年にマルクスとエンゲルスは「労働者が学び合い、団結し、革命を起こして、社会の不平等を無くそう！」と呼びかけましたが、それから約50年後にヴェブレンは社会の構造を明らかにしたうえで「革命なんて起こりそうにないよね」と提起しました。何しろ、マルクスたちに呼びかけられた労働者自身が、金持ちの生活に憧れて、高級品を購入し、その支払いのために働くことで精一杯なのですから。この頃、マルクスはすでに亡くなっていたし、エンゲルスも１８９５年には『フランスにおける階級闘争』の序文で「普通選挙による合法的な社会変革」を評価していましたので、ヨーロッパやアメリカにおける当時の雰囲気としては暴力革命によって社会を変えるというものではなかったのかもしれません。[48]

いずれにしても、スミスが経済学の前提とした「合理的に行動する人間像」は、商業主義的な時代に多く見られる「衒示的消費」という経済行動をうまく説明できていないとするヴェブレンの指摘は鋭いものだったといえるでしょう。同時に、金持ちに憧れる一般人の滑稽さが強調され、ソローが実践を通じて提案した「簡素な生活」がますます説得力を持つように感じられました。ヴェブレンの指摘は、現在の日本社会にも十分に当てはまるようなバカバカしさと滑稽さを含んでいるといえるでしょう。

マックス・ウェーバー

ヴェブレンが『有閑階級の理論』を出版した5年後、別の視点から資本主義の興隆を分析した論文が発表されました。それが、マックス・ウェーバーによる『プロテスタンティズムの倫理と資本主義の精神』です。この論文、タイトルが長いので『プロ倫』と略して呼ばれることが多いようです。

ソローは森での生活を通じて「欲しい物を増やさず簡素に生きることができれば、労働時間を短くすることができるよね」と指摘しました。彼はキリスト教を見限ったエマソンの弟分であり、本

48 ロシアや中国では事情が違っていたようです

49 前述のとおり、『創世記』において神は6日働いて1日休んだというが、簡素に生きる者は1日働いて6日休むことができる、とソローは記しています

50 現在では、ウェーバーが根拠にした調査は対象地域に偏りがあったのではないかという批判がなされているようです

51 マックス・ウェーバー著、中山元訳『プロテスタンティズムの倫理と資本主義の精神』日経BP、2010、p9

52 マックス・ウェーバー著、中山元訳『プロテスタンティズムの倫理と資本主義の精神』日経BP、2010、p466

人も聖書の『創世記』の表現を疑うような発言をしていることから、[49]科学の発展によって宗教とは違う視点で社会を眺めることができるようになった人だったのでしょう。

ヴェブレンもまた、経済学という社会科学の視点から社会を眺め、一般の人々が金持ちに憧れること、金持ちと同じように「見せびらかし消費」を競うことなどを解説し、「それってぜんぜん合理的じゃない行動だよね」と指摘しました。また、「見せびらかし消費に注力しているうちは革命なんて起こるわけないよね」と付け加えました。

それに対してドイツ人のウェーバーは、「資産家はだいたいプロテスタントなんだけど、それはなぜかな」という疑問から研究を始めました。[50]キリスト教において、カトリックよりも禁欲的だといわれるプロテスタントですが、ウェーバーは「資本家や企業の所有者だけではなく、教養の高い上層の社員たち、とくに近代的な企業のスタッフで技術的な教育や商業的な教育を受けている人々のうちでは、プロテスタント的な性格の強い人々が圧倒的に多数を占める」[51]という文章から論文を書き出しています。

そして、プロテスタントの教えによると、人々に与えられた仕事は神への奉仕だから、自分がなすべき仕事に賢明に取り組み（勤労）、なるべく節約して質素に暮らすこと（節制）が正しい生き方だということになると紹介します。禁欲的な思想によって、勤労と節制を続けるとどうなるか。「資本が形成されるのである。利潤として残された資金を消費の目的で支出することが妨げられるならば、それは投下資本として精算的に利用されねばならなかった」[52]。

こうしてプロテスタントの教えを信じる人たちは、自分が神に救われるかどうかを感知する可能性にかけて、神のために勤労と節制を続け、資本家になり、こうした人たちが資本主義の原動力を作っていった、とウェーバーは分析しています。[53]

勤労と節制が経済に与える影響

ウェーバーの話はとても興味深い視点を与えてくれます。自分の生活を神に捧げるべく禁欲的に暮らす人がいて、その人が勤労と節制の結果として資本を蓄えるとします。当然、その資本は自分の贅沢のためや「見せびらかし消費」のために使うわけにはいきません。むしろ、神のために働きたいと願うほかの人々を雇うための資金にしたり、新しい仕事を生み出そうとしている人に貸してあげる原資にしたりするべきでしょう。こうやって資本家になり、人を雇ったり資金を提供したりしている人こそが、禁欲的な生活を実現させた人だと尊敬されるようになります。そうなると逆転現象が起きるのかもしれません。つまり、「資本家になって人を雇ったり資金を提供したりしている人が偉い人だ」という表面的な理解の出現です。ところが、この表面的な理解が資本主義を勃興させるためには必要となる原動力のひとつだったのかもしれないのです。

その後、ダーウィンの進化論を始めとする科学的な発見によって、相

53 ただし、ウェーバーはこれだけが資本主義の原動力を作ったわけではない、と念を押しています。「愚かしい教条的な理論に基づいて、「資本主義の精神」が（ここで検討されている意味において）、何らかの宗教改革の影響のもとでしか発生しなかったとか、経済制度としての資本主義が、宗教改革の産物であるなどと主張してはならない。いくつかの重要な資本主義的な経営方式が、宗教改革の前から存在していたのは周知のことであり、こうした主張が空論であるのは明らかであろう（マックス・ウェーバー著、中山元訳『プロテスタンティズムの倫理と資本主義の精神』日経ＢＰ、２０１０、p178）」

54 実際、プロテスタントの一派であるクエーカー派がレクリエーションとして認めていたのは「友人の訪問、歴史書の閲読、数学と物理学の実験、庭仕事、事業や現世のその他の出来事についての会話など」だったそうです（マックス・ウェーバー著、中山元訳『プロテスタンティズムの倫理と資本主義の精神』日経ＢＰ、２０１０、p457）。これらは、ソローが愉しんでいた余暇活動に通じるところがあります

対的に宗教を信じる人が少なくなっていきます。その過程で封建主義から資本主義へと社会が移行したように見えるのですが、ウェーバーに言わせれば「宗教を信じる人が少なくなったから資本主義が勃興した」のではなく、「宗教を強く信じる人がいたから資本主義が勃興した」というわけです。

ただし、宗教心が抜け去ってしまったあとの資本主義社会では、単に「資本家は偉い」とか「金持ちが偉い」というイメージだけが広がってしまったように感じます。本来は「資本家は（勤労と節制によって資本を生み出し、それを神と他人のために使っているから）偉い」ということであり、「（結果として）金持ち（になっているけれども、それを成立させている禁欲的な生活こそ）が偉い」ということだったはずなのですが。

「金持ちが偉い」という表面的な理解が、ヴェブレンの指摘する「見せびらかし消費」を真似したがる人々を生み出しているのかもしれません。また、ソローのような生き方を「貧乏くさい生活」としか見ない人々を生み出しているのかもしれません。現在では、ローンを組んでまで高級ブランドの商品や高級車を購入し、それをSNSで見せびらかして「自分は金持ちだ」とアピールする人がいるほどです。こういう人たちは「金持ちが偉い」という歴史的な曲解を信じてしまっているのかもしれませんね。

プロテスタントの人々の暮らし方は、節制という点ではソローの暮らし方と共通しています[54]。ただし、勤労という点がソローと違うところです。ソローは節制によって生活費が安く済むのなら、必要以上に働かないと決めました。プロテスタントの人々は、節制するにもかかわらず勤労でもあるのでお金が貯まってしまったというわけです[55]。

このことは他人事ではありません。我々もコミュニティデザインに携わりながら、同じような状態になっていることがあります。つまり、ラスキンやモリスのいうとおり、仕事のなかに悦びを見出したいと思っているし、プロテスタントの信者のように勤労を目指します。それは宗教的な教えというよりも、「ワークショップの参加者の顔が見える」からであり、「その人たちに落胆されるのが嫌だ」から生じる勤労なのですが、逆に言えば地域の方々と仲良くなり、一緒に活動し、感謝されるという仕事に悦びを感じているから生じる勤労だともいえるでしょう。[56] そのうえで、ソローに倣《なら》って節制を目指します。広告をなるべく見ないようにし、欲しい物を増やさないように暮らしています。すると贅沢品のためにお金を使うことがほとんど無くなります。そうやって数十年働いていると、勤労と節制によってスタッフの多くがまとまった額の貯金を有していることに気づきます。それを無駄遣いしないように、そして勤労意欲を減じないように、どう活用するべきか。コミュニティデザインに20年近く携わってきて、新しい課題が生まれつつあります。

55 プロテスタントの修道院では、お金が貯まってしまって修道士が堕落した生活をしてしまうことをどう戒めればよいのか、いろいろと工夫していたようです。「修道院においても、厳格に規制された修道士の生活のうちで、消費が抑制されながら合理的な経済運営がそのすべての力を発揮し始めると、修道院の内部に富が蓄積されるようになる。この富のために修道院はそのまま貴族的な地位を獲得するようになるか、あるいは修道院の規律が崩壊する危険に直面して、何度も修道院の「改革」が行われるようになった。修道会の会則の歴史は、獲得した富によって修道院が世俗化する問題との絶え間ない格闘の歴史とも言えるだろう（マックス・ウェーバー著、中山元訳『プロテスタンティズムの倫理と資本主義の精神』日経BP、2010、p474）」

56 ちなみに、宗教改革によってプロテスタントを生み出すきっかけを作ったのはマルティン・ルター（1483-1546）ですが、そのルターに行動を起こすきっかけを与えた本のひとつがエラスムス（1466-1536）の『痴愚神礼讃』でした。この本は、オラン

民藝運動

これまで海外の経済思想や社会活動などを見てきました。そのころの日本ではどんな思想や活動があったのでしょうか。もちろん、日本においても諸外国と同様に経済や社会についてさまざまな言説や取り組みが見られました[57]。なかでも私は「民藝運動」に着目したいと思っています。なぜなら、民藝運動こそが、デザインと経済や社会のあり方について検討し続けた運動だったと思うからです。

民藝とは、「民衆的工藝」の略です[58]。工芸品というと、金箔とか漆《うるし》を使った絢爛豪華な器などを思い起こすかもしれません。1920年ごろの日本でも、同じようなイメージで工芸を捉えている人が多

ダのエラスムスがイタリアでの遊学を終えて、イギリスへ向かう途中に友人で『ユートピア』の著者であるトマス・モア（1478－1535）をイメージしながら書いた物語です。実際、エラスムスはモアの家に到着してから一気呵成に『痴愚神礼讃』を書き上げました。その内容がルターを大いに刺激したのですが、この本は別の意味でコミュニティデザイナーに多くの示唆を与えてくれます。それは「人間はバカな面を持つからこそ他人から愛される」という指摘であり、ワークショップで地域の人たちと仲良くしようと思うときの秘訣が含まれているように感じます。エラスムス著、沓掛良彦訳『痴愚神礼讃』中公文庫、2014

57 ウェーバーを日本に紹介した大塚久雄（1907－1996）の『共同体の基礎理論』は、封建社会から資本主義への移行を明瞭に描いてくれています。大塚久雄著、小野塚知二編『共同体の基礎理論 他六篇』岩波文庫、2021

58 民藝の「藝」は難しい方の字を使い続けています。これは、旧字体から新字体へと移行させる時期の混乱に関係するものです。旧字体の時代から、「藝」と「芸」の両方の文字が存在し、前者が「げい」であり後者は「うん」と呼ばれていました。「芸《うん》」は「草を刈る」という意味だったそうなのですが、旧字体が新字体に簡略化された時期に、なぜか「藝」の新字体が「芸」になってしまったのです。ただし、「芸」という文字は当時、ほとんど使われていなかったので、多くの人は「藝」を「芸」に置き換えて使い始めました。漢字の意味にこだわる人だけが「芸術」では「草を刈る術」なので意味が違うと言い、現在に至るまでずっと「藝術」と表記し続けているそうです。東京藝術大学はその一例ですが、民藝に関わる人の多くも「民芸」とは表記せず、「民藝」を貫いています。同様に、「工芸」も「工藝」と表記することが多いようです

かったようです。美しい工芸というのは、ごく一部の専門的な職人にしか作ることのできないものであり、それ故にとても高価であり、一般人は憧れるだけで所有するのは難しいものだという印象でした。

確かにそれも工芸品だろうと思いますが、それだけが工芸品ではないだろう、と主張したのが柳宗悦でした。柳は古い朝鮮の雑器に美を見出し、「この茶壺は朝鮮半島の名もなき職人が、一般人の日常使いのために作ったものだ。だからこそ特殊な技巧を凝らしたわけではないし、特別な材料を使ったわけでもない。なるべく使いやすい形を追い求め、なるべく多くの人に使ってもらえるような価格を探った結果、独特の美が宿るものとなっている」と評価しました[59]**（写真4−11）**。

それ以前の評価では、雑器や民器はありふれたものであり、安物であり、「下手物《げてもの》」と呼ばれていました。しかし、工芸の源流をたどれば、いずれも人々の手仕事による器や織物にたどり着くわけで、その意味では工芸の源流はすべて民衆的な工芸だったといえます。そこから派生して、高級品もあれば汎用品もあるという時代になった。そう考えると、我々は高級品ばかりに美を求めるのではなく、汎用品にも独特の美が宿っていることに気づかねばならない。柳はそう考えたのでしょう。

そのうえで、民藝的な美しさを持つ器や織物などがこれからも丁寧に作り続けられるような経済の成立を目指すべきであり、社会のあり方を

59 柳は無名の職人が作った雑器に美を見出しました。逆に個性を出そうとする作家の器を評価しませんでした。「個性の競争にではなく個性の協力にこそ未来の理念を感じる。個人主義より結合主義への転廻、私は明らかに来たるべき社会の理念をそこに感じる（柳宗悦『工藝の道』講談社、２００５、p190）」と柳は述べています。このときの「個人主義」は、エマソンが自己信頼に基づいて自分の神性を直観することによって万物とつながろうとする個人主義とは違って、「利己主義」に近い意味だといえるでしょう

60 柳宗悦『工藝の道』講談社学術文庫、２００５、p183

61 とはいえ、柳はラスキンのように経済の問題に深く立ち入ろうとはしませんでした。柳は『工藝の道』において「私は経済問題に入ることを最小限度に止めよう。それは経済学的考察を軽視する意味からではなく、単に私の専攻とする学域ではないからである」と述べています（柳宗悦『工藝の道』講談社、２００５、p28-29）。そのうえで、工藝の検討を進めていくと、最終的には経

済の検討を進めた先にある真理と同じところにたどり着く予感がする、としています

写真 4-11　柳が美を見出した朝鮮雑器。（三重県立美術館編『柳宗悦展』財団法人三重県立美術館協力会、1997、p33（図 1-51））

考えるべきだろうと主張しました。

38歳の柳は、雑誌『大調和』に「工藝の道」を連載し、そのなかの「工藝と協団」という節でラスキンとモリスに言及しています。「嘲《あざけ》られつつもラスキンは美の問題より社会の問題へと転じた。ラスキンはかくすることによって彼の美に関する考察をいやが上にも深めた」[60]。ラスキンは前半生で美学について語っていましたが、後半生では経済や社会について語り始めました。その際、多くの経済学者や政治家から批判されました。その点を知りつつ、柳は「経済や社会から美を考えたからラスキンの考察は深いものになった」と評価しています。そして「私はいま来るべき工藝を論ずるに当たって、しみじみ彼の気持ちに生きることができる」と共感の意を表しています[61]。また、「彼の後を受けた詩人モリスは更に生涯を賭して、社会問題に入ったではないか。彼は工藝の美を保証するために、正しき社会を組み立てようと欲した。工藝を個人の

問題にとどめてはいられない」と述べ、ラスキンの弟子のモリスが、モリス商会で工芸品を製作販売しつつ、一般人が生活に美しいものを取り入れることができる社会を組み立てようとしたことを評価しています。[62]そのうえで柳は「私はモリスの社会論者としての休息を知らない一生の努力に限りない敬念を感じる」と述べています。

柳の結論はどんなものだったでしょうか。この論文において柳は、資本主義と社会主義を比べて、「いずれの道が工藝の美を保証するであろうか。私はラスキン・モリス等とともに、当然前者（資本主義）から輝かしい未来を期待することができぬ」[63]とし、社会主義の出現を予測し、「私は資本下の社会に、工藝の美を再建する努力を徒労に感じる。同じように個人道に工藝の美を期待する根気を放棄する。そうして絶大な希望を協団に抱くことを禁ずることができぬ」と結論づけました。[64]資本主義社会においては、正しい材料を使って健康な美しさの宿る品物を丁寧に作り、それらをなるべく安く販売しようという意志は広がらないでしょう。それよりは、資本家が金銭的に満足するように利益を生み出すことが大切であり、そのためにはなるべく商品の値段を高くし、手間を掛けず材料の質を落としながら利益率を高めていくことを考えざるを得ません。そんな資本主義社会において工藝の美を取り戻そうとするのは無駄である。柳はそう考えて社会主義による社会の到来に期待しました。

柳やラスキンやモリスが主張するように、美しさに溢れる生活を実現するためには、工人が仕事

62 １９２０年ごろの日本では、ウィリアム・モリスが詩人として紹介されていました

63 柳宗悦『工藝の道』講談社、２００５、p185

64 柳宗悦『工藝の道』講談社、２００５、p190-191

65 こうした社会の魅力について、柳やラスキンは理論的に説明しましたが、モリスは前述の『ユートピアだより』という小説を書いて、審美社会主義が実現するとどんな生活になるのかを示しました（ウィリアム・モリス著、川端康雄訳『ユートピアだより』岩波文庫、２０１３）

に悦びを感じながら美しい品物を作り出し、それを人々が安価に購入することができるような社会を実現させることが重要でしょう。そして、それは社会主義的な社会だということになるのでしょう。[65]

そう主張された時代から100年が経った現在、世界の大半の国はまだ資本主義社会を選択しています。これによる弊害はさまざまなところで見られますが、かといって社会主義へと舵を切ることができるかというと難しい側面もたくさんあります。

ただし、そんな資本主義社会のなかでも、顔が見える関係性の人たちに向けて、丁寧な手仕事をしている人たちがいます。正しい材料を使い、仕事に悦びを感じながら、健康で美しい品物を作る人たち。それは器や織物だけではなく、パンや惣菜、家具や住宅、さまざまな分野に見られます。「あの人のために作るのだから」という関係性があれば、利益率を高めるために材料の質を下げたり、作業工程を必要以上に分業化したり機械化したりしないでしょう。そんなことをしたら仕事の悦びが感じられなくなるし、顔の見える相手を裏切ることになってしまうのですから。「社会を変えよう！」と叫んだ柳やラスキンやモリスのような威勢の良さはありませんが、私は「資本主義社会のなかにあっても、面識経済を大切にしよう！」と呼びかけたいと思います。[66]

直観について

柳が重視した概念のひとつが「直観」です。この言葉は、エマソンのときにも登場しましたね。

柳はエマソンをよく研究していたようで、詩人のホイットマンとエマソンの関係性についての小論を書いたりしています。[67] エマソンの80年後を生きた柳は、エマソンが提示した直観という概念を「物を観るときの態度」として援用したのではないかと思います。[68]

エマソンは、フランスで訪れた動物園でサソリと自分との共通点を感じ、『自然論』にて「人間と自然とに本質的なつながりがある」と述べました。後天的に学んだ知識や常識に惑わされず、人間の本質を直観し、そこにある神性を感じ取れば、それがほかの自然物全般とつながっていることも感得できるだろうというわけです。そのうえで、人間と自然物との間に神性を見出し、その神性によって万物がつながっていると感じ取ることができるのであれば、アメリカ人とヨーロッパ人に本質的な違いがあるとは思えないだろうと主張しました。だから自分自身の神性を直観し、自己を信頼して行動することが、結果的に他者とうまく生きていくコツにもなるだろう、と『自己信頼』のなかで喝破しました。

柳はこの考え方を器や布などに援用したのではないでしょうか。人間が作った創作物のなかにも神性があり、我々はそれを直観することができる。柳はそれこそが美であると考えたのでしょう。直観のためには、後天的に学んだ知識や常識などを廃して、対象物を「直接観る」ことが大切だ、と柳は言います。「観るよりも知ることを先に働かす者は美に

---

66 面識経済は、柳が重視した「協団」という概念に近いかもしれません。英語では「ギルド」と言います。顔の見える関係で仕事をする人たちの集まりです（コミュニティデザイン事務所であるstudio-Lもギルド的な働き方を標榜しています）。柳は資本制度による社会に未来はないと述べています。「その制度の勃興と共に工藝の美は急速に沈んだ。私は美に対する私の直観と理性とが、社会主義的結論と一致するのを発見する。その制度（資本制度）の続くかぎり、民衆から起る工藝の、あの偉大な美はあり得ず、またあり得る望みはない。（中略）その制度が招く罪業は、すべてのものの隔離である。絶縁である。そこには人間と人間との反目が露出され、続いては人間と自然との疎遠を醸した。（中略）この悪から、私達を救おうとするなら、私達は結合の世界へと転ぜねばならぬ。同胞の思想が固く保持される社会へと進まねばならぬ。かかる社会を私は「協団」の名において呼ぼう。それなら工藝に美を甦らすために、組織を協団へと進めねばならぬ。再び人間と人間とを結合させ、人間と自然とを結縁せしめねばならぬ（柳宗悦『工藝の道』講談社学術文庫、2005、p187-

触れることができない。見る力は内に入ってゆくが、知ることは周囲を廻ることにすぎない」というのです。[69]

「この商品は有名デザイナーがつくったものです」、「あのブランドのカバンだから高いだろうな」、「こだわりの素材を使っているから良い物なのだろう」、「それはいま流行っている物だね」など、現在の経済を動かしている原動力は、そのほとんどが「知ること」に属しています。知ってから見ると、なんとなくそれが良いもののように見えてしまうのです。[70]

しかし、柳はそれがまやかしだと指摘しています。そして、油断すると人間はどうしても「知ること」を優先してしまい、そのためにしっかり「見ること」ができなくなってしまうというのです。理知よりも直観を大切にせよ。まずは見て、その後に知るよう心掛けよ。そう説きます。[71]

物に内在する美が直観できるようになると、あらゆる物の美が感得できるようになります。エマ

188)』。studio-Lも同様に、スタッフたちが金儲けを第一目標として働き始めたら美しい仕事が成立しなくなるでしょう。各地のワークショップにて、顔が見える関係にある人々と対話することが愉しいと感じ、同じギルドの仲間とともに働くことに悦びを感じていることこそが、美しいコミュニティデザインの仕事を生み出しているのだと思います

67 柳宗悦「ホイットマンとエマソン」日本民藝館監修『柳宗悦コレクション1：ひと』ちくま学芸文庫、2010、p128

68 私が知る限り、柳がエマソンの「直観」という概念に影響を受けたと述べている文章はありません。むしろ柳は、雑器の美を見つけ、なぜそれが美しいのかを考えるなかで直観という方法にたどり着いたという「見てから知る」という順番だったことを強調しています。ただ、それまでに研究していたホイットマンやエマソンの思想から、何らかの影響を受けていたことは確かだと思います。なお、ラスキンやモリスの思想を知ったのも雑器の美を発見した後のことだった（1927年頃に大熊信行氏の『社会思想家としてのラスキンとモリス』を読んで、その思想を知った）と柳は述べています（柳宗悦『工藝の道』講談社、2005、p208）

69 柳宗悦「「見ること」と「知ること」」日本民藝館監修『柳宗悦コレクション2：もの』ちくま学芸文庫、2011、p280

70 広告というのは、それをよく理解した人たちが作るものなのでしょう

ソンがいう「万物の神性がつながっている大霊のようなもの」が感じられるようになるのでしょう。柳が提唱した民藝運動では、こうした美の捉え方が大切にされました。[72]

モリスと柳の違い

こうした美の捉え方は、柳が参照したアーツ・アンド・クラフツ運動におけるものとは違っていました。柳はアーツ・アンド・クラフツ運動自体を高く評価していましたが、その内容と結果について自分の考え方とは違っていることにも気づいていました。

柳はエマソンの直観に似た方法を「物の美」へと向けた結果、日常的に使われている雑器のなかにも美を見つけ出すことができるようになりました。この点がアーツ・アンド・クラフツ運動とは違う点です。モリスを代表とするアーツ・アンド・クラフツ運動の旗手たちは、日常雑器を芸術品にまで高めようとして美を追求しました。柳たちとは逆の志向ですね。柳を代表とする民藝運動の旗手たちは、日常雑器そのもののなかに美を見出せる眼を持とうとしたわけですから。

柳はモリスのアーツ・アンド・クラフツ運動について「どうして彼は

---

71 コミュニティデザインも直観を大切にします。ただ、我々はあまり物を対象とせず、むしろ人を対象とします。自分の中にある善性を直観し、そこから得られる判断基準によって行動しましょう、とワークショップ参加者に伝えます。むしろエマソン的ですね。このときの善性を、道徳心や倫理観と置き換えてみてもいいかもしれません。後天的に得た「こうすれば儲かる」「こうすればモテる」といった価値観ではなく、自分の中にある善性（道徳観や倫理観）を直観すれば、それが他者に存在することも感知できるだろうという考え方です。ワークショップの参加者同士が、それぞれの心の中にある道徳観や倫理観、謙虚さや配慮などの善性につながりを感じられれば、ともに対話したり活動したりすることができるようになるでしょう。だから、我々はワークショップの参加者を学歴や肩書で判断することはありません。どんなワークによって、その人の善性（良いところ）が浮かび上がってくるのかを考えます。ただ、たまに自分の学歴や肩書にひれ伏してくれないことに苛立つ人がいたりします。生意気だと言われます。そんな方々にはぜひご理解い

ただきたいのです。我々はあなたの善性（良いところ）にしか興味がないのです

72

実際、柳は美しい物を選ぶ眼を持っていて、その価値判断には一貫性があったように見えます。まさに物の中に存在する神性を直観する力を持ち、それが万物に共通していることを感じ取っていたように思えます。だからこそ、器、染め物、織物、木彫、金工、石造、ガラス、版画、絵画など、多様な物のなかに共通した美を見出し、それらを集めて日本民藝館で展示させられたのでしょう。ただし、ここからが難しいところなのですが、柳は自分が美を見出した物について、なぜそれが美しいのかを言葉で説明しているのです。まさに「見てから知る」という順番なのですが、多くの民藝同人は柳の説明を読んで「なるほど」と納得してしまうのです。それほど柳の文章は説得力があるのですが、こうなると多くの同人たちは「知ってから見る」ことになってしまいます。私もその一人です。柳の説明を読んでから、柳が選んだものを見てしまうことになります。するとそこに一貫性を感じることになります。柳が物の神性（美）を直観し、それらに共通した大霊（共通美）を見出していたかのように感じてしまいます。民藝同人は、こうした「柳の見方」を習うことによって、物の良し悪しを判断し、美を見出す力を手に入れたと思い込むのです。そして、美を見出す力を手に入れた人に対して「あの人は物が見える人だ」と評するのです。逆に、その美を見出す力がない人には「もっと物をたくさん見よ、良いものを見よ、日本民藝館で直観せよ」と教えるのです。しかし、誤解を恐れずに言えば、それは「柳の好みを身に付けよ」と言っているのと同義なのかもしれません。このあたりに「宗教哲学者だったはずの柳宗悦が宗教家のようになってしまっている」と批判される原因があるのでしょう。そして、柳没後に民藝の名作が発見されなくなってしまった原因なのかもしれません。未だに日本民藝館では、柳が選んだものばかりが展示されており、柳没後の名品を見つけられない状態が続いています。なぜなら、「物を見る眼を養った」と言われる人が「これは現代の名品だ！」と評価したとしても、「柳先生がそれを名品と評価したかどうかは定かではありませんな」などと言われると自信がなくなってしまうからです。これで本当に物を直観できているのか。単に柳の好みをなぞっているだけではないのか。現在の民藝界隈では、未だにこのことを乗り越えられないままになっているように思えます。なお、柳は『工藝の道』のなかで「直観には「私の直観」というような性質はない。見方に「私」が出ないからこそ、ものをじかに観得るのである。直観は「私なき直観」である。私を挿む余暇なき直観である」と繰り返していて、決して「柳好み」を押し付けているわけではないと主張しています（柳宗悦『工藝の道』講談社、２００５、p.21）

失敗したか」と提起したうえで、「本質的な致命的な原因は、彼が正しき工藝の美を知らなかった

のだということに帰着する。彼自らが試み、彼が他人にも勧めたのは工藝ではなく美術であった。いわば美意識に禍《わざ》わされた工藝である」と指摘しています。[73] つまり、雑器の中に美を見出すのではなく、雑器に美を付け加えて美術品に近づけようとしたからこそ、アーツ・アンド・クラフツ運動はうまくいかなかったのだというわけです。続く文章でも、「残された彼の作を見れば、彼が工藝の本質的な美を見失っていたということを看過することができない。これが彼のギルドの失敗の主因である」と手厳しいのです。

アーツ・アンド・クラフツ運動は「美とはこういうものだ」と知ったうえで、工藝品を美術品に近づけようとしました。いわば「生活を美しいものに変えていく運動」だったわけです。[74] 一方の民藝運動は日常で使われている雑器のなかに美を見出す眼を持とうとしました。いわば「生活のなかに美を見出す運動」だったのでしょう。

ただし、いずれも「経済原理のみに基づいてものづくりを進めようとはしなかった」という点で共通していました。丁寧なものづくりを進め、その価値に共感する人を増やし、仕事の悦びを減じさせないような働き方を実現させる。そのために、過度な分業や機械化を避ける。取り入れたほうが「より儲かる」とわかっていても、取り入れるべきではないことは拒否する「美に関する思想」を共有していたのです。経済原理を優

73 柳宗悦「工藝の協団に関する一提案」日本民藝館監修『柳宗悦コレクション1：ひと』ちくま学芸文庫、２０１０、p428-429

74 そう考えると、アーツ・アンド・クラフツという言葉は、クラフツ（工芸）にアーツ（美術）を付け加えること、あるいはクラフツをアーツに近づけることを目指した呼称のように見えます

75 柳は、工藝の美しさを論じた先人として、ラスキンとモリスに加えて、初代の茶人たちを挙げています（柳宗悦「工藝美論の先駆者について」『工藝の道』講談社学術文庫、２００５、p207-227）。初代の茶人たちは、かつて日常雑器として使われていた大量生産品のなかに美を見出し、茶の湯空間の中で活用していました。この直観と鑑賞に対して柳は尊敬の念を表しています。コミュニティデザインも茶道から学ぶところが多いと感じていますが、その最たるものは面識、なかでも対面する関係について徹底的にこだわる姿勢です。相手のことを想い、考え抜いて準備された空間の設えには、面識関係において大切なことがたくさん含まれています。ま

先させすぎると、我々の仕事や人生が苦痛なものになったり、味気ないものになったりするということを、先人たちはよくわかっていたのでしょう。民藝運動から100年、我々は進化したと胸を張って言えるのでしょうか。ちょっと自信がありません。[75]

「正しき美」の実現方法

では、柳が考える「正しき美」を実現させるにはどうすればいいのでしょうか。柳もその点については悩んでいました。なぜなら、柳が美しいと感じる古い時代の雑器は、作り手が美を知る前に作られたものだったからです。古い雑器を作った人たちは、①美を知ってから作ったわけではないし、②個人作家として作ったのではなく共同体の一員として作ったのです。それを見つけては「美しい！」と感動していた柳にとって、どうすれば現在の作り手が「正しき美」を実現させられるかという課題にぶつかります。すでに美を知ってしまった我々は、どうしたって①美を知ってから作ることになるし、②個人的作業として作ることになるわけです。柳自身の言葉によれば、「いかにして知識的な個人的作者たる我々が、あの古作品に見られるような、自然な無心な美を生むことができるか」という悩みです。

これに対して柳は、ものづくりを次の三段階の道だと捉えたらどうか、と提案しています。それ

た、茶室に入ったらみんな対等の立場であることや、「和敬静寂」の四規など、いずれも良好な面識関係を醸成するために大切な考え方だといえます（ワークショップの空間にも必要な考え方です）。さらに、「侘びと寂び」に見られるようなシンプルな空間や古い物を大切に扱う姿勢は、たくさん消費してたくさん労働して余暇の時間が減ってしまう「ワークショップに参加できない生活」とは対極にあるものだと感じます。私は商品で埋め尽くされた茶室を見たことがありません。あの美意識によって営まれる生活は、ワークショップに参加する時間を十分に生み出してくれることでしょう

らは①「修行」による自力道、②「帰依」による他力道、③「協団」による相愛道です。[76]

最初の段階である①「修行」による自力道とは、個人による訓練の道です。「知る」とは何か、何を「知る」べきか、知ってしまった自分には何ができるのか。そんなことを熟慮したり洞察したりする道です。昔の作り手はこうしたことを考えなくても良かったのでしょうが、すでに美を知ってしまった我々は、まず個人としてこうしたことをしっかり考えなければならないというのです。[77]ほかにも、美とは何か、正しき美は何を示すのか、どうして正しき美が生まれたのか、美を見る眼をどう養ったら良いのかなど、考えるべきことはたくさんある、と柳は指摘します。

次の段階である②「帰依」による他力道とは、自力道を経た上で「自我」を放棄する道です。「自己の放棄は自己への否定ではなく、開放である」と柳は説きます。自分だけで正しき美にたどり着くことはできない、他者や自然の加護を受けながら美を追求する道を見つけ出さねばならないというのです。そのためには、一緒に仕事をする仲間の意見や、使い手であるユーザーの意見、代々の先人たちが示す作り方や形、そして材料を提供してくれる自然環境などに敬意を払い、自身は常に謙虚であり続けなければなりません。「自分の作品だ！」と記名する気持ちに

76 柳宗悦「工藝の協団に関する一提案」日本民藝館監修『柳宗悦コレクション1：ひと』ちくま学芸文庫、２０１０、p421-424

77 インターネットから情報が得られるようになった現代では、ますます「知る」が優先されてしまいがちです

78 このあたりの考え方は、１９７１年にデザイナーのヴィクター・パパネックが書いた『生きのびるためのデザイン』で表現されている「正しきデザイナー」像に近いものを感じます。パパネックは、それまでの時代に活躍した「自力道」のデザイナーを否定し、「他力道」のデザイナーを目指すべきだと主張しています。ヴィクター・パパネック著、阿部公正訳『新版：生きのびるためのデザイン』晶文社、２０２４

79 だからといって、一足飛びに③の相愛道から仕事を始めればいいというわけでもないのでしょう。まずは①の自力道で自分自身の実力を高め、②の他力道で他者の意見や伝統の影響を取り入れ、その上で③相愛道へと進む。その積み重ねが大切なのだと思います。コ

ならないくらい、他者による「おかげさま」だということを認識し続けなければならないというのです。[78]

そのうえで柳は、最終段階である③「協団」による相愛道へと進むべきだといいます。自己の修行、他者への帰依だけでは足りず、仕事を含む生活全体を美へと近づけていかなければなりません。そのためには、同様の価値観を持つ人たちと協団やギルドを形成し、ともに生活したり仕事をしたりすることが求められます。そうすれば個人的な作品づくりを目指すことなく、団体として質の高いものを作ろうと学び合うことができます。当然、そこには相愛が必要になるというわけです。[79] 柳は「協団は全き奉仕の生活である。自己を投げ出し、大なる世界に一致せんとする生活である。そこには謙譲の徳が呼ばれ質素の生活が要求される。それは正しさへの奉仕であり、同時に美への奉仕であり、仕事への奉仕であり、隣人への奉仕であり、社会への奉仕である。これを健康なる生活と呼び得ないであろうか」と述べています[80]（**写真4－12**）。

柳の協団は、ひとつの村で生活するメンバーの集まりというイメージだったようです。「協団であるからには、一つの村に形作られるのが一層必然であろう。これによってさらに深く相愛の実を挙げることができる。それは理解と相愛によって、結合せられた一個の自治体になる」という柳のイメージは、まさに「顔が見える関係性を大切にするコミュニティ」のあり方だといえるでしょう。相愛の前提は面識なのです。

現在であれば、顔が見える関係性を担保するためにインターネットを活用することもできるでし

ミュニティデザインに携わる人も同様に、いきなり「つながりづくり」とか「組織論」とか「対話の場」に進むのではなく、①まずはしっかり自分のデザインを追求し、②その次に利用者の意見を取り入れ、③最終的につながりや組織のあり方を模索するのが良いでしょう

写真 4-12　日本民藝館「生活展」会場写真（一部）。
（世田谷美術館ほか編『民藝（カタログ）』朝日新聞社ほか、2023、p34）

ょう。同じ村で生活していなくても、ある程度までは協団的な生き方が可能になるはずです。[81] コミュニティデザイン事務所である studio-L は、モリスや柳の思想に共感し、ギルドとしての人生や仕事を標榜しています。しかし、生活の拠点を一箇所に縛られることによる弊害もあるだろうということで、メンバーはそれぞれが好きな場所に住みながら、オンラインでのつながりも駆使

80　①自力道、②他力道、③相愛道という道筋は、私自身が経験したデザイナーの道にも言えることです。若い頃は自分の「作品」がつくりたくて、これまでに誰も設計したことがない空間を目指していました。もちろん、自分が設計者であることを広く示したいとも思っていました（①自力道）。ところが、コミュニティデザインに携わるようになり、利用者の意見を聴くようになり、「自分独自の設計」ということにこだわるべきではないという気持ちに変わっていきました（②他力道）。さらには、自分だけの力でコミュニティデザインを実現させるわけではなく、studio-L の仲間たちが協力してワークショップを進めるものだし、地域の住民が参加してくれなければワークショップは進められないものだと気づくにつれ、相愛が大切であると感じるようになりました（③相愛道）。こうした気持ちの変化が民藝の思想に近づいていく過程だったと気づかせてくれたのは、柳宗悦の文章でした。柳宗悦「工藝の協団に関する一提案」日本民藝館監修『柳宗悦コレクション１：ひと』ちくま学芸文庫、２０１０、p426

しつつ仕事を進めています。柳も「もとより事情により性格により、一村に共同して生活することに困難を感じる人もあろう。その場合は固き信念の結合によって、組合の一人としてその精神と規定とを遵奉してもらえばよいと思う」と書き添えています。[82]

河井寛次郎の形

民藝運動は、柳のほかにも多くの仲間によって進められました。それは河井寛次郎であり、濱田庄司や芹沢銈介《せりざわけいすけ》や棟方志功《むなかたしこう》などでした。柳は、こうした民藝同人たちとの出会いについて、「正しき美への理解を共通に有つ幾人かの個人が、同一時代に、同一の国に、ほぼ同一の年輩に、もっとも親しき友人として群出するということは、誰も歴史上に予期することはできない。しかるにこの驚くべき幸いが、いま我々の間に与えられているということに対して、盲目であっていいであろうか。わたしはかかる恩寵は歴史に二度と繰り返えらないものだとさえ考えている。工藝の美に対する最も深い理解者は、歴史上日本人であったという誇りを忘れることができない」と悦んでいます。[83]

そんな民藝同人のなかでも、私が最も好きなのは河井寛次郎です。陶芸家である河井は、柳の思

81　もちろん、対面での活動が基本ですが、それを補完するためにインターネットを活用することは可能です

82　ただし、遠隔地に住みながら「固き信念の結合」を生み出すためには、さまざまな工夫が必要になるだろうと思います。我々でいえば、常に信念を共有するために動画で「いま考えていること」を発信してスタッフ全員と共有したり、日常生活を報告し合うＳＮＳのグループページを活用したりしています。また、出張先で共に仕事をする場合、仕事の前日や翌日にその地域を一緒に歩き回って、それぞれが感じ取ったことを共有したりすることにしています。なにより、スタッフ相互の相愛が大切であるという点については、柳と同意見です

83　柳宗悦「工藝の協団に関する一提案」『柳宗悦コレクション１：ひと』ちくま学芸文庫、２０１０、p429

想を柳ができない形で人々に伝えた人だったように感じるからです。つまり、柳とは違って河井は物を作ることができる人だったので、人々は彼が作った物を「見る」ことから興味を持つことができたのです。

私の場合、ランドスケープデザインを学んでいるときにトーマス・チャーチ（１９０２－１９７８）が設計したドネル邸庭園の「インゲン豆型プール」を見たのが最初のきっかけでした（**写真４－13**）。そのプールの形がなんともかわいくて、親しみの湧く形だったのです。まさに「見る」から入った経験でした。その後、同じような形に何度も出合うことになります。アルヴァ・アアルト（１８９８－１９７６）が設計したマイレア邸庭園のプールも似た形でしたし（**写真４－14**）、イサム・ノグチ（１９０４－１９８８）が設計したコーヒーテーブルも似た形でした（**写真４－15**）。芸術家のジャン・アルプ（１８８６－１９６６）が作る版画や彫刻にも同じ形を見つけることができました（**写真４－16**）。私の仕事場に設置したリスパル社の照明も、ジャン・アルプの形態に影響を受けたものです（**写真４－17**）。さらには、古代文明における動物の土偶にも同じ形を見つけました。中米で作られているリャマ、アフリカで作られているボリ、イ

写真 4-13　トーマス・チャーチが設計したドネル邸庭園の「インゲン豆型プール」。（Marc Treib “Thomas Church Landscape Architect” William Stout Publichers, 2003, p106（fig.3-21））

写真4-14　アルヴァ・アアルトが設計したマイレア邸庭園のプール。
（ロウナ・ラハティ『アルヴァ・アールト』タッシェン、2007、p43）

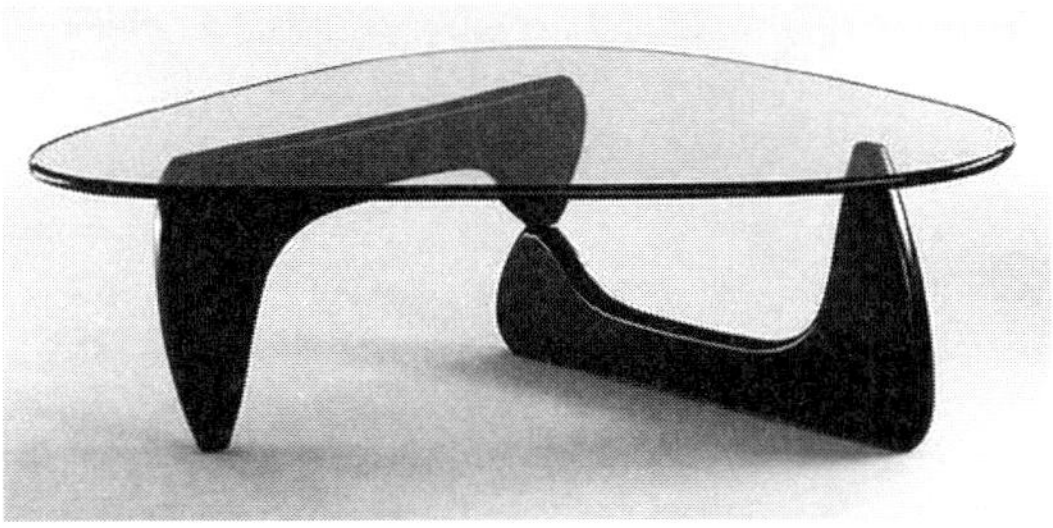

写真4-15　イサム・ノグチが設計したコーヒーテーブル

ンダス文明のコブウシなどです（**写真4－18**）。リヤマ、ボリ、コブウシなどは、好き過ぎて自分でも作っているくらいです（**写真4－19**）。

　なぜ好きなのかはわからないけれど、どうも気になる形に出合い続けた結果、河井寛次郎が作った物にも出合いました（**写真4－20**）。これまた、どう表現すればいいのかわからないのですが「好きな形だなぁ」と感じました。

　後で調べたところによると、私が気に入った形は河井の後期の物だったようで、中期は柳が褒めた民藝的な形であり、前期は中国の陶器の影響を受けた形だったようです。いずれにしても、こんな経緯で河井が作った物に出合い、河井本人の考え方を知りたいと思うようになりました。[84]

　ところが河井はそれほど多くの本を書いていません。言葉で何かを説明するという意味では、十分に柳が語ってくれていたからかもしれません。河井は他の人が良いものを作ってくれるなら自分が作らなくてもいいと考える人だったようですから、柳が良いことを語ってくれるなら自分は語らなくてもいいと考えていたのかもしれません。あるいは言葉を尽くして語ることが、結果的に「知ってから見る」ということにつながってしまうという危機感を持っていたのかもしれません。柳と違って河井は物を作ることができましたから、とにかく物を見てもらえばいいという態度を貫き通すこともできたのでしょう。

85 河井寛次郎『火の誓い』講談社文芸文庫、1996、p214
86 河井寛次郎『火の誓い』講談社文芸文庫、1996、p216
87 河井寛次郎『蝶が飛ぶ 葉っぱが飛ぶ』講談社文芸文庫、2006、p86

写真 4-16　ジャン・アルプ「Free Form with Two Holes」1935 年。フランクフルト市のシュテーデル美術館にて著者撮影

河井は説明的な文章を書くこともありますが、印象的な言葉は詩のような形式で発せられることが多かったようです。河井は「美はすべての人を愛している／美はすべての人に愛されたがっている／美はすべての人のものになりたがっている」、「美を追わない仕事／仕事の後から追って来る美」などの詩を遺《のこ》しています。[85] 詩であれば、文章ほど説明的ではないし、読んだ人が自分なりに解釈する余地が残されています。その意味では「見てから知る」ということを邪魔しない言葉の発し方だといえるでしょう。

ほかにも「ひとりの仕事でありながら／ひとり

の仕事でない仕事」、「暮しが仕事／仕事が暮し」など、働き方についての詩も多く遺しています。[86]

また、「私は木の中にいる／石の中にいる／鉄や真鍮の中にもいる／人の中にもいる」という言葉から始まる「手考足思」という詩もあります。[87] この詩からは「木にも石にも鉄にも他人にも善性が宿っていて、それらはすべてつながっている」というエマソンの超越主義に通じる思想を感じます。

柳もまた詩のような短文を多く遺していますが、彼はそれ以上に文章を連ねているので説明的になりがちです。河井はむしろ詩以外は物を作り続けた人なので、「見てから知る」を体現した人生

写真 4-17　リスパル社の照明。撮影：著者

だったといえるのかもしれません。その意味で、柳は河井のことが少し羨ましかったのではないかと思います。自分が言う「見てから知る」を実現させているのは河井だという意識があったことでしょう。

写真 4-18　リャマとコブウシの土偶。撮影：著者

写真 4-19　自分で作った動物たち。撮影：著者

写真 4-20　河井寛次郎が作った物。撮影：著者

河井寛次郎の生き方

個人的には、河井が作った物、書いた詩と同じかそれ以上に尊敬しているのが、その生き方です。河井はとにかく謙虚な人だったようです。前期こそ自分が作った物に「鐘渓窯《しょうけいよう》」という陶印を押していましたが、中期と後期になると記名することがなくなりました。まさに「自分が作ろうが、他人が作ろうが、良いものが世の中に生まれれば関係ない」という考え方です。[88] また「多くの雑器を作り続けた過去の陶工たちも記名していない」ことに倣った態度です。

河井は、デザイン賞も勲章も受けなかった人です。[89] にもかかわらず、河井の応援者が勝手に彼の作った物を応募すると、パリ万博でも、ミラノトリエンナーレ陶芸展でもグランプリを受賞してしまいます。受賞の知らせを受けても河井は「それは物がもらった賞ですから、私には関わりのないことです」とそっけない。[90] 文化勲章や人間国宝に何度推挙されても受けないし、「なぜ受けないのですか？」と問われれば「私の番が回ってこないだけ」というばかり。「推挙されているじゃないですか」と問い詰めても「多くの雑器を作っている陶工たちもまだ受賞していないのだから、まだ私の番ではない」と答えるのみ。[91] 見習いたいところだ

88 前出の「手考足思」という詩には、「私は今自分で作ろうが人が作ろうがそんなことはどうでもよい」という言葉が含まれます（河井寛次郎『蝶が飛ぶ 葉っぱが飛ぶ』講談社文芸文庫、2006、p86）

89 河井はインタビューに応えて「一番うれしいことは毎日仕事に精出すこと、一番嫌いなことは、無形文化財とか名誉賞の話、これなどは頭からフトンをかぶって寝込みたいくらい」と語っています（河井寛次郎記念館ほか編『生誕120年：河井寛次郎展』毎日新聞社、2010、p181）

90 河井の死後、パリ万博のグランプリとして贈られた賞状が、押入れのフトンの奥で壁に向けて立てかけられた状態で見つかったそうです

91 このあたりのやりとりについては、多々納弘光『出西窯と民藝の師たち』青幻舎、2023、p48に詳しく掲載されています

らけです。

河井は変化の人でもあったようです。前期は、陶芸界から「若き天才」と絶賛されるようなものづくりをしていました。ところが34歳のときに柳と出会って民藝の思想に触れ、中期以降の作風を大胆に変えていきました。さらに60歳を迎える頃、民藝的な作風から大胆に変化し「ジャン・アルプ」的な形態を生み出した後期へと移行します。[92]

写真 4-21　河井寛次郎の自宅。現在の記念館。撮影：著者

河井は仲間を大切にする人だったようです。京都の自宅兼仕事場を訪れる人とは誰でも会い、対話を楽しみ、相談に乗り、食事を共にしたそうです（**写真4－21**）。また、自ら全国の窯元に出かけ、その伝統に学んだり、共に作陶して技術を紹介したりしました。その際は「指導」という言葉を使わず、協同や協作という言葉を使いながらお互いに学び合っていたようです。そのため、旅費を請求することもなかったとのこと。[93]全国に多くの仲間がいて、京都の仕事場では多くの弟子を育て、息子や甥を含めて家族や親族にも多くの後継者に恵

92 この頃の河井は自分のことを「準禁治産者」と呼び、「従来の型にとらわれない自由な造形作品」を制作していました（橋本喜三『陶工河井寛次郎』朝日新聞社、１９９４、p192）

93 多々納弘光『出西窯と民藝の師たち』青幻舎、２０２３、p75

94 内村鑑三『後世への最大遺物』岩波文庫、１９４６、p61

95 内村鑑三『後世への最大遺物』岩波文庫、１９４６、p67

96 人生という財産なら、遺されても相続税がかかりませんね

まれた河井寛次郎。コミュニティを大切にした生き方だったようです。これまた見習いたいところだらけです。

柳たちより60年ほど前の日本を生きた思想家の内村鑑三（**人物30**）は、後世に対して「自分の生き方」を遺して死んでいくべきだと述べました。私はまさに、河井寛次郎が遺してくれた生き方に大きな影響を受けているといえるでしょう。内村自身はカーライルの生き方に影響を受けたと述べています。また、日本人のなかでは二宮金次郎（1787−1856）の生き方に影響を受けたそうです。人間が後世に遺すことができるのは、金か、事業か、思想だろうと内村は言います。しかし、それらは誰もが遺すことのできるものではない。一方、生き方だけは誰でも遺すことができる。「誰にも遺すことができるところの遺物で、利益ばかりあって害のない遺物がある。それは何であるかならば勇ましい高尚なる生涯であると思います」と内村は言います。[94]後世を生きる人たちが「あの人のように生きたい」と奮い立つような生き方を後世に遺すことこそが大切であるし、それは努力次第で誰にでも遺すことのできるものだろうというわけです。内村が生きた時代、金が足りない、事業が足りない、思想が足りないと言われていましたが、彼は「今日第一の欠乏はLife生命の欠乏であります」と言い切っています。[95]この言葉には、ラスキンの「人生（Life）こそが財産である」という言葉に通じる響きがあります。[96]

その意味で、内村の60年後を生きた河井は、私を奮い立たせてくれる生き方（Life）を示してく

人物30

内村鑑三（1861−1930）日本の宗教家、思想家、文学者。既存のキリスト教派によらない日本独自の「無教会主義」を唱えた。主著に『代表的日本人』（1894）、『後世への最大遺物』（1897）など。

れました。その生き方は相愛を育むほどに謙虚であり、仲間を大切にしてコミュニティとともに生きること、顔が見える関係性のなかで生きることの大切さを教えてくれました。だからこそ、私は河井の著作物や作品集を手元に置き、詳細な人生の年譜を繰り返し読み、河井が作った物に触れながらそのLifeを感じ続けたいと思っています[97]。

以上、本章では、カーライルから始まって、エマソンやソローといったアメリカの超越主義思想を概観し、ヴェブレンやウェーバーの思想を経由しながら、日本の民藝運動へとたどり着きました。時代は20世紀に入りました。次章では、20世紀の戦後、特に１９７０年代の思想を中心に振り返ってみたいと思います。

---

97 河井の作品を勝手にパリ万博やミラノトリエンナーレに出品したのは、生涯の友であり、仕事上のパートナーだった髙島屋の川勝堅一で、河井の作品を購入し続けました。なぜ買い続けたのかと問われた川勝は、「河井先生の人格敬慕から始まったので、その作の批評などは考えたことがない。その人柄、その行動、その作品、ことごとくが、私の魂を磨いてくれた心の先生であった」と答えています（河井寛次郎記念館ほか編『生誕１２０年：河井寛次郎展』毎日新聞社、２０１０、p64）。私もまた、同じ気持ちで河井作品に触れたいと思います。蛇足ながら、河井の死後にその仕事場兼自宅が「河井寛次郎記念館」としてオープンしたのが１９７３年であり、それが私の誕生年であることに縁を感じています

第5章

1970年代の思想

20世紀後半の傍流

3章では、ラスキンの経済思想と、その影響を受けたトインビーおよびモリスの経済思想について述べました。そのうえで、モリスの弟子たちが進めたアーツ・アンド・クラフツ運動と、それがアメリカやドイツへと波及した経緯について説明しました。

4章では、ラスキンに影響を与えたカーライルの思想を紹介し、さらにカーライルから影響を受けたアメリカの思想家であるエマソンやソローの考え方や実践について説明しました。また、その後のアメリカで登場したヴェブレンの経済思想や、マルクスとは違った視点で資本主義の成立を説明したウェーバーの経済思想について述べました。

これらの経済思想がスミスやマルクスが活躍した18世紀と19世紀の傍流だったとすると、ケインズが活躍した20世紀にも注目すべき傍流があります。[1] 日本で民藝運動が盛り上がっていた20世紀の前半を経て、20世紀後半には主にアメリカから興味深い経済思想の傍流が生まれています。それがジェイン・ジェイコブズ（1916-2006）、イヴァン・イリイチ（1926-2002）、エルンスト・シューマッハー（1911-1977）の3人に代表される「バランスの経済思想」です。[2]

1 偉大な思想家たちの流れを「傍流」と呼ぶのは失礼かもしれませんが、経済思想においてスミス、マルクス、ケインズが「主流」だとすると、イギリスのカーライル、ラスキン、モリス、アメリカのエマソン、ソロー、ヴェブレン、ドイツのウェーバー、日本の民藝運動などは「傍流」ということになるでしょう。その「傍流」から、私は多くの影響を受けているので、個人的にはどれも「主流」と呼びたいところですが

2 20世紀中頃には、カール・ポランニー（1886-1964）という大切な経済思想家が活躍したのですが、今回は詳述しないことにします。「社会」のなかに埋め込まれていた「経済」が、自由主義市場の膨張によって肥大化し、「経済」のなかに埋め込まれた「社会」を作り出してしまったというポランニーの指摘はゾッとするけど「確かに」と思わされます。いまやグローバル経済のなかに埋め込まれた社会になっています。逆に、そんな社会だからこそ「自分の周りには面識経済圏をつくっておきたいな」と思えてきます。なお、彼の主著である『大転換』の初版の序

世界恐慌に対応しようとした1930年代、ケインズが言うように「消費こそが正義である。これによって経済成長を促し、もう一度経済的に豊かな世界を取り戻そう」という掛け声が高まりました。その掛け声のおかげなのか、1940年代の世界大戦による軍需の影響なのか、1950年代はアメリカを中心とする戦勝国で劇的な経済成長が実現します。一方、日本は敗戦国にもかかわらず、1960年代には高度経済成長を実現させ「奇跡の経済成長」を遂げた国として注目されます。[3]

ところが、こうした経済成長はマイナス面も生み出します。人々は世界規模に発展した経済活動に邁進し、顔が見えない人との取引に慣れてしまい、誰とどんな取引をしているのかも気にしないようになってしまいました。とにかく数字を大きくすることが大切だと信じ込むようになり、利益が出そうな分野であればどんどん参入し、見知らぬ人とも取引し、生み出した利益を見知らぬ株主に配当するという仕事を繰り返しました。[4]当然、経済規模は大きくなるし、数字上は人々の生活が豊かになったはずだったのですが、人間関係はどんどん希薄になっていきました。仕事上の関係だけでなく、転勤を伴う働き方は地域の人間関係も希薄にしていきます。顔の見える関係のなかで暮らし、働くことなど昔のことだと感じられるようになります。[5]

さらには、ものづくりが機械化され、自動化され、巨大化し、材料がどこから運ばれてきたのか、

文は、7章で登場する『コミュニティ』を書いたマッキーヴァーが記しています（カール・ポラニー著、野口建彦ほか訳『新訳：大転換』東洋経済新報社、2009）

3 この経済成長によって、それ以前に存在した多くの社会課題が乗り越えられました。そのことを過小評価しないように注意したいと思います。個人的にも、私は1973年に生まれて、高度経済成長が整えてくれた環境のなかで育ったわけですから、まずはその基本的な恩恵に感謝したいと思います

4 「コミュニティや自然環境」に対して全方位的に配慮しながら仕事をするよりも、「数値を高める」という一点に集中したほうが成果を出しやすいという人間の能力的特徴が、経済成長に合致したのかもしれませんね

エネルギーがどのように作られているのか、労働者がどんなふうに働かされているのかが分からないくらい複雑化してしまいました。それでも、できあがった商品の品質が去年より上がっていると感じられれば人々は物を購入し、広告を通じて流行を知れば物を欲しがるようになりました。顔が見える関係はますます昔のものになり、広告によって欲しいものが増やされる時代がやってくるわけですが、原材料やエネルギーを手に入れるために自然環境が破壊されたり、人々が出す廃棄物によって自然環境が汚染されたりすることにも気づきにくくなってしまいました。人間同士の顔が見えなくなっただけでなく、自然とのつながりも感じられなくなってしまったのでしょうね。エマソンが『自然論』で提示したような「直観による善性の感知」は時代遅れになってしまったのでしょう。

「それではダメなのではないか」と声を上げたのが、先に名前を並べたジェイコブズ、イリイチ、シューマッハーです。ほかにも多くの人が声を上げたのですが、私がコミュニティデザインのワークショップで参加者とともに話をするとき、大いに参考にさせてもらっているのがこの3人の思想です。[6]

5 それらに加えて通勤距離がどんどん延びましたね。暮らす場所と働く場所が離れてしまった。この時代、概ね男性は会社にしか知り合いがおらず、地域には顔が見える関係にある人がほとんどいないという状態になってしまいました

6 ほかにも、バックミンスター・フラー（1895-1983）、バーナード・ルドフスキー（1905-1988）、ローレンス・ハルプリン（1916-2009）、ケヴィン・リンチ（1918-1984）、イアン・マクハーグ（1920-2001）、ヴィクター・パパネック（1923-1998）、クリストファー・アレグザンダー（1936-2022）などのデザイン関係者たちによる1970年代の言説から多くの影響を受けています。このあたりのことは、いつか『コミュニティデザインとヒッピーモダニズム』といったテーマで書籍にまとめてみたいと思っています

7 ルイス・マンフォード著、生田勉訳『都市の文化』鹿島出版会、1974、p354

地域の経済学

何度も述べていることですが、経済学の専門家ではない私は、国全体の経済とか、世界の経済がどうあるべきかについてはよくわかりません。ただ、コミュニティデザインに関するワークショップを運営する立場として、地域住民のみなさんと「顔が見える関係における経済＝面識経済」については考えておきたいと思っています。スミスやマルクスやケインズの経済学を知っておきたいのは、それが地域の経済にも少なからず影響することがあると思うからです。

とはいえ、世界や国の経済と、地域の経済については、少し切り離して考えたほうがいいのではないかという気もしています。「世界の経済の潮流はこうなっている。だから地域の経済もそれに従うべきだ」という意見には、「ちょっと待ってください。地域の経済は、我々がどう生きたいのかというところから考えませんか？」と言いたいのです。都市研究者のルイス・マンフォード（1895–1990）は、その著書『都市の文化』で「国家は、ある地域の均衡のとれた政治的・経済的・社会的諸要素を確立するには大きすぎ」ると述べています。[7] 同感です。地域のことは、ワークショップの対話を通じて「顔が見える関係」のなかで考えていきたいものです。[8]

コミュニティ経済や地域経済について考えてきた人の先人として最初に挙げたいのは、ジェイン・ジェイコブズ（**人物31**）です。1960–2000年の40年間、都市計画やまちづくりはもちろんのこと、地域経済についても発言し続けてきた彼女の思想は、地域経済について考える際の指針を示してくれています。

ジェイコブズの著書として有名なのは、1961年に出版された『アメリカ大都市の死と生』です。[9]この本は彼女の最初の著作であり、マクロ経済を優先する都市計画が、地域経済を大切にしようとするまちづくりにどんな悪影響を及ぼすかについて書かれたものだといえるでしょう。[10]夫が建築家だったジェイコブズは、その仕事に影響を受けながら都市の物理的な空間のあり方について語ったのですが、その背後にはすでに「生活の安全性」や「人とのつながり」や「地域経済のあり方」など目に見えないことが重要な位置づけとして存在することがわかります。[11]

そして、1984年には『発展する地域、衰退する地域』を出版し、本格的に地域経済を対象とした議論を展開します。[12]ここで彼女は、スミス、マルクス、ケインズを振り返りつつ、国を単位として経済を考えることの限界を指摘しています。[13]そのうえで、地域を単位とした経済思想が必要であると提案します。各地でワークショップを開催し、地域の方々との対話を繰り返す身としても、ワークショップ参加者と共有できる経済学は地域を単位としたものだと実感していたので、ジェイコブズの視点には大いに共感したものです。

もちろん、ジェイコブズ自身は主に都市地域を想定しながら議論を展開しています。それは彼女の最初の著作から一貫した態度です。しかし、そこで展開されている議論のうち、多くは都市以外の地域でも応用可能なものだといえます。特に地域経済について考えるときに大切となるの

人物31

ジェイン・ジェイコブズ（1916‐2006）アメリカの作家、社会運動家。経済や社会、環境、生命科学など、あらゆる領域を包含した独自の都市論を展開した。主著に『アメリカ大都市の死と生』（1961）、『都市の経済学』（1984）など。

が「輸入置換」という概念でしょう。これは、それまで他の都市で作られており、地域としてはそ

8 なお、「地域経済」という言葉は、一般的に都道府県くらいの広がりを持った地域の経済を考えるときに使われることが多いようです。『地域経済学入門』では、「地域」は一般的に①淡路島や伊豆諸島のような地理的な概念、②都道府県や市町村のような行政的な概念、③商業地域や住居地域など経済的・政策的な概念の三種類に分けられるとしています（山田浩之ほか『地域経済学入門』有斐閣、２００２、p5）。『国際化時代の地域経済学』では、市町村や都道府県に加えて、より身近な地域として日常生活圏を、より大きな地域として先進地域（先進国が集まる地域）や縁辺地域（途上国が集まる地域）を挙げています（岡田知弘ほか『国際化時代の地域経済学』有斐閣、１９９７）。『地域経済のリデザイン』は都道府県や市町村から生活圏までのスケールを行き来しながら事例を紹介しています（松永桂子『地域経済のリデザイン』学芸出版社、２０２３）。いずれにしても、地域経済という場合は都道府県や市町村における経済を最初のイメージに据えていることが多いようなので、本書では都道府県スケールの「地域経済」のなかに、市町村スケールの「地元経済」があり、そのなかに小学校区や生活圏の「コミュニティ経済」があり、そのなかに顔が見える関係による「面識経済」があると考えます。ただし、経済的なやりとりの範囲によっては、都道府県や市町村を超えることもあると考えます

9 ジェイン・ジェイコブズ著、山形浩生訳『アメリカ大都市の死と生』鹿島出版会、２０１０

10 彼女は面識経済という言葉を使いませんでしたが、面識関係にある人々が集う街路を重視しました。彼女の本を読むと、面識経済による地区の安全確保、魅力創出、反高級化、脱スラム化などについて語っていることがわかります

11 ジェイコブズは『アメリカ大都市の死と生』の「新装版への序（１９９２）」で、街路や公園などの物理的な空間について語ろうとしたが、書いているうちに他にも大切な要素が次々と見つかったと述べています。そのなかには当然、地域経済という要素も含まれていたのでしょう。それらの多くは「これに続く四冊の本」に記されているとのことです（ジェイン・ジェイコブズ著、山形浩生訳『アメリカ大都市の死と生』鹿島出版会、２０１０、p11）

12 ジェイン・ジェイコブズ著、中村達也訳『発展する地域 衰退する地域』ちくま学芸文庫、２０１２

13 本書の原題が『都市と諸国民の富』であることも、アダム・スミスの『国富論：諸国民の富の本質と原因に関する研究』に当てつけているように感じます

れらを仕入れるしかなかったものを、自分たちの地域でも作ることができるようにすること（置き換えること）です。

都市部でしか作られていなかったような美味しいパンを、自分たちの地域でも焼けるようにすることも小さな輸入置換です。都市部にしか存在しなかったおしゃれなカフェを、自分たちの地域で開業させることも小さな輸入置換です。[14] もちろん、そのカフェでは自分たちの地域で焼いたパンを提供すべきでしょう。こうやって輸入置換が広まると、他地域へと漏れてしまう貨幣が減ることになるし、自分たちが暮らす地域の資源を活用し、輸送のコストや環境への負荷を減らすことができます。何より、地域の顔が見える関係性のなかで材料を購入したり、加工したり、販売したりすることができます。

では、どうすればそんな状況を生み出すことができるのでしょうか。ジェイコブズは「インプロビゼーション」という概念を重視しています。[15] これは、地域住民同士が創意を働かせ、状況に応じて臨機応変に共生関係を創り出していくプロセスを指す言葉です。まさにワークショップのプロセスを思い出させる概念です。また、後述するイヴァン・イリイチのいう「コンヴィヴィアル」な状態だともいえます。こうした状態からさまざまな発想や活動や組織が生まれ、輸入置換や地域循環が為されるようになり、次の地域を創るコミュニティが形成されるのでしょう。

---

14 かつては都市のように人口が密集して生活者の多様性が担保された地域でなければ成立しなかった小売店も、スマホの普及やネット販売などを組み合わせることによって都市部以外の地域における輸入置換の候補になりえる時代がやってきたような気がします

15 直訳すると「即興」という意味で、型にとらわれず、その場に集まった人たち同士が影響を与えながら自由に何かを作り出すプロセスを意味することが多いようです。ワークショップでも「インプロ」と呼ばれるワークがあって、顔が見える関係性を醸成するために即興劇を演じてもらったりします。そうしているうちに信頼関係が生まれたり、新しいアイデアが生まれたりすることがあります

16 彼女の著作を追うと、１９６１年に『アメリカ大都市の死と生』、１９６９年に『都市の原理』が出版された後、１９８０年の『The Question of Separatism』、１９８４年の『都市の経済学』、１９８９年の絵本『The Girl on the hat』、１９９２年の『市場の倫理、統治の倫理』、２０００年の『経

「そうそう、だからこそ地域でコミュニティデザインに取り組んでいるんだよ」と言いたくなるくらい共感する内容です。

1970年代

ジェイコブズが『アメリカ大都市の死と生』を書いた1960年代と、『発展する地域、衰退する地域』を書いた1980年代の間には、私が生まれた1970年代があります。ジェイコブズの略歴を見ると、不思議なことに1970年代には大きな出来事がなかったかのような空白になっています。唯一、1974年に「カナダ国籍になる」とだけ書かれています。[16] 1968年に息子たちをベトナム戦争への徴兵から守るために、家族とともにトロントへ移住したとのことなので、新天地での生活が忙しかったのかもしれません。[17]

前に私は、「我々が自分の考えだと思っていることも、多くの人から引き継いだ思想に影響を受けている」と書きました。だからワークショップで「自分の意見だ」と主張しているものの多くは、過去の思想家などが唱えた内容に影響を受けていると考えた方がいい。そう思いながらワークショップを運営していると述べました。

そんな私もまた、知らず知らずのうちに過去の偉人たちの思想に影響を受けているはずです。特に、自分が生まれた1970年代に登場した思想には、いろいろと影響を受けているような気がします。「いやいや、生まれてすぐ、0歳のときに思想家の本を読んだわけじゃないだろう」と言わ

済の本質』、2004年の『壊れゆくアメリカ』と続くのですが、1970年代には邦訳された書籍が出版されていないのです

17 この年、2人の息子であるジェイムズとエドワードはそれぞれ20歳と18歳で、娘のメアリーは13歳でした

れるかもしれません。もちろんそのとおりです。しかし、私が誕生した時期にこの世に登場した思想が、多くの人々に伝わり、その先で漫画になったり、映画になったり、テレビ番組になったりして、私が成長する過程でさまざまな影響を与えてくれたのではないかという気がするのです。だからでしょうか、１９７０年代に書かれた本を読むと、自分の価値観に近いと感じるものが多いのです。きっと、それらの思想が世界中に広がっている時期に、私も成長してきたからなのでしょう。

バランスをとること

経済成長を優先させてしまった結果、人間関係が希薄になり、自然環境を破壊してしまった。経済と人間、経済と環境の関係を調和させなければならない。経済成長だけを追求しても、その先に幸せな生活は存在しないかもしれない。そんなことを50年前にわかりやすく示してくれたのがイヴァン・イリイチ（**人物32**）です。１９７３年に出版された『コンヴィヴィアリティのための道具』は、「バランスを取ることが大切だよ」ということを繰り返し教えてくれる本です。１９７９年と１９８９年に邦訳され、２０１５年にはちくま学芸文庫に収録されました。[18]

１９７３年生まれの私としては、同じ年に誕生した本として、ちょっと特別な思い入れがあるものです。もちろん、０歳の私がニューヨークで出版された英語の本を読めたわけではありません。

18 イヴァン・イリイチ著、渡辺京二ほか訳『コンヴィヴィアリティのための道具』ちくま学芸文庫、２０１５

19 アメリカの建築家であるクリストファー・アレグザンダー（１９３６－２０２２）は、大阪万博のために『人間都市』という本を作りましたが、この内容も同じような警句に満ちています（クリストファー・アレグザンダー編、瀬底恒ほか訳『人間都市』鹿島出版会、１９７０）

6歳の私が日本語訳された本書を読んだとも思えません。ただ、当時の大人たちの多くは本書を読み、「やっぱりバランスが大事だよね」と感じ、その後の作品づくりに大きな影響を与えたのではないかと考えています。

　たとえば『ドラえもん』という漫画は、最初は生きづらい状態だった主人公が、「ドラえもん」から道具を与えてもらって快適な状態になるのですが、調子に乗って道具を乱用した結果、さらに生きづらい状態になってしまうという物語が繰り返されます。『ドラえもん』の作者がイリイチの著作を読んでいたかはわかりませんが、時代の雰囲気として「道具は使い方次第」「道具は便利であればあるほどよい、というわけでもない」ということが共有されていたように感じます。大人になってから『ドラえもん』を振り返ってみると、あれはまさに『コンヴィヴィアリティのための道具』について語っていたんだなぁと感じ入った次第です。

　1970年代は、大阪万博で示されたように「技術や道具がバラ色の未来を実現させてくれる」という夢と、万博会場で岡本太郎（1911-1996）が示したように「太古からの歴史のつながりを学ぶことなく、調子にのっていると未来は灰色だぞ」という戒めとが共存していた時代でした。[19] 1973年というのは、1955年から始まった日本の高度経済成長が終わった年であり、それによって生活の快適性が向上した一方で、公害や自然破壊を引き起こす

人物32

イヴァン・イリイチ（1926-2002）　オーストリア出身の哲学者、文明批評家。教育、医療、交通などの分野において、その過剰適応が人間生活の自立に破壊をもたらすことを告発した。主著に『コンヴィヴィアリティのための道具』（1973）など。

原因にもなったということが問われた時期でもありました。私もまた、そういう雰囲気のなかで育ってきたからこそ、大学生になって読んだイリイチの著作にとても共感したのだろうと思います。

イヴァン・イリイチの「コンヴィヴィアリティ」

私がイリイチの『コンヴィヴィアリティのための道具』から受けた影響は2つに大別されます。ひとつは「何事もバランスを取ることが大切だよ」ということ。もうひとつが「バランスを取るためにはコンヴィヴィアリティ（自立共生）という概念が必要だよ」ということです。

まずはバランスについて。ここでイリイチは2つの分水嶺という言葉を登場させます。[20] 分水嶺とは聞き慣れない言葉かもしれません。これは山脈の頂上のように、雨が降ったときに水が二手に分かれて流れる尾根《おね》線《せん》を意味する言葉です。山脈の尾根線が南北に走っているとすれば、その界隈に降った雨水は東側と西側に分かれて流れますよね。このとき、尾根線は分水嶺となるわけです。[21] 私はかつてランドスケープデザインを学んでいたので、図面の等高線を読むことが多かったのですが、慣れて

20 イヴァン・イリイチ著、渡辺京二ほか訳『コンヴィヴィアリティのための道具』ちくま学芸文庫、2015、p21-35

21 ちなみに、尾根線で囲われた空間のことを「集水域」と呼びます。水が集まってくる区域ということですね。そんな集水域がいくつか集まって「流域」になります。つまり、集水域に降った雨水が流れて大きな川に集まる時、関係するすべての集水域の集合体が流域を形成するわけです。そして、最近では流域ごとに生態系を考えることが大切ではないかという話になっています。経済の都合で山を削り、尾根線を崩し、集水域を変更し、流域が変わってしまうと、そこでの生態系が攪乱されてしまい、流域を超えた遺伝子が混入してしまいます。これが地域の生態的独自性を減退させてしまうこともあります。経済を優先させることが生態系に影響を与える例として、分水嶺の取り扱いは身近でわかりやすいものだといえます

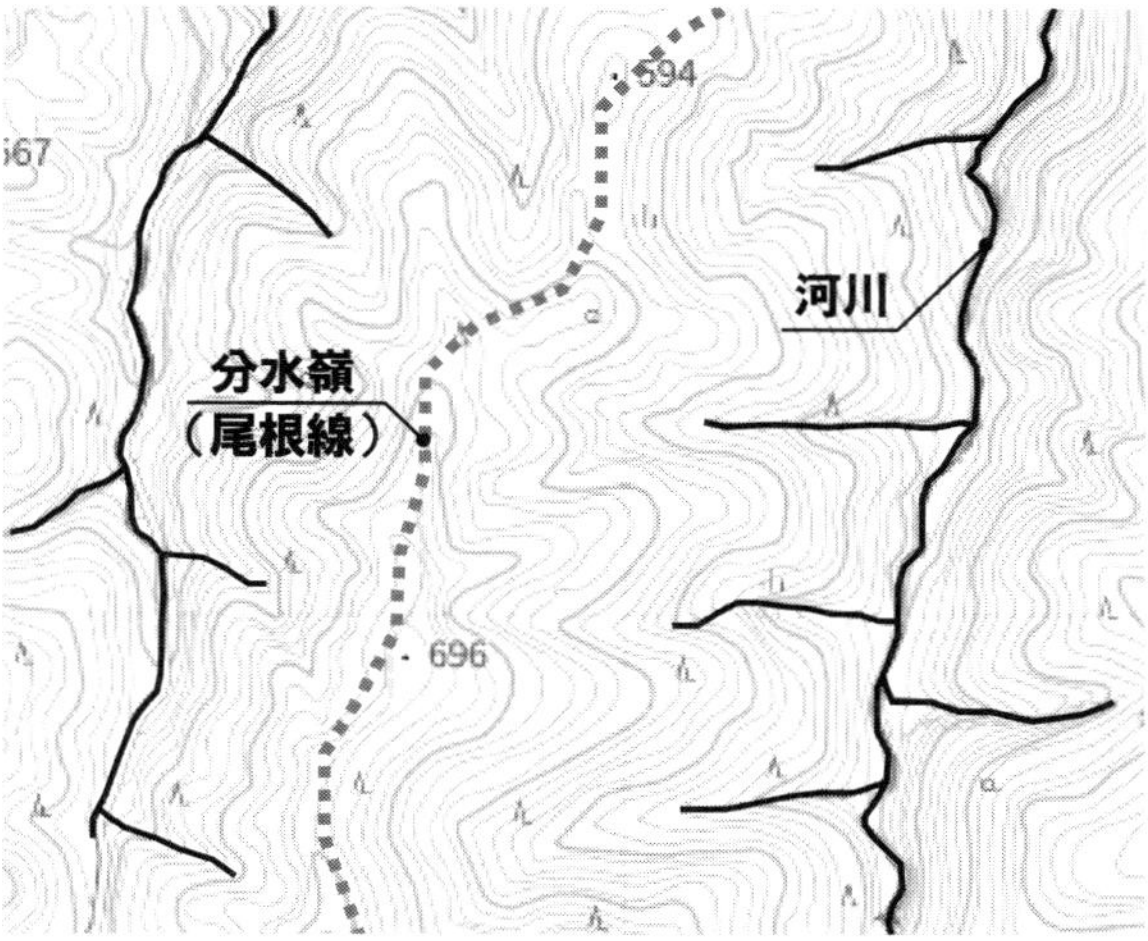

図 5-1 等高線の拡大図。画面中央付近の破線部が最も高く、左右に向かって標高が下がっていく。

くると等高線の連続でどこに分水嶺があるのかがすぐにわかるようになります（**図5－1**）。だからこそ、学生時代に読んだイリイチの著作に分水嶺という言葉が登場したことに親しみを感じたのかもしれません。

とはいえ、イリイチはランドスケープデザインについて語ったわけではありません。イリイチが使った分水嶺というのは比喩です。人間の社会は、技術や道具の発展において第一の分水嶺と第二の分水嶺を経験すると指摘したのです。そのうえで、第一と第二の分水嶺の間に留まることが大切だと提案しています。これはどういうことでしょうか。

図を描いて説明したほうがわかりやすいかもしれません。横軸に技術の発展、縦軸に生活の快適性を設定するとしましょう。ある社会で技術や道具が進化していくと（右に進むと）、生活の快適性も縦方向に伸びて「右肩上がり」が続きます。ところが、ある程度まで技術革新が到達すると、それ以上は快適性が上がらない地点に到達します。これが「第一の分水嶺」です（**図5－2**）。

それでもさらに技術革新を続けるとします。するとしばらく快適性は横ばいの状態が続きます（**図5－3**）。株主からのプレッシャーがあるのか、技術革新自体に魅惑があるのか、人は往々にして技術革新を続けます。生活の快適性が高まらないにもかかわらず、「もっと速く」「もっと細かく」「もっと正確に」「もっと便利に」と技術革新を続けてしまいます。するとどうなるか。不思議なことに、ある地点からは生活の快適性が下がっていくことになります。この地点をイリイチは「第二の分水嶺」と呼びます（**図5－4**）。第二の分水嶺を超えると、技術や道具や制度などが逆に人間の生活を縛り付けてしまい、快適性が下がってしまうというわけです。

22
「自転車の速度をこえる輸送は環境から動力エネルギーをとりたてる（イヴァン・イリイチ著、渡辺京二ほか訳『コンヴィヴィアリティのための道具』ちくま学芸文庫、2015、p181）」

乗り物における「2つの分水嶺」

具体例を挙げておきましょう。イリイチは乗り物における「2つの分水嶺」を以下のように表現しています。文明の当初、人類の移動手段は「徒歩」とか「牛馬」しかありませんでした。やがて荷車の発明で移動はかなり楽になり、人力車や馬車のように動力となる人間や動物に荷車を組み合わせることで、多くの荷物を運ぶことができるようになりました。その後、自転車が発明されました。自転車は人間の移動における快適性を飛躍的に高めたことでしょう。イリイチにいわせれば、

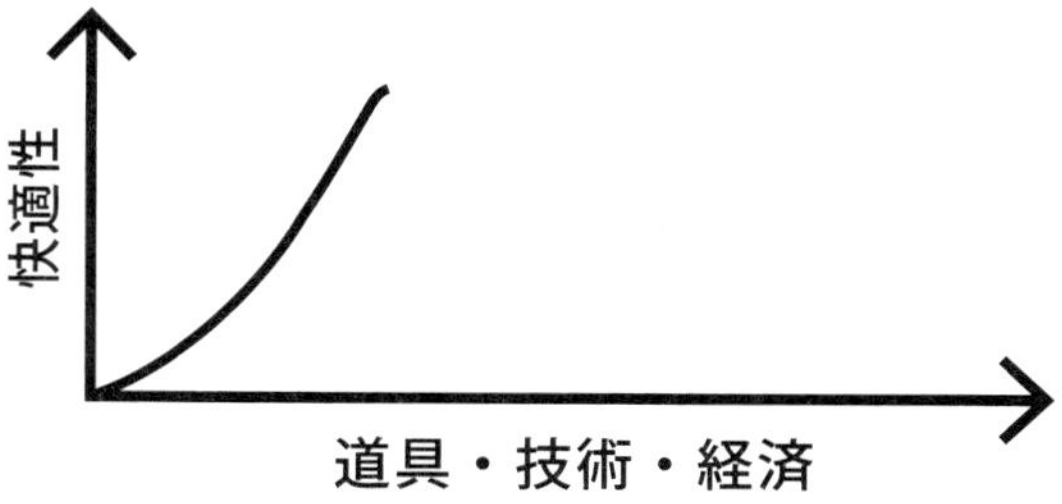

図5-2　第一の分水嶺

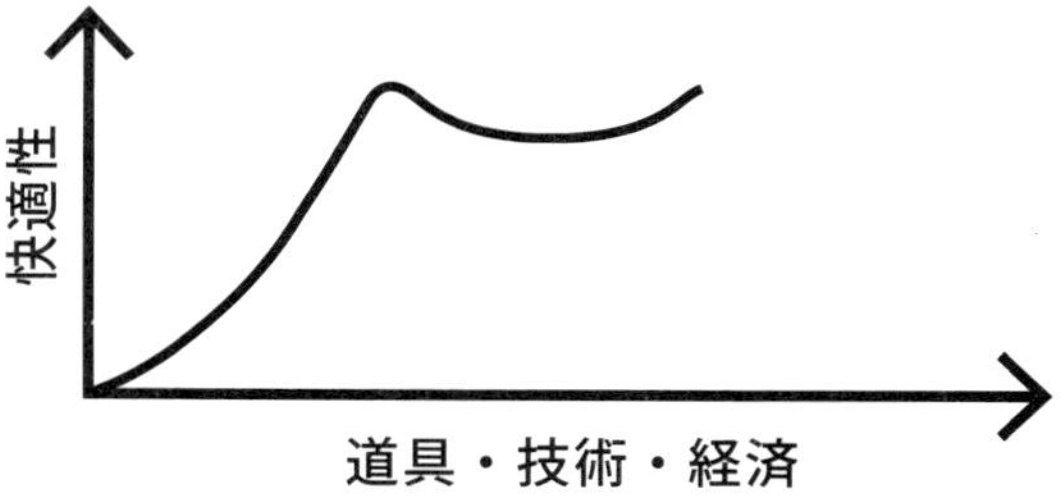

図5-3　横ばいの状態の快適性

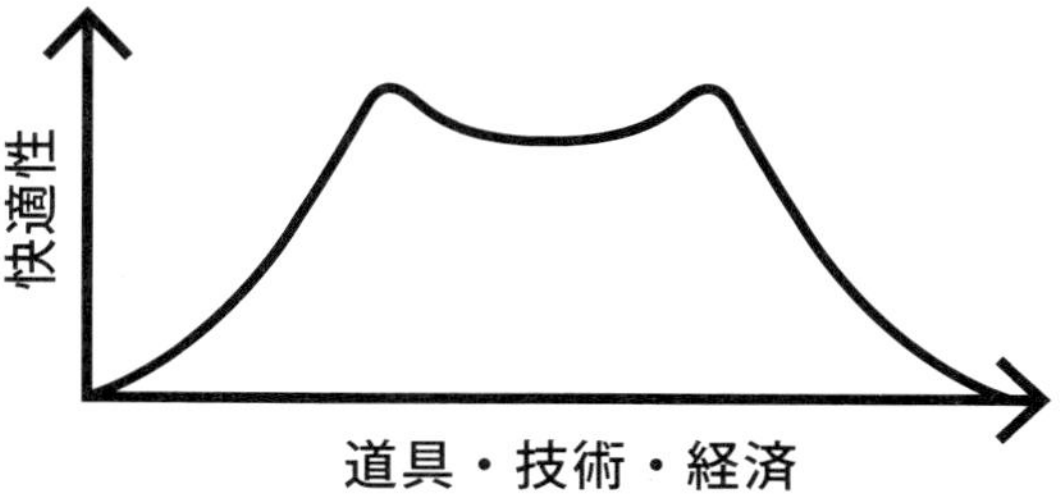

図5-4　第二の分水嶺

このあたりに「第一の分水嶺」があるというのです。[22]

第一の分水嶺を超えて技術が革新されると何が登場するか。自転車や荷車にモーターを付けたバイクや自動車が登場します。これによって、人間の移動における快適性はさらに高まります。内燃機関の技術革新が続き、自動車はその速度をどんどん高めることができるようになります。道路を整備し、運転中の揺れを少なくすることもできます。ところが、イリイチにいわせればこのあたりに「第二の分水嶺」があるというのです。

第二の分水嶺を超えて技術が革新されると、自動車の台数が加速度的に増え、化石燃料が大量に消費され、排気ガスが大量に排出され、交通事故が増え、横断歩道で止まってくれる自動車は減り、歩行者は陸橋を上り下りしなければ幹線道路を渡ることができない状態になります。運転者は、渋滞にイライラし、駐車場が空いていないことにイライラし、やっと見つけた駐車場の料金が高いことにもイライラします。欲望を煽られて高価な自動車をローンで買ったり、事故の不安を煽られて高額な自動車保険に加入させられたりすることで、その後の生活で経済的なプレッシャーを感じ続けるようにもなります。もはや、自動車に支配された生活といえなくもない。[23]

このように、「第一の分水嶺」以前は移動の快適性が低いものの、第二の分水嶺を超えた後もまた移動の快適性が低くなるというのがイリイチの指摘です。つまり、イリイチは「2つの分水嶺の間」にどう留まるのかが大切だというのです。人間の移動に関していえば、モーターの付いた乗り物を活用するのはいいが、その速度をどの程度に制限するのか、自動車専用道路をどの程度造るのか、自動車の販売台数をどの程度に抑えるのか、ということが、2つの分水嶺の間に留まるための叡智になるというわけです。

こう聞けば「なるほど」と思う人も多いでしょう。しかし、ワークシ

23 イリイチは、自転車にモーターがついてから自動車による弊害を感知するまでに100年くらいかかったと指摘しています。「輸送の場合には、モーターを備えた乗りものの奉仕を受けていた時代から、社会が事実上、自動車の奴隷となるにいたった時代に移るには、ほとんど一世紀を要した（イヴァン・イリイチ著、渡辺京二ほか訳『コンヴィヴィアリティのための道具』筑摩書房、2015、p33）」

24 トマス・アクィナス（1225-1274）は『神学大全』のなかで、「自分の身分に応じて生活するために必要な限りで、外的な富を一定の程度において取得することは善である」としています。一方、「罪となるのは、その限度を超える場合である。すなわち、ある人が適度を超えて外的な富を取得し、保存しようとする場合には、それは罪であり、貪欲となる」としています。これは外的な富を取得する場合のコンヴィヴィアリティを示しているように感じます（マックス・ウェーバー著、中山元訳『プロテスタンティズムの倫理と資本主義の精神』日経BP社、2010、p166-167）

ョップの場では「渋滞がひどいから道路を拡幅し、車線を増やしましょう！」、「駐車場が足りていないから、駐車場を増やしましょう！」、「都市までもっと早く到達するために、わが町にも高速道路を！」という意見が幅を利かせます。また、「そうだそうだ」と賛同する人が多出します。「あのー、それは第二の分水嶺を超えているような気がするのですが」と言っても、「何を訳のわからないことを言っているんだ！」と一蹴されます。

このように、ワークショップに参加した人たちが、自分の信じる意見を出し合いながら全体として移動の快適性を下げていくのはもったいない。意見を出し合う前に、まずは参加する住民たちが学び合う必要があると感じる所以です。渋滞がひどいなら車線を減らしてみるというのはどうか。駐車場が足りていないなら駐車場を減らしてみるというのはどうか。その代わりに何が必要になるのだろうか。そして何が得られるのだろうか。そのあたりを考えることが、「何事もバランスを取ることが大切だよ」というイリイチの指摘に応えることにつながるのでしょう。そして、人と自動車が活き活きとした関係を構築できる状態を探ることが、「バランスを取るためにはコンヴィヴィアリティという概念が必要だよ」というイリイチの指摘に応じることにつながるわけです。[24]

コンヴィヴィアリティとは

「コンヴィヴィアリティ」は「自立共生」と訳されることが多いのですが、この言葉もまたわかりにくい日本語です。それぞれが自立しているのですが、それらがうまく共生している状態。人も自動車もどちらも自立しているのですが、うまく共生している状態を探ることこそが、「コンヴィヴィアリティのための道具」としての自動車のあり方を見つけるヒントになることでしょう。

イリイチ自身は、「コンヴィヴィアリティ」を「節度ある愉しみ」という意味で使っているといいます。これはスペイン語なんだそうです。[25]節度を重んじすぎて宴会を愉しめないというのは惜しい。かといって、羽目を外してしまうと悪酔いしたり喧嘩したりして愉しめない。節度ある愉しみというのは、2つの分水嶺の間でうまく愉しむという叡智なのでしょう。資本主義も同じで、節度ある金儲けができているならうまく機能するでしょうけど、節度ばかりで金儲けができなかったり、節操なく金儲けをしてしまったりしたら社会の快適性は下がってしまうわけです。二宮金次郎が指摘するとおり、「道徳なき経済は犯罪であり、経済なき道徳は寝言である」のです。[26]

「2つの分水嶺の間」に留まる叡智というのは、つまるところ「足るを知る」ことの叡智なのだろうと思います。「第一の分水嶺以前も、第二の分水嶺以後も、どちらも快適性が低い」というのは、「過ぎたるは、なお及ばざるが如し」ということなのでしょう。したがって、これからの社会を考えるときには、「過ぎたるは、なお及ばざるが如し」だということをよく理解したうえで、どうすれば「足るを知る」状態が維持で

---

25 イリイチは自著のなかでコンヴィヴィアリティをスペイン語として紹介していますが、共和政ローマの執政官を務めたマルクス・キケロ（紀元前106－紀元前43）は、紀元前44年に書いた『大カトー（老年について）』のなかでラテン語の「コンウィウィウム」を「ともに生きること」と紹介しています。「わが先人たちは親しいもの同士が横たわって催す宴会のことを「ともに生きること（コンウィウィウム）」と呼んだが、そこには生の結びつきがあるという理由からなのである（キケロー著、大西英文訳『老年について／友情について』講談社学術文庫、2019、p45）」。これはキケロが大カトーの言葉として紹介したものですが、「自立共生」という言葉をうまく説明しているように感じます。なお、宴会のことをギリシア語では「ともに飲むこと」や「ともに食事すること」と呼ぶそうなのですが、キケロは「ともに生きること」というラテン語のほうが優れた表現だと主人公である大カトーに言わせています

26 そして、渋沢栄一の『論語と算盤』なのでしょう

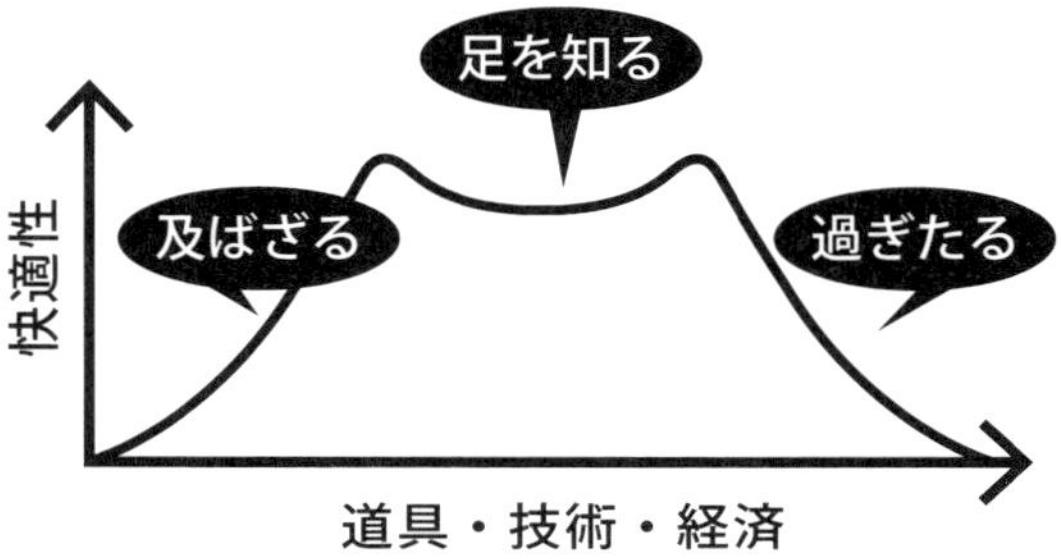

図5-5 「及ばざる」、「足るを知る」、「過ぎたる」状態

きるのかを検討する必要があるのです（図5－5）。これを短く表現しようと思うと、「コンヴィヴィアリティを念頭に置いて検討する」ということになるでしょうが、極めて伝わりにくい言葉だということもよくわかります。イリイチ本人が言葉を難しくしすぎて伝わりにくくしてしまっているのではないかとツッコミたくなります。「イリイチさん、言葉における第二の分水嶺を超えてますすよ」と。

27 イヴァン・イリイチ著、渡辺京二ほか訳『コンヴィヴィアリティのための道具』ちくま学芸文庫、2015、p21-32

医療における2つの分水嶺

2つの分水嶺の間に留まることについて、イリイチが挙げている医療の事例も見ておきましょう。[27]アメリカにおける医療の歴史を見ると、どうやら第一の分水嶺を超えたのは1913年だったようです。この年、患者の半数が医師に診断してもらうことになったらしいのです。では、それまではどうしていたのかというと、地元の呪術師とか、家族や親族に手当してもらっていたようで、特別なときだけ医師を頼ったというのです。しかし、徐々に医師の専門性が高まり、1913年以降は半数以上の患者が医師の診察を受けるようになりました。その結果、幼児死亡率は低下し、伝染病は予防されたり治療されたりしました。こうして死亡率や罹患率は低下し、会社員の欠勤は減り、仕事に邁進できるようになりました。

ところが、第一の分水嶺後の快適な状態は長く続かなかったのです。その後も医療技術は高度化し、薬剤はどんどん開発されました。しかし、そのたびに薬剤に対する耐性を持った変異株が誕生しています。X線照射による遺伝子損傷も繰り返されました。そして1955年、アメリカにおける医療は第二の分水嶺を超えました。[28] 医師は患者を診察し続け、薬を投与し続け、新たな病原菌を発見し続け、あらゆる症状に病名を付け続けたのですが、その結果、病名数が加速度的に増え、少しでも調子が悪いと病気だと診断できるようになってしまったのです。しかも、診断ができるのは医師免許を持つ者だけに限られ、免許を取得するためには高い授業料を支払って、医学部を卒業しなければならないことになりました。当然、診療代も高くなります。

もはや、「親が子どもの風邪を治そうと手当する家庭医療」は信用されなくなりました。どんなに軽い症状でも診療所に連れていき、薬を処方してもらうのが常識となったのです。アメリカの先住民族が共生する方法を学んでいた病原菌も、医師たちに発見されると薬剤の濫用で排除されることになりました。延命治療も可能になり、プラスチックのチューブや鉄の臓器を身体の中に入れて延命を受ける人が増えました。

28 乗り物における第一の分水嶺と第二の分水嶺の間は約100年間あったのですが、医療におけるそれは約40年間しかなかったということですね

29 こうした問題意識を持ったデザイナーが、1971年に『生きのびるためのデザイン』という本を書きました。それが、工業デザイナーのヴィクター・パパネック（1923-1998）です。パパネックは、これからのデザイナーは専門家を目指すのではなく、万能人を目指すべきだと言います。広い視野で社会の課題を見つけ、それを整理し、あらゆる手段を講じて解決策を提示する。デザイナーだからといって、物の形を提案するだけではダメだというのです。なぜなら、物の形にこだわると、その外側のことが見えなくなるから。資源がどこから調達されているのか、労働者が製品をどう作らされているか、人々がそれを使い捨てていないか、売れ残った製品がどう廃棄されているか、そういったことに気づきにくくなるというのです。コミュニティデザイナーにとっても示唆的な本です（ヴィクター・パパネック著、阿部公正訳『新版：生きのびるためのデザイン』晶文社、2024）

こうなると、家族や親族や地域住民がお互いに手当し合うことは不可能になります。風邪、怪我、病気、妊娠、看取りなどは、資格を持った医療や介護の専門家でなければ携わることができない領域として認識されてしまったのです。この状態は、生活の快適性を下げているように感じます。多くの病気は医師が関与しなくても治ります。しかし、医療がそれを複雑そうに見せているので、我々はちょっとしたことでも病院へ行くことになってしまいました。果たしてこれは進歩なのでしょうか。イリイチは「進歩は、依存の増大ではなく、自己管理能力の増大を意味するはずであるのに」と嘆いています。[29]

飲食店における2つの分水嶺

教育分野もすでに第二の分水嶺を超えていますよね。識字率が高まり、多くの人が学ぶ機会を手に入れたところまでは良かったのです。ところが、偏差値偏重型の教育が始まり、私立の学校や学習塾が教育産業をつくり、その流れについていけない保護者は不安で仕方ない状況に追い込まれるようになりました。不安を煽られた保護者は教育産業にお金を支払い、そのために仕事を減らすことはできなくなります。

イリイチは他にもさまざまな分野において、第二の分水嶺を超えてしまった状態を解説しています。そのうえで、2つの分水嶺の間に留まることを勧めています。私には、これが経済分野においても当てはまるような気がしてならないのです。たとえば飲食店の経営を考えてみましょう。飲食店を経営しようと思うとき、「糖質をどう扱うか」について考える人は多いでしょう。糖質というのは依存性のある物質だといわれています。飲食店をやるなら、この合法的な依存物質を使いたくなるでしょう。糖質を使わない飲食店をやろうとするのは、流行る店になる可能性を自ら捨てているようなものですから。ラーメン、パスタ、ピザ、ケーキ、チョコ、クッキー。行列のできる店は、そのほとんどがたっぷり糖質を使っています。[30]

ところが、飲食に携わる人ならもうひとつのことを知っているはずです。つまり、糖質の摂りすぎは健康に良くないということです。糖質の過剰摂取はメタボリックシンドロームを引き起こし、このシンドロームは糖尿病、心筋梗塞、脳梗塞のリスクを2倍以上に高めることがわかっています。ほかにも高尿酸血症、腎臓病、非アルコール性脂肪肝、睡眠時無呼吸症候群などを引き起こす可能性を高めてしまいます。

だからこそ、政府はメタボ予防のために多額の予算を投じています。つまり、糖質を提供することで売上や利益を増やした飲食店が多くの税金を納めてくれるものの、糖質を大量に摂取した人たちがメタボリックシンドロームになって多くの医療費を使うことになる。もし税金に色が付いていたら、糖質を扱う飲食店から納税されたお金と、メタボ起因の病気にかかる医療費が、どんな割合になっているのかを見てみたいもの

30 なるべく糖質を摂らない生活をしようと思うと、外食できる店が一気に減りますよね。サラダ専門店などを探すのですが、なかなか見つかりません。また、健康的なサラダ専門店を見つけて喜んでいても、数年後には閉店してしまったりします。「いい店だったのになぁ」と思いつつ、その理由がわからないわけでもない。糖質を使わないサラダ専門店だと、毎日のように通ってくれる人の数が極端に少なくなってしまうのでしょう。その結果、経営が難しくなるのだと思います。ダイエットが難しい時代です

31 いろんな地域にお邪魔して、この種のお店を発見したときは嬉しいものです。面識経済のなかで経営されている飲食店。コミュニティに愛されているお店だなぁということがわかります。そういうお店で食べた美味しいものと、店主の考え方や振る舞いなどを絵と文でまとめたのが、拙著『地域ごはん日記』と、その続編の『地域ごはん日記：おかわり』です

です。

とはいえ、飲食店のすべてがメタボの要因になっているというわけではありません。そして、最初から飲食店がそんな経営をしていたというつもりもありません。最初は、おいしくて、安心安全な食材を見つけてきて、健康に配慮しながら調理して提供していたのでしょう。比較的安価で、お皿に盛る量も平均的だったはずです。このあたりは第一の分水嶺を超えたあたりだといえますね。儲けはそこそこで、来客数も顔見知りの常連さんを含めてほどほどといったところでしょう[31]。

ところが経営者の多くは「もっと儲けたい」と考えるものです。特に、資本家からの出資によって飲食店を作った経営者はプレッシャーを感じるものです。借金の返済もしたいし、資本家への配当も捻出しなければならないし、余剰金も欲しいし、将来的な店の改修費や設備投資費なども必要です。できれば支店も出したい。そう考えたとき、店主は第二の分水嶺に立っているといえるでしょう。糖質を使ったメニューを増やし、注文には大盛りを勧め、客の依存性を高め、リピーターになってもらおうとする。広告を出し、客を増やし、アルバイトを雇って食事を素早く提供するよう努めます。場合によっては椅子を少し硬めにして、食べたらすぐに店を出てもらえるように内装を工夫することでしょう[32]。こうして店は、客の健康や快適性を低下させながらも、株主に利益の一部を配当できるようになります。きっと、株主も経営者も「客だって糖質が危険だと知っていて食べているんだから、それは個人の自由だろう」と割り切って経営を続けるのでしょう。それができるのは、すでにその飲食店が「客の顔が見えていない」状態だからでしょう。

顔が見える関係性

似たようなことは、飲食店に食材を卸している農家にもいえます。コミュニティデザインの仕事で各地へお邪魔した際、農家の畑を見せてもらうことがあります。農薬を使って野菜や米を栽培している農家が、家族が食べる分だけは別の畑や田んぼで無農薬栽培しているという話を何度も聞きました。[33] これもまた、「顔が見える家族」と「顔が見えない消費者」で関係性が違うことの典型でしょう。

だから私は、信頼できる飲食店がある地域で生活したいと思います。信頼できる農家さんから食材を仕入れ、糖質に頼りすぎることなく、「今日は大盛りにしないほうがいいんじゃないですか？」と諭してくれる店主がいるような飲食店です。[34] つまり、どこまでも顔が見える関係でつながっている飲食店です。顔が見えていれば、よほどのことがない限り、相手の健康を害するような食材を使わないでしょうし、長くそのまちで経営していこうと思うのなら短期的な儲けを目論んだりしないでしょう。[35]

イリイチ自身は、「2つの分水嶺の間」に留まるための方策として、①破壊してしまわない程度に自然を利用しよう、②自分でやれることを

---

32 こういう工夫のことを「回転率を高めるための工夫」と呼ぶようです。客の顔が見えないから「回転」という言葉が使えるのでしょうね。私は飲食店で食事を愉しむときに「回転する要素」として扱われたいとは思いません。同様に、客の前にベルトコンベアで寿司を流して、欲望を煽りながらついついたくさん食べてしまうという状況を作り出そうとする方法についても感心しません。あれも客の顔が見えないからこそできるのでしょうね。友人の店に行って食事がベルトコンベアで流れてきたら、友人であり続けるかどうか悩むところです。回転寿司店は効率性を高める「企業努力」を繰り返しながら、客の回転率も高めようとしているのでしょう。そんな扱いに反発したのか、若者たちが「どうせ顔が見えないなら」と醤油などにいたずらしたことがありましたね。彼らの行動を正当化したいわけではありませんが、料理を回転させて欲望を煽り、食べ終えたらすぐに帰るように客の回転率を高めるという飲食店の形式に違和感を覚えることはあります。また「いや、経済的に回転寿司しか食べられない人だっているんだ。そういう人の気持ちを考え

減じない程度の制度に留めよう、③自ら学ぶ意欲を失わせない程度の教育を目指そう、④格差を広げない程度に自由な活動をしよう、⑤伝統や安全を損なわない程度に革新を進めよう、という5点を挙げています。[36]いずれも「〇〇しない程度に△△しよう」というように、留意点が付随した方策となっているのが特徴的です。2つの分水嶺の間をうまく表現した方策だと思います。

　私は、この5点に加えて「相手の顔が思い浮かべられるような状態」を担保したいと思っています。顔が見える関係性だからこそ生まれる節度や道徳というものがあるような気がするからです。コミュニティデザインのワークショップで、わざわざ人々が集い、対話を繰り返すのは、相互に顔が見える関係性を構築し、地域にコンヴィヴィアルな状況を生み出したいと思っているからなのです。

　その意味で、もしできるとしても「オンラインで1000人規模の人を集めたワークショップ」

ろ」という意見にも違和感を覚えます。友人たちとともに「店主の顔が見える鮮魚店」で魚介類を買い、手巻き寿司を作って愉しむ方法だってあるはずです。私はこれまでに何度も手巻き寿司を愉しみましたが、いつも回転寿司より「経済的」です

33　実際にそんな「家庭菜園」を見せてもらうこともありました。自宅の母屋のすぐ脇に駐車場2台分くらいの畑があって、そこでさまざまな野菜を育てていました。まさに自家消費用「少量多品種」の栽培方法です

34　私はお酒を飲まないのでわからないのですが、昔のドラマや映画を見ていると「あんた、飲み過ぎだよ。もうお酒は終わり！」と注文した熱燗を提供しない店主が登場することがあります。面識経済だなぁと思いますね

35　チェーン店が増え続ける時代において、こういう店を見つけるのは本当に大変です。工場で作られた料理を真空パックしたり冷凍したりしてチェーン店に輸送し、あとはアルバイトがそれを温めたり焦げ目を付けたりして配膳する店が多いのですが、この方法からは農家も料理人も顔が見えないのです。アルバイトの店員と顔見知りになっても、いつの間にか店を辞めてしまうので淋しいものです

36　イヴァン・イリイチ著、渡辺京二ほか訳『コンヴィヴィアリティのための道具』ちくま学芸文庫、2015、p187-188

をやりたいとは思えません。ワークショップの規模にも、２つの分水嶺の間があるように思うのです。[37]

年収と幸福の関係

こういう話をしていると、「山崎の言うことはわかる。しかし、そのために自ら金銭的利益を放棄する農家や店主なんているのか？」と指摘されることがあります。そして、続く言葉はいつもの「人は霞を食って生きていくわけにはいかないんだから」です。そのたびに、収入についても「０か１００か」で考える人が多いのだなぁと思います。[38] 私は金銭的利益もまた、２つの分水嶺の間を維持することが大切なのではないかと思っています。

年収と幸福についての研究は、主に先進国のさまざまな研究機関で調査されています。為替レートや研究対象によって金額にばらつきがあるものの、そこには2つの分水嶺が見られます。たとえば、２０１８年にNature Human Behavior という国際誌に発表された研究によると、１６４ヶ国１７０万人を調査した結果、日本を含む東アジアでは年収6万ドルまでは年収と幸福が比例して高まることがわかったそうです。１ドル

37 個人的には、参加者数が20－１００人くらいのときに、ワークショップの効果が最大化したなぁと感じることが多い気がします。もちろん、それは参加者の属性だったりテーマだったりにもよるのですが、２つの分水嶺の間に留まることができているワークショップの時間は、コミュニティデザイナーにとっても愉しいものです

38 金銭的利益を求めてどこまでも金持ちになるか、金銭的利益を放棄して霞を食べて生きていこうとするのか、という2種類の生き方しかないわけじゃないはずですが、議論となると「どちらが理想なのか？」と極論から選ばされそうになります

39 行動経済学の専門家であるダニエル・カーネマンは、２０１０年に年収１０００万円を超えても幸福度は上がらないという共同研究の結果を発表しました。しかし２０２３年には、別の共同研究で調査対象者の数を増やし、幸福度の低いグループと高いグループに分けて調査したところ、幸福度が高いグループにおいては年収が高くなればなるほど幸福度も上がるという結果にな

が150円だとすると900万円ということになりますね。

　この手の調査は日本でも行われていて、内閣府が2019年に実施した「満足度・生活の質に関する調査」でも、年収800万円くらいまでは収入と幸福とが比例して上がっていくそうです。ところが、これを超えると年収が上がっても幸福度は上がらない。それどころか、年収が3000万円を超えると幸福度は緩やかに下がり、1億円以上の人は800万円の人よりも幸福度が低くなることもあるようです[39]。

　こうした調査は平均値ですから、実態は人それぞれといったところでしょうが、大まかにいえば年収800万円が第一の分水嶺であり、年収3000万円が第二の分水嶺だといえるでしょう。そうだとすれば、我々は年収800万円から3000万円の間にうまく留まればいいことになります。

　「いやいや、うまく留まればいいといったって、年収800万円はなかなか難しいぞ」という意見はよくわかります。重要なことは、この調査結果が平均値を示したものだということです。つまり、「欲望」と「不安」を煽られながら消費行動に勤しむ多くの人々の年収と幸福の平均値を示しているわけです。だから、もし広告から距離をおいて、欲しいものを増やさず、顔の見える関係のなかで不安を軽減させながら暮らしているなら、年収は800万円でなくても満足できるのかもしれません[40]。

ったと発表しました。ただし、年収がいくらまで幸福度と連動するのかについては、まだ明確になっていないそうです。現在は年収6億円以上の人の幸福度について調べているそうですが、調査対象者が集まらないため信頼できるデータが手に入らないようです。年収と幸福度の関係における第二の分水嶺は存在するのか。今後の研究結果を注視したいと思います

40　ソローの生き方が参考になるはずです

「幸せな台地」を目指して

個人的な感覚で恐縮ですが、私の場合はコミュニティデザインを始めた当時、ほとんどお金が手に入りませんでした。そこから数年後、年収300万円を超えたあたりでかなりの幸福感を得た後は、年収が増えても幸福感はそれほど変化していない気がします。当然、その頃にはほとんど広告を見ない生活になっていましたし、誰かと自分の生活を比較することもなくなりました。[41] そう考えると、私が感じる幸福度の第一の分水嶺は、年収300万円のあたりにあったのでしょう。第二の分水嶺がどのあたりにあるのかはわかりませんが、幸いなことに今のところ当時に比べて私の幸福度は下がっていません（上がってもいないのですが）。

私が自分の会社であるstudio-Lを立ち上げたのは31歳のときでした。ウェブで検索してみると、現在の31歳男性の平均年収は447万円とあります。この20年はデフレの時代といわれ、賃金はそれほど高くなっていないので、きっと当時の31歳男性の平均年収も400万円強といったところでしょう。私の年収だった300万円というのは平均以下ですが、この原稿を書くためにウェブで検索するまで、自分が同世代の平均年収以下だったことは知りませんでした。だから実感するのですが、年収と

41 ソローの『ウォールデン：森の生活』を読んで深く納得したのもこの頃です

42 独立研究者の山口周さんは、日本全体の経済指標と幸福度を照らし合わせたうえで、現在の日本においては「経済と幸福にもはや大きな関連はない」とし、その状態のことを「成熟の明るい高原」と表現しています。個人の年収だけでなく、日本全体の経済成長と国民の幸福度の関係も同じように第一と第二の分水嶺があり、その間に「幸せな台地」があるようですね。山口さんがその場所のことを「高原」と呼んでいることに共感を覚えます。山口周『ビジネスの未来』プレジデント社、2020、p34-36

43 こうした考え方の背景には、ソローの哲学が影響を与えているのでしょう。欲しい物を減らせば、ある程度の年収で「幸せな台地」を生きることができる。逆に、欲しいものを増やし続けてしまうと、「幸せな台地」を感じるために年収を上げ続けなければならない。それがわかっているのなら、やるべきことは「広告を見ないようにして、SNSで自分と他人を比較しないように

幸福の関係は人それぞれであり、「欲望」と「不安」から距離をおくことで低い年収でも第一の分水嶺を超えられる可能性が高いのだと思います。そして、今のところ幸福感が低下していないので、まだ第二の分水嶺は超えていないのだと思います。

つまり私が言いたいのは、「年収0円でも霞を食って生きていけ」ということではなく、「年収にも2つの分水嶺の間があるのだから、その間にある『幸せな台地』を目指して生きていこう」ということであり、「『幸せな台地』は、欲望と不安から距離をおくことで到達しやすくなるだろう」ということなのです。[42]さらに付け加えるなら、「地域で顔の見える関係性を増やし、コンヴィヴィアルな活動を展開してみよう」ということです。[43]

することと」に絞られるでしょう。その代わりに何をしましょうか。本を読んで、まちづくりの活動に参加してはいかがでしょう。そんな生活を2年と2ヶ月くらい続けたら、欲しいものが増えていない自分に気がつくかもしれません

人間関係のコンヴィヴィアリティ

ただし、注意すべき点もあります。地域の関係性を闇雲に増やしてしまうと、いずれその数が第二の分水嶺を超えてしまうことになります。それは「しがらみ」となって生きにくさを生み出してしまいますから、顔の見える関係性もほどほどにしておくべきでしょう。地域の関係性が第二の分水嶺を超えてしまうと、何事も地域の許可を得なければできないというがんじがらめ状態になりかねません。これでは生活の快適性が著しく減退してしまいます。[44]

かつての農村集落には、こうした傾向が強く見られた気がします。そこには厳しい環境のなかで集落共同体が生き抜いていくための叡智が宿っていたのでしょうが、現在はさまざまな道具や通信技術や社会インフラが整ったため、かつてと同じくらい「濃い人間関係」を残してしまうと若者は集落から逃げてしまいます。現代における「人間関係の『幸せな台地』」はどのあたりにあるのかを考える必要がありそうです。[45]

もうひとつ、注意しなければならないのは、「悪党の親分は面倒見が良い」ということです。子分をうまく使って悪いことを繰り返すために、親分はチームのつながりを強固にし、全員で力を合わせて悪事を進めます。そのための下準備は入念ですし、コミュニケーションは密に取られます。人間関係は、その前提を疑わないと悪い方向に利用されてしまう危うさも潜めているといえるでしょう。[46]

では、どうやって前提を疑えばいいのでしょうか？　コミュニティデザインの立場からは、なるべく多くの地域活動に顔を出すことが重要ではないかと思います。親分の言うことだけを聞くのではなく、多様な活動に参加してさまざまな人の話を聞いてみる。いろいろな価値観に触れてみる。そうやって、自分がつながれた人間関係が良質なものなのかを確認する機会を手に入れることが大切だと思います。

こうしたことを、ナチス時代のドイツにおける全体主義からどう脱却すべきだったかを考え続けたハンナ・アレント（**人物33**）の『人間の条件』から学ぶことができます。[47] 彼女は「頭でっかちに

44 ワークショップで誰かが「つながりって大切ですよね」という話をすると、別の誰かが「つながりなんてめんどくさいし束縛されるから必要ない」という話をします。これは、つながりにおける2つの分水嶺のどの部分について話をしているのかの違いですね。「つながりなんて必要ない」と言っている人も、生まれてすぐ誰ともつながっていなかったら、たぶんこの世に存在していないはずです。そんな「つながりの無さ」は第一の分水嶺にも到達していないものであり、誰も望んでいない状態でしょう

45 若い人が加入してくれないと悩む自治会長たちが考えるべき点のひとつでしょうね

なること」の危険性を指摘しました。哲学者は、プラトンの時代から哲学的に思考する「精神的生活」を重視し、日常的な雑務に関する「活動的生活」を軽視する風潮がありました。ところが、アレントはこれを逆だと指摘したのです。「精神的生活」は、カリスマ的上司が登場したり時代潮流が激しく変わったりしたとき、その上司や主流の思考に影響されやすいというわけです。これが全体主義へと進んでしまう要因の一つだとすれば、「精神的生活」よりも「活動的生活」を重視してみてはどうか。活動的生活は3種類に分けられる。それらは「労働」と「仕事」と「活動」である。[48] なかでも大切なのは活動で、給料のためでも義務でもなく、自分がやりたいと思うことをまちで実践してみると、多様な人と出会い、多様な考え方に出合うことができる。こうした実践こそが、全体主義的な思考からあなたを救い出してくれるだろう。そんなことを教えてくれます。

人物33

ハンナ・アレント（1906‐1975）
ドイツ出身のアメリカの政治哲学者。民主主義や自由の本質について「公共性」「行動の自由」「悪の平凡性」など独自の視点を示した。主著に『全体主義の起源』（1951）、『人間の条件』（1958）など。

「いやいや、ナチス時代のような全体主義は、さすがにもうこれからの日本に到来しないだろう」と思われるかもしれません。しかし、全体主義的な会社に就職してしまうかもしれません。社長の言うことがすべてで、副業は禁止されていて、残業も多く、休みの日はクタクタだから自宅で寝てばかり。そんな生活が続く人は、自分が生活している地域を良くする人たちが集うワークショップに参加することができません。こうしたワークショップに参加すれば、顔が見える関係のなかで対話を繰り返し、さまざまな価値観や情報に触れることができるでしょう。自分の会社の異常性についても気づくことができるかもしれません。

　ところが「そんな時間はない」とばかりに労働や仕事ばかりの生活を繰り返してしまうと、会社が顔の見えない顧客に対して不誠実な仕事をしていたり、不祥事に加担していたりしても、それに気づかないか、気づいても正すことができない状況になってしまいかねません。社内の支配的空気を忖度して、悪事に気づかないふりをしなければならないかもしれません。これもまた、人間関係が第二の分水嶺を超えて、まずい方向に機能してしまった結果だといえます。[49]

　だからこそ、どんな職場にいようとも、「そもそもなぜそんなに働かなければならないのか」、「欲しい物が多すぎるのではないか、広告によって増やされているのではないか」と自問しつつ、会社以外の人との多様なつながりを担保し、さまざまな価値観に照らし合わせながら自分の生活を顧みることが重要になります。そのためにコミュニティデザインのワークショップに参加し、さまざまな活動に参加してみることをお勧めします。アレントも、それを勧めている気がします。[50]

46 この点についてキケロは、その著書『友情について』のなかで、悪人同士のつながりはありえるかもしれないが、友情は善人同士の間にしか生まれないと指摘しています。ただし、文中ではキケロより前の時代を生きたラエリウスにこれを語らせています。そのラエリウスは「第一に感ずるところを言えば、友情は善き人々のあいだで以外ありえない（キケロー著、大西英文訳『老年について／友情について』講談社学術文庫、2019、p142）」と語っています。つまり、コミュニティのつながりは悪党の親分と子分との間にも生まれるかもしれませんが、真の友情は善人の間にしか生まれないというわけです。キケロの『友情について』を英語に翻訳編集したフィリップ・フリーマンは、「暴君と悪党の仲であれば、善良な人々を利用するがごとく、互いに利用し合うことはあるだろう。しかし、邪悪な人間は、人生で真の友人を見つけることはけっしてできない」と語り、「もし、友人があなたに「嘘をつけ」や「いかさまをしろ」などと、何か恥ずべきことをするように言ってくるなら、その人物は、本当にあなたが思っていたような人なのかどうか慎重に考

『スモール・イズ・ビューティフル』

イヴァン・イリイチと並ぶ「1970年代の名著を書いた人」をもうひとり挙げるとすれば、エルンスト・シューマッハー（**人物34**）が思い浮かびます。シューマッハーはドイツ生まれの経済学者で、若い頃にはケインズの私的な勉強会に参加が許されるなど、ケインズ経済学を引き継ぐと目されるエリートだったようです。しかし、石炭公社の経営に携わるなかで、化石燃料を使い続けて経済成長することの問題点を実感するようになり、道徳と経済のバランスについて考えるようになりました。このあたりから、主流派経済学と距離を置くこととなっていきます。

道徳と経済のバランスは、近代経済学の始祖であるアダム・スミスからずっと続く課題だといえるでしょう。シューマッハーは、経済が道徳を蹴散らしてしまう理由のひとつに「規模の問題」があるのではないかと指摘します。これまでの話に関連させて記すとすれば「規模が大きくなりすぎて（第二の分水嶺を超えて）、関係する人の顔が見えなくなり、動植物との関係も感じられなくなったとき、経済は道徳を投げ捨てて暴走してしまう危険性がある」ということです。だからこそ、『小さいことは美しい（スモール・イズ・ビューティフル）』だというわけです。

えることだ」と指摘します（フィリップ・フリーマン編、竹村奈央訳『人と仲良くする方法：キケロ』文響社、2020、p.10）

人物34

エルンスト・シューマッハー（1911-1977）　ドイツ出身のイギリスの経済学者。『スモール・イズ・ビューティフル』（1973）において、経済拡大指向の世界に対して警鐘を鳴らした。エネルギー危機（第一次石油危機）を的中したことでも注目を浴びた。

ちなみに、シューマッハーの代表的な著作となったこの本のタイトルは、編集者が原稿のなかから見つけ出したものだったそうです。シューマッハー自身が想定していたタイトルは『ふるさと派（ホーム・カマーズ）』だったとのこと。これが『スモール・イズ・ビューティフル』というタイトルに変わり、世界的なベストセラーになったのだから「シューマッハーは優れた編集者に恵まれたものだ」と翻訳者の酒井懋《つとむ》は「訳者まえがき」に書いています。[51]確かに『ふるさと派』よりは『スモール・イズ・ビューティフル』のほうが目を引くでしょうけど、顔が見える関係性や地域を大切にする考え方という点からすれば、『ふるさと派』も捨てがたいタイトルだったのではないか、と私は思ってしまいます。「たとえ大都市で生活しようとも、ふるさと（顔の見える関係）における良い点を忘れずに行動しよう」という「ふるさと派」という考え方は、本書にも当てはまるテーマです。それが道徳と経済をうまくバランスさせてくれるキーワードにも思えてきます。[52]

経済は部分的である

それでは、シューマッハーは『スモール・イズ・ビューティフル』で

47 ハンナ・アレント著、志水速雄訳『人間の条件』ちくま学芸文庫、1994

48 英語版から翻訳された『人間の条件』では、「労働」と「仕事」と「活動」と訳されていますが、アレントの母国語であるドイツ語から訳された『活動的生』では、それぞれ「労働」と「製作」と「行動」と訳されています（ハンナ・アーレント著、森一郎訳『活動的生』みすず書房、2015）

49 同様に、SNSばかり見ていると、「いまはこれが流行っている」という情報が繰り返し目に入り、その情報が支配的になりがちです。それによって「どうしても欲しい！」という気持ちが抑えきれなくなり、お金を使うことになります。当然、仕事を減らすことはできません。SNSでつながっている人とは違う人たちと対話できる場へ行ってみると、「どうしても欲しい！」と思っていたものが、それほど大切なものではないと思えてくるかもしれません

50 面白いのは、精神的生活よりも活動的生活を上位に位置づけるという見事な

どんなことを述べていたのでしょうか。印象に残った点を中心にまとめてみたいと思います。

最初に特徴的な点は、シューマッハーが「経済というのは部分的なこととしか考えられない学問だよ」と指摘していることです。「そのことを常に自覚しておこうね」というわけです。「それを自覚しないと、経済が道徳を蹴散らして成長してしまう」というのがシューマッハーの警鐘です。

シューマッハーいわく、経済は4つの意味で部分的なのだそうです。[53]

反転を提案したアレントが、『人間の条件』の最後で共和政ローマ時代の大カトーの言葉を引用しながら「最も活動的なのは、ひとりで思考しているときだ」と締めくくっていることです（実際にはキケロが書いた『国家について』のなかでカトーが語っている言葉ですが）。最後の最後で「やっぱり精神的生活のほうが大切だってこと?」と悩まされてしまうような終わり方です。なお、アレントはその後で『精神の生活』を執筆し、精神的生活における「思考」と「意志」と「判断」について語ろうとしました。残念ながら、「思考」と「意志」を書いたところでアレントは亡くなってしまったので、「判断」について彼女が考えていたことを知るよしもありませんが、活動的生活と精神的生活のバランスを考える重要性を教えてくれたという意味で、私にとってアレントは重要な思想家でした（ハンナ・アーレント著、佐藤和夫訳『精神の生活（上・下）』岩波書店、１９９４）

51 エルンスト・F・シューマッハー著、小島慶三ほか訳『スモール・イズ・ビューティフル』講談社学術文庫、１９８６、p7

52 ちなみに私は、陶芸家の松井利夫さんと2012年から5年ほど「ふるさとという最前線」という連続講座を主宰していました。東京で開催されたこの講座では、合計３００人以上の受講生が「東京以外の地域で顔が見える関係のなかで暮らし、働く」ことを学び、そのうちの少なくない人数が実際に東京から飛び出して移住しました。この受講生たちに言わせれば、『ふるさと派』という書名も魅力的だということになるはずです

53 エルンスト・F・シューマッハー著、小島慶三ほか訳『スモール・イズ・ビューティフル』講談社学術文庫、１９８６、p57-61

①人から「あなたのプロジェクトは経済的だね」と言われると必要以上に嬉しくなる。それは危険なことだ。逆に「あなたのプロジェクトは不経済だね」と言われると事業全体が否定された気持ちになる。経済にまつわる言葉に一喜一憂する必要はない。プロジェクトを評価するための言葉はまだまだあるはずだ。経済的であること以外にも、社会的、福祉的、芸術的、環境的、政治的であることも大切な価値である。だから「経済的」という言葉を「部分的な価値を示すものだ」と強く自覚する必要がある。プロジェクトが「経済的ではない」と指摘されても、ほかに大切な価値を有するのであれば全否定されたと感じる必要はない。その意味で、分野としての経済は部分的である。

②多くの場合、「経済的」であるのは個人や組織である。個人や組織が無駄を徹底的に省いて多くの利益を生んでいるとき、人はそのプロジェクトを「経済的」だと判断する。つまり、経済は社会全体ではなく個人や組織など「部分的な主体」を評価する指標なのである。[54]その意味で、主体としても経済は部分的である。

③ケインズが言ったとおり「長期的に見れば、我々はみな死んでいる」のだから、長期よりも短期を重視しがちなのが経済である。[55]年度ごとの収支こそが大切なのであって、長期的に成し遂げるべきことがあったとしてもそれは重視されない。その意味で、時間的にも経済は部分的である。

④経済学は自然資本が使い放題だと考えている。経済学における「コスト」の概念には、自然資源

54 逆に、社会的、福祉的、政治的、環境的といった言葉は、全体を評価する際に用いられることが多い

55 このケインズの言葉は、スミスが「長期的に見れば、市場は均衡する」と述べたことや、マルクスが「長期的に見れば、格差は拡大する」と述べたことなどに対する皮肉でしょうね

56 ラスキンやモリスが批判した点ですね。分業がこうした「部分性」を加速させるというのも彼らの指摘です

57 経済活動における第二の分水嶺を超えてしまいます

は含まれていないのである。ある経済行為によって環境が台無しになったとしても、その行為は経済的であり得るし、逆に環境を守る行為にコストがかかると不経済だとされる。その意味で、コスト意識としても経済は部分的である。

以上、4つの意味で経済は部分的だとシューマッハーは指摘しています。それはコミュニティデザインの現場でも意識しておきたいことです。地域で活動するとき、あまりに「経済」のことばかりを考えてしまうと、シューマッハーが挙げた4つの意味で部分的な思考に陥ってしまう危険性があります。地域で生活する人たちは、そんなことを望んでいないはずにもかかわらず。

逆に、経済という「部分」だけを考えて活動するとどうなるでしょうか。部分的に考えるだけでいいのなら、ほかのことを考えずに済むようになります。道徳的なこと、環境的なこと、福祉的なこと、社会的なこと、芸術的なことなどを無視して、ただ経済的なことだけを追求すればいいことになる。いわゆる「一点突破」型の考え方ですね。

こうなると人間の能力はその一点だけに集中するので、経済的なことがどんどん先へ進んでいくことになるでしょう（同時に、周りがどんどん見えなくなっていくでしょう）。金儲けをどうやって効率的効果的に進めるか。これについてのアイデアがどんどん出てきます。倫理的にどうであっても、芸術的にどうであっても、環境的にどうであっても、とにかく儲かるなら技術を革新し、同業他社を出し抜き、消費者を少し騙してでも、多くの地球資源を浪費しながら、工場を大規模化させて、大量の商品やサービスを造り出し、販売し、利益を出そうとしてしまいます。[56] 人間の欲望を最大化させて、商品やサービスを購入させようとしてしまいます。[57]

「人間の欲望は無限に増幅させることができるけれど、地球の資源が有限であることはわかっているのだから、この方法ではいつか限界が来ることは目に見えている」とシューマッハーは指摘します。[58] だから、こういう「部分的な考え方」を改めなければならない、というのが彼の主張です。

地球の資源には再生可能資源と再生不能資源があります。木材などは木を植えることで再生可能な資源ですが、石油などは人間がどれだけ頑張って圧力をかけても新たに作り出すことができない再生不能資源です。地球上には、こうした再生不能資源がたくさんあり、化石燃料はその代表例だといえるでしょう。

しかし「それだけではない」とシューマッハーは指摘します。人々の道徳観もまた、再生不能資源だというのです。倫理観や道徳観が下がってしまうと、次世代がそれらを押し上げるのは非常に難しい。なぜなら、そのとき子育てしているのが「下がった道徳観によって育てられた世代」だからです。その意味で、人々が共有している道徳観もまた再生不能資源だというわけです。[59]

以上のようなシューマッハーの考え方に共感するからこそ、私は「経済的であること」を神格化し、「儲かるまちづくり」を目的化し過ぎないように注意するとともに、「大地に埋まる化石燃料」や「人心に埋ま

58 ケインズは、人間のニーズを第1のニーズ（絶対的ニーズ）と第2のニーズ（相対的ニーズ）に分け、第2のニーズには限りがないと指摘しています。この点については、8章で詳述します。

59 この点はとても大切なことだと思います

60 この点について、帝政ローマ時代の政治家であるルキウス・セネカ（紀元前1－65）は、『人生の短さについて』のなかで、古典を読むことで道徳感情を高めることができることを示唆しています（セネカ著、中澤務訳『人生の短さについて』光文社、2017）。「下がった倫理観によって育てられた世代」であっても、古典さえ読むことができれば、自分がどの親（思想家）の子になるのかは自分で決められる、というわけです。シューマッハーのいう「再生不能資源」である道徳観を、セネカは「古典を読むことで再生させられる」と指摘しています。私は、この言葉に勇気づけられて、コミュニティデザインのワークショップを「少しでも道徳観を再生させられるような対話や学びの場」にしたいと思いました。なお、セネカ

る道徳感情」といった「再生不能資源」を減じないよう注意しながらコミュニティデザインを進めることにしています。[60]

不確定要素を排除すること

これまで見てきたとおり、経済という「部分的な価値」を高めることだけに特化することと、物事を大規模化させることとは親和性が高いようです。大規模化させることだけではありません。物事を最先端にしておくこともまた、一点突破のプロジェクト運営と相性がいいでしょう。

つまり、再生不能資源が減っていることを考えないようにして、とにかく儲けることだけに注力し、最先端の技術を導入し、施設を大規模化します。さらに、できるだけ労働から「人間」という不確定要素を排除し、自動的に正確な結果を迅速に出す「機械」を導入します。[61]

何が何でも儲けなければならないというのなら、不確実な方法ではなく確実な方法でプロジェクトを進めなければなりません。不確実な方法とは、材料や労働者として「生きているもの」を取り扱うということです。こうした「生き物」は、予測不可能な状況を起こしてしまう可能性が高い。何事も人間が関わると失敗もあるし、浮沈もある。[62] 植物や動物を扱うと形や大きさや数量が揃わない。だから、石や鉄やプラスチックといった狂いも変化もないような材料を、精密な機械で扱うのが確実だということになります。[63]

—— については8章で詳述します

61 カーライル、ラスキン、モリスが否定した方法ですね

62 このあたりは、マルクスが「資本家は人間の労働力を商品として購入し、さんざん働かせて利益率を高めようとしている」と指摘した時代に比べて、労働条件が改善されたことを感じさせてくれますね

農業は生きた材料を扱う分野であり、だからこそ不確実で不安定な分野です。一方、工業は死んだ材料を扱う分野であり、だからこそ確実で安定した分野です。経済的な成功を収めようと思えば、工業的な方法で事業を進めた方がいいし、農業も工業のように進めたほうがいいことになります。なるべく「生きた人間」を介在させずに[64]。

こうした展開を目の当たりにしていたシューマッハーは、第一次産業よりも第二次産業を重視する先進国の方針に疑義を呈していました。現在は第三次産業が重視される時代です。人工知能がビッグデータを効率よく解析して儲けを最大化してくれるということになれば、大量の顧客データという不安定なものを人工知能という工業的な手法が効率的に扱ってサービスを提供してくれるということになります。そこにはほとんど「不安定な人間という存在」は介在しないことになる。我々は「本当にそれで良いのか」を考えなければならないでしょう。その事業では人間がほとんど必要なくなるだけでなく、その企業が存在する地域との関係もまったく必要ない。そこでは「顔の見える関係性」など不確定要素以外の何物でもないことでしょう[65]。

63 エルンスト・F・シューマッハー著、小島慶三ほか訳『スモール・イズ・ビューティフル』講談社学術文庫、1986、p143-144

64 有機野菜を使って、人間の手で調理した食べ物を、顔が見える人に提供するような商売は、不確実で不安定なものということになりますね

65 それでいて「人工知能に仕事が奪われる時代」などと怯えているのですから、地域の経済くらいは「顔が見える関係だからこそ人工知能には奪えない仕事」を残し合いたいものです

66 「一般的にいえば、自然界は成長・発展をいつどこで止めるかを心得ているといえる。成長は神秘に満ちているが、それ以上に神秘的なのは、成長がおのずと止まることである（エルンスト・F・シューマッハー著、小島慶三ほか訳『スモール・イズ・ビューティフル』講談社学術文庫、1986、p195)」

67 身長が3メートルを超えても、30メートルを超えても、成長が止まらない巨人ということを考えるとゾッとします。

「成長」という概念を疑うこと

このように、経済という部分を追求し続けるとき、人々は技術開発とか経済成長といった言葉を使いがちです。しかし、この「開発」とか「成長」という概念自体も疑った方がいい、とシューマッハーは指摘します。こうした概念のなかには、「もうこれで十分だ」という「止め時」が内在していないのではないか、というのです。[66]

例えば、人間は成長しますが、おのずから「止め時」を知っているようです。身体的な成長は20歳前後で止まりますし、精神的な成長は身体的な成長よりも長く成長を続けますが、それでも止めるべきところを知っています。あらゆる動物や植物が成長の「止め時」を知っているわけです。[67]ところが、技術や経済は「もう十分だ、止めよう」という決断ができません。特に一点突破型の技術や経済は、それが周囲にどれだけ迷惑をかけていても成長を止めにくいものです。なぜなら、ほかのことが目に入ってこないほど「部分に集中」しているのですから。[68]

その成長を支えるための食料が必要になり続けるのです。ところが、技術や経済の成長を考える時は、あまりゾッとしないのですから不思議なものです

68

特に、問題解決を外部の専門家に任せてしまうと、どこまでも成長を追い求めることになるとシューマッハーは指摘します。そうではなく、その地域がふるさとだという人に解決策を考えてもらうと、さまざまなバランスを考慮しながら「もうこのあたりで十分では？」という判断ができる。だから「ふるさと派」が大切だ、というのが

シューマッハーの主張です。このあたりの表現にも、面識経済の重要性が示唆されているような気がします。シューマッハーは「希望がもてるのは、一般の人たちが専門家よりも幅広い見方と「人間らしい」考え方をとりうることが多いことである（エルンスト・F・シューマッハー著、小島慶三ほか訳『スモール・イズ・ビューティフル』講談社学術文庫、1986、p209-210）」と指摘しています。これと似たことをヴィクター・パパネックも『新版：生きのびるためのデザイン』で指摘しています

しかし、こうした成長が地域に迷惑をかけているかもしれないし、環境を悪化させているかもしれません。「止めどきを知らないのに成長を求め続けるというのは、浅はかであり無責任である」とシューマッハーは指摘します。彼に言わせれば、アダム・スミスが信頼した「市場」は、「個人主義と無責任によって作られた上っ面」でしかないのです。[69]

以上のように、「部分」に集中してしまうことは、ほかが見えなくなることであり、技術革新の速度を高め、大規模化して「規模の経済」を求めがちであり、成長至上主義に陥りやすいという特徴があります。もし物事を全体的に把握することができれば、つまり経済ばかりに気を取られず、社会的、福祉的、環境的、芸術的といった多面的な価値も大切にする視点を持つことができれば、経済だけが無限の成長を目指すべきではないことに気づくだろうし、規模を大きくしすぎることがよくないことだということにも思い至ることでしょう。最先端の技術が必ずしも正しいわけではないことも理解できるでしょう。そして、シューマッハーがいう「人間は小さいものである。だからこそ、小さいことはすばらしいのである」という言葉にも賛同できることでしょう。

69 このときの個人主義は、エマソンのいう個人主義ではなく「浅はかな利己主義」を意味するのでしょうね

70 「経済学は超経済学の研究で補足され、補完されない限り、視野がせまく部分的すぎて、とうてい有効な判断を生まないのである（エルンスト・F・シューマッハー著、小島慶三ほか訳『スモール・イズ・ビューティフル』講談社学術文庫、1986、p67）」

71 「仏教を選んだのは他意あってのことではなく、キリスト教、イスラム教、あるいはユダヤ教のいずれの教えでも、ないしはその他の偉大な東洋の伝統的英知でもさしつかえないのである（エルンスト・F・シューマッハー著、小島慶三ほか訳『スモール・イズ・ビューティフル』講談社学術文庫、1986、p68）」

72 弊社はこれからも小規模な労働集約型ギルドでありたいと思っています

73 そういえば、コミュニティデザインのワークショップは、ずっと模造紙と付箋を使い続けていますね

コンヴィヴィアル・テクノロジー

シューマッハーは、部分ではなく全体を見ようとする経済学が必要だといいます。経済の外側にある、社会的、福祉的、環境的、芸術的、政治的な価値も大切するような経済学です。彼はこうした経済学を「超経済学」と呼びます。[70] また、道徳や倫理と経済をバランスさせた経済学のことを宗教経済学や仏教経済学と呼びます。つまり、彼は多面的な価値を大切にする経済学のあり方を模索していたのです。[71]

そんな経済学を目指すなら、企業の規模は小さい方がいいというのがシューマッハーの主張です。大規模な資本を用意し、設備投資を行い、従業員をなるべく減らして効率的効果的に儲けようとする「資本集約型」の企業ではなく、あえて多くの人が多様な価値を大切にしながら働くことができる「労働集約型」の企業であるべきだというのです。[72] 技術が高度化し、資本が大規模化して、労働者が機械を操作するだけになり、利益のほとんどは資本家が持っていってしまうような働き方は、そこで働く人々にとって幸せな状態ではない。だからあえて成長を止めて、小規模な事業体に留めておくべきだ。シューマッハーはそう考えました。

小規模な事業体であれば、古代の技術よりは進化していて、最新技術ほどは大規模で精密ではない「中間技術」を使うことができます。[73] これはまさにイリイチが示した「第一の分水嶺と第二の分水嶺の間にある技術」、コンヴィヴィアル・テクノロジーだといえるでしょう。[74] 中間技術なら、自

74 友人の緒方壽人さんが『コンヴィヴィアル・テクノロジー』という本を書いています（緒方壽人『コンヴィヴィアル・テクノロジー』ビー・エヌ・エヌ、2021）。こちらはイリイチの概念を援用しつつ、人工知能など21世紀のテクノロジーのあり方について語られています

分たちで修理したり調達したりできます。原料を選ばなくても調整できます。技術者もその扱いにすぐ慣れることができます。

　これが最先端の技術であれば、原料は厳密に選ばなければならず、地元のものは使えないということになります。また高度な知識を持つ技術者でなければ使えない技術ということになり、都市部から派遣された人でなければ扱えないことになり、地元雇用を諦めることになります。そうなると、地域に資本集約型の最先端工場が建設されただけで、材料も技術も遠方から取り寄せることになってしまいます。こうして作り出された製品は、地元では買えないほど高価なものになってしまい、都市部へと送られて高値で販売されることになるでしょう。そうやって、高度な工場を地域に作った都市部の資本家が、その利益を都市部へと回収することになり、地域には何も残らないということになりかねません。シューマッハーは、こうした状況を「新植民地主義」と呼びます。[75]

　そうならないように、「中間技術を採用し、会社の規模を小さく維持し、地元の人たちが少し学べば使いこなせる機械を使って商品を生み出すようにすることが大切だ」とシューマッハーは指摘しています。なお、彼は「中間技術」のことを「適正技術」と呼んだり「人間の顔をもった技術」と呼んだりしています。[76] コミュニティデザインに携わる身としては、「人間の顔をもった技術」という表現が素敵だなと思います。人間の手仕事を排除しないような技術、人間を不必要としないような技術、人間の顔をもった、友人のような技術。誰がやっても同じようにで

75 「援助が成功したといえるのは、その結果として被援助国で大衆の労働力が活用され、労働力の「節約」なしに生産性が上がった場合だけである。成功の基準としてつねに用いられる国民総生産の成長は、まったく怪しい概念であり、現実には不可避的に新植民地主義としか呼べない現象を生むに違いない（エルンスト・F・シューマッハー著、小島慶三ほか訳『スモール・イズ・ビューティフル』講談社学術文庫、１９８６、p253)」

76 『スモール・イズ・ビューティフル』の第二部の最終章は「人間の顔をもった技術」というタイトルです

きるという万能の技術ではなく、作り手の技や癖が残る程度の技術。そんな技術を大切にしていれば、技術を過度に高度化させることもないだろうし、経済の大規模化を目指すこともないでしょう。そして、死んだ材料を扱う工業的アプローチに流れることなく、生きた材料を扱う農業的アプローチに向き合うことができることでしょう。

私は大学時代に農学部で生きた材料を扱う学問に触れ、自然の材料を使って空間をつくるランドスケープデザインを志し、人々が集い対話しながらデザインを検討するコミュニティデザインへとたどり着きました。だからシューマッハーが主張する「生きた材料を使うこと」「人間の顔をもった技術を大切にすること」「会社を小規模に留めること」などに強く共感したのだと思います。

叡智を養う方法

シューマッハーは、「富を一箇所に集中させるような巨大企業は、進化や成長の産物ではない。そこには、集中によってどんな弊害が生じるかということに対する叡智が存在しないからだ」と指摘します。「どこで成長を止めるべきか」という知恵がないというわけです。なかなか手厳しい評価ですね。

それは、同じくシューマッハーが指摘している「経済という強力な武器を渡す前に、叡智を渡しておくべきである」という言葉に通じる考え方です。経済は部分的でありながら、とても強い力を持つ言葉であり知識でもあります。この力をどう使うのかは、使い手が叡智を備えているかどうかに大きく依存します。正しく使えば社会のためになるし、そうでなければ社会を悪くしてしまう。そういうことでしょう。

これは学校教育にもいえることです。「国語・算数・理科・社会・英語という武器を渡す前に、道徳を渡しておくべき」なのです。道徳を身につけた人が、こうした武器を使いこなしながら社会を良いものにしていくのであれば価値があります。しかし、主要5科目の偏差値を上げることばかりに注力し、「道徳は試験科目じゃないから」と軽んじながら学校を卒業してしまうと、主要5科目という武器を最大限に活用しながら自分だけが、あるいは自社だけが得をするように行動してしまうことでしょう。富を一箇所に集中させるような巨大企業を作り上げてしまうことでしょう。そこには叡智がないのです。

ちなみに、これは「つながり」にもいえそうです。「人と人とのつながりという武器を渡す前に、道徳を渡しておくべき」というわけです。そうでなければ「強いつながりで結託した犯罪組織」のように、つながりを何のために使うべきかという叡智を欠いたまま行動してしまう人たちを生み出すことでしょう。[77] コミュニティデザインで注意したい点です。だからこそ、我々はワークショップの前半で「私たちはどう生きるべきか」、「地域はどうあるべきか」など、あるべき理想の姿について語り合います。そのとき、「地域の経済はどうあるべきか」ということについ

77 マックス・ウェーバーは『プロ倫』の最後で、倫理や道徳や叡智といった「精神や魂」を欠いた人間が登場する未来を予見しています。「精神のない専門家、魂のない享楽的な人間。この無にひとしい人は、自分が人間性のかつてない最高の段階に到達したのだと、自惚れるだろう（マックス・ウェーバー著、中山元訳『プロテスタンティズムの倫理と資本主義の精神』日経BP、2010、p494）」

78 エルンスト・F・シューマッハー著、小島慶三ほか訳『スモール・イズ・ビューティフル』講談社学術文庫、1986、p110

79 文化人類学者の辻信一さんは、その著書『ナマケモノ教授のムダのてつがく』のなかで、ムダに見えることのなかに「人生における大切なこと」がたくさん含まれているのではないかと警鐘を鳴らしています。そのうえで「あなたは効率的に愛されたいですか？」という問いによって『ムダのてつがく』を締めくくっています

てもしっかり話し合うことが大切になります。

では、そういった理想の状態、叡智、知恵、道徳、倫理といったものをどう養えばいいのでしょうか。シューマッハーは「シェークスピアを読みなさい」といいます。[78] シェークスピアを読めば、人はどう生きるべきか、どういうときにどんな判断をするべきか、どう振る舞うべきかなどがわかるというのです。現在の日本ならジブリの映画を何度も観るということかもしれません。

コミュニティデザインの立場からは、顔が見える関係のなかで対話を繰り返すことが大切だと思います。「人のふり見て我がふり直せ」ということも含めて、より多様な人々と付き合い、いろんな人がいることを知り、それぞれの人から学ぶということの繰り返しが重要なのではないでしょうか。そんな対話の中から、自分の生き方や「生きる意味や目的」などが見つけられることもあるでしょう。そのとき、経済的な視点は外しておいたほうがいいでしょうね。「この人と対話すると得するかな」、「コスパはいいかな」、「タイパが悪いな」などと考えてしまうと、どれだけ対話を繰り返しても心に叡智が染み入る余地がなくなってしまいます。[79] そして、こうした対話の繰り返しこそが、アダム・スミスが『道徳感情論』で提案していた「公平な観察者」を自分の中に育てることであり、他人の道徳感情を共有することができる人間へと成長することでもあるのでしょう。ちょっと大げさかもしれませんが、我々はそんなことを意識しながらワークショップでの対話を繰り返しています。

『成長の限界』

シューマッハーは経済が肥大化する性質を持つものだということを指摘していました。人間は「利益を追い求める」という誘惑になかなか勝てない。あの手この手を使っては、人々が商品やサービスを購入するよう仕向けてしまうわけです。そして、それを「経営努力」などと称して褒め称える。ところが、各国の各企業が大規模に経営努力を続けると、商品を作ったり輸送したりするために使われる資源は膨大になるわけです。「早晩、再生不能資源が枯渇して、人類の経済は破綻してしまうぞ」とシューマッハーは警鐘を鳴らしました。彼の警鐘は１９６０年代から鳴らされ続けたのですが、それらの論考をまとめて出版したのが１９７３年の『スモール・イズ・ビューティフル』だったのです。

そしてその年にオイルショックが起きます。中東戦争が原因の原油高によって石油製品の価格が高騰したわけですが、「もし石油資源が枯渇したらこうなるのか」と先進国の人々が想像するきっかけとなりました。物価が上がり、企業の設備投資が進まず、人々も買い控えしたことから、景気が低迷し、これが日本における高度経済成長の終焉につながったといわれています。シューマッハーの本を読んでいた人たちは、きっと「彼が予言していたのは、こういう状況だったんだな」と実感したことでしょう。このときから、「大きいことは良いことだ」という時代の雰囲気に対する疑念が広がり始めたのだろうと思います。

80 ドネラ・メドウズほか著、大来佐武郎監訳『成長の限界』ダイヤモンド社、１９７２、p18

81 ドネラ・メドウズほか著、大来佐武郎監訳『成長の限界』ダイヤモンド社、１９７２、p11-12

この2年前の1971年、ローマクラブという会議が「人類の危機」という研究会の報告書を発表しました。この報告書を取りまとめたのは、マサチューセッツ工科大学（MIT）の研究者を中心としたチームでしたが、彼らは1972年に報告書の内容をまとめ直し『成長の限界』と題する書籍を出版しました。このチームは、MITで30年間に渡って研究されてきた「システム・ダイナミクス」と呼ばれる解析手法を使いました。これは、「複雑なシステムのダイナミックな行動を理解するための新しい方法」[80]であり、「フィードバックループ」のネットワークという複雑な関係性をコンピュータで解析して結論を導いています。

その結論を要約すると以下のとおりです。[81]

①世界人口、工業化、汚染、食料生産、資源の使用という5項目について、成長率がこれからも変わらないなら、100年以内に地球上の成長は限界に達するだろう（特に人口と工業化は確実に限界を迎えるだろう）。

②これら5項目の成長率を下げつつ、持続可能な経済を実現させることはできる。しかも、地域間の格差を生じさせることなく、世界中の人が人間的な生活を営むことができるようにデザインすることができる。

③もし世界中の人々が②を目指すというのなら、行動の開始は早ければ早いほど実現の可能性が高まる。

つまり、世界人口が増え続け、工業化が進み続け、ゴミや汚染が増え続け、食料生産も増え続け、持続不能資源の使用も増え続けるとしたら、こうした増加はお互いの首を絞めつつ[82]、それでも全体として成長の限界に近づいていくだろう、その限界は100年以内に訪れるだろう、でも今なら間に合うから早めに行動しよう、というのです。

MITチームとシューマッハー

この報告は世界中の学者たちを震撼させました。なんとなくわかっていたけど、コンピュータを使って解析した結果として提示されると目をそらすわけにはいかないな、というわけです。一方、これからも経済成長を続けたいと思う人や、資源を掘削して金儲けをしたいと思う人たちからは相当の反発があったようです。

その1年後に『スモール・イズ・ビューティフル』を出版したシューマッハーとしては、基本的な主張が重なっていることを認めつつ、「別にコンピュータをフル活用しなくても分かることじゃない?」と指摘しています。

その当時、世界人口の6%の人が、地球上の資源の40%を使いながら生活していたそうです。同じ生活を世界人口の12%の人がやろうとした

82 人口が加速度的に増えると食料が足りなくなるから人口の増加率は下がるとか、工業化が加速度的に進むと使用できる資源が枯渇してしまって工業化の速度が鈍化するとか、項目間相互に「負のフィードバック」が生じる可能性があるものの、それでも全体としては成長の限界点に近づいていくでしょう、というのが本書で提示された未来です

83 シューマッハーはここで「残された時間が少ないという結論を得るのに、数多くの原料や、その趨勢とか、フィードバックループとかシステムダイナミックスなどを検討する必要はないのである。頭のいい人なら封筒の裏を使って簡単に計算できる解を得るのに、わざわざコンピュータを使うのも、現代のコンピュータ信仰とデータ重視、単純さの拒否を考えれば、意味があるのかもしれない。だが、悪魔を追い出すのにベルゼブル（悪魔の首領）を使うのは、必ず危険が伴い、やぶ蛇に終わる」と書いています（E・F・シューマッハー著、小島慶三ほか訳『スモール・イズ・ビューティフル』講談社、1986、p159）

ら80％の資源が使われることになり、18％の人がやろうとすると地球資源の120％を使わねばならないことになります。地球はひとつしかないのに120％の地球資源が必要だというわけです。すでに破綻していますね。そんなことはコンピュータを使わなくてもわかることなのに、それを「システム・ダイナミクス」とか「フィードバックループ」とか、専門的な公式と高度な計算技術によって明らかにしてしまうと、人々の工学信仰、コンピュータ信仰を無駄に高めてしまうことになるだろう、というのがシューマッハーの懸念だったようです。[83]

シューマッハーの懸念もわかりますが、MITチームの狙いもわかりますね。どれだけ「地球がもたない！」と主張しても、それが道徳的、倫理的な響きを持っている限りは「そうですね、注意しなくちゃね」というだけで、人々はなかなか行動に移さない。それをコンピュータで計算し、科学的な結論として提示することで、これまでにない危機感を煽ることができる。シューマッハーは、こうしたやり方が「ますます科学信仰、コンピュータ信仰を高めるだけだ」と指摘しますが、実際には世界中の学者たちが震撼するきっかけを作ったのです。

ただし、衝撃が強すぎたようで、当時はさまざまな反対意見や批判や攻撃が生まれたそうです。チームの中心メンバーだったドネラ・メドウズ（**人物35**）は、20年後に『限界を超えて』という本を出し、「地球が限界を迎えるということを認めたくない人たちからの攻撃がすごかった」と述懐しています。そのうえで、3つの結論のうちの「②持続可能な経済は実現できる」から語り始めれば少しは攻撃が減っていたかもしれないと振り返っています。[84]

84 「2点目はかなり楽観的な希望的メッセージであるが、当時も、そして現在もなお、我々の分析からはその正当性が裏づけられている。あるいはこの点を最初に掲げるべきだったのかもしれない（ドネラ・メドウズほか著、茅陽一監訳『限界を超えて』ダイヤモンド社、1992、pⅳ）」

そのうえで、20年前の結論をアップデートし、概ね以下の3点を結論としました。[85]

①人間が資源を消費し、汚染物質を生み出す速度は、すでに持続可能な速度を超えている。このままだと何十年後かには制御不能なほどに減少してしまうだろう。

②しかしまだ間に合う。そのためには、物質の消費や人口を増大させるような政策や慣行を改めるべき。同時に、原料やエネルギーの利用効率を速やかに、かつ大幅に改善すること。[86]

③持続可能な社会は技術的にも経済的にも実現可能。そのためには、長期目標と短期目標のバランスをとること、産出量の多少よりも十分さや公平さ、生活の質などを重視すること。それには、生産性が技術以上のもの、つまり成熟、憐れみの心、知慧といった要素が要求される。

持続可能な社会を実現させるために、成熟や知慧が必要だという点はシューマッハーと共通していますね。叡智や道徳がなければ、技術や経済がどれだけ発展しても持続可能な社会には近づかない。それをシューマッハーは小さきものの可能性から論じ、ＭＩＴチームはコンピュータを使って大きなスケールで論じました。マクロな視点から経済学を論じたマルクスやケインズのような立場が１９７０年代のＭＩＴチームであり、ミクロな視点から経済学を論じたスミスのような立場が１９７０年

人物35

ドネラ・メドウズ（1941-2001）
アメリカの環境科学者。地球環境のコンピュータモデル作成をローマクラブから依頼され、その内容は『成長の限界』（1972）として出版された。『世界がもし100人の村だったら』の原案者としても知られる。

代のイリイチやジェイコブズやシューマッハーだったように感じます。

いずれにしても、1970年代に提唱された概念は「そろそろ立ち止まろうよ」というものでした。イリイチがいう「第一の分水嶺と第二の分水嶺の間に留まろうよ」ということであり、「そこにコンヴィヴィアルな状態があるんだよ」ということでした。まさに「足るを知る」叡智であり、「過ぎたるは、なお及ばざるが如し」を自覚した態度です。人々が主体的に学び合い、行動し、「調子に乗りすぎない」よう留まることができている状態です。「そんな状態を目指そう！」という掛け声が社会に広がっていった50年間が、私の人生の50年間だったのです。その結果、「ものをつくらないデザイナー」、「人と人とがつながり、学び合い、活動を生み出すデザイナー」であるコミュニティデザイナーとして生きることになりました[87]。

『成長の限界』に興味深い記述がありました。「人口と資本を増やし続けると地球の未来がない」と主張した『成長の限界』ですが、逆にいえば定常状態を保つべきなのは「人口と資本」だけだということになります。つまり、資源を浪費したりゴミを出したりしない人間の活動は、無限に成長を続けることになる、というのです。特に、多くの人が「いい活動だ」と認めそうな、教育、芸術、宗教、基礎科学研究、運動競技、社会的交流はますます盛んになるだろう、とMITチームは予測しています[88]。この未来予測は、建築家としてではなく、コミ

85 ドネラ・メドウズほか著、茅陽一監訳『限界を超えて』ダイヤモンド社、1992、pⅷ

86 この点を踏まえれば、世界に先駆けて日本の人口が減り、ものを購入しない若者が増えていることは喜ばしいことなのでしょうが、日本においてはいずれも「問題だ」ということになるのでしょうね。未来から振り返れば、「あのときの日本は優秀だったね」ということになるのかもしれません。そんな気持ちで書いた本です『縮充する日本』は、拙著

87 だからこそ、地域の経済を考えるとき、「儲かれば儲かるほどよい」とは思えないのでしょう

88 ドネラ・メドウズほか著、大来佐武郎監訳『成長の限界』ダイヤモンド社、1972、p159-160

ュニティデザイナーとして生きるべきだと示唆してくれているように感じます。

また、「成長の限界を回避するために人口増加と経済成長を止めるとすれば、生産物の量を増やさなくても済むのだから、生産方法の改良は人々の余暇時間を増加させることになるだろう」とMITチームは予測します。生産物を増やさなくてもいい社会で生産効率を高めた場合、生まれた時間はすべて余暇に使えるということですね。そのとき大切になるのは、「資源を浪費しない余暇活動」と「環境を汚染しない余暇活動」を目指すことです。これって、まさにコミュニティデザインのワークショップです。人々が手にした余暇時間は、コミュニティデザインのワークショップに参加するためのものになりそうです。[89] 自分たちの地域の未来について対話し、地域を良くするための活動を生み出す。「成長の限界」を意識することが、人々に「自分が生活する地域に関わる時間と活動」を生み出すことにつながるとすれば、それはとても素敵なことだと思います。

89 余暇の使い方については8章で詳述します

90 6章で地域、7章でコミュニティについて考えたいと思います

地域の経済

以上のように、自分が生まれた頃に提唱された理論を振り返ると、そこに強い共感を覚えるとともに、それらが自分の人生に少なからぬ影響を与えていることに気づきます。私の興味が建築デザインからコミュニティデザインへと変化したのも、私が「成長の限界」「スモール・イズ・ビュー

ティフル」「コンヴィヴィアリティ」という概念が世の中に広がっていく時期に育ったからなのかもしれません。グローバル経済が広がり、ますます便利になる社会において、人と人とのつながりが希薄化し、地域単位でできることが軽視されるようになり、面識経済がどんどん失われていくことに違和感を覚えるようになったのも、自分が育った1970年代の問題意識に影響されている気がします。

そんな影響を受けた結果、コミュニティデザインという仕事を通じて、地域に住む人たちが対話し、学び合い、活動を生み出すことによって自分の人生や地域をより良いものにしていくことを手伝いたいと思うようになりました。重要な概念は「地域」や「コミュニティ」です。次章では、このうち「地域」における経済のあり方について考えてみたいと思います。[90]

第6章

地域の経済循環

全国チェーンの店

これまで、2章でスミス、マルクス、ケインズといったグローバル経済へとつながる経済思想の歴史を思い描き、3章でカーライル、ラスキン、モリスを通じて経済と倫理、経済と美学のバランスを考え、4章でエマソン、ソロー、ヴェブレンから「万物は善性によってつながっている」「欲しいものを増やすから労働時間を減らすことができない」という刺激を受けつつ、日本の民藝運動からも大きなヒントを得て、5章でジェイコブズ、イリイチ、シューマッハーが活躍した1970年代に提示された「何事もバランスが大事だぞ」という思想を振り返ってきました。

こうした思想に影響を受けた私が、ワークショップに参加してくれた方々の話を聞いているとき、出てきた意見に対して言いたいことが次々と湧き上がってきます。「その点についてはすでにスミスが指摘しています」とか「その考え方は危険だとシューマッハーが言っています」とか、いろんなことが思い浮かびます。しかし、ワークショップ中にそれらをひとつずつ開陳している時間はないし、それをやったとしてもきっと嫌われるだけです。[1]

例えば、ワークショップで「うちのまちにもコンビニができたら便利なんだけどな」という意見が出るたびに複雑な気持ちになります。確かに便利だろうけれども、そこで買い物をすると代金のほとんどが地域外へと漏れていってしまうことになるでしょう。とはいえ、「コンビニはちょっと

1 それでも我慢できないことが多く、話が長くなってしまい、ワークショップ参加者に顔をしかめられています

2 逆の視点から見れば、製造業者は全国のコンビニチェーンからの発注に応えられるだけの大量生産体制が整っていなければ納品できないということになります

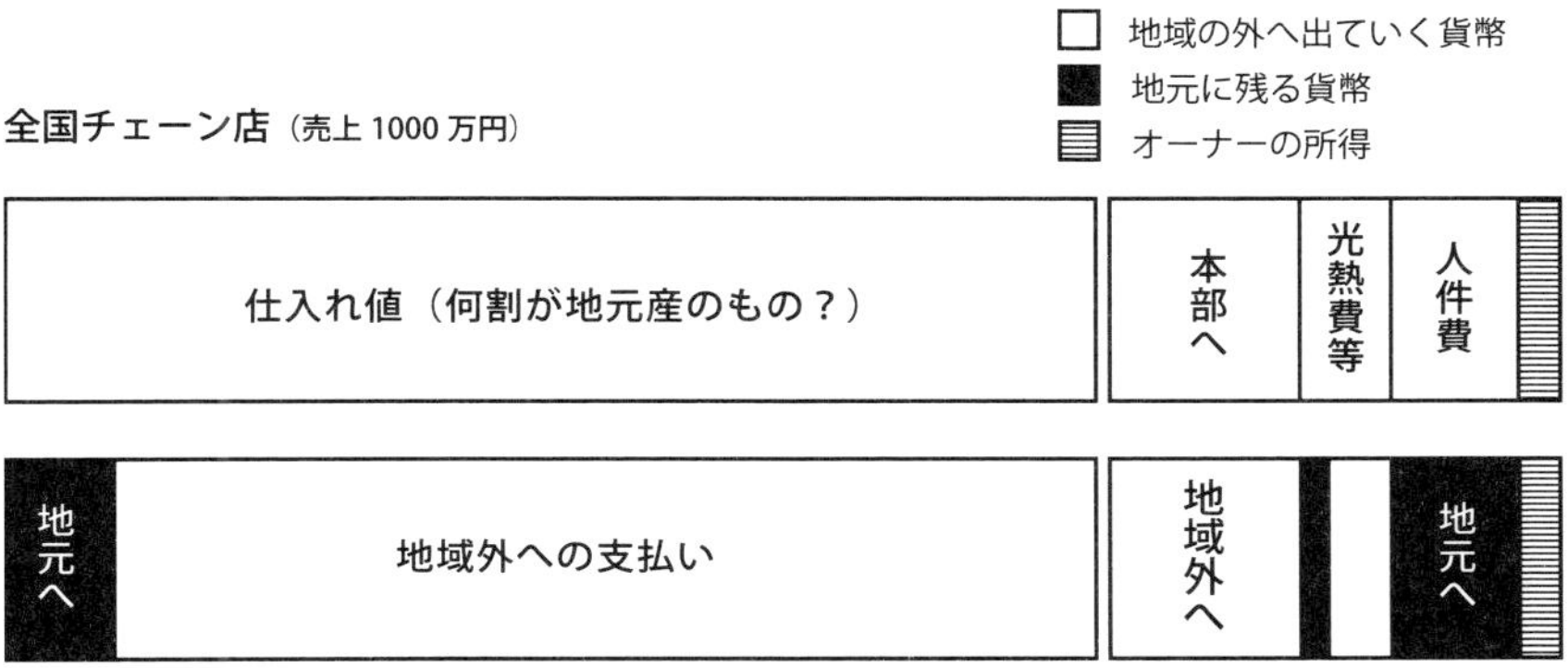

図6-1　全国チェーンのコンビニの売り上げの内訳

ねぇ」と疑問を呈せば、「あんたはコンビニがある地域から来ているからわからないんだ。実際にここで生活してから発言しろ」と叱られます。確かにそのとおりです。私としても、コンビニがあれば便利だという点に疑問を呈しているわけではないのです。「便利だけど貨幣は地域外へと漏れてしまう」という点が気になっているのです。

その点について理解してもらいたい場合、こんな図を使って説明することがあります（図６－１）。全国チェーンのコンビニエンスストアがあるとします。仮に１ヶ月の売上が１０００万円だとすると、その内訳は以下のようなものでしょう。商品の仕入れ値が６割だとします。コンビニは一括仕入れが原則なので、店内にある多くの商品は地元産ではありません。[2] 商品の９割を地域外から仕入れているとすると、地元産の商品は１割だけです。つまり、仕入れ値の９割が地域外へと漏れていることになります（図６－１の下図）。

全国チェーンの店は、利益の一部を東京の本部へ納めなければなりません。売上から仕入れ値を引いた利益を粗利と呼びますが、この粗利の４－６割がロイヤルティとして本部に上納する金額となります。[3] ここでは上納金の割合を低く見積もって粗利の4割としておきましょう。これも当然、地域外へと漏れていく貨幣となります（図6－1の下図）。

土地代や光熱費などの固定費は、地元に住む地主に支払う場合もあるし、地域外の電力会社に支払う場合もあるでしょう。人件費はどうでしょう。アルバイトを含めて従業員の多くは地元の人でしょうから、ここで支払う貨幣は地域に残るものとなります。すべての支払いを終えて残った金額がオーナーの所得となるのですが、これを50万円だとしましょう。オーナーが地域に住む人だとすると、この50万円も地域に残る貨幣となります。

以上のように整理すると、月に1000万円の売上があるコンビニでも、地域に残る貨幣は200万円に満たないことになりそうです。2割しか残らないんですね。

3 実際には仕入れ値全体ではなく、販売された商品だけが仕入れ値として計上されるため、見かけ上の粗利が大きくなり、これに比例してロイヤルティも大きくなる仕組みになっています

地元貢献型の店

一方、同じ地域になるべく地元産の商品を仕入れ、地元産の電力を使い、地元の人を雇う個人店があるとしましょう（**図6－2**）。地元貢献型の個人店です。こちらの売り上げは、全国チェーンのコンビニの3分の1とします。つまり、月に330万円です。同じく6割が仕入れ値だとして、そのうちの7割を地元から仕入れているとします。地域外へと漏れる仕入れ値は3割に絞られます。

地元貢献型の個人店（売上330万円）

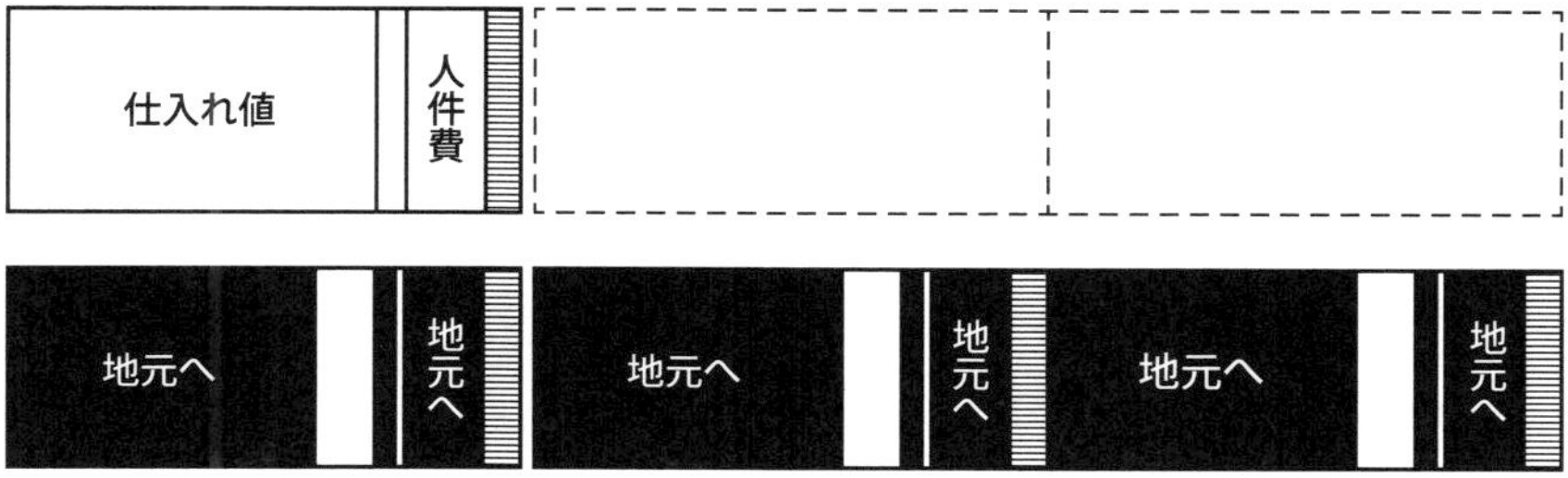

図6-2　地元貢献型の個人店の内訳

かなり地産地消を意識した店ですね（図6－2の下図）。

個人商店なので東京の本部への上納金はありません。土地代や光熱費などの固定費は、そのほとんどが地元に残る貨幣となります。人件費も同じく地元に残ります。オーナーの所得も地元に残ります。こうした店の場合、売上のほとんどが地元に残ることがわかります。地元に残る貨幣が8割だとすると、月の売上が330万円の地域貢献型の個人店は、そのうちの264万円を地域に残すことができるわけです。全国チェーン店に比べると売上が3分の1にもかかわらず、地域に残る貨幣は全国チェーン店よりも多いことになります。

そんな地元貢献型の個人店が、地域に3店舗誕生したとしましょう。それぞれ若者が始めたカフェ、雑貨屋、ヘアサロンだとします。いずれも地元経済をかなり意識した店で、売上の8割を地域に残します。3店舗合計で1000万円の売上なので、規模としては全国チェーンのコンビニ1店舗と同じくらいです。しかし、地域に残る貨幣規模は、コンビニが約200万円なのに比べて3店舗は合計で約800万円です。

地域に残った約800万円は、それを手にした人によって使われることになります。そのとき、みなさんがなるべく地域貢献型の個人店で使うようにすれば、さらにその8割が地域に残ることになるわけです。つまり約640万円が、次に地域の誰かによって使うことができる貨幣になります。これを繰り返していくと、地域で貨幣が循環し、同じ貨幣が何度も使われることになり、そのたびに人々の仕事が報われることになります。

だからワークショップで「コンビニを誘致しよう!」という発言があると、「じっくり考えてみませんか?」と言いたくなるのです。コンビニだけではありません。それが全国チェーンのハンバーガー屋さんでも、牛丼屋さんでも、カフェでも同じことです。それよりは地元に住む人がレストランやカフェを開業しやすい条件を整えたいと思うのです。ワークショップメンバーで開業を応援し、なるべくその店を使うようにしたいのです。[4]

このことは、自分が使う貨幣から考え直すとわかりやすいでしょう(**図6-3**)。あなたが1000円使うなら、全国チェーンの店で使いたいか、地元貢献型の個人店で使いたいか。全国チェーンの店で使うと、1000円のうち800円は地域外に漏れていきますので、地域には200円しか残りません。一方、地元貢献型の個人店で使えば、1000円のうち800円が地域に残ることになります。[5]

4 ただし、ワークショップ参加者やその家族にチェーン店で働いている人などがいることもあるので、「チェーン店は悪である」とは言いにくいところがあります。また、私自身もチェーン店のお世話になることがありますし、チェーン店の味が一定であることや営業時間が長いことに助けられることもあります。だから、チェーン店を完全に排除してしまおうという話ではなく、「地元貢献店を応援するような購買行動を意識しませんか?」という話がしたいと思っています

5 ここでは便宜上「全国チェーン」という表現を使っていますが、実際にはアメリカ本社の店など「グローバルチェーン」の店も増えつつあります。そのたびに「アメリカで人気の!」などと広告されるのですが、そういう店に並んで、嬉しそうにお金を支払いに行く地域の人たちを見ると「ワークショップで学び合いませんか?」と声をかけたくなります。「何このおっさん、超キモい」と言われることは必定なので、実際には声をかけられませんが

6 枝廣淳子『地元経済を創りなおす』岩

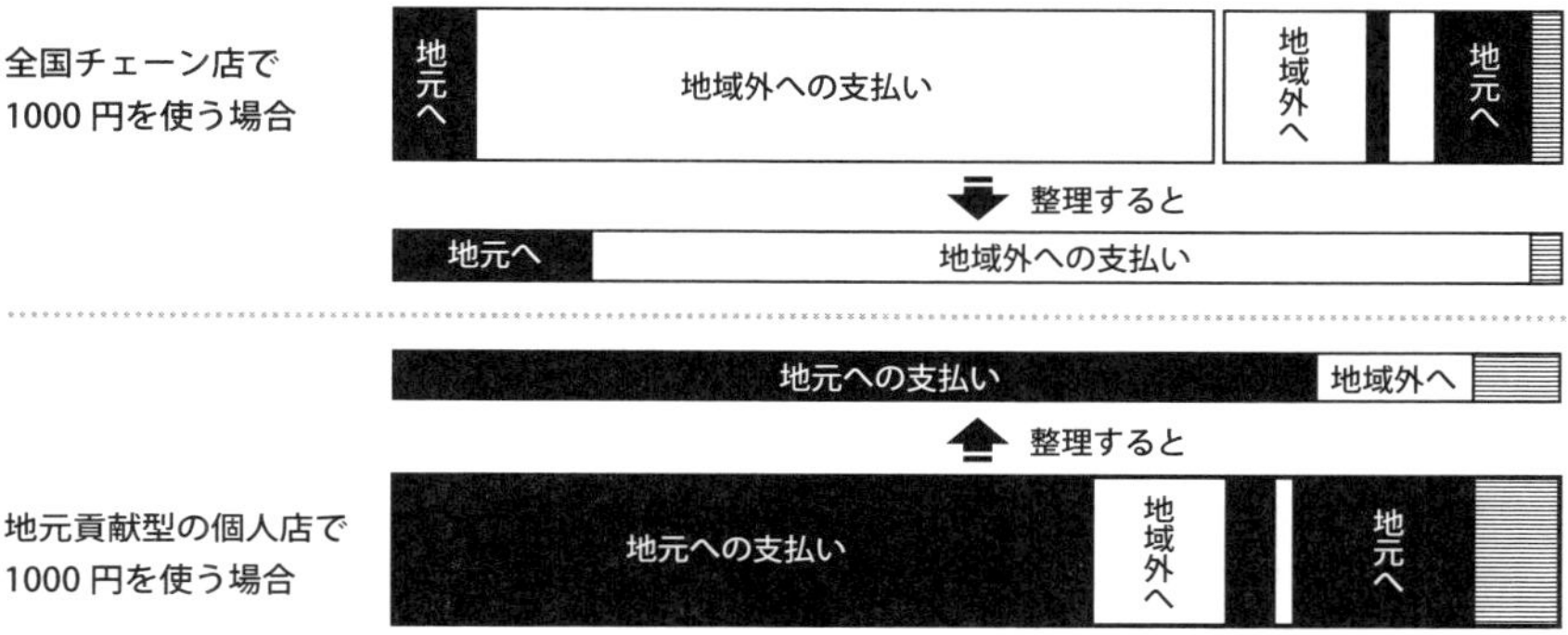

図6-3　1000円を支払ったときのお金の行先の比較

—波新書、2018、p32-34

2割しか残さない地域、8割も残す地域

以上は、全国チェーンの店と、地域貢献型の個人店との比較です。これを地域に展開してみるとどうなるでしょう。『地元経済を創りなおす』という本のなかに、そんな思考実験が紹介されています。[6] Aという地域では、住民が地元の店であまり買い物をしないため、8割は地域外から商品やサービスを購入しているとします。つまり、支払われる貨幣の2割しか地域に残らない。そんな地域で1万円を使うと、そのうちの2000円が地域に残ります。この2000円も「域外8割、域内2割」という使われ方をするため、そのうち400円だけが地域に残ることになります。さらにこの400円のうち、80円が地域に残ります。その結果、地域で使われた貨幣の合計は約1万2500円とい

うことになりますね。
一方、Bという地域では「域外2割、域内8割」という使われ方をするとしましょう。こちらで1万円使うと、そのうちの8000円が地域に残ることになります。2巡目は6400円、3巡目は5120円、4巡目は4096円、と残ります。その結果、地域で使われた貨幣の合計は約5万円になります。[7]
つまり、同じ1万円が作り出す貨幣価値は、A地域だと約2500円だったのですが、B地域では約4万円ということになります。16倍の差が生まれていますね。これはつまり、地域で循環する貨幣があなたの手元に巡ってくる可能性も高まるということを意味します。
ワークショップでそんな話をすると、「B地域のようになりたい」という意見がたくさん出てきます。そのためには何をすればいいか。地域で生活する人が自分の生活を見直し、購入物がどこで作られているものなのかを確認することが大切になります。自分が払った1万円が、何割くらい地域で使われそうなのかを意識しながら店を選ぶことです。あるいは、店主も交えて地元経済について学び、なるべく地域内で貨幣が循環するような仕入れに変えていくことです。また、ジェイコブズが「輸入置換」で指摘したように、地域外から仕入れていたものを地域内で作ることができるようにすることです。[8] そして、こうした価値観を共有す

7 実際には、4096円の8割、そのまた8割と、残りが100円以下になるまでにはまだまだ地域で使えるお金が残ります

8 シューマッハーも「農村地域に外部からのカネを注ぎ込んで公共事業を行い、それによって購買力が生まれてくるなら、その『乗数効果』が最大になるよう配慮すること。公共事業で働く人たちは、賃金を『賃金財』、つまりあらゆる種類の消費財に使ってしまおうとするものである。この賃金財を農村地域で生産できれば、公共事業で造出された購買力は消え失せずに、この地域の中で循環し、大きな雇用造出効果をもつだろう（エルンスト・F・シューマッハー著、小島慶三ほか訳『スモール・イズ・ビューティフル』講談社学術文庫、1986、p282)」と述べています

9 少しくらい割高でも、地元貢献型の店を応援するほうが長い目で見ると「お得」です。自分に巡ってくる貨幣が増える可能性が高まるし、地域に若者が残ってくれるし、「応援してくれる」という噂を聞きつけて外部から若者がやってきて起業してくれる可能性も高

る仲間を増やすことです。もし地域の若者が起業したいというのなら、価値観を共有しつつ全力で応援すべきなのです。

起業する若者を応援すること

私は、ワークショップの参加者に、「地域の貨幣が漏れてしまうこと」、「地産地消がそれを防ぐ可能性を持つこと」という話を伝え、「全国チェーンの店が欲しい」という声が少なくなってきたら、「この地域で起業しようとする若者と地域経済循環の考え方を共有し、その人を応援してください」と伝えるようにしています。間違っても、地域外の商品やサービスばかり購入しつつ、若者には「この地域で起業しても食べていけないぞ」などと脅す大人にならないようにして欲しいものです。若者がその地域で起業して、地域貢献型の店をつくったのなら、大人たちは率先してその店に通ってほしい。そうやって応援してほしい。[9]

まります。若者はＳＮＳでつながっていますから、信頼できる友人が「この地域の人たちは若者の起業を本気で応援してくれるよ」と発信すると、その情報を受け取った人たちの心は大きく揺さぶられます。ただし、そのＳＮＳの投稿の横にはグローバルチェーンの広告が表示されたりするので、使いこなし方が問われます。なお、「全員が広告を無視するようになったら、広告主がＳＮＳに広告料を払わなくなるから、結局ＳＮＳが維持できなくなって、あなたたちもＳＮＳという便利な道具が使えなくなるだろう」という議論もあるでしょう。ただ、本書は最初にお伝えしたとおり、資本主義を転覆させて別の社会を作ろうと呼びかけるものではなく、ほとんどの人が資本主義社会で生きるなかで、「本書に共感する人たちは面識経済を意識してみませんか？地元経済を重視してみませんか？」と呼びかけるものです。したがって、本書に共感した人たちがＳＮＳの広告を無視するからといって、ＳＮＳ自体が立ち行かなくなるほどの影響力を持つとは考えていません。数字でいえば、本書が10万部売れたとしても、国内の1億２０００万人以上はこれまでどおりＳＮＳの広告を見るでしょう。ましてや、世界のＳＮＳ人口にはほとんど影響を与えないだろうな、と思っています。それでも、人口２０００人の地域においては、１００人が面識経済を意識することが大きな影響を生み出すと考えるのでワークショップを続けています

ワークショップに100人が参加しているのなら、その人たちが週に1日でもお店を訪れるだけで1日に10人以上が来店してくれることになります。ワークショップ参加者全員が「わかった。訪れる」と約束してくれると、若者がひとり、ふたりと「店をやってみたかったんです」と表明するようになります。そして「地元産の材料を8割使う店を目指します」と宣言してくれるようになります。[10]

実際、地域で店を開いたり仕事をつくったりすることは、かつてより簡単になっている気がします。また、それを継続することも比較的容易になっているように思います。まずなによりも土地や建物にかけるお金が小さくなっている。全国に約900万戸あるといわれる空き家は、うまく持ち主と交渉できれば低廉な価格で借りたり買ったりすることができます。[11] こうして入手した空間をリノベーションするための方法も、ウェブサイトを調べればかなり丁寧に解説してくれるサイトが見つかります。SNSを通じて仲間を募り、楽しみながら自分たちでリノベーションすることができます。[12] 資金をクラウドファンディングで募り、なるべく地元の材料を購入してリノベーションを進めることもできます。クラウドファンディングの返礼品はお店で使える独自通貨とすることも可能でしょう。そうすれば支援者は開店後の店を訪れてくれることになります。

10 我々が担当したワークショップの参加者がカフェを作った結果、ワークショップ参加者たちの集いの場になったという事例がいくつもあります

11 ただし、空き家は遠方に持ち主がいて、交渉しても「放っておいてくれ」と言われることが多く、借りるのが難しいことが多いようです。その理由として、①盆と正月は親族が集まるから、②荷物が入ったままだから、③仏壇を動かすことができないから、④貸した相手が地域に迷惑を掛けると困るから、⑤金に困っていると思われるのが嫌だから、といったことを挙げる方が多いようです。しかし、地域住民が協力して持ち主を説得すれば、こうした心配が払拭されるため、空き家を若者に貸したり売ったりしてくれる可能性が高まります。行政が交渉しても、不動産屋が交渉しても貸してくれなかった空き家を、地域のコミュニティ全員で交渉したら貸してくれたという事例があります。我々がお手伝いした事例では、福井県美浜町を拠点に活動する「NPO法人ふるさと福井サポートセンター」の「決断シート」による空き家活用プロジェクトが興味深い取り組みを

それでも足りない資金は、地元の銀行や信用金庫から借りるのがいいでしょう。逆に地域の大人たちは、自分が地元の銀行に預けた貨幣が、別の地域や国のために使われていないかどうかを確認しておきたいところです。できるだけ自分たちの地域で暮らす人たちが使うような銀行と取り引きするのが良いでしょう。そうすれば、我々が地元の銀行に預けた貨幣を使って、地元で活躍する若者に対する資金援助がなされ、我々が生活する地域が楽しいものになっていく可能性が高まります。[13]

若者がつくった店は、開店後の情報発信もかつてほど費用がかかりません。ＳＮＳを使って発信し、グーグルマップに店舗情報を登録しておくだけでいい。幹線道路沿いに大きな看板を掲げる必要はありません。いまや「たまたま通りかかって、看板を見て店まで来た」という人はほとんどいないからです。多くの人はグーグルマップで地域を検索し、目的の店を見つけてそこを目指します。だから、マップに表示されること

展開しています。空き家を相続した人たちにとって、空き家の賃貸や売買は、お金や制度の問題ではないようです

12 弊社studio-Lのスタッフとインターンメンバーとが設立した「チームクラプトン」という建設会社は、ＳＮＳで仲間を募って一緒に建築の施工を進める「ＤＩＴ（Do It Together）」という手法を大切にしています。いわば素人がたくさん集まって工事を進めるため、単純作業の繰り返しから生み出されるデザインを多用したり、作業間に愉しい時間を差し込むプログラムにしたりと、「参加型施工」の豊富な実績から生まれる独特の建設手法を駆使しています

13 地元の銀行が地元の若手を応援せず、地域外にばかり貸付しているようでしたら、地域コミュニティみんなで地元の銀行と話し合うべきかもしれませんね。ジェイコブズによると、アメリカのシカゴには地元の銀行が地区の改善のための融資に応じようとしなかったため、地域住民が銀行と話し合い、「我々の預金をすべて引き上げる覚悟がある」と詰め寄った例があるそうです。その結果、地元銀行は地元住民たちの事業に融資するようになったということです（ジェイン・ジェイコブズ著、山形浩生訳『アメリカ大都市の死と生』鹿島出版会、２０１０、p326-328）。これはシカゴの「バック・オブ・ザ・ヤード」と呼ばれる地区での出来事で、そこにはソウル・アリンスキー（１９０９－１９７２）という著名なコミュニティ・オーガナイザーが関わっていました

と、地域の人に応援されているという口コミが表示されること、そしてSNSで日常的な出来事を発信しておくことだけしておけば、感度の高い人が見つけて来店してくれることでしょう。[14]

さらに付け加えれば、SNSはお店だけではなく、その友人も取引先もお客さんも使います。だからこそ、お店を作るときはより多くの人に手伝ってもらい、その人たちが店の準備段階からSNSで発信してくれる力に助けてもらいましょう。空き家を探している段階、見つけた空き家を改修する段階、クラウドファンディングで資金を集める段階など、各段階で友人の力を借りて、一緒に改修作業を楽しんだり、食事を作ったり、資金集めに協力してもらったりする。こうした人たちが各自のSNSで店がオープンするまでの経緯を発信してくれます。地域住民も「店のオープンを楽しみにしている」とSNSで発信して支援しましょう。[15] 食材を提供する地域の農家さんもSNSをやっていることが多い。自分が丁寧に作った野菜を「この店で調理してもらっています」と発信できる。もちろん、オープン後に店を訪れてくれたお客さんにも、地域から愛されている店であること、どんな気持ちで店を経営しているのかなどを伝え、それぞれの視点でSNSに店の情報を発信してもらう。こうやって多くの人に愛される店になれば、宣伝広告費などを使わなくても持続的に利用してもらえる店となるでしょう。逆に、一気に情報が広

14 繰り返しますが、私はSNS自体を使わないようにしましょう、と呼びかけたいわけではありません。そこに掲載される広告とうまくつきあいましょう、欲しいものを増やされ過ぎないようにしましょう、ということを伝えたいと思っています

15 こうした「顔が見える情報発信」が、情報過多な時代に信頼できる店を探し出すために大切なものになりつつあります。おしゃれなウェブサイトや有名人のリコメンドなどは大きな資本があれば作り出せますが、地域の人たちとともに開業準備し、地域の人たちが応援しているという様子は巨大資本を使っても生み出しにくいものです。この種の「面識による信頼」は、今後ますます大切になることでしょう

16 華々しいオープニングイベントなども必要なさそうです。むしろ、開店までに手伝ってくれた人たちとじっくり感動を分かち合えるような夕食会などをするだけに留める。あとは、夕食会に参加した人たちが、それぞれの感想をSNSに書き込むだけにしておく。それを見た人が来店してくれたら、丁寧

まりすぎて、期待しながら来店してくれた方々を失望させないような工夫が必要になるかもしれません。オープン当初は、むしろあまり多くの人に知られないようにして、徐々にSNSなどで発信してもらうといった手順が重要になりそうです。[16]

こうした地域起業が可能になったのは、高度経済成長期に先輩たちが建物を建ててくれていたからであり、道路を通してくれていたからであり、ウェブサイトやSNSを完備してくれていたからです。これらを最初につくった時代は巨額の投資が必要でした。しかし、人口が減って、いまある資源を活用する時代になると、事業を開始するのに巨額の投資は必要なくなりました。

そんな時代にもかかわらず、地域にはかつての起業を思い浮かべながら「起業するには巨額の投資が必要だぞ」とアドバイスしてしまう人がいます。でも、実際はほとんどの場合、新たな事業を開始するのにそれほど大きな資金は必要としません。小さな規模で立ち上げ、実績をつくり、情報を発信し、少しずつ顧客を増やしていく。顔が見える関係性の人たちに応援してもらいながら事業を継続する。そんな方法が可能になった時代を、我々は生きているのです。[17]

だからこそ、コミュニティデザインに関するワークショップで「地域で店がやってみたいです」という若者がいれば、「ワークショップ参加者全員で応援しよう！」と呼びかけ、その挑戦を支援したいと思っています。地域の大人たちは、率先して若者の店を利用するべきです。その努力なし

におもてなしする。そんな1年目が理想的なのかもしれませんね

17 開業までにすべてを完璧にしておかねばならない、という気負いも必要ないでしょう。パソコンやスマホのアプリが、ユーザーからの意見によって少しずつバージョンアップしていくように、地域の店も顔が見えるお客さんからのフィードバックによって少しずつ改善されていけばいいのだと思います。むしろ、そのほうが愛される店になっていく気がします

に、「地域に若い人がいなくなった」、「子どもが減って小学校が維持できない」、「行政は何もしてくれない」とつぶやくだけでは明るい未来に近づけません。地域でできることは、まだまだあるはずです。

都市部で生産される商品

『地元経済を創りなおす』にも登場するイギリスのニュー・エコノミクス・ファンデーション（ＮＥＦ）という研究機関が、コーンウォール地方を対象として試算した結果が興味深いものでした。コーンウォール地方というのは、だいたい日本の鳥取県と同じくらいの面積と人口なのだそうです。この地方で暮らす人と、働く人と、訪れる人が、それぞれ１％だけ多く地元の商品やサービスを購入することにした場合、地元で使われる貨幣が年間で約75億円増えると試算されたそうなのです。

鳥取県と同じくらいの人口であれば約50万人ですから、１人あたり１万５０００円の違いが生まれるということになります。[18] あるいは、鳥取県の年間予算が約３０００億円ですから、その２・５％分と考えることもできます。地域で生活したり仕事したり観光したりする人たちが、わずか１％だけ多く地元産を選ぶことによって、これだけの経済効果があるということなのです。これが２％、あるいは３％増えるとしたら、地域を巡る貨幣は格段に増えることとなるでしょう。

そう考えると、江戸時代くらいまではそれぞれの地域における経済が潤沢に巡っていたのでしょ

18 全員が１％多く地元産を購入すれば、あなたの手元に巡る貨幣が１万５０００円増える可能性が高まるという感じですかね

19 現在でも、教壇に立つ先生の話を黙って聞くだけの授業が続いているのは不思議なことです。工場で働く人が多い時代の教え方で、新しい時代を切り開く「クリエイティブ人材」なる人たちを育てるのは難しそうです

うね。参勤交代で巨額の費用を使わされていたとはいえ、全国チェーンの店が地域に出張ってくることがほとんどなかったわけですから、地元産の商品やサービスを購入する機会が8割以上だったと考えられそうです。

明治維新によって誕生した政府は、こうした地域経済の強さを恐れたのかも知れません。諸藩が地域内経済循環を続けて豊かであり続けると、東京新政府の言うことを聞いてくれない。藩の経済力を低下させるためには、廃藩置県を断行するだけでなく、税を一旦すべて東京へと集め、大人しく言うことを聞く都道府県には手厚く再分配する。さらには、東京、横浜、大阪、神戸などの大都市に本社を置く中央財閥などを容認し、全国各地から貨幣を集める仕組みを増強させた。そんなふうに思えてきます。

戦後は財閥が解体されましたが、むしろ戦後復興期や高度成長期には工業社会特有の大企業が誕生しました。工業社会は太平洋ベルト地帯に工場や企業を集中させ、働き手の多くはふるさとを後にして都市部へと移住することになりました。このときの働き手は、上司の言うことを従順に聞いて怠けずしっかりと働く人であって欲しかったため、学校の教育には先生の言うことを従順に聞いて、怠けずしっかり勉強する生徒たちを育てたという面もあります。文句を言わず黙って椅子に座って一斉授業を受けることができる忍耐力がある人こそが、工業社会の働き手として重要だったのです。[19]

こうして、太平洋ベルト地帯に集まった勤労青年たちが生み出す商品が、全国の地域へと分配されることになります。地域では都市部からの最新商品の到来を喜び、こぞってそれらを購入しました。こうした動きが拡大するに連れて、地域から貨幣が漏れていくことになったわけです。当初は

2割くらいだった域外への貨幣流出が、新商品が発売されるたびに3割、4割と増えてしまい、場合によっては8割ほど流出してしまうことにもなったのです。

しかし、現在は工業社会ではありません。したがって、これまでほど太平洋ベルト地帯の都市部に人が集まる必要もないのです[20]。学校教育も一斉授業ばかりである必要はない。高等教育機関は都市部にしかないと嘆く必要もないのです。情報社会には情報社会なりの学び方があり、働き方があり、生活の場があるはずです。「高校や大学へ進学するためには、一度は都市部へ出なければならない」と信じ込む必要はないのです[21]。「進学」だけを考えれば都市部へ出なければならないように感じるかも知れませんが、「学ぶ」ためであればどこに住んでいてもインターネット経由で学ぶことができます[22]。書籍で学ぶこともできます。そう考えると、最近各地に誕生している地域密着型の小さな出版社が頼もしく思えてきます[23]。

高等教育は都市部にしか存在しないから、学ぶためには都市部へ出なければならず、若者が集まる都市は華やかで便利であり、新しい商品やサービスは都市部で開発される。だから、都市部以外の地域に住む人たちは、都市からやってくる商品やサービスを購入するのが当たり前なんだ。そんな考え方を改めるところからワークショップを始める必要があ

---

20 狩猟採集社会は、自然が生み出す資源を採集しやすい森や海の近くで生活する人が多かったことでしょう。その次の農耕社会は田畑を耕すために適した平野部で生活したことでしょう。全国の中山間離島地域に多くの人が居住していたはずです。それが工業社会になると材料を仕入れて加工し、都市部に販売するために都合の良い場所に人が集まるようになりました。それは港の近くだったり都市の近くだったりするわけです。情報社会になると人々はどこで生活するのでしょうか。情報はどこにいても受け取ることができるし、それらを加工して販売することもできます。だから日本が情報社会になったとしたら、高い家賃や混雑した列車を我慢して都市部に暮らし続ける必要はなくなるでしょう。そうなると、多くの人々は自分が生活したいと思える環境を選んで居住地を決めるはずです。それは、食べ物が美味しい場所でしょうか。空気や風景がきれいな場所でしょうか。面識関係が豊かな場所でしょうか。いずれにしても、都市部に人口が集中している現在は、まだ情報社会とは呼べないのかもしれません。工業社会の末期あたりなのでしょうか。も

りそうです。

鳥取県での取り組み

コーンウォール地方は鳥取県と同じくらいの人口と面積らしいと書きました。先に挙げたジェイン・ジェイコブズの『発展する地域、衰退する地域』の最後のほうに、「解説」として、かつて鳥取県知事だった片山善博さんの文章が掲載されています。[24] 片山さんは２０００年代に「公共事業を減らす」という方針を打ち出した知事として有名です。バブル経済が崩壊した後の１９９０年代は、各地の経済を立て直すために国が主導する公共事業を推進する都道府県が多かった時代です。公共事業は需要を創出し、さまざまな分野にその効果が波及し、雇用を増大させると言われていました。まさにケインズ的な発想ですね。ところが片山さんはこれを疑っていたのです。

うしばらくすると、日本も情報社会と呼ばれるくらい、好きな場所で暮らすことができるようになるのかもしれません。なお、内閣府は、①狩猟社会、②農耕社会、③工業社会、④情報社会を経て、これからの日本は⑤Society 5.0を目指すとしています。都市に集まって生活する我々が工業社会末期にいるとすれば、政府はすでに次の次の時代を見据えているというわけですね

21 これからの教育については、コミュニティデザインの視点から書きたいことがたくさんあります。ただし今回は紙面が足りませんので、別の機会にまとめてみたいと思います

22 ２０１４年に開学したミネルバ大学が象徴的ですね。アメリカのサンフランシスコに拠点がありつつ、学生は４年間で世界７都市を移動しながら地域ごとに得られる課題解決型の学びを得ていくという大学で、講義はすべてオンラインです。それができるなら、逆に自分が育った地域に居ながらオンラインで高等教育を受け、地元の社会課題を解決する過程で多くの学びを得ることもできそうです

23 島根県海士町の「海士の風」や、兵庫県明石市の「ライツ社」、大阪市の「どく社」など、私の周りにも頼もしい地域系出版社を設立する人がいます

24 ジェイン・ジェイコブズ著、中村達也訳『発展する地域 衰退する地域』ちくま学芸文庫、２０１２、p393-405

例えば公共事業として道路を建設する場合、最初に土地を購入することになります。ところが、土地を所有者から購入しても、その代金で起業したり人を雇ったりする人はめったにいない。土地の所有者の多くは高齢者だからです。代金は老後の資金として貯金されるだけでしょう。さらに、その高齢者が亡くなると、相続する子どもは東京や大阪に住んでいて、地元の預金口座の残高は大都市の人たちの資産に変わるだけです。[25]

次に道路を建設するための機材と、セメントや鉄やアスファルトなどの資材が必要になりますが、これらを生産する企業は鳥取県内に一つもないそうです。したがって、これらを調達するための代金はすべて地域外に流出してしまい、県内への波及効果は望めない。貨幣が漏れただけなのです。

また、工法上の技術も地域外から調達することになります。橋梁やトンネルなどを建設するための高度な技術は概ねゼネコンに独占されているため、地元の工務店はその下請けにならざるをえない。土木作業員は地元の人が担うことになるでしょうが、下請けである地元の工務店で働く作業員の人件費は、道路建設の費用全体のうちの大きな割合を占めるわけではありません。[26]

以上のように考えた片山さんは、鳥取県で公共事業を推進するのを止

25 しかも、相続税は国税ですから、残高の一定割合は東京に流れることになります。相続税は累進課税方式なので、10－55％の範囲で預金残高が地域の外へ出ていくことでしょう。土地を売って多くの貨幣を得た人は、残高の半分近くを納税しなくてはならないかもしれません

26 このあたりの話は、前に紹介したシューマッハーが『スモール・イズ・ビューティフル』のなかで「新植民地主義」を指摘していたことに近いですね

27 ちなみに私は、片山さんが知事だった２０００年頃に、同じく「公共工事によるハード整備って意味ないよなぁ」と思い、公共施設の設計からコミュニティデザインの仕事へと移行しました。だから当時書いていた文章には「人口が減るのに公共事業を繰り返して経済成長を続けようとするのはおかしい」という表現が繰り返し登場します。また、２００９年に民主党が「コンクリートから人へ」というスローガンを掲げたときは、「まさに我が意を得たり」と感動したものです。なお、２０１０年に建築家の安藤忠雄さんがコンクリ

ートエ学会の特別講演で「人からコンクリートへ」というタイトルで講演していたのには笑いました

写真 6-1　沖縄県の共同売店。撮影：著者

めて、ジェイコブズが提唱するような輸入置換を推進しようと決意したそうです。地域外から仕入れているものを地域内で生産できるようにし、なるべく地域の貨幣を流出させないようにしたわけです。まさにコーンウォール地方で試算されたことを、同規模の鳥取県で実施してみたということになりますね。[27]

輸入置換としての共同売店

輸入置換について考えるとき、思い浮かぶのが共同売店です（**写真6－1**）。沖縄を中心に、周辺の離島にも広がった地域運営型売店です。ワークショップで「この地域にもコンビニが欲しい」という意見が出るたびに、「共同売店を経営してはどうですか？」と提案したりしています。

沖縄で初めて共同売店を経営したのは、沖縄本島の最北端にある国頭村《くにがみそん》の奥という地域です。奥は、国頭村のなかでも最北端で、そこから先は海しかないという地域です。この地域に「奥共同店」が誕生したのは1906年のことです。すでに100年以上の歴史があるわけです。誕生の経緯は、『創立百周年記念誌』に詳述されています。[28] それによると、この地域には当初、雑貨商を営む人が2人いたそうです。1人はこの地域出身の人で、もう1人は外の地域から流れ着いてきた人でした。そのうち、外の地域からやってきた人が、自分の店で扱う商品を増やし、地域外で仕入れたものを住民に販売することで莫大な利益を得るようになってきたのです。これに対して、何人かの地域住民が異を唱えます。地域外の出身者が、地域外から船で仕入れたものを地域住民に売って暴利を貪っている。自分たちの地域で独自の売店を作り、自分たちで経営したほうがいいのではないか。こうした動きに、もうひとつの雑貨商を営んでいた地域出身者も呼応し、奥共同店が誕生したというのです。現在でいうコミュニティビジネスですね。『創立百周年記念誌』にも「奥共同店が近代資本主義的要素の侵入を契機として設置された事は、奥共同体の自己防衛の一策であった」と書かれています。[29]

　こうして誕生した奥共同店は、地域住民によって経営され、設立の際に地元銀行から借りた資金も3年以内に返済し、商品の運搬に使う「やんばる船」を3隻購入しました。扱う商品は、地域住民が必要とするもので、酒、茶、煙草、醤油、塩、農具、日用品だったそうです。こうした商品は、地域外の都市で仕入れて船で運ばれてきました。また、地域住民が山から切り出してきた木材などを船に積んで、那覇などの都市部

28 奥共同店１００周年記念事業実行委員会『創立百周年記念誌』奥共同店、２００８

29 奥共同店１００周年記念事業実行委員会『創立百周年記念誌』奥共同店、２００８、p21

30 往路は集落の木材を都市へ運び、復路は日用品を都市部から集落へ運ぶという舟運《しゅううん》ですね

31 まさに輸入置換ですね

32 トラックやガソリンは輸入置換が難しい品物ですね。こういうものが広く流通することによって、「さすがに自分たちの地域では作ることができない」という諦めが広がり、本来は自分たちの地域で作って輸入置換できそうなものにまで「自分たちでは作れない」と諦めてしまう態度を植え付けてしまったのではないか、と思うことがあります。いまや都市部で生活する人の多くは、部屋に飾るための流木や石もホームセンターで購入するものだという認識になっているようです

にて販売していました。[30]

そのうち、奥の人々の酒の消費量がとても多いことがわかってきたこともあり、自分たちで酒を醸造しようということになります。続いて茶葉も栽培しようということになります。そのため、地域内に酒造工場と製茶工場が建設されます。また、山から切り出した木材を効率的に製材して輸出するため、製材工場も建設されました。[31]こうした物品を運ぶため、奥共同店が所有する船は時代とともに大型化し、より多くの商品を出荷したり、日用品を仕入れたりするようになりました。

この間、奥共同店の経営は悪化したり回復したりを繰り返しています。常に順風満帆だったというわけではありません。しかし、そのたびに地域住民がアイデアを出し合って、危機を乗り越えてきたのです。戦後は、この地域まで公道が通るようになり、ようやく船による運搬ではなく、トラックによる運搬が可能になります。地域住民の多くも自動車で移動するようになり、ガソリン需要が高まります。こうなると奥共同店は給油所も併設するようになります。[32]

奥共同店の歴史からわかることは、地域住民がみんなで応援する店は繁盛するということです。地域の人々から必要とされる店であれば、１００年続くことも可能だということです。奥共同店は、紆余曲折があったとはいえ現在でも地域住民によって経営されています。もしワークショップで「うちのまちにもコンビニがあったら」という話が出たなら、その考え方を輸入置換して、自分たちでおしゃれな共同店をつくってみてはどうでしょう。そこで働く若者を応援してみてはどうでしょう。まずはワークショップ参加者全員が応援することを約束し、各人が自分の友人や親戚にも共同店の価値を伝えるのです。説明のための小さな冊子をデザインしても良さそうです。ワークショップで話し合いながら冊子の内容を決めて、なぜこの地域に共同店が必要なのかを説明できる人を増やしていくのです。

共同売店の特徴

現在、東京出身の若い女性2人が「愛と希望の共同売店プロジェクト」という取り組みを続けています。ウェブサイトもあるし、ポッドキャストによる発信もしています。彼女たちが、『公民館のしあさって』という書籍でまとめた「共同売店の特徴」は以下の8点です。[33]

①「買い物」という経済活動の場であること（誰かの世話にならずに暮らすことができる、尊厳を保つことができる）。
②利益追求ではない（必要なものを必要な分だけ仕入れる、地域密着型の品揃え、無駄の削減）。
③人が集まる拠点になっている（そこに行けば誰かがいる、困ったときに頼ることができる）。
④歩いて行ける（日常的な運動で健康寿命が延びる、途中で人に会う）。
⑤子どもに会う（多世代交流、子どもの社会教育、土地への愛着醸成、文化の継承）。
⑥人に会う（地域や相手の状況を知る、思いやる関係が育つ、見守り機能）。
⑦自分で計算や支払いをする（認知機能の刺激、ボケ防止）。
⑧ツケ払いができる（年金が入ったときなどに払える、お財布に優しい、バラ売りもしてくれる）。

33 公民館のしあさって出版委員会『公民館のしあさって』ボーダーインク、2021、p158-159

34 こういう目に見えない価値を文字にすることはとても大切な気がします。目に見える店がひとつ消えることや数字で示されるお金の多寡だけでなく、目に見えない複合的な機能を認識しながら地域の未来について話し合いたいものです

35 だからこそ、ワークショップで「コンビニが欲しい」という意見が出ると、いろいろ語りたくなってしまうのです

そんな多様な特徴を有する共同売店ですが、最近はその数が激減していたり、存続している店も赤字続きだったり、ほとんど利益が出ていなかったりするそうです。そんな情報を得て「時代が変わったからなぁ。共同売店はもう終わりだなぁ」と思うのはもったいないことです。時代のせいにしてしまうのは簡単なのですが、実際には「時代に流されてしまっている地域住民の生活」こそが、共同売店を存続させられないようにしているのかもしれません。日常的な買い物はインターネットと全国チェーンの店で済ませ、地域外にお金を流しながら「便利になったなぁ」と感心している。そんな人が増えれば、地域から共同売店が消えていくことになるでしょう。そうなると、「買い物」という経済活動の場が消えただけでなく、同時に他の7つの特徴も消えてしまうことになります。[34]

その結果、人が集まる場所が無くなるので有料のオンラインサロン会員になったり、歩かなくなるので有料のジム会員になったり、自分で計算したり支払ったりしなくなって認知機能が低下するので有料の老人ホームにお世話になったりするのでしょう。すべて有料ですので、お金が必要になります。ますます働く時間を減らすことはできませんし、貯金が十分でない場合は老後が心配でたまりません。しかも、オンラインサロンやジムや老人ホームが地域外の企業によって経営されているのであれば、支払ったお金はもれなく地域外に流れていくことになるのです。残念ながら、そんな地域で若者が増えるようには思えません。そんな状態になってから、「なんでうちの地域は若者が減ったんだろうね」などと話をしても遅いのです。

そうなる前に、コミュニティデザインにできることは何なのか。ワークショップを企画する際によく考えます。[35]共同売店の価値をワークショップ参加者と学ぶこと。地域に共同売店のような拠点を生み出すこと。それはパン屋でもいいし、惣菜屋でもいいし、カフェでもゲストハウスでもいいでしょう。ワークショップ参加者とともに、共同売店の8つの特徴を有するような地域型事業を生み出し、それを応援したいと思います。

36 これは私の個人的な想像です。きっとこんな変遷だったんだろうなぁと思うことを書きますが、史実は違うかもしれません

写真6-2　兵庫県の無人販売所。撮影：著者

野菜の無人販売所

各地を歩いて、私が共同売店とともに興味を持っているのが「野菜の無人販売所」です（**写真6－2**）。無人販売所については、奥共同店のように誕生から歴史的変遷までをまとめた書籍が見当たらないため、どんなふうに生まれたのかを想像してみることにします。[36]

ある人が畑で野菜を育てているとします。その人は収穫した野菜を出荷するために箱詰めしますが、大きく曲がっていて箱に入らない野菜やキズが付いた野菜などは出荷できません。あるいは、求められているよりも多くの野菜を収穫した日は、そのすべてを箱に詰めることはできません。そうやって余った野菜は自宅

で調理して食べるのですが、その数が多いと食べきれません。漬物などの保存食にしてもまだ余る場合、近所に住む親戚や友人に配ろうとするでしょう。顔が見える関係における「おすそ分け」ですね（①）。

ところが地域に住む人の多くが同じく農家であり、同じ季節には同じ野菜を収穫していて、同じように野菜を余らせている可能性が高い。農家ではない人を探して差し上げようとするのですが、その家にはすでに別の農家からのおすそ分けが届いている可能性も高い。もし受け取ってくれたとしても、明日も明後日も同じ野菜が余ることになります。かといって、せっかく育てた野菜を捨てるのはもったいない。誰か欲しい人はいないものだろうか。そう考えたとき、畑の脇に棚を作り、そこに余った野菜を並べて「持って帰ってください」と置いておくことを思いつく人がいたのかもしれません。いわば「無料配布所」ですね（②）。

畑の横の道を歩く人が棚を見つけて、欲しい野菜があると助かりますね。畑にご主人がいる場合は、ひと声かけて野菜を持ち帰ることでしょう。まさに面識的なやりとりです。ご主人の姿が見えない場合、お礼のメモなどを置いておくかもしれません。お返しとして自分がおすそ分けしたいものを棚に置いて帰るかもしれません。集落を歩いていてご主人を見かけた場合はお礼を伝えることもできます。誰がどの畑の持ち主なのかがわかるからこそ、お礼を伝えることができるわけです。

そのうち、誰かが「お金を取ってくれよ、そのほうが気が楽だ」と言い始めるかもしれません。お礼の品を考えたり、メモを書き残したりするのは手間です。野菜の代金を取ってくれれば、こちらも気兼ねなく野菜を持ち帰ることができる。そんな言葉に後押しされて、畑の主人は棚の脇にザルとか箱を置き、「野菜、すべて１００円」などと張り紙をするのです。ここでようやく「無人販売所」が誕生します（③）。そうなると、人々はザルや箱に小銭を入れますが、小銭には名前が書いてありません。ご主人は誰が野菜を買ってくれたのかがわからなくなります。「いつも美味しい野菜をありがとうねー」と言われて初めて「ああ、この人も野菜を買ってくれているんだ」と気づくことになったりします。面識関係ではあるものの、誰が買ったのかがわからない関係になってしまうのです。

そのうち、ご主人は野菜によって売れゆきが違うことに気づくでしょう。人気のある野菜は少量でも１００円で売れるが、人気のない野菜は量を増やさなければ１００円で売れません。あるいは、売れる野菜と売れない野菜を組み合わせて販売するようになるかもしれません。野菜ごとに値段を変えるようになるかもしれませんね。こうなってくると、当初の「余った野菜なので自由に持ち帰ってください（②）」という気持ちとはかなり変わってきています。いわば「営利的無人販売所」になるわけです（④）。

そのうち、「ちゃんと代金を払っているだろうか」「代金を盗んでいる人はいないだろうか」という疑念が湧いてきます。並べた野菜を数えて、置いてある代金と照らし合わせたりすることでしょう。金額が合わないと、野菜が盗まれたのか、お金が盗まれたのか、どっちだと思い悩むようになります。その結果、お金を置いてもらっていたザルや箱ではなく、鍵付きの箱や金庫のようなものを置き、それを柱などにくくりつけておくようになるでしょう。面識もなければ信頼もない状態です。この段階になると「防犯型無人販売所」ですね（⑤）。

これで売上金を盗まれることはなくなりましたが、野菜そのものを盗まれる危険性が残っていま

37 もちろん、空調付きロッカーは地域外の企業から購入しているので代金が流出しています

す。野菜の盗難を抑制するために監視カメラを購入して設置したり、お金を入れると扉が開くようなコインロッカーを導入したりします。「機械式無人販売所」の登場です（⑥）。コインロッカーには温度調整ができるものもあり、収穫した野菜が傷みにくいという利点があります。中には野菜を数日置きっぱなしにしても問題ない製品まで登場しています。こうなれば野菜を盗まれることもなくなるし、数日前に収穫した野菜も売れるようになります。

ただ、こうなると曲がった野菜や大き過ぎる野菜がロッカーに入らないという問題が生じるかもしれません。また、温度管理用の電源を確保しなければなりません。誰がどんな気持ちで野菜を買ってくれているのかがわからなくなり、地域の人たちから感謝されているという実感もない。計算どおり野菜が売れて、電気代を支払うことができ、ロッカーの代金が回収できるかどうか。そのことばかりが気になってしまうことでしょう[37]。

インターネットで「野菜の無人販売所」と調べると、「畑の敷地内なら申請無しで無人販売ができること」、「人件費をかけずにほぼ自動で売れていくこと」、「野菜や売上金を盗まれないようにカメラやロッカーを導入すること」、「QRコード決済にすれば現金の盗難は防げること」、「ポップや看板を目立つものにすると売れるようになること」といったアドバイスが出てきます。野菜の無人販売所は、どんどん面識的ではない方向へと変容しているようです。

面識的無人販売所から生まれるもの

以上が、想像上の「無人販売所の変遷」です。現在、全国の無人販売所は①から⑥のどこかの段階にあるように思えます。③の「無人販売所」くらいまではかろうじて面識経済ですが、④の「営利的無人販売所」から先は面識よりも売上や盗難を気にしているように感じます。⑥の「機械式無人販売所」は都市周辺部や幹線道路沿いの無人販売所によく見られますね。

私が好きな無人販売所は③までのものです。地域全体で安心や信頼を担保しているので、防犯装置や機械装置に頼る必要がない無人販売所です。もはや全国でも珍しくなってしまいましたが、たまに見つけると嬉しくなって写真を撮ったりしています。私と同じように③までの無人販売所が好きな友人が何人かいて、そのうちのひとりが観察した無人販売所の話は興味深いものでした。

その無人販売所は、畑の脇に設置されていて、簡単な日除けの屋根の下に棚があるタイプだったそうです。そこに野菜が並んでいて、値段はすべて１００円。棚の隅に少し錆びた金属製のクッキーの缶が置いてあって、蓋には貯金箱のように硬貨を入れるための細長い穴が開けられていたそうです。

「こんな時代に人々はちゃんとお金を入れるのだろうか」と思った友人は、少し離れたところから無人販売所を観察したそうです。その結果、ほとんどの人がちゃんと缶にお金を入れていたそうです。野菜を育てている人の顔が思い浮かぶからでしょうか。面識の力ですね。

ところが夕方ごろ、ひとりの男子中学生が通りかかり、周囲に人がいないことを確認してから缶の蓋を開け、中から硬貨を数枚取り出したそうです。その手つきはかなり慣れていて、定期的に缶から硬貨を盗んでいるようだったと友人は言います。缶ごと盗むと犯人探しが始まるかもしれません。入っている硬貨をすべて盗んでしまうと対策されてしまうでしょう。だから、毎回少しずつ硬貨を盗《と》っているのかもしれません。

彼はそのお金を何に使うのでしょうか。気になった友人は彼を目で追ってみたそうです。そうすると、彼は近くの道端にある自動販売機でジュースを買って、それを飲み干して横にあるゴミ入れに捨てたそうです。盗ったお金は持ち帰らず、すぐに使う。ペットボトルもすぐに捨てる。何も持ち帰らない。それなら親にバレる心配もありませんね。この中学生、なかなかの智恵者です。

後日、友人はその日の興味深い出来事を、畑の持ち主に伝えたそうです。ところが、持ち主はかなり前からそのことを知っていたらしいのです。知っているけれどもそのままにしている。その中学生は家が遠く、夏は暑いのに長時間歩いて学校まで通っている。「ジュースを飲むお金くらいは出してやりたい」というのです。

子どもは親を選んで生まれてくるわけではありません。ましてや、その家庭が学校の近くに住んでいるかを見定めて生まれてくるわけではありません。たまたま学校の近くに住む家に生まれ育ったのか、遠い家に生まれ育ったのかというだけのことです。それなのに、近くに住む中学生は自宅で喉を潤してすぐ学校に到着する。別の中学生は喉の渇きを我慢しながら長い時間をかけて登下校する。それが不憫だと思うなら、ジュースを買うお金くらいは地域住民が払ってやればいいのではないか。畑の持ち主はそんなふうに考えていたのかもしれません。

その中学生が卒業したあと、誰かが彼に伝えるかもしれません。「君がお金を盗ってジュースを飲んでいることを、畑の持ち主は知ってたんだよ」と。彼は十分に大人になったとき、自分が地元の人のお金を使ってジュースを買い、その金額のほとんどを自動販売機経由で地域外へと流出させていたことを知るかもしれません。そうやって地域に育ててもらっていたことに気づいたとき、ふるさとに対する感謝と自分が次世代の担い手になる覚悟が生まれることでしょう。

しかし、現代の監視カメラ付きロッカー型無人販売所からは、野菜の売り買い以外の何かが生まれる可能性が感じられません。目には見えない大切な関係性が削ぎ落とされてしまった空間にしか見えないのです。

38 同世代の人たちには同様の記憶を持つ人も多いかもしれませんが、ペットボトルに入れたお茶や水に値段を付けて販売し始めたとき、ちょっとした衝撃がありましたよね。私は「こういうものに値段を付けて売ってもいいのか？」と驚きました

39 こういう仕事に多くのデザイナーが関わっています。その人たちは、自分たちの仕事を「コミュニケーションデザイン」と名付けたりしています

地域の人たちが自信を持つ？

野菜の無人販売所が、当初は顔が見える関係から始まったものの、徐々に顔が見えない人を対象とした商売になっていったという経緯を、①から⑥の段階に分けて想像してみました。もちろんこれは想像ですので、歴史的な検証をしたわけではありません。そして、①から始まった無人販売所が、現在ではすべて⑥になってしまったというわけでもありません。いまでも①に近いものが残っている地域もあるでしょうし、⑥しか成立しない地域もあるでしょう。それぞれの地域特性に応じて無人販売所が変形してきたということなのだと思います。

その意味では、無人販売所の変形は地域の都市化の度合いに応じたものであったといえるのかもしれません。顔見知りしか住んでいない地域なら①や②のようなおすそ分けや無料配布所（余った野菜を届けたり、欲しい野菜を自由に持ち帰る）が成立していたのですが、そこに幹線道路が通ったり地域外の観光者などが歩くようになると③や④のような無人販売所（野菜に値段がつき、代金を入れる箱に鍵がかかる）へと変形し、さらに都市化して住宅地のなかの残存農地に付随した無人販売所になると⑤や⑥のような形式（監視カメラがついたり温度調節付きコインロッカーが設置される）になるのでしょう。

こうした変化には、消費社会が高度化し、あらゆる物に値段が付くようになっていった歴史も影響しているのかもしれません。余った野菜に値段を付けて売るという発想がなかった時代や地域というのは確かに存在しました。それほど昔のことではありません。私が幼い頃にはまだそんな地域が存在していたことを覚えています。[38] もちろん、現在でも「こんなものを販売してお金をもらうなんて申し訳ない」という人が多く住む地域はあります。我々がコミュニティデザインのプロジェクトで訪れる地域でも、そういう人たちにお会いすることがあります。①や②の無人販売所が成立する状態ですね。

一方、そんな地域にデザインやマーケティングの専門家が来て、「みなさんが何気ないと思っているもの、値段なんて付かないと思っているものも、東京から見るとものすごい価値があるものなんですよ」などと伝え、地域の野菜を使い、地域の調理方法で加工した商品を開発し、東京の店頭に並べるために必要な量の保存料や防腐剤を加え、オシャレなパッケージに入れて販売することがあります。[39] たまに「作った人の顔が見えたほうがいいですから」といって、地域の方々の顔写真やイラストがパッケージに貼り付けられることもあります。[40]

こうして販売された「特産品」が東京で売れると、専門家たちは「これで地域の人たちも自信を持つと思うんです」と言います。[41] まるで、それ以前は地域の人たちが自信を持っていなかったかのようです。自信がなかったのではなく、「世の中には値段を付けてもいいものと、値段を付けないほうがいいものがある」という賢明な判断をしていただけなのです。いわば叡智と倫理があったのです。ところが、「売れそうなものなら何にでも値段を付けていいんだ」ということになると、「次は何を売ろうかな」という発想になる。これは③や④の無人販売所に近い発想です。

そうなってしまった地域でコミュニティデザインのワークショップを開催すると、参加者から「こんなものを売ればいいんじゃないか」、「あんなことをすれば観光客が増えるんじゃないか」という意見がたくさん出てきます。その延長には「東京の有名店を呼べばいいんじゃないか」、「チェーン店が出店してくれれば助かる」という意見が控えています。[42] そんな地域には、近いうちに⑤や⑥の無人販売所が登場することでしょう。

40 これは面識経済っぽい方法ですが、面識関係とは程遠い経済活動でしかありません

41 なかには、そうした商品開発を「成功事例」と呼び、地域の人たちが自信を持ったことを「シビックプライドが醸成された」と表現する専門家もいます。確かに「地域の人たちの自信」を英訳すれば「シビックプライド」になる気はしますが、この場合は「どのようにシビックプライドが醸成されたのか」という過程が重要になる気がします。シビックプライドを醸成するために、地域における目には見えない規範や関係性を崩してしまうのは本末転倒というものです

42 そして、こういう意見を実現させていくことが「地域の活性化」だと本気で信じている人たちがいるのです。私には、それらは単なる「地域の商品化」でしかないように思えます

「顔が見えない心地よさ」へと変容した仕組み

野菜の無人販売所について、①から⑥の6段階に分けて説明してきました。最近、無人販売という形式が野菜以外に広く応用されているようです。いわば⑦の段階があるかのようです。地域でいえば、こちらは都心部に多く出現しているようで、扱うものも野菜だけではなく、冷凍された牛肉や餃子、書籍や古着など多様化しています。もちろん、監視カメラや温度調節付きロッカーという⑥の段階を超えていますので、⑦の無人販売所にはQRコード決済やID認証ゲートなど、「顔を合わさなくても売買できる仕組み」が導入されています。

こうした無人販売所は、もはや畑の脇に設置されているわけではなく、都心部の商業ビルの1階などにあることが多いようです。コロナ禍に非対面で販売ができ、従業員がいないので24時間営業が可能になることなどが注目され、その数が増えたそうです。名称も「無人販売所」ではなく「無人店舗」と呼ばれることが多いようです。

こうした無人店舗が、野菜の無人販売所の系譜につながっているかどうかはわかりませんが、もしその最新版なのだとすれば大きく変化を遂げた結果だなぁと感じます。①の段階では顔が見える関係におけるおすそ分けだったやりとりが、⑦になると非対面の心地よさを積極的に活用した無人店舗になったわけですからね。

このように、最初の発想は「顔が見える関係」を前提としていたはずなのに、気づいたら「顔が見えない心地よさ」によって多くの人が利用しているという仕組みが増えてきたように感じます。

一般的に「シェアリングエコノミー」と呼ばれた仕組みの多くは、顔が見える関係にある人たちの間で行われていたことを、インターネットの技術によって知らない人たち同士でもできるようにしたもののように見えます。例えばウーバーという仕組みは、親戚や近所の知り合いを自分のクルマに乗せてどこかへ連れて行くという行為を、お互いに評価し合うスマホの技術によって見知らぬ人たちの間でも可能にした仕組みだといえます。[43] 開発した人たちは、たまたま乗車した人と運転手が会話を愉しみ、何度も依頼する間に顔が見える関係になっていくことを想像していたのかもしれません。

しかし、実際には多くの運転手がイヤホンで音楽を聴きながら、スマホ上に表示された目的地へと「お客さん」を運ぶだけで、一度も顔を合わせることがありません。会話を愉しむというよりも、1日に何人の「お客さん」を運んで、日給がどれくらい上がるのかにしか興味がないように見えます。[44]

エアビーアンドビーも当初は自宅に観光客を招いて、顔が見える関係になって会話を愉しむことが想定されていたそうです。これは、実際に日本法人の方々から聞いた話なのですが、家主が空いた部屋を旅行者に貸すことで、旅行者と家主が仲良くなったり、地域を案内したり、旅行後にお礼の連絡が来たりということを想定して始まったのがエアビーア

---

43 お互いの評価がアプリ上に蓄積されていくことで、信頼できる相手かどうかが判断できるようになるという仕組みです。面識関係なら信頼できる相手かどうかを判断するのは容易《たやす》いことですが、見知らぬ人が信頼できるかどうかはアプリの評価が担保するというわけです。この点からしても、シェアリングエコノミーが面識関係を重視していないことがわかります

44 現在のところ、日本では自分のクルマにお客さんを乗せて目的地まで運ぶウーバーは、一部の社会実験地域を除いて許可されていません。一方、自分の乗り物を使って飲食店の商品を配達する「ウーバーイーツ」は盛んに利用されています。ウーバーイーツもまた、面識とは違う論理で利用されているように見受けられます

45 この傾向は、特にアジアのエアビーアンドビーに多いようです。また、世界的に都市部のエアビーアンドビーに多く見られるそうです。一方、ヨーロッパの都市以外の地域におけるエアビーアンドビーは、理想的な状態に近いやりとりが続いているそうです

ンドビーだったそうです。

ところが、実際に運用が開始されると、ワンルームマンションに電子錠を付けて、家主から送られてくる番号を入力して泊まり、翌朝はスマホでチェックアウトして去っていくだけの利用がほとんどになってしまったというのです。「どうすれば家主や地域コミュニティと触れ合うような旅を演出できるでしょうか?」とエアビーアンドビー日本法人の方々に相談されたことがあります。[45] 残念ながら、何も思いつきませんでした。

クラウドファンディングも、顔が見える人たちからの寄付を広く募ろうということが発想の原点にある仕組みだと思います。遠方に住んでいるけれども、「あの人のプロジェクトなら応援したい」と思えれば寄付金を送ることができる。顔が見える関係であれば、距離を超えて支援ができる。だから、当初は提案者が自分の知り合いに呼びかけて寄付を募っていました。

ところが、そのうち「どんな返礼品があるのだろう」、「このときにしか手に入らない返礼品だから将来プレミアが付きそうだ」ということで寄付する人にまで情報が届くようになってしまった。いまや「これは誰だろう?」という人からの寄付金を大量に集めるようなプロジェクトも多いようです。寄付者の顔が見えていないけれども、寄付金だけは増えていくというわけです。[46]

46 たまに「クラウドファンディングで数千万円を集めたプロジェクトらしいよ。すごいよね」という話を聞くことがありますが、その金額になると顔が見えない人からも寄付金を集めているでしょうから、個人的には素直に「すごい」と思えなくなります。これも個人的な感想ですが、「寄付の悦び」というのは顔が見える関係にある人が困っている状態を見つけて、本人から支援を頼まれる前に寄付するところにあるんじゃないかと思っています。それによって相手が驚いたり喜んだりする顔が見たいのです。だから「寄付してください!」と呼びかけられて応じるのはあまり愉しくありません。ましてや、顔が見えない人の呼びかけに応じて寄付するということでは、私にとって大切な「寄付の悦び」が減じてしまいます。繰り返しますが、個人的な感想です。だからかもしれませんが、私が関わるプロジェクトでは、あまりクラウドファンディングを使うことがありませんただし、クラウドファンディングの会社にプロジェクトの文面を相談すると、必ず「提案者の顔が見えるように書くべし」というアドバイスをもらいます。「私が提案者です」という文字と顔写真。自分の生い立ちやプロジェクトへの想い。これを最初に明示したうえで、何を支援してほしいのかを書くこと、と言われます。一方通行かもしれませんが、まだ「顔が見えること」は重視されているようです。

「返礼品で選ぶ」といえば、いまや「ふるさと納税」が連想されるようになってしまいました。この仕組みも、もともとは顔が見える関係を想定してつくられたのではないかと思います。自分が生まれ育った地域を応援したい。ふるさとに納税したい。人生のある時期に住んだ地域に恩返ししたい。よく遊びに行く地域、大好きなあの人が住んでいる地域に何かできないか。いずれも、顔の見える人々が生活している地域です。ところが、そういう気持ちに応える地方税制になっていない。そこで生まれたのが「ふるさと納税」という仕組みだったのでしょう。だから、「ふるさと」の定義は人によるわけです。必ずしもかつて住民票があった地域でなくてもいい。毎年旅行している地域でもいいのです。

納税してもらった地域の自治体は「何かお返ししたい」、「ただ納税してもらうだけでなく、ちょっとしたものでもいいから地域を思い出してもらえるものを贈りたい」という気持ちになったのでしょう。その地域

47 そんな時代になったからこそ、京都府長岡京市のように「返礼品を贈らない」と公言する自治体が出てきているのでしょう。そういうふるさと納税なら、納税する側がそれぞれの想いを込めて納税してくれていることが感じられるので、受け取る側も気が引き締まるというものです

48 サロンの誕生について詳しく書かれた本に『クラブとサロン』があります。そのなかに「人は、一人では生きにくい。人間は人間同士で群れたがる。社交への欲求は人間の本能の一つであるといえよう。(中略)人が集まれば必ず話をする。たわいもない世間話で気晴らしをすることにはじまり、もう少し進んで感情や心情を満たす対話を交わし、さらに意味のある話、役に立つことや、人に伝える価値のあることを語り合う」という記述があります。こうしてサロンは価値のあることを語り合う場になっていったことが伺えます。小林章夫ほか著『クラブとサロン』NTT出版、1991、p79

49 フェイスブック上に「山崎亮のコミュニティデザイン部」というグループが

ならではの品を返礼品として贈るようになった。そうなると「あの地域の返礼品はすごい」という話になり、「うちはもっとすごい物を贈ります」と主張する自治体が現れるようになり、いつの間にか「返礼品合戦」の様相を帯びてしまった。なかには、すごい返礼品を贈りたいがために、自分たちの地域とは全く関係のない物を用意する自治体まで出現する。そんなことになってきたのではないかと思います。そうなると、もはや「顔が思い浮かぶ地域」ではない「ふるさと納税」になってしまいます。[47]

オンラインサロンも似たような展開を見せているように感じます。サロンというのは、顔が見える人たちが集う場だったはずです。富裕層の応接室などに集まった文化人たちが、自分たちの興味があることを互いの顔を見ながら話し合ったことでしょう。[48] その「似た興味を持つ人たちが集まる場」をオンライン上に作ったのがオンラインサロンであり、遠隔地からでも知的な会話に参加できるというメリットがあったはずです。

ところが、いつの間にか有名なオンラインサロンというものができてきて、サロンメンバーの数が多ければ人気だということになりました。月額数千円の会費を払うメンバーが1万人いると、毎月数千万円の会費収入になります。その一部をメンバーが使って、さまざまな活動を展開するというわけですが、この規模になるとほとんど顔が見える関係ではなくなっているでしょうね。[49]

以上のように、面識関係が発想の原点にあっても、技術を使って多くの人がそこに関わることが

あって、そこは無料のオンラインサロンのような集まりになっています。友人のプロデューサーが作ってくれたグループで、当初は数十人しか参加していない小さな集まりだったのですが、徐々に参加者が増えて４５００人を超える規模になってしまいました。無料の集まりなので、別に誰かが何かをしてあげるというわけではありませんが、コミュニティデザインに関する話題を気が向いたときに投稿するというようなゆるいグループが維持されています。ただ、この人数になると顔が見えているのは一部の人だけということになってしまいますね

できるようになると、徐々に面識関係が成立しない規模になっていき、最終的には当初イメージしていた経済とは違う経済になってしまう、ということが起きやすいようです。[50]その意味では、Ｗｅｂ３の技術を活用したこれからの地域づくりについても、分散型自律組織（ＤＡＯ）などを使って進めることはできるでしょうが、それをどの規模に抑えるかが重要になりそうです。[51]そこをしっかり検討しながら運営しないと、面識関係が生み出す「目には見えないけれども、重要な特徴」が霧散してしまいかねません。[52]

2000年代に示された仕組み

面識関係を思い描きながら始まった仕組みが、技術によって多くの人が利用するようになり、気がつくと「顔が見えない心地よさ」を前提とした仕組みになってしまっていた、という例は、ほかにもたくさんあるように思います。

一方、顔が見える関係をなるべく維持するために使える仕組みもまだ残っています。[53]その代表的な概念が「コミュニティビジネス」です。コミュニティビジネスは、顔が見える関係における経済行為の基本的な考

50 技術は第二の分水嶺を超えやすいということですね

51 コンヴィヴィアルな規模を見極める必要がありそうです

52 シェアリングエコノミーは、かつて存在した面識関係を理想化して活用しようとする経済活動だと言えるのかもしれません。ところが、現実は理想と同じような関係が生まれず、資本主義社会になじむように変容してしまうのでしょう

53 もちろん、これらの仕組みは使い方次第ですので、技術を使って大規模に展開すれば「顔が見えない心地よさ」へと展開してしまうことでしょう。そのこと自体は悪いことではないのですが、グローバル経済や消費社会といった時代の特徴のなかに、すでにたくさん存在している経済行為が「顔が見えない心地よさ」を前提としたものです。そんな社会にあって、生活の一部だけでも「顔が見える関係」に基づく経済行為を生み出したい、というのが本書の狙いです

え方だといえます。細内信孝さんが書いた『コミュニティ・ビジネス』という本の冒頭に、コミュニティビジネスの定義が掲載されています。そこには「コミュニティ・ビジネスは、地域コミュニティを基点にして、住民が主体となり、顔の見える関係のなかで営まれる事業をいいます。またコミュニティ・ビジネスは、地域コミュニティで眠っていた労働力、ノウハウ、原材料、技術などの資源を活かし、住民が主体となって自発的に地域の問題に取り組み、やがてビジネスとして成立させていく、コミュニティの元気づくりを目的とした事業活動のことです」と書かれています。[54]コミュニティビジネスは、まさに面識経済の主たる担い手ですね。

こうした考え方に基づいた事業は、2000年頃から増えてきたように思います。そして、その多くは今でも「顔が見えない心地よさ」へと移行せず、「顔が見える関係」を大切にした事業を続けているように見えます。書籍『コミュニティ・ビジネス』には、コミュニティビジネスが生まれる過程が解説されています。それによると、まずは「地域の課題を解決したい！」と思う地域住民が集まり、手弁当で市民活動を開始します（①）。当初は手探りで、いろいろ試行錯誤することでしょう。もちろん、この段階は「顔が見える関係」で進められます。次に、その活動をビジネスとして事業化しようということになります。これは「社会起業」と呼ばれる段階です（②）。地域社会のために起業するというわけですね。この段階もまだ「顔が見える関係」が基本です。そして、事業が安定し、仲間が増え、より大きな組織になって地域への貢献が安定してくると「社会的企業」となります（③）。場合によっては、この社会的企業が地域の枠を超えて大きく成長し、大企業化することもあります。一方、規模や地域をあえて限定したまま、地域に貢献し続ける企業に留

54 細内信孝『新版：コミュニティ・ビジネス』学芸出版社、2010、p12

まることもあります。こうした社会的企業（③）が、次に生まれる市民活動（①）を応援してくれると、地域内に事業間のつながりや循環が生まれます。そんな地域は、コミュニティビジネスに支えられた魅力的な地域となることでしょう。[55]

コミュニティビジネスという概念が提示され、「そういえばあれも、これもコミュニティビジネスだな」と思えるようになった２０００年頃、塩見直紀さんが『半農半Xという生き方』を出版しました。[56]「半農半X」とは、自分たちが食べていくための食料はなるべく自分たちで育てて（半農）、それ以外の時間を自分がやるべきだと思う仕事（半X）に費やすという生き方です。そして、「半X」部分にコミュニティビジネスを入れてみてはどうか、というのが同書における提案のひとつです。[57]

同じ頃、私に大きな影響を与えてくれた本が出版されました。それが、辻信一さんの『スロー・イズ・ビューティフル』です。[58]タイトルから分かる通り、シューマッハーの『スモール・イズ・ビューティフル』に影響を受けた内容ですが、辻さんは「スモール（小さいこと）」とともに「スロー（遅いこと）」にも価値を見出そうとしています。いわゆる「スローライフ」の豊かさを魅力的な言葉で綴った本で、私は購入してから４ヶ月間に３回も読み返しました。この本は全体としてとても興味深い内容なのですが、面識経済という視点からすると「「いいこと」と「好

55 細内信孝『新版・コミュニティ・ビジネス』学芸出版社、２０１０、p40-41。なお、本書にはコミュニティビジネスの事例が分野ごとに紹介されており、そこにはＮＰＯ法人フローレンス、株式会社いろどり、ＮＰＯ法人かさおか島づくり海社などが登場しています。また、大和田順子さんの『アグリ・コミュニティビジネス』には、マイファーム、生活の木、えがおつなげて、群言堂、森のようちえんなどの事例が紹介されています

56 この本は２００３年に出版されたものですが、私が持っているのは文庫版なので２０１４年に出版されたものです。光栄なことに、この文庫版の巻末には私の解説文が掲載されています（塩見直紀『半農半Xという生き方：決定版』ちくま文庫、２０１４）

57 塩見直紀『半農半Xという生き方：決定版』ちくま文庫、２０１４、p220-228

58 辻信一『スロー・イズ・ビューティフル』平凡社、２００１

きなこと」をつなぐ：スロー・ビジネスの可能性」という章が示唆的です。さらに、この章の内容をじっくり語り合った書籍として、辻さんは中村隆市さんとの対談本『スロービジネス』を出版しています。[59] その内容は、中村さんがフェアトレードのコーヒー豆を販売する「ウィンドファーム」を設立するまでの試行錯誤について。面識経済そのものについて語られたものではありませんが、中村さんが多くの仲間や知り合いに支えられながら事業を展開してきたことがわかります。[60]

また、スローライフ運動からは、「地産地消」よりも面識関係を重視した「友産友消」という概念が生まれました。友人が作ったものを購入して使うこと。顔見知りの関係を大切にすること。こうした考え方の根底には、私が面識経済について考えてみたいと思った経緯と共通するものを感じます。[61] それは、グローバリズムという「どこまでも広がっていく思想」があるのなら、ローカリズムという「これ以上広げない思想」も持ち合わせておかないと、いろいろおかしなことが起きてしまうのではないか、結果的に生きにくい地域になってしまうのではないか、という問題意識です。[62]

59 中村隆市、辻信一『スロービジネス』ゆっくり堂、2004

60 2010年に出版された髙坂勝さんの『減速して生きる：ダウンシフターズ』も、スローライフに近い生き方の実践についてまとめたものです。この本の中には、塩見直紀さんの半農半Xも登場しますし、参考文献には辻信一さんの『スロー・イズ・ビューティフル』が挙げられています（髙坂勝『減速して生きる：ダウンシフターズ』幻冬舎、2010）

61 ただし、友産友消のウェブサイトを見ると、「単なる〝顔の見える〟っていうよりはもっと近い」と書かれています。「トモトモ」https://www.sloth.gr.jp/tomotomo

62 思想家の内山節さんは「ローカリズムとは何かというと、自分たちの生きている地域の関係を大事にし、つまり、そこに生きる人間たちとの関係を大事にし、そこの自然との関係を大事にしながら、グローバル化する市場経済に振り回されない生き方をするということです」と書いています（内山節ほか『内山節のローカリズム原論』農文協、2012、p106）

２０１０年代に示された生き方

そして、２０１０年頃になると、さらに「顔が見える関係」を維持したまま働く方法がさまざまな言葉で表現されるようになりました。「小商い」という言葉もそのひとつです。平川克美さんの『小商いのすすめ』という本は、なぜこれからの社会に小商いが必要なのかについて説明したものです。ただ、その説明がとても長くて、約２２０ページの本文中、小商いという概念がようやく登場するのは２００ページ目あたりという風変わりな本です。[63] そのため、具体的にどんな小商いがあるのかについては、ほとんど語られていません。平川さん自身は、小商いを勧めるけれども山奥に籠《こも》るスローライフとかエコロジカルな生活を勧めたいわけでも、自分がそんな生き方をしたいわけでもないと言い切ります。自分が生まれる前から進んできたグローバリゼーションによる経済をすべて否定することはできないというのがその理由なのですが、この感覚は私も共感するところです。[64]

理論的に考えれば、グローバル経済を全否定したほうがすっきりするのですが、現実にはスマートフォンを使いたい自分がいるし、ノートパソコンがないと仕事ができない自分もいます。つまり、顔の見えない人

63 なぜそうなったのかということについては、長い「まえがき」に記されています（平川克美『小商いのすすめ』ミシマ社、２０１２）

64 同じ頃、藻谷浩介さんが書いた『里山資本主義』も大変示唆的でした。この本のなかには面識関係によって生活を豊かにしていく事例が紹介されていますが、多くは「地域の資源を使いながら、自分でできることを増やす」ことを重視しているように感じます。その意味では、面識経済と里山資本主義は、重なるところがありつつ、力点が少し違うところにあるような気がします（藻谷浩介ほか著『里山資本主義』角川新書、２０１３）

65 森の生活を続けたソローには憧れますが、自分にそれができるとは思えないし、やりたいと思うこともありません。ただし、ソローが森の生活から得た知見は、私の生き方に大きな影響を与えてくれました

66 伊藤洋志『ナリワイをつくる』東京書籍、２０１２、p2

が作った道具も使いながら生活しています。「いや、そういうものをすべて捨てても生きていける」と言われれば、確かにそのとおりだと思うのですが、山に籠って自給自足の生活へと移行したいかと言われると「それは難しいな」という気持ちになります。[65]

そんな私にとって興味深かったのが、伊藤洋志さんの『ナリワイをつくる』という本でした。この本は「小商い」の中身を具体的に（しかもユーモラスに）伝えてくれます。この本の「はじめに」は、「個人レベルではじめられて、自分の時間と健康をマネーと交換するのではなく、やればやるほど頭と体が鍛えられ、技が身につく仕事を「ナリワイ」（生業）と呼ぶ。これからの時代は、一人がナリワイを3個以上持っていると面白い」という言葉から始まります。[66]

この本が面白いところは、ナリワイとは何かが「練習問題」と「ナリワイ的回答例」によって示されていることとです。例えば、「毎回飲み会にお金を使いすぎているんだけどどうしたらいい？」という問いに対して、「人が集まることのできる場を自分でつくり、料理が上手な友人に作ってもらった食事を、ほかの友人たちとも愉しむ」という回答例が示されます。私はこういう回答例が大好きです。コミュニティデザインのワークショップでも、地域を元気にするためにどうしたらいいですか？　という問いに対して、こんな回答例が出てくると嬉しくなります。そして、すぐに仲間を募って実行してもらいます。ほかにも「学生時代に住んでいた街が好きなので、たまに旅行に行きたいけど、ホテルに泊まるのは味気ない」という問いに対して「共同の別荘をつくる」という回答例が出ています。いずれも、一般的な経済活動という意味からすると、仲間と一緒に愉しいことをするという「経済規模の小さなこと」へと収斂してしまうアイデアですが、それによって逆に「大きな愉しみ」を手に入れているように見えます。そして、ナリワイというと自分一人の働き方のように聞こえますが、顔の見える関係のなかで愉しく仕事を進める方法であることがよくわかります。まさに面識経済を支える営みだといえるでしょう。

『ナリワイをつくる』の1年前に出版されたのが藤村靖之さんの『月3万円ビジネス』です。『ナリワイをつくる』にも紹介されている本ですが、これまたユニークな内容です。[67]「まえがき」は、「『月3万円ビジネス』というのは、月に3万円しか稼げないビジネスのことです。いいことしかテーマにしません。このビジネスはたくさん有ります。なにしろ月に3万円しか稼げないので、脂ぎったオジサンは見向きもしません。つまり、競争から外れたところにあるビジネスです」という文章から始まります。[68]この本が提案しているのは、「月3万円しか稼げないビジネスを10種類やってみてはどうですか？　月30万円くらいの収入になりますよ」というものです。どういう意味があるのか。それが1章に書かれています。月3万円ビジネスは、月3万円しか稼げない。小さな経済規模だからこそ「いいことしかやらない」と決めることができる。そして、きっと「いい人しかやらない」。もちろん「いい人しか買わない」商品を売ることでしょう。そんなビジネスを10種類やって、支出の少ない生活スタイルにすれば、わりと幸せに生きていくことができます。気をつけることは、「ネットでは売らない」、「卸売りはしない」、「借金をしな

―67　藤村靖之さんの取り組みは、先に上げた辻信一さんの『スロー・イズ・ビューティフル』や対談本である『スロービジネス』にも登場しています

―68　藤村靖之『月3万円ビジネス』晶文社、2011、p7

―69　藤村靖之『月3万円ビジネス』晶文社、2011、p12-49

―70　思い返せば、初年度の確定申告時の利益は35万円でしたので、ほぼ「月3万円ビジネス」としてスタートしていたことになります

―71　アサダワタル『住み開き』筑摩書房、2012。この本は2020年に文庫化され、光栄なことに巻末には私の解説文が掲載されています（アサダワタル『住み開き：増補版』ちくま文庫、2020）

―72　00著、石原薫訳『シビックエコノミー』フィルムアート社、2014

―73　紫牟田伸子ほか編『日本のシビックエコノミー』フィルムアート社、2016

い」、「みんなで作る」、「営業経費をかけない」ことなどで、それによって「友達が増える」と結びます。そして、この種のビジネスは「ワークショップ」、「エコビレッジ」、「地域通貨」、「NPO」、「コピーレフトやクリエイティブコモンズ」と親和性が高いそうです。[69]

こうしたキーワードは、面識経済にも当てはまります。2005年にコミュニティデザイン事務所 studio-L を設立したときに考えていたことも、今思えばほとんど「月3万円ビジネス」でした。[70] 6年後にこの本が出たとき、その内容にものすごく共感したことを覚えています。

一方、2012年にはアサダワタルさんの『住み開き』という本が出版されました。[71] この本に紹介された事例はいずれも自宅を開放して人々を招き入れる活動をしているものですので、狭い意味での経済活動をしているわけではありませんが、住み開きを実践するほど顔見知りの人が増えて、面識関係が充実していく様子が垣間見えます。広い意味として捉えれば、これらも面識経済の興味深い取り組みだといえそうです。

また、2014年には『シビックエコノミー』が翻訳出版され、その副題にある通り「世界に学ぶ小さな経済のつくり方」が、イギリスを中心とする25の事例を通じて紹介されました。[72] その2年後には、日本におけるシビックエコノミーの30事例が紹介されました。[73] この2冊に紹介された国内外55の事例は、いずれも面識経済の可能性を示すものばかりでした。出版されたばかりの2冊を携えて、イギリスと日本の国内を巡り、紹介されている事例の関係者に話を聞いたものです。[74]

74 同じ時期、社会教育を専門とする牧野篤さんが『農的な生活がおもしろい』と『「つくる生活」がおもしろい』という2冊の本を出版しました。ここにも、小商い、コミュニティ、つながり、楽しさなどを大切にした取り組み事例がたくさん紹介されています（牧野篤『農的な生活がおもしろい』さくら舎、2014。牧野篤『「つくる生活」がおもしろい』さくら舎、2017）

2020年代に示された実践

ところが2020年頃になると、自由に旅行ができなくなりました。コロナ禍です。同時に、多くの人が自分たちの住む地域に再注目しました。遠方に旅行へ行けないどころか、会社に出勤することもできない。リモートワークによって自宅で働き、近所を散歩し、なじみの店を応援するように利用しました。「対面」の価値が再評価され、「面識」の重要性が実感された数年間でした。

この時期、改めて「近所」や「地元」の大切さを実感した人も多かったでしょう。歩いて行ける距離にどんな友人がいるのか、応援したい店はあるか。そうしたことが、我々の人生の充実した時間を下支えしてくれているということに気づいたのです。ちょうどその頃、『ネイバーフッドデザイン』という本が出版されました。ネイバーフッドデザインでは、「人と人の物理的な近さ」を重視しており、うまく進められれば、①まちのにぎわい、②景観・施設の保全、③趣味・学びの充実、④困りごとや課題の解決といった4つの価値が実現することになるそうです。[75]著者の荒昌史さんは、マンションコミュニティづくりやエリアマネジメントの分野でさまざまな実践を経験されてきた方なので、内容に説得力

75 荒昌史『ネイバーフッドデザイン』英治出版、2022、p56

76 創造的な「大家」業を実践する青木純さんは、自身の取り組みをまとめた『パブリックライフ』という本のなかで「ナリワイ型住宅」や「ネイバーフッドコミュニティ」という言葉を使っています。また、「そもそも顔が見えない消費行動によって暮らしが埋め尽くされていると、自分の損得だけが価値基準となり、愛着も応援も何も生まれない」という言葉は、面識経済の大切な部分を言い表している気がします（青木純、馬場未織『パブリックライフ』学芸出版社、2024、p202-203）。そんな青木さんが雑談のなかで「大家はなぜ嫌われるか」という話をしてくれました。「毎月家賃を払っているのに顔が見えない。だから大家は嫌われるんだと思います」という彼の説明は、面識経済の本質を捉えたものだと感じました

77 エツィオ・マンズィーニ著、安西洋之ほか訳著『ここちよい近さがまちを変える』Xデザイン出版、2023、p37-40

があります。[76]

人と人の物理的な距離に注目した著書は、イタリアのデザイン研究者によっても書かれました。『ここちよい近さがまちを変える』のなかで、著者のエツィオ・マンズィーニは「近接」の大切さに繰り返し言及しました。そして、近接こそが「ケア」を生み出し、ケアのコミュニティこそが我々の人生にとって大切であると指摘しました。デザイナーにして、ここまで「目に見えないもの」を取り扱い続けた人を私は他に知りません。彼は著書のなかで社会地理学の知見を紹介しながら、近接を5種類に整理しています。それらは、①地理的近接（物理的な距離が近い）、②社会的近接（関係性が近い）、③認知的近接（価値観が近い）、④組織的近接（仕事や役職が近い）、⑤制度的近接（制度と行動が近い）です。それらを踏まえた上で、マンズィーニは近接を「機能的近接」と「関係的近接」の2つに大別しています。[77]

コロナ禍にこの2冊を読んだとき、どちらの主張にも根底に「顔が見える関係」、面識が存在するように感じました。物理的に近いこと（地理的近接≒ネイバーフッド）は、日頃から顔を合わせる可能性を高め、顔見知りの関係になりやすく（社会的近接）、この中から価値観の近い人（認知的近接）を見つけ、友人関係が生まれたり、助け合う関係が生まれたりするのでしょう。コロナ禍は、「対面」を避けなければならない時期だったにもかかわらず、いや、だからこそ「面識」の重要性を実感させてくれる時期でもあったように思います。

デザイナーの視点という意味では、同じ時期に出版された『おもしろい地域には、おもしろいデザイナーがいる』という本も興味深い内容でした。[78] 全国各地の21地域で活動するデザイナーたちの

78 新山直広、坂本大祐編著『おもしろい地域には、おもしろいデザイナーがいる』学芸出版社、2022

事例がまとまっているのですが、多くのデザイナーが自分の専門分野にこだわらず、いろんなことに関わっているのです。共通しているのが「もはや、何屋さんかわかりません」という言葉。とても共感できます。なぜなら、都市部以外の地域では、デザイン事務所がひとつしかないということも多いからです。その場合、グラフィックデザインもプロダクトデザインも、建築デザインもランドスケープデザインも、頼まれれば自分たちでなんとかするしかないのです。それどころか、写真撮影も動画編集も、イラストを描くことも自分たちでなんとかする。だから「何屋さんかわからない」ということになるのでしょう。まさに小商いの集合体としてのデザイン事務所であり、月3万円ビジネスの集合体のようでもあります。

しかし、だからこそ顔が見える関係にある人からの相談をどう解決すべきかについて、多様な選択肢の中から検討することができます。パンフレットを作るべきなのか、空き家をリノベーションするべきなのか、映像作品を作るべきなのか。さまざまな解決策のなかから、今回の課題にはどんな解決方法がいいのかを選ぶことができます。この態度こそが、ヴィクター・パパネックのいう「専門家的デザイナーから万能人的デザイナーへ」なのでしょう。[79] どんな相談をされても空間を作って解決するという態度は、冷静に考えるとおかしなものです。空間を作るのではな

──79 ヴィクター・パパネック著、阿部公正訳『新版：生きのびるためのデザイン』晶文社、2024、p206

──80 このとき、地域に住む人たちがデザイナーの仕事を詳しく知らないことが役立ちます。一般的に、デザイナーのなかに建築、ランドスケープ、プロダクト、グラフィック、映像、ウェブ、ファッション、サービスなどさまざまな分野が分かれていることなど、ほとんど知られていません。だから、「なんとなくデザインの仕事っぽいこと」は、地域にいるデザイナーに相談してしまうのです。都市部のデザイン事務所なら「それはうちの仕事じゃありません」と言い切ることができるのかもしれませんが、そうではない地域で、しかも顔が見える関係のなかで相談されると「なんとかします」と言わざるを得ない。その結果、万能人的デザイナーへと育つことになるのでしょう

──81 西田司ほか編著『小商い建築、まちを動かす！』ユウブックス、2022

──82 nLDKという表記は、最初のnがベッドルームの数を示し、LDKがリビン

く、みんなで映像を作って公開したほうがうまくいく場合だってあるでしょう。そんなとき、都市部での仕事なら映像作家を見つけて協力してもらえばいいのでしょうけれども、人口がそれほど多くない地域で仕事をするなら自分で撮影や編集を担当するしかありません。予算が潤沢にあるなら都市部から映像作家に来てもらうこともできるでしょうが、地域の仕事はもっと小さな規模であり、小商いのようなものが多い。また、顔が見える関係で頼まれた仕事ですから、知らない専門家を呼んできて仕事をしてもらうというのも何か違う気がします。その結果、地域のデザイナーはいろいろな分野の仕事に携わる「万能人的デザイナー」へと成長していくことになります。言い換えれば、万能人的デザイナーは、面識関係のなかで育てられるということなのかもしれません。[80]分業や外注に頼り過ぎない働き方でもあります。

建築分野から小商いについて検討したのが『小商い建築、まちを動かす！』という本です。[81]こちらもコロナ禍に出版された本で、在宅勤務が推奨され、通勤時間が消滅し、副業が解禁されるようになり、自宅で小商いを始める人が増えたことでしょう。ところが、近代以降の住宅建築には小商いスペースが含まれていません。かつての「町家」には、道路側に商いのための空間がついており、奥に応接のための空間、そしてさらに奥に生活空間が配置されていました。ところが、自宅と職場が離れて、通勤が一般的になると、自宅から商い空間や応接間が消えてしまいました。その結果、多くの住宅の間取りが「nLDK」と表示されるような生活専用空間となってしまったのです。[82]

しかし、コロナ禍によって自宅で小商いする人が増えた。コロナ後も副業が許された企業も増え

グ、ダイニング、キッチンのスペースがあることを示します。したがって、3LDKと表記されればベッドルームが3つと、リビング、ダイニング、キッチンのスペースがあるという意味です

ました。それなのに、住宅は相変わらず「nLDK」のままです。これから建設される住宅の一部は、小商いスペースを併設したものになったほうがいいのではないか。本書はそんな問題意識を持って編集されたようです。実際に自宅で副業や小商いを営んでいる12事例が紹介されており、その事業内容や平面図、空間の写真などが掲載されています。その多くが面識関係のなかで小商いを営んでいることがわかるような空間配置となっていて、地域のお客さんと対話できるようなカウンターや椅子の配置になっています。まさに面識経済のための小商い空間です。近い将来、副業で小商いする人が増えて、自宅に小商いスペースを併設するのが当たり前になったら、不動産屋の情報に「nLDK小」という文字が登場するかもしれません。[83]

面識経済と面識公共

小商いは顔が見える商いであり、面識経済の基本だと思います。一方、本来は顔が見える関係のなかで学び合うことを目的とされた社会教育施設が、最近では顔が見えない施設になりつつあるのも気になるところです。2021年に出版された『公民館のしあさって』は、「誰の顔も見

83 この本の原稿を執筆している頃、私も仕事場兼自宅を設計しました。1階を仕事場とし、応接室と執筆室と書庫を並べました。2階と3階が生活空間となっています。仕事内容が、コミュニティデザインのワークショップ、講演、執筆、大学での講義といった小商いの集合体であり、そのためのオンライン会議やメールでのやりとり、対面での打ち合わせや取材対応などが快適にできる空間であって欲しいと思いました。また、ユーチューブを撮影したり、食べ物の絵を描いたり、動物陶芸を作ったりすることもあるため、趣味の活動も愉しむことができる空間にしたいとも思いました。おかげで機嫌よく働き、暮らすことができています。さまざまな小商い活動のための空間がある暮らしはオススメです

84 公民館のしあさって出版委員会『公民館のしあさって』ボーダーインク、2021、p185

85 公民館のしあさって出版委員会『公民館のしあさって』ボーダーインク、2021、p186-188

えない公民館」のあり方に疑問を呈しています。この本の結論部分に近い座談会のなかで、著者の方々は喫茶店や居酒屋に理想的な公民館のあり方を見出しています。具体的には、「喫茶店にちゃんとしたコーディネータがいれば、公民館になりますよね。その場の発言にちょっとだけ責任をもって前に進めたりする人の存在です。そういう意味では、居酒屋もいっしょですね」という発言があります。[84] 喫茶店や居酒屋にコーディネーターがいれば理想的な公民館になりそうだ、というわけです。それはまさに「顔が見える喫茶店や居酒屋」ということでしょうね。顔が見える公民館が少なくなっている。この問題意識を、この本では「人間味のない公民館」と表現しています。それでは、公民館も喫茶店や居酒屋のようになればいいじゃないかと思うのですが、公民館でお金の話は禁句なのだそうです。[85] 地域の社会教育施設は、面識経済と結びつくと魅力的な場所になりそうだな、と思うのですが、なかなか難しいようです。

それなら小商い的に社会教育施設を作ってしまえばいいんじゃないか。そう考えた人たちの活動を紹介しているのが2023年に出版された『わたしのコミュニティスペースのつくりかた』という本です。[86] 民営図書館である「みんなの図書館さんかく」を始め、さまざまな「私設公共」プロジェクトの紹介を通じて、顔が見える公共空間のつくり方を具体的に紹介してくれています。この本に紹介されている事例は、行政が設置した社会教育施設ではないため、お金の話が禁句ではありません。むしろ、お金の話と運営方法をセットで考えなければ続けられないことが前提です。そして「わたしのコミュニティスペース」というとおり、運営主体の顔が見える事例がたくさん紹介され

86 土肥潤也、若林拓哉著『わたしのコミュニティスペースのつくりかた』ユウブックス、2023。なお、光栄なことに私はこの本の推薦文を書かせてもらっています

ています。面識経済を存分に活用した「面識公共」の取り組みといえます。[87]

行政が担当する公共事業は、どうしても顔が見えないものになりがちです。定期的に担当者の異動がありますし、顔が見える関係になりすぎると良からぬ癒着が生まれてしまうという危惧もある。「公平性の原理」という名の「誰にでも同じサービスを」という意識が働きすぎて、運営者の顔が見えない状態になりやすい。もちろん、そんな公共事業だからこそ助かるという面もあるでしょう。しかし、すべての公共事業が顔の見えないものになればいいというわけでもなさそうです。公民館や図書館など、顔が見える「面識公共」の状態が生まれると、公共施設の魅力が倍増することもあります。[88] そして、そこでは面識経済が重要な役割を果たすこともありそうです。

ミクロ経済、コミュニティ経済、マクロ経済

以上、本章では地域経済と面識経済について整理しました。前章でジェイコブズが登場した際にも整理しましたが、地域経済や面識経済は、ミクロ経済とマクロ経済の間にあるくらいのスケール

87 友人の田中元子さんの取り組みも、面識経済と面識公共のうまいバランスを維持しているものだと感じます。特に、彼女が掲げる「マイパブリック」という言葉は、「私設公共」という言葉に近い響きがあります（田中元子『マイパブリックとグランドレベル』晶文社、2017。田中元子『1階革命』晶文社、2022）。また、「私設公共」に至る道の出発点には、延藤安弘さんのいう「私発協働」があるように感じられます。まずは自分からまちへの想いをつぶやくことによって協働が生まれていくという経緯です（延藤安弘『まち再生の述語集』岩波新書、2013、p40）

88 「面識経済」についての考察を終えたら、いずれ「面識公共」の可能性についても考えてみたいと思います。住民参加型の公共施設運営は、「面識公共」を生み出すひとつの有効な手段ではないかと考えています

をイメージした概念です。つまり、個人の家計や企業の会計を扱うのがミクロ経済だとすると、それより少し広い範囲なのが面識経済であり、さらに広がると小学校区から市町村くらいのスケールを扱う地元経済になり、さらに広がると都道府県スケールを考える地域経済になり、さらに広がると国家経済、そしてグローバル経済というスケールになるというわけです。

このうち、面識経済や地元経済あたりをコミュニティ経済と呼ぶとすれば、ミクロ経済＜コミュニティ経済＜マクロ経済という関係が成り立つだろうと思います。ただし、このときの「コミュニティ」というのは、少しスケールに幅があります。面識関係も、小学校区も、市町村も含まれることになっています。そこで次章では、「コミュニティ」の概念について整理してみたいと思います。

第7章

コミュニティ概念の変遷

コミュニティの定義

前章では、地域外へと貨幣が漏れていく構造について述べました。そのうえで、地域の経済循環に貢献しそうな若者の店を応援する意味について語りました。こうした「地域における経済」について考える時、コミュニティという概念が時代によって変化したことも考慮しておく必要があります。経済のあり方が変化しただけでなく、コミュニティのあり方も変化していたからこそ、現在のような経済情勢になっているからです。そして、今後の面識経済を考えるうえでも、これからのコミュニティのあり方を見据えておく必要があるからです。

コミュニティデザインに携わっていると、「コミュニティって何ですか？」と問われることがよくあります。「なんとなくわかるんだけど、具体的には何を指しているのかわからない」というのが質問者の気持ちなのでしょう。あるいは、「コミュニティについて対話していると、どうも相手が言うコミュニティと自分がイメージしているコミュニティの意味が食い違っている気がする」という気持ちになるのでしょう。

実は私も、コミュニティデザインの仕事を始めてからしばらく、「コミュニティ」という言葉をうまく整理できずにいました。そんなとき、博士論文をまとめることになったので、コミュニティの定義について調べてみました。[1] 調べてすぐにわかったことは、過去にも同じようにコミュニティ

1 山崎亮「中山間離島地域の住民参加型まちづくりにおける活動主体の形成手法に関する研究」東京大学大学院、2013

2 G・A・ヒラリー著、山口弘光訳「コミュニティの定義」、鈴木広編『都市化の社会学』誠信書房、1978、p313

3 Robert Booth Fowler "The Dance With Community", University Press of Kansas, 1991, p3

の定義を調べた人がいたということです。

ヒラリーという社会学者が調べたところによると、１９５５年の段階で社会学の書籍、雑誌、論文に登場する「コミュニティ」の定義を94種類集めて整理してみた結果、すべての定義に共通する要素はなかったそうなのです。[2] 94の定義のうち、69の定義が「①社会的相互作用」「②領域」「③共通の絆」という共通要素を含んでいたそうです。「①社会的相互作用」と「②領域」だけに絞ると70の定義が、「①社会的相互作用」と「③共通の絆」だけに絞ると73の定義が、それぞれ共通していたそうです。

また、ファウラーが１９９１年に出した本には、「コミュニティ」の定義は１００から数百種類あると書かれています。[3] 多すぎますね。ヒラリーは94種類でも共通した要素を見つけられなかったわけですから、数百種類にもなるとファウラーもきっと共通項を見つけられなかったでしょう。ここからわかることは、社会学者も含めて「コミュニティ」という言葉を、自分が使いたいように使っているということです。逆に言えば、誰かがコミュニティという言葉を使う時、「それはどういう意味でのコミュニティですか？」と問うようにしたほうが、しっかり対話ができるということなのかもしれません。

マッキーヴァーの「コミュニティとアソシエーション」

今から１００年以上前に、「それじゃダメだろう」と指摘した人がいます。ロバート・モリソン・マッキーヴァー（**人物36**）という社会学者です。彼は、「人々がそれぞれの意味で〈コミュニティ〉について語っている。しかし、その言葉のなかにはさまざまな意味が含まれている。これを統一したほうがいいのではないか」と考えたようです。そして、その名もズバリ、『コミュニティ』という本を書きました。[4] 副題は「社会学的研究：社会生活の性質と基本法則に関する一試論」ですので、出版当初は試論として提示したものだったようです。しかし、いまやコミュニティに関するひとつの定説になっているような気がします。[5]

この本の第2章は「コミュニティとアソシエーション」というタイトルです。この章の書き出しから、マッキーヴァーの嘆きが始まります。要約すると、「社会学者は小難しい言葉を使うのではなく、日常生活で使われているような言葉を選ばなければならない。でも、そういう言葉は正確さに欠けていて、使うと議論が混乱してしまうことが多い。だから社会学者は、ちゃんと言葉を定義して、大きな誤りが起きないようにするべきである」というわけです。[6] では、マッキーヴァーが気になっている言葉とは何でしょうか？ それが「社会」「コミュニティ」「アソシエーション」「国家」の4つです。この4つの言葉がフワッとした意味しか持っていないため、試しにここで定義しておこう、というわけです。

ただし、1つ目の「社会」については2行で定義し終えます。彼は社会という言葉を「人と人の間の意志されたすべての関係を含む一般的で包括的な意味に用いたい」というのです。つまり、社会という言葉を聞

人物36

ロバート・モリソン・マッキーヴァー（1882－1970）イギリス出身のアメリカの社会学者、政治学者。コミュニティとアソシエーションの概念を用いた社会構造論を展開。主著に『コミュニティ』（1917）、『社会的因果論』（1942）など。

いたときに想起される、最も広い意味として使いたいというわけです。となれば、残るのは「コミュニティ」「アソシエーション」「国家」の3つになるわけですが、これらのうち、ちゃんと区別しておかなければならないのは「コミュニティ」と「アソシエーション」だというのです。[7]

そのうえで、彼はまず「コミュニティ」を定義します。「私は、コミュニティという語を、村とか町、あるいは地方や国とかもっと広い範囲の共同生活のいずれかの領域を指すのに用いようと思う」。つまり、コミュニティという言葉を、社会的な関係を持つ人々が暮らす空間的な広がり（領域）として定義しているわけです。[8]だから、この地球全体もコ

4 R・M・マッキーヴァー著、中久郎ほか監訳『コミュニティ』ミネルヴァ書房、1975。原著は1917年に出版されています。初版の「まえがき」は1914年に書かれていることから、かなり早い段階でコミュニティの概念を整理したのでしょう。どんな都合があったのかはわかりませんが、出版されるまでに3年が経過したようです。また、この本は彼の初めての著作だったという点も興味深いです。むしろ「コミュニティ」の説明については、彼の後の著作のほうが明快に定義されているのですが、参照されるのはほとんど本書『コミュニティ』です

5 そして、この本はコミュニティに関する古典のような存在になっている気がします

6 R・M・マッキーヴァー著、中久郎ほか監訳『コミュニティ』ミネルヴァ書房、1975、p45

7 その後の節で、マッキーヴァーは「コミュニティと国家」、「アソシエーションと国家」の関係についても整理しています

8 コミュニティデザインという言葉が、当初は地域における道路や緑地や公共施設の配置計画や設計を意味したのも、マッキーヴァーがいうように「コミュニティ」という言葉を「社会的な関係を持つ人々が暮らす空間的な広がり」と理解していたからでしょう（私はこれをコミュニティデザイン1.0と呼んでいます）。その後、「社会的な関係を持つ人々が暮らす空間をデザインするなら、その人々の意見を聞くべきだろう」という話になって、コミュニティデザインの代表的な手法は住民参加型デザインであるということになりました（私はこれをコミュニティデザイン2.0と呼んでいます）。ただし、地域での生活は物理的な空間だけで成り立っているわけではありません。コミュニティの生活や、そこで暮らす人の人生を考えると、教育や福祉や防犯や文化も住民参加型で計画したほうがいい。コミュニティにおける「空間以外の要素」も住民参加によってデザインしたほうがいいのではないか、というのが最近のコミュニティデザインです（私はこれをコミュニティデザイン3.0と呼んでいます）

ミュニティと把握することができると述べています。ただし、地球全体の広がりをコミュニティとした場合、そこに含まれる成員同士のつながりは薄くならざるをえないというわけです。一方、それが国々に分かれた場合は少し強いつながりになる。帰属意識がはっきりしてくる。都道府県に分かれると、さらにコミュニティ意識が強くなる。県民性のようなものがはっきりしてくるわけですね。さらに市町村という領域にまで絞ると、つながりや帰属意識は高まることでしょう。同じように、小学校区、集落、家族と、コミュニティの領域が小さくなるほど顔の見える関係になっていき、人々のつながりや帰属意識は強くなるといえます。

次にマッキーヴァーは「アソシエーション」を定義します。「アソシエーションとは、社会的存在が、ある共同の関心または諸関心を追求するための組織体である」[9]。サッカーに関心がある。料理に関心がある。釣りに関心がある。共同の関心がある人たちが集まってつくる組織体がアソシエーションだというわけです。共同の目的がある人たちの組織体ともいえます。だから、関心や目的の数だけアソシエーションは存在し得るということになります。

つまり、コミュニティのなかには、興味の対象の数だけ無数のアソシエーションが存在するといえます。それらは永続的なものもあるし、一時的なものもある。マッキーヴァーは「永続的なり一時的なりのアソシ

9 R・M・マッキーヴァー著、中久郎ほか監訳『コミュニティ』ミネルヴァ書房、１９７５、p46

10 この部分は『コミュニティ』のp47にあたるのですが、１９７５年版の翻訳では主語と目的語が逆になってしまっている気がします

11 内山さんの言葉は以下のとおりです。「このマッキーヴァー流の考え方というのは、彼はそういう表現を使っているわけではありませんけれども、コップの中にビールを注いだような状況と思えばいい。コップの中にたくさん泡がある。その泡には大きい泡もあるし、小さい泡もあるし、だんだん大きくなっていくのもあるし、逆にしぼんでいくのもある。その泡の一つ一つがいわばアソシエーションで、無数の泡から成るコップの世界がコミュニティだと（内山節「現代社会とコミュニティ」、第35回行財政研修会東京セミナー講演シリーズ第１０６号『コミュニティを考える』社団法人地方行財政調査会、２０１１、p46)」

12 だからこそマッキーヴァーは、この本のタイトルを『コミュニティ』とし、

エーションがコミュニティのなかに泡立っている」というような表現をしています。[10] 生まれては消えるアソシエーションたち。長く存在する泡もあれば、すぐに消えてしまう泡もある。そのアソシエーションには、経済的なものもあれば、政治的、宗教的、教育的、科学的、芸術的、文芸的、娯楽的、博愛的、専門的なものもある。こうしたアソシエーションの活動が、今日の共同生活（つまりコミュニティの生活）を以前にも増して豊かにしている、とマッキーヴァーは指摘しています。このあたりの表現を、哲学者の内山節さんは「コップに満たされたビールと泡のようだ」と例えています。[11] コップがコミュニティの領域の外界であり、ビールがコミュニティということなのでしょう。そして、そのなかに生まれては消える泡がアソシエーションというわけです。マッキーヴァーのイメージでは、多様な種類の泡が生まれては消えるたびに、ビールの味が豊かになっていく、ということになります。地域のなかにさまざまなアソシエーションが存在すればするほど、その地域での共同生活が豊かになっていくのです。

その意味で、マッキーヴァーは「アソシエーションは部分的であり、コミュニティは統合的である」と述べています。個々のアソシエーションは関心や目的がはっきりした集団であるのに対して、コミュニティというのはその領域での生活全体を含むものだからです。[12] とはいえ、人々の生活はさまざまな興味や関心からできあがっていますから、コミュニティは多様なアソシエーションの存在によって豊かになっていくことでしょう。コミュニティの成員は、複数のアソシエーションに所属することがある、とマッキーヴァーも認めています。ある会社の社員であり、サッカークラブのメンバーであり、フェイスブックグループのメンバーでもあるというわけです。

統合的であるコミュニティを研究対象としたのだ、と2章の最後に述べています

テンニースの「ゲマインシャフトとゲゼルシャフト」

こうやって振り返ってみると、コミュニティについての古典的な整理はマッキーヴァーによるものだったと理解されるかもしれません。しかし、マッキーヴァーの『コミュニティ』にも登場するように、実はドイツ語の「ゲマインシャフト」と「ゲゼルシャフト」という用語を用いて共同体の定義を整理した人がいました。それがフェルディナント・テンニース（**人物37**）です。

テンニースの『ゲマインシャフトとゲゼルシャフト』は1887年に出版されており、それはマッキーヴァーの『コミュニティ』より30年も前のことになります。このなかでテンニースは、ゲマインシャフトを「人間が地縁や血縁など精神的連帯などによって自然発生的に形成した集団であり、家族や集落などの共同社会を指す」としています。マッキーヴァーのいう「コミュニティ」の定義に近いですね。[13] 一方、ゲゼルシャフトについては「人間がある特定の目的を達成するために形成した集団であり、都市や国家、会社や組合などの利益社会を指す」としています。これは「アソシエーション」の定義に近いようです。[14]

ただし、コミュニティとゲマインシャフト、アソシエーションとゲゼルシャフトは、それぞれがぴったり一致するわけでもなさそうです。マ

人物37

フェルディナント・テンニース（1855－1936）　ドイツの社会学者。自然な「本質意思」と人為的な「選択意思」の差異に基づく共同体の分類を論じ、社会諸科学に大きな影響を与えた。主著に『ゲマインシャフトとゲゼルシャフト』（1887）など。

ッキーヴァーは『コミュニティ』の注釈で、テンニースの定義は「幾分違った意味に用いている」と指摘しています。[15]

特にテンニースのゲゼルシャフトは、マッキーヴァーが定義したアソシエーションのうち利益集団に近い概念であり、非営利集団は含まれていなかったようです。1917年にマッキーヴァーの『コミュニティ』が出版された5年後の1922年、テンニースは非営利集団について「ゲノッセンシャフト」という概念を追加しています。[16] つまり、営利集団であるゲゼルシャフトと非営利集団であるゲノッセンシャフトを合わせるとアソシエーションという概念に近くなるという位置づけです。

この点について社会学者の新睦人さんは、「テンニースはゲマインシャフトが人間生活の基本だとしつつも、古き良き共同体は徐々に解体されつつあることを自覚しており、自由な意志に基づくゲゼルシャフトが主流になることを予測していた」としており、「テンニースはしがらみが多い古

13 細かく比較すると、マッキーヴァーのコミュニティが空間的広がり、領域を意味していたのに対して、テンニースのゲマインシャフトは集団や共同社会を意味しているという点が違っています。マッキーヴァーのコミュニティは空間的であり、テンニースのゲマインシャフトは関係性を意味しているようです

14 こちらも細かく比較すると、マッキーヴァーのアソシエーションが似た興味を持つ人の集まりだというのに対して、テンニースのゲゼルシャフトは目的達成のための利益集団ということです。アソシエーションの一形態（利益集団）がゲゼルシャフトといえるのかもしれません

15 『コミュニティ』の48ページの注釈では、「彼のいうコミュニティ（ゲマインシャフト）は、〈実在的で有機的な生命体〉を意味しており、アソシエーション（ゲゼルシャフト）は〈観念的で機械的な形成体〉であると理解される。そのため、彼は、〈言語の、慣習の、信仰のゲマインシャフト〉を語り、〈営利の、旅行の、学問のゲゼルシャフト〉を述べることになる」と記し、こうした区別は種類ではなく程度による区別ではないかとしています

16 テンニースは、32歳のときに書いた本を67歳のときにアップデートさせたということになりますね

い共同体としてのゲマインシャフトに批判的だったのと同様に、自由主義的なゲゼルシャフトという共同体にも否定的だった。そこで登場するのがゲノッセンシャフトであり、非営利組織としてのゲノッセンシャフトが新しい時代に果たす役割を重視していた」と指摘しています。[17]

つまり、コミュニティ＝ゲマインシャフトは生活の基盤であり、とても大切な社会集団なのですが、しがらみが多くて古い共同体なので将来はない。一方でアソシエーションのなかでも営利組織であるゲゼルシャフトは自由に振る舞うことができるものの金儲け主義に陥る危険性がある。だから、もうひとつのアソシエーションであるゲノッセンシャフトに可能性を感じていた、というのがテンニースの立場だったということです。[18] こうした議論が１００年以上前に行われていたということが興味深いですね。

トクヴィルの「アソシエーション」

マッキーヴァーはコミュニティとアソシエーションという概念を整理し、どちらかといえばコミュニティのほうが統合的で包括的な概念だから、そちらを研究対象としたいと結論づけました。だから著書のタイト

17 新睦人ほか『社会学のあゆみ』有斐閣新書、１９７９、p17-19

18 私が携わっているコミュニティデザインも、この「非営利的アソシエーション」＝ゲノッセンシャフトに可能性を感じています

19 正確には、『アメリカのデモクラシー』は第1巻（１８３５年）と第2巻（１８４０年）に分かれており、アソシエーションについて書かれているのは第2巻ですので、『コミュニティ』から数えると77年前ですね。なお、トクヴィルが地域共同体（コミューン）について述べているのは第1巻の第5章です。ここでトクヴィルは、人が集まれば自然にコミュニティが生まれると述べています。「王国を創り共和国を建てるのは人間であるが、共同体は神の手から直に生ずるように思われる（トクヴィル著、松本礼二訳『アメリカのデモクラシー第一巻（上）』岩波文庫、２００５、p96）」。まるでアダム・スミスを意識した「神の見えざる手」のようですね

ルも『コミュニティ』としたわけです。一方のアソシエーションに可能性を見出した文献はなかったのかというと、１９１７年に出版された『コミュニティ』よりも80年ほど前、１８３５年にフランスでアソシエーションの可能性について論じた本が出版されていました。それが『アメリカのデモクラシー』です。[19] 著者はフランスの貴族だったアレクシ・ド・トクヴィル（**人物38**）。彼は１８３０年に起きた「7月革命」を経験し、これからは貴族階級が安泰な時代ではないと察知しました。そこで、友人とともにあれこれ理由を作り、階級社会ではないアメリカへと視察旅行へと出かけます。『アメリカのデモクラシー』は、友人とともにアメリカを巡った9ヶ月間で見聞きしたことが綴られた書籍です。

アソシエーションについての記述は主に第2巻に見られるのですが、トクヴィルにとって平等な社会であるアメリカにおけるアソシエーションの役割は重要なものだったようです。階級がなく、平等であるアメリカは、ともすれば人々が同じような状態になり、一つの社会にがんじがらめに取り込まれてしまう危険性があります。あるいは、個人主義を尊重するアメリカは、ともすれば人々のつながりがなくバラバラな状態になってしまいがちです。そんななかでも、さまざまな指向性に基づいて集まって特徴をつくり、集まった人たちのつながりをつくっているのがアソシエーションだったというわけです。[20]

少しトクヴィルの言葉を引用してみましょう。「アメリカ人は年齢、境遇、考え方の如何を問わ

人物38

アレクシ・ド・トクヴィル（１８０５－１８５９）フランスの政治家、思想家、法律家。裁判官から国会議員、外務大臣まで務め、３つの国権すべてに携わった19世紀フランスを代表する知識人。主著に『アメリカのデモクラシー』（１８３５）など。

ず、誰もが絶えず団体をつくる。商工業の団体に誰もが属しているだけではない。ありとあらゆる結社が他にある。宗教団体や道徳向上のための結社、真面目な結社もあればふざけたものもあり、非常に一般的なものもごく特殊なものも、巨大な結社もあれば、ちっぽけな結社もある。アメリカ人は祭りの実施や神学校の創設のために結社をつくり、旅籠《はたご》を建設し、教会を建立し、書物を頒布するため、また僻遠の地に宣教師を派遣するために結社をつくる。病院や刑務所や学校もまた同じようにしてつくられる。ついには一つの真理を顕彰し、偉大な手本を示してある感情を世間に広めたいときにも、彼らは結社をつくる。新たな事業の先頭に立つのは、フランスならいつでも政府であり、イギリスならつねに大領主だが、合衆国ではどんな場合にも間違いなくそこに結社の姿が見出される」[21]。ここでいう「結社」はアソシエーションの訳語です。トクヴィルはアメリカにさまざまなアソシエーションがあり、それが社会のあちこちで機能しているのを目にしています。さらに、アメリカ人はアソシエーションを組織化する技術に優れていると称賛しています[22]。

20 『アメリカのデモクラシー』の第2巻の第14章（p98）には、「デモクラシーにあっては、市民の間に大きな違いはまったくなく、本来非常に近い存在なので、全員が一つの共通の塊に溶け込んでしまう可能性がある。だからこそ、意志に反して群衆の中に引き込まれるのを恐れて、人為的恣意的な分類を無数につくって、誰もが違いを明確にしようとするのである」と書かれています

21 トクヴィル著、松本礼二訳『アメリカのデモクラシー第二巻（下）』岩波文庫、2008、p188-189

22 トクヴィルは本書のほかの箇所では、アメリカを馬鹿にしたような表現を多用しています。それは第二巻の目次を一瞥するだけでもわかります。そこには「アメリカ人は安楽な生活の中でなぜあのように落ち着きがないのか」、「アメリカ人の国民的虚栄心がイギリス人のそれより落ち着きがなく論争的であるのはなぜか」、「合衆国に野心家はあれほど多いのに、大望がほとんど見られないのはなぜか」などの文字が並びます。そんななか、明らかにアソ

地縁型コミュニティと興味型コミュニティ

以上、マッキーヴァー（イギリスとカナダとアメリカ）[23]、テンニース（ドイツ）、トクヴィル（フランス）の共同体観を見てきました。いずれも、コミュニティとアソシエーションを区別し、それぞれの特徴を説明するものでした。しかし、現在の日本ではどちらも「コミュニティ」と呼ばれているように思います。自分が住んでいる地域を表現する言葉もコミュニティであり、自分が所属している趣味の団体もコミュニティというように。「サッカーファンのコミュニティ」というときのコミュニティは、厳密にいえばアソシエーションでしょう。「ＰＴＡのコミュニティ」という表現まで出てくる時代です。ＰＴＡは「ペアレント・ティーチャー・アソシエーション」の略のはずなのですが、この目的集団もコミュニティと呼ばれてしまうのです。

だから話が噛み合わない。「コミュニティって、しがらみがあって嫌だよね」、「え？　コミュニティにしがらみなんて感じないよ。もし嫌なら抜ければいいじゃん」といった具合に。前者のコミュニティは自分が住む地域のコミュニティであり、だからこそ簡単には抜けられないものですね。一方、後者はアソシエーションをイメージしているのでしょう。しがらみを感じないし、感じるなら抜ければいいと思っているのです。

シエーションについては高く評価しています

23　マッキーヴァーは１８８２年にスコットランドに生まれ、１９１５年にカナダのトロント大学の教員になり、１９２７年からはアメリカで活動しています。つまり45歳以降は88歳で亡くなるまでアメリカで活動していたわけです。32年間はイギリス（そのうち政治学者・社会学者として働いたのは最後の8年間）、12年間はカナダ、43年間はアメリカに住んだマッキーヴァーは、しばしば「アメリカの社会学者」と紹介されます

コミュニティデザインの現場でも、同じ「コミュニティ」という言葉がどちらを意味しているのかがわからなくなることがあります。そこで私は「地縁型コミュニティ」と「興味型コミュニティ」という2種類の言葉で表現しています。地縁型コミュニティというのは、マッキーヴァーのいうコミュニティ（地理的領域）の内側で生活する人たちのつながりであり、テンニースのいうゲマインシャフト（血縁・地縁的関係性）です。興味型コミュニティというのは、マッキーヴァーとトクヴィルがいうアソシエーションであり、テンニースのいうゲゼルシャフト（営利）とゲノッセンシャフト（非営利）です。どちらかというと、興味型コミュニティは非営利な集団であるゲノッセンシャフトに近いイメージで使うことが多いような気がします。[24]

さて、この2種類のコミュニティですが、現在はそれぞれどんな状態でしょうか。地縁型コミュニティは、残念ながら年々その力を弱めているように見えます。「自治会の加入率が6割を下回ってしまった」「高齢化率が50％を超えていて集落の役を担当する人が見つからない」「祭りの担い手がいないから今年から開催しないことになった」など、地縁型コミュニティの衰退について各地で耳にすることが多くなりました。

一方の興味型コミュニティは盛況です。興味が一致する人たちが集まり、好きなことをやって楽しみ、忙しくなったり興味が変わったりすれば気軽に抜けることもできる。必要なときに立ち上げ、

24 たまに「山崎がやっているのはコミュニティデザインではなくアソシエーションデザインではないか」と指摘されることがあります。そういう方は、きっと社会学をちゃんと勉強されたのでしょう。ただ、我々が取り組んでいるのはアソシエーションだけではなく、地縁型コミュニティと一緒にプロジェクトを進めることもあります。だから、コミュニティデザインにもアソシエーションデザインにも、どちらにも取り組んでいるというのが正確な表現になると思います。そして、それらを地縁型コミュニティと興味型コミュニティと呼ぶことにすれば、我々の取り組みは総じて「コミュニティデザイン」と呼べるものになると考えています

25 コミュニティビジネスも興味型コミュニティの活動といえます

用がなくなったら解散することもできる。マッキーヴァーのいうとおり、泡のような存在です。ワークショップ参加者からも、「マルシェがやりたい」、「絵本の読み聞かせを企画している」「日替わりマスターカフェを作る」といった提案があり、興味型コミュニティはどんどん生まれています。[25]そこにSNSの存在も加わり、実際に顔を合わさないときでも情報交換できるようになっているわけです。普段は現場に来ないけど、SNSを通じて応援してくれている人たちも興味型コミュニティに含まれます。クラウドファンディングなどを通じて遠方から応援してくれている関係人口と呼ばれる人たちも興味型コミュニティの一端を担っています。まさにテンニースが予測したとおり、ゲマインシャフト（地縁型コミュニティ）は衰退するが、ゲゼルシャフト（興味型コミュニティ）は興隆したのです。

そんな姿を見ながら、地縁型コミュニティから苦々しい言葉が飛び出ることもあります。「興味型コミュニティは自分たちが好きなことにしか関わらない。地縁型コミュニティは地域の生活全体を支えているのだから、責任の重さが違う」というわけです。その結果、地縁型コミュニティが興味型コミュニティを毛嫌いしてしまうこともあります。しかし、毛嫌いしている地縁型コミュニティ自体が弱体化しているという事実もある。自治会こそが地縁型コミュニティの代表だと思っていたら、加入率が6割以下になってしまっている。そうなると、残り4割以上の人たちは自治会で決まったことを知らないという状態ですね。これでは地縁型コミュニティの代表とはいえないのかもしれません。

これからのコミュニティは、地縁型コミュニティと興味型コミュニティがうまく手を取り合って、楽しみながら地域のあり方を整えていく。そんな方向性が考えられそうです。

興味型コミュニティと広告

ところで、地縁型コミュニティが力を弱めてきたのはいつ頃からなのでしょうか。これについて明確な答えはないかもしれませんが、高度成長期に価値観が多様化し、興味型コミュニティの数が増えてきた頃なのではないかという気がします。新聞、雑誌、ラジオ、テレビが人々の家に行き渡り、電話という通信手段が生まれ、近所の人たち（地縁型コミュニティ）とだけ付き合うのではなく、気の合う仲間（興味の合う仲間＝興味型コミュニティ）と連絡を取り合い、時間と場所を設定して活動する。同時に、この頃は公害問題などが全国的に発生し、公害反対運動などが各地で起きました。これらもまた興味型コミュニティのひとつといえるでしょう。

この種のコミュニティが集うためには、新聞やラジオなどのメディアが大きな役割を果たしました。トクヴィルは『アメリカのデモクラシー』のなかで「アソシエーションと新聞」の関係について述べています。[26] １８３０年代のアメリカにおいて、アソシエーションは新聞の情報に基づいて結集したというのです。そして、新聞以外にこの役割を果たすことができるものはなかっただろうとも指摘しています。「たくさんの人々に同じ考えを一度に吹き込むことができるのは新聞だけである。新聞は探し求めずとも向こうからやってくる助言者であり、毎日手短に共通の関心事について語り、こちらの仕事の邪魔はしない」。

26 トクヴィル著、松本礼二訳『アメリカのデモクラシー第二巻（上）』岩波文庫、２００８、p196-198

27 マッキーヴァーの『コミュニティ』は約１００年前の著作でしたが、トクヴィルのアソシエーション論は約２００年前のものでした

新聞にはさまざまな記事がまとまっています。だから、人それぞれ興味を持つ部分が違っていても機能します。家族や近所の人たちでも興味を持つ記事は違うかもしれませんが、同じ興味を持つ人たち同士が集まるきっかけをつくるのも新聞なのです。「誰もが住んでいる土地に縛られている。彼らは会うことなしに毎日語り合い、集まることなしに歩調を合わせる手段を見つけなければならない。したがって、新聞無しで済む民主的結社はほとんどない。結社と新聞の間にはだからある必然的関連が存在する。すなわち、新聞が結社をつくり、結社がまた新聞をつくるのである。（中略）したがってアメリカは世界中で結社と新聞の数がどちらももっとも多い国である」。

それから約200年。[27] 我々は新聞だけでなく、雑誌もラジオもテレビもSNSも手に入れました。メディアの数と種類は200年前の比ではありません。そして、トクヴィルが見抜いたとおり、メディアの数が増えれば増えるほど興味型コミュニティの数も増えたというのが現在の状態です。その勢いは地縁型コミュニティの衰退と反比例しているように見えます。

ただし、ここに懸念材料も含まれます。新聞、雑誌、ラジオ、テレビ、SNSのいずれにも広告が挟み込まれるようになっていったという事実です。その量は少しずつ、しかし着実に増えていきました。最近では「コラボ記事」など、事実を伝える記事なのか商品を売るための広告なのかが判別しにくいメディアも登場しています。こうした広告を何度も目にすると、人々はじわじわと商品やサービスを購入したくなります。それが地域の外から訪れるものだと知っていても、お金を払って商品やサービスを手に入れたくなります。こうして地域から貨幣が漏れていき、そのお陰で都市部の企業の利益が増し、多くの雇用が生まれ、地域から若者も流出し、地域の担い手が減っていくことになりました。若者が流出して地縁型コミュニティは衰退し、一方で興味型コミュニティは次から次へと生まれていきます。その興味型コミュニティは広告の影響を受け続けているので、結果的には地域から貨幣が流出し続けてきたといえるのかもしれません。

封建制社会から資本制社会へ

さらに歴史を遡ってみましょう。トクヴィル（1830年代）、テンニース（1880年代）、マッキーヴァー（1910年代）よりも前の時代、つまり近代よりも前の時代の話です。前近代である封建制社会では、ほとんどの人間が土地に縛られて生活していました。封建領主に許可なく別の地域へと引っ越すことはできなかったし、そもそも多くの人が土地からの生産物を使って料理をしたり衣服を作ったり住居を建てたりしていたからです。[28] もちろん、領主に土地から得られる生産物を納めていたからでもあります。

こうした時代は、親戚一同が同じ地域に住んでいることが多かったようです。いわゆる「血縁型コミュニティ」ですね。いまでも同じ名字の家が集まっている集落を見かけることがあります。こうした地域では名字が同じなのでお互いのことを下の名前で呼び合っています。そして、

28 工業社会よりも前の農耕社会に生きていたわけですね

29 前述のウィリアム・モリスが、社会主義活動家のベルフォート・バックスと書いた『社会主義』の1章には、古代社会について言及した箇所があります。そこには「人類の中でなんらかの社会に属さずにくらしていた種族の痕跡は存在しない」と書かれており、「土地は共同体の富の源として受け入れられ始め、そのようなものとして、牧草地にせよ耕地にせよ、共同体ごとの明確な財産として認識された」としています。そのうえで「こうした原始共同体は、本当の血縁関係、あるいは本当だと考えている血縁関係にもとづく狭く閉鎖的な集団のかたちをとっていた。この社会をまとめあげている3つの集合体は、〈氏族〉、〈部族〉、〈民族〉である」と整理しています。ウィリアム・モリスほか著、川端康雄監訳『社会主義』晶文社、2014、p28-29

30 大塚久雄著、小野塚知二編『共同体の基礎理論　他六篇』岩波文庫、2021

何世代か遡ればほとんどの人が親戚だということになります。[29]

こうした血縁型コミュニティがいくつか集まって地縁型コミュニティが形成されていました。この頃の地縁型コミュニティは運命共同体だったといえるでしょう。たとえば年貢は、こうした地縁型コミュニティ全体に対して取り立てられていたため、ひとつの家族が不作だとすると他の家族がそれを補わねばならなかったのです。「隣の家は不作だったらしい。かわいそうにね。うちは豊作だったから心配ないわ」という話ではなかったのです。当然、お互いに助け合うし、協力して作業を行います。

これが資本制社会になると、人々は土地への呪縛から解放されることになります。基本的には、どこに住んで働いてもいいということになるわけです。ここに地縁型コミュニティの弱体化の始まりを見ることができます。経済学者の大塚久雄は、封建制社会から資本制社会への移行とともに、共同体が崩壊していく状況を経済学的な視点から『共同体の基礎理論』としてまとめました。[30]この本は、大塚さんが1950年代に大学院の経済史の授業で話した内容をまとめて1970年に出版したものです。マックス・ウェーバーやマルクスを研究していた大塚さんは、ゲマインシャフトやゲゼルシャフトという概念を用いながら、資本主義社会の発展と共同体（地縁型コミュニティ）の崩壊について述べています。

1950年代の大塚さんの論調は、共同体が封建的であり不自由だから、これを解体して新しい市民社会を作ろう！　というものでした。その本が1970年に出版されたのですが、ちょうどその頃から「共同体ってそんなに悪いものだっけ？　人と人とのつながりって大切じゃない？」という別の意見が出てくるようになりました。また、封建的な共同体に戻るわけじゃなく、新しい市民社会の基本的なつながりとして「コミュニティ」に注目しよう、という気運が高まったのも1970年代でした。[31]

それから50年。地縁型コミュニティの崩壊はますます進み、代わりに興味型コミュニティが台頭しました。それにともない資本主義社会は消費社会化し、マルクスの予言どおり「あらゆるものを商品化し」、さらには興味型コミュニティが拠り所とするさまざまなメディアのなかに広告を忍び込ませるようになりました。その結果、都市部から発信される魅力的な商品やサービスを購入するたびに、地域から貨幣が流出するという時代が長く続いてきたのです。地縁型コミュニティが衰退して興味型コミュニティが興隆した時代は、貨幣が地域で循環していた時代から地域外へと流出するようになった時代に符合しているのです。

日本における「コミュニティ」

日本においては、高度経済成長の最終局面に差し掛かった頃の日本で、初めて「コミュニティ」という言葉が公的な文書で使われました。[32] 1969年の国民生活審議会報告「コミュニティ：生活の場における人間性の回復」です。ここでコミュニティは「生活の場において、市民としての自主性と責任を自覚した個人および家族を構成主体として、地域性と各種の共通目標を持った、開放的

31 後述するとおり、1969年には政府の国民生活審議会のコミュニティ問題小委員会が「コミュニティ：生活の場における人間性の回復」と題する報告書を公開し、当時としては新しいコミュニティという概念を提示しました

32 もちろん、それまでの日本にも共同体は存在しており、江戸時代には活動内容によって結、講、連、座などの共同体が呼び分けられていたそうです

でしかも構成員相互の信頼感のある集団」と位置づけられています。「地域性〝と〟各種の共通目標を持った」という表現が微妙ですが、ここでイメージされているのは地縁型コミュニティと興味型コミュニティが組み合わさったような概念だったようです。これが「地域性〝や〟各種の共通目標を持った」という表現であれば、前者が地縁型コミュニティで後者は興味型コミュニティと分けることができたのですが、そうではないようなのです。実際、その後に続く文章では、「この概念は近代市民社会において発生する各種機能集団のすべてが含まれるのではなく、そのうちで生活の場に立脚する集団に着目するものである」と範囲が限定されています。「各種機能集団」はまさにアソシエーションのことであり、さまざまなスケールやテーマのアソシエーションがあるけれども、「生活の場に立脚する集団」に限ってコミュニティと呼ぶことにしよう、というわけです。

そして、「コミュニティは従来の古い地域共同体とは異なり、住民の自主性と責任制にもとづいて、多様化する各種の住民要求と創意を実現する集団である」としており、新しい概念としてのコミュニティを古来の地域共同体（ゲマインシャフト的なるもの）とは違うものとして定義しています。さらに、「コミュニティの集団としての外延は明確に定めることが困難である。集団の機能に対応して、大きさの異なる組織が重層的に同時に存在し得るであろう。それは地域的一体性をもつものではあるが、地理的連続性を必ずしも伴わないものであろう」とし、地縁型コミュニティだけを意味するのではないという点を強調しています。

そのうえで「コミュニティを形成する根底は生活の場における地域住民の相互信頼である。人々の心のつながりによって維持される自主的な集団こそがコミュニティの姿であり、それが地域的な広がりの範囲をも規定するものであろう」とし、心のつながりによって維持される自主的な集団のひろがりが、コミュニティのひろがりだとしています。あまり広がり過ぎてもダメだし、「ここからここまで」と地理的なひろがりに線を引くこともできないというわけです。これまでの整理でいえば、ある程度は地縁型であり、ある程度は興味型でもあるコミュニティというイメージですね。[33]

ここで、コミュニティを巡る歴史的な経緯が三段階に整理されています。第一段階は「伝統型住民層」によって形成された地域共同体です。ところがその後、これが崩壊してしまって１９７０年頃の「無関心型住民層」という第二段階へと至ったというのです。いわゆる「要望陳情型住民」たちの層です。しかし今後は、第三段階として「市民型住民層」に支持を受けたコミュニティが成立しなければならない、としています。「市民型」とは、単に行政に要望や陳情をするのではなく、提案や実行を伴う住民という意味なのでしょう。そういう市民によって形成されるコミュニティこそ、目指すべきコミュニティだというわけです。[34]

ところで、第一段階の地域共同体はなぜ崩壊したのでしょうか。この報告書では、最初にＧＨＱによる「町内会の解体令」を挙げたうえで、そのほかに５つの理由を挙げています。それらは①交通通信機関の発達等による生活圏の拡大、②人口の都市集中、③生活様式および生活意識の都市化、④機能集団[35]の増大、⑤行政機能の拡大[36]、⑥家族制度の変革、

33 したがって、ここでいうコミュニティはマッキーヴァーのいうコミュニティ（地理的領域）ではないということがわかります。また、テンニースのいうゲマインシャフト（地縁や血縁によって結ばれた関係性）とも違うことがわかります。むしろ地域におけるゲノッセンシャフト（非営利活動集団）に近いものです。ゲゼルシャフト（営利集団）ではなさそうです。トクヴィルのいうアソシエーションのうち、企業などの営利集団を除く「生活の場に立脚する非営利集団」をイメージしているような響きがあります

34 我々もワークショップの最初に、必ず「要望陳情型の意見よりも、提案実行型の意見を出してください」とお願いしています。その意味では、私が携わるコミュニティデザインにおける「コミュニティ」は、１９６９年の「コミュニティ」概念に近いように感じます

35 これはアソシエーションのことであり、ここではスポーツ、旅行、趣味、共用、奉仕など目的を同じくする者の集まりとされています。こうしたアソシエーションが増大したため、地域共同体の

⑦農村における生産構造の変化です。

こうした理由によって崩壊した地域共同体を、第三段階である「新しいコミュニティ」へと再編成させていくべきである、というのが1969年の「コミュニティ」報告書の提言だったわけです。そして、その「新しいコミュニティ」のイメージは、地縁型コミュニティと興味型コミュニティを合わせたようなコミュニティだったのです。

36 存在価値が相対的に小さくなったとしています

これは、江戸時代の組や集落が持っていた集落機能を、戦後の行政がどんどん代替するようになり、「防火、防犯、生活扶助、環境整備などの仕事が不完全ながらも次第に行政機関の責任において行われるようになり、住民もこれらの機能を行政機関に期待するようになって」しまったことを意味しています

1970年以降の日本のコミュニティ政策

続く1970年代は、前述の「コミュニティ」報告書を各地で実現させていくための政策が進められた時代でした。そのときのコミュニティは、戦前の町内会や戦後の自治会ではなく、行政の末端組織でもない、新しい住民自治組織をイメージしていたようです。そして、このイメージに基づくコミュニティのことを「地域コミュニティ」と呼ぶこともありました。

しかし、これは少しややこしい言葉ですね。かつての地縁型コミュニティでもなく、興味型コミュニティでもない。その両者が協力し合って、地域での暮らしをより良いものにしていくためのつながりを「地域コミュニティ」と呼んだわけです。人によっては地域コミュニティ＝地縁型コミュニティだと思ったでしょうし、よく理解している人は地域コミュニティこそこれまでになかった新

しいタイプのコミュニティだと考えたことでしょう。

地域コミュニティが自治会や町内会などの地縁型コミュニティとは違うんだということを強調した側面のひとつに、その規模についての定義があります。このとき自治省が定義した地域コミュニティは、概ね小学校区くらいの広がりを持つものでした。通常、自治会や町内会はいくつか集まって連合自治会や連合町内会を組織します。小学校区というのは、だいたいこの連合自治会や連合町内会と同じくらいの広がりを持つことが多いため、地域コミュニティという概念は、地縁型コミュニティがいくつか集まったくらいの空間的広がりを持っていると考えられました。そして、それくらいの広がりがあれば、そこにはいくつかの興味型コミュニティも含まれることになります。したがって、地縁型コミュニティ同士や興味型コミュニティ同士がつながったり、地縁型コミュニティと興味型コミュニティがつながったりして、地域をより良くしていくというのが地域コミュニティ内部で想定されている状態だったようです。

こうした状態を生み出すために、1971〜73年には全国で83ヶ所、「モデル・コミュニティ」が指定され、自治省による支援が進められました。ところが、これらの支援のほとんどがコミュニティセンターなる公共施設を建設する資金として使われたことから、各地で施設は充実したものの、地縁型コミュニティと興味型コミュニティの実質的な協力体制や具体的な事業はそれほど多く生まれなかったようです。結局、コミュニティセンターは旧来型の地縁型コミュニティや興味型コミュニティが個別に予約して使うことがほとんどでした[37]。

37 そして、戦後から整備が続いていた旧来からの公民館と何が違うんだ？　という話になってしまいました

38 このとき、阪神間出身の私は関西の大学で都市計画を学ぶ学生だったため、ボランティア活動に参加し、コミュニティの重要性を実感し、建築や都市計画が物理的空間ばかりを扱うことの限界と、人のつながりが持つ力を実感しました

1980年代には、同じく自治省によって「コミュニティ推進地区」が147地区設定され、それぞれの地区の実情に応じた創意と工夫に富んだコミュニティ活動が生まれることが期待されました。ところがこの時期は「バブル経済」へと突き進んでいく時代でもありましたので、地域コミュニティの活動というよりは経済優先の生活になってしまい、税収も増えたことから都市開発やインフラ整備などが活発になってしまいました。その結果、ますます地域での人のつながりが希薄化し、地域から貨幣は流出し続け、地域コミュニティという新しい概念は定着せず、相変わらず地縁型コミュニティは衰退し、興味型コミュニティは増え続け、広告やデザインによって消費が煽られ続けました。

1990年代になってバブル経済が崩壊し、人と人とのつながりが大切だということが少しずつ再認識され、「真の豊かさというのは物や金をたくさん持っていることではない」ということが再確認されるようになりました。自治省も「コミュニティ活動活性化地区」を141地区設定し、コミュニティ活動を支援する体制を整えました。

そんななか、1995年に阪神・淡路大震災が発災し、全国からボランティアが阪神間に集まり、つながりや絆の大切さが語られることになりました。復興の過程では、地縁型コミュニティと興味型コミュニティの協力が各地で見られました[38]。また、特に大型化した興味型コミュニティは地域の枠組みを大きく超えて、全国的なネットワークを構築するに至りました。こうした動きに対応すべく、1998年には「NPO法」が成立し、地域や社会の課題に取り組む興味型コミュニティが法人組織として活躍できる条件が整いました。

地域コミュニティ協議会

2000年代になると、さまざまな分野がコミュニティに注目し始めます。学校教育はPTAだけでなく、さらに多様な主体が係わるほうがいいということから、「コミュニティ・スクール」というキーワードを掲げました。児童や生徒の保護者と先生だけでなく、卒業生、地域住民、地元企業、商店街など、多様な主体が学校運営に係わることによって、より深くて広い学びを実現させようという試みです。[39]

都市計画は「まちづくり協議会」を組織することが多くなりました。専門家がまちのあり方を決めて、行政がそれを実行するというまちづくりではなく、多様な主体が話し合いながらまちづくりの方向性を定めていこうというわけです。[40]

医療福祉は「地域包括ケア」を標榜し始めました。医療と福祉が連携するだけでなく、地域住民のつながりを通じて誰もが楽しく健康で長生きできる地域を実現しよう、そのうえで、もし生きにくい状況が生まれたのなら地域で包括的にケアしていこう、といったことが目指されています。[41]

さまざまな分野が「地域コミュニティ」単位で未来像を描くようにな

39 ほかにも「地域学校協働活動」という目標も提示されています。また、そのために学校地域連携コーディネーターを配置するなどの方針も示されています

40 都市計画地域以外の中山間離島地域では、「小さな拠点」を核とした「ふるさと集落生活圏」という概念が提示されています

41 ほかにも「地域共生社会」という目標も提示されています。また、そのなかには「縦割りから丸ごとへ」や「我が事・丸ごとの地域づくり」といったキーワードが並んでいます

42 これは、1969年に提示された「地域コミュニティ」を実現させるために、地縁型コミュニティと興味型コミュニティが協力し合う枠組みだといえるでしょう。地域によっては、自治会長などが「なんで急に地域コミュニティ協議会なんて作らなきゃダメなんだ」と言うこともありますが、実は急に始まった話ではなく50年以上前に提案されたことなのです

ってきたといえるでしょう。1970年代に提唱された地域コミュニティは、地縁型コミュニティと興味型コミュニティを内包しつつ、概ね小学校区を対象として、多様な主体がつながりながら、学校教育や生涯学習、都市計画や医療福祉など、さまざまな分野の課題を乗り越えようとしています。

こうした状況を統括するために「地域コミュニティ協議会」を組織する地域が増えています。教育、まちづくり、医療、福祉のみならず、防犯や防災、企業や各種NPO法人などの興味型コミュニティ、そして自治会や町内会などの地縁型コミュニティが協力する枠組みとして、地域コミュニティという単位で協議していきましょうというわけです。[42]

ただし、まだ地域コミュニティ協議会を組織していないという地域もたくさんあります。その必要性が感じられないとか、主体的に動く住民が見つからないとか、自治会や町内会がまだちゃんと機能しているとか、組織していない理由はさまざまのようです。なかには「地域コミュニティ協議会の会長と、連合町内会長の会長は、どっちが偉いのか」ということで揉めている地域もあると聞いています。あるいは、地域コミュニティ協議会が申請した予算の使い方に関して、連携しているはずの町内会とPTAが揉めているという地域もあるようです。なかなか難しいものですね。

いずれにしても、さまざまな分野が地域に着目し、さまざまな主体が地域コミュニティという単位で連携しようとしている昨今、経済を考える単位だけは「広ければ広いほど良い」「大きければ大きいほど良い」でいいのでしょうか。地縁型コミュニティと興味型コミュニティの連携による「地域コミュニティ」という単位で経済を考えてみる必要性はないでしょうか。経済にも「顔が見える関係」が大切になるのではないでしょうか。これが、コミュニティのあり方から見たときの経済に対する視点です。そんな背景があるから、前章ではコミュニティ経済のあり方について検討してみたのです。

コミュニティを見直す若者たち

以上は、かつての自治省や最近の総務省が主体となって検討している地域コミュニティのあり方であり、文部科学省のコミュニティ・スクール、国土交通省のまちづくり協議会、厚生労働省の地域包括ケアという概念です。政府や行政は、地縁型コミュニティと興味型コミュニティの融合を実現させるため、さまざまな概念や制度を作ってコミュニティを充実させようとしています。その背景には、人口が減少し、税収が少なくなる以上、地域コミュニティ内で相互に助け合って生きていってもらいたいという思惑があるのでしょう。経済が高度成長している時代や、バブル景気で税収が増えていた時代とは違う時代を生きる我々は、行政に多くを求めるのではなく、自分たちがつながりのなかで課題を乗り越えていくような生き方を見つけなければならないということなのでしょう。

少子高齢化と核家族化は進み、いまでは「おひとりさま」の時代になりました。過疎集落は限界集落となり、消滅集落や消滅可能性自治体と呼ばれる地域まで出現しました。同時に、集落の機能はどんどん外部化され、産業化され、クリックすれば多くの商品やサービスが届くようになりました。近くに住む人たちと協力する必要性はどんどん低下しています。人と人とのつながりは、強す

43 ジグムント・バウマン著、奥井智之訳『コミュニティ：安全と自由の戦場』筑摩書房、２００８。なお、本書の序章のタイトルは「ようこそ、とらえどころのないコミュニティへ」というものです。ここでも「コミュニティって何？」という議論から話が始まっています

ぎるとしがらみになり、めんどくさいものになりますが、それを避けてつながりを切りすぎると生活のコストがあがり、将来が不安になります。

「老後には2000万円が必要である」という言葉は、地域コミュニティで支え合って生きている人にとっては「そんなに要らないだろう」という金額であり、つながりを切り尽くして生きてきた人にとっては「それでは足りないだろう」という金額になるでしょう。ジグムント・バウマンはコミュニティのことを「自由と安全のせめぎ合うところ」と表現しましたが、言い得て妙だと思います。[43]コミュニティのしがらみを断ち切って自由になりたいのであれば安全は諦めなければならないし、安全を手に入れたいのならある程度の不自由は我慢しなければならない、というわけです。

コミュニティの歴史を概観すると、人々は「しがらみ」を断ち切って自由になることを目指してきたように思います。つながりを切って自由になり、イリイチのいう「第一の分水嶺」を超えながら快適に生きてきたのでしょう。しかし、人々はさらにつながりを切り、生活のほとんどの場面を産業化させ、その結果「つながりにおける第二の分水嶺」を超えてしまったようです。孤立してしまうことが不安になり、老後に必要な金額を知ってさらに不安になっています。政府や行政も不安になっているので、地域コミュニティ協議会に望みをかけているように見えます。

そんななか、若い人たちもまた「つながりにおける第二の分水嶺」を超えてしまった状況を感じ取っているようにも見えます。自分だけが好き勝手に生きることを目指さない人が増えているように感じるのです。そうした若者たちからは「ローカル」とか「ネイバーフッド」とか「ヴィレッジ」という言葉がよく発せられます。いわば「地元」「近所」「村」ですから、いずれもかつてであれば「抜け出すべき対象」だったでしょう。でも、若者たちはそれが自分たちにとって大切なものを含む概念だということに気づいているように思えます。もちろん、かつてのしがらみたっぷりの「地元」や「近所」や「村」に戻りたいわけじゃない。だからカタカナにしてみて、それぞれのなかで自分たちが必要だと思う要素だけを大切にしたいと表明しているように見えます。[44]

この人たちは、当たり前のようにインターネットを使って育ってきた世代です。クリックして商品やサービスを購入してきた世代でもあります。そんな人たちが、ローカル、ネイバー、ヴィレッジを求めているわけです。いわば興味型と地縁型が融合したコミュニティを小規模ながらに実現させようとしているのです。

そして、多くの場合こういう若者たちの集団は、既存の地縁型コミュニティともうまい距離感を保ち、「取り込まれないけれど、ちゃんと係わる」という関係性を維持していることが多いように感じます。地域住民から「あの若い子たちは意外に礼儀正しい」という声を聞くことも多いのです。しがらみでがんじがらめになるところまでは近づかないけれども、顔が見える関係は維持する。地縁型コミュニティが衰退を極めたあとにやってきた若者たちとの関係性は、双方にとってそれくらいがちょうどいいのかもしれません。[45]

44 このあたりのことを、『出西窯と民藝の師たち』の巻末に掲載されている「解説」に書きました。多々納弘光『出西窯と民藝の師たち』青幻舎、2023、p213-219

45 つながりが希薄になりすぎた地元の高齢者にとっては若者との新たなつながりが生まれ、外からやってきた若者にとってはしがらみだらけにならないくらいの緩やかなつながりが生まれているという、絶妙なバランスをとりながらローカル、ネイバー、ヴィレッジ的生活をお互いに楽しんでいるように見えます

コミュニティと経済の変遷

本章では、コミュニティという概念がどういう変遷を経てきたのかについて整理しました。封建制社会におけるコミュニティは、生産手段の源である土地に縛られた地縁型コミュニティでした。それが資本制社会になると土地から自由になり、好きな場所で好きな仕事を選ぶことができるようになりました。こうなると興味型コミュニティが興隆し始めます。逆に地縁型コミュニティは衰退し始めます。しかし、どちらにも支配者がいたといえるのかもしれません。地縁型コミュニティは封建領主にとって都合のいい共同体だったわけですが、興味型コミュニティは大資本の企業にとって都合のいい共同体だったわけです。いずれも生活者自身にとって都合のいい共同体ではなかったのかもしれません。

そこから抜け出すためには、地縁型と興味型を組み合わせたような地域コミュニティを生み出し、顔が見える関係のなかで経済活動をしてみる必要があるのでしょう。すべてを顔が見える関係によって済ませることはできませんが、生活のなかでその比率を高めていくことは効果的だと思います。それは広告に踊らされる生活を減らすということでもあります。「人を騙してでも儲けてやろう」という気持ちを減じさせる生活を目指すということでもあるでしょう。それはアダム・スミスが『道徳感情論』で論じた公平な観察者を自分の中に宿す生活であり、道徳感情を共有するコミュニティの中に身を置くということなのでしょう。

広告によって「欲しい物」を増やされることのない生活を送ることができるようになれば、欲しい物を購入するための貨幣を稼ぐ必要性も相対的に低下します。労働や仕事の時間を減らすことができるかもしれません。その分、自分が好きなことを好きな仲間と取り組むための時間を確保することができるでしょう。ハンナ・アレントが指摘したように、労働や仕事の時間を減らし、活動のための時間を増やすことができれば、仲間とともに対話しながら地域のあり方を考え、自分たちの活動で地域を変えていくことができるでしょう。

いま、ローカルやネイバーやヴィレッジといった言葉を使いながら自分たちのつながりを表現している人たちは、新しいコミュニティのあり方を模索しながら活動しているように見えます。そして、そこには面識経済が成立しているように見えます。

次章では、そんな面識経済について考えてみたいと思います。

第8章

面識経済へ

これまでのまとめ

さて、いよいよ最終章です。

1章で述べた通り、本書はコミュニティデザインの現場で感じる「経済思想に対する違和感」から生まれました。ワークショップに参加する方々が話し合う言葉のなかに、「経済に関する常識」のようなものが含まれていると感じることが多かったのです。一方、その「常識」は、地域の未来を考えるうえであまり有効ではないもののようにも思えました。なんとなく、グローバル経済での「常識」をローカル経済に当てはめて語られていることが多いのではないか。私にはそんなふうに思えたのです。

とはいえ、私は経済の専門家ではありません。だから迷いました。専門外のことについてワークショップで話をしてしまうと、それが間違った内容だったとしても参加者にある程度の影響を与えてしまいます。また、参加者の多くも経済の専門家ではありません。だからこそ経済に関する言説に影響を受けやすいのだと思いますが、逆に専門家ではないのに「経済的な常識」のようなものを頼りに対話を続けているということでもあるのです。

1 ここでのキーワードは、自由市場か、計画経済か、調整経済か、という時代の変遷でしたね

2 ここでのキーワードは、分業の否定、労働の愉しさ、美しいものを作り出すことのできる社会、「人生こそが財産である」、といったことでしたね

3 彼らの思想や実践は「超越主義」と呼ばれましたね。ソローの経済に関する考え方はとても興味深いものでした

4 これは「衒示的消費」と名付けられていましたね

5 プロテスタントにおける勤労と倹約が資本主義の原動力となったという考察は、余剰貨幣や余暇の時間を何に使えば地域や人生を充実させられるのかを考えるきっかけになりました

6 モリスの運動やエマソンの思想を乗り越えながら進む、日本における力強い運動でしたね。いま丁寧に振り返っておいたほうがいいと思える思想です

7 ここでのキーワードは、輸入置換、コ

——ンヴィヴィアリティ、スモール・イズ・ビューティフルなどでしたね

それなら、まずは私が経済思想について学んだほうがいい。そう思って主流の経済思想について学び、それをまとめてみました。2章に挙げたスミス、マルクス、ケインズは、現在のグローバル経済について学ぼうと思うなら避けて通ることはできない大御所たちです。[1]一方、大御所たちの経済思想に批判的なものもたくさん見つかりました。なかでも、アートやデザインの視点から経済について考えた思想に、コミュニティデザインと経済の関係を考えるヒントが多く含まれている気がしました。それらが3章に挙げたラスキン、トインビー、モリスというイギリス勢の思想であり、その影響を受けたドイツでの動きでした。[2]一方、ラスキンたちと近い思想から経済について考えたのが、4章に挙げたアメリカのエマソンやソローでした。[3]また、その後の世代としてヴェブレンが「見せびらかしのための消費」という概念を提示しました。[4]同じ頃、ドイツではウェーバーが封建社会から資本主義社会へと移行した原動力について説明しました。[5]日本では、柳宗悦を中心とした民藝運動が資本主義社会を「用と美」の視点から鋭く批判しました。[6]

以上のような学びを経て、5章では私が生まれた1970年代の経済思想を振り返りました。グローバル経済ではなくローカル経済、特に地域経済について検討したジェイコブズ、技術や経済が進歩すればするほど幸せな状況になるわけではないという「2つの分水嶺」を提示したイリイチ、実は「経済」という概念が極めて部分的な視点や役割しか持ち得ないのだということを教えてくれたシューマッハーという3人の思想を学ぶなかで、地域の経済にグローバル経済の思想を当てはめることの危険性や、地域の経済だからこそ大切にしたほうがいいことなどが見えてきました。[7]

続く6章では、さらに地域の経済について考えました。日本においては、都道府県くらいの広さ

で考える「地域経済」を前提としつつ、小学校区くらいを対象とする「地元経済」と、顔が見える関係の間に生まれる「面識経済」について検討しました。[8] なかでも、地域の経済循環を念頭に置きながらワークショップでの対話を繰り返すことが大切であることを確認しました。

7章では、地域の経済について考える前提として、コミュニティという概念を改めて整理しました。多くの人が使うようになったコミュニティという言葉ですが、時代によってその意味するところが変遷していること、現代においてコミュニティをどう理解するのがいいのかということを考えました。[9]

生活における面識経済比率

以上のような学びの旅を終えて、この章では「はじめに」で提示した「面識経済」に着目したいと思います。スミスが想定していた「共感に基づく自由市場経済」には興味深い点が多かったのですが、時代が下ると「共感」は放置されて自由市場経済だけが肥大化していきました。その大きな要因として、「顔が見える関係」を超えた経済が支配的になり、我々の生活に強く影響するようになってきたことが挙げられるでしょう。面識関係にない人々が経済的な取り引きをすると、どうしても目に見える商品や貨幣を注視してしまい

8 ここでは、マクロ経済とミクロ経済というスケールの枠組みを整理しました。また、グローバル経済∨国内経済∨地域経済∨地元経済∨面識経済∨友情経済∨家計といった細かいスケールについても整理しました

9 マッキーヴァー、テンニース、トクヴィルなどが登場しましたね

10 もっとも、こうした商品の開発は国際競争にさらされるので、スペックの世界基準を満たしながら「人間的な労働」を実現させるのはかなり難しそうですが。少なくとも私には、一見矛盾しているようにも思える「国際競争力を持つ人間的労働」を実現させられるだけのマネジメント能力はありません

がちです。それが地球規模で取り引きされるようになると、商品数や売上高や利益率といった数字ばかりを追い求め、操作し、結果を出そうとしてしまいます。シューマッハーが指摘したとおり、数字を上げて結果を出すことだけに集中すれば、人間はそれなりの能力を発揮することができるのですが、そのとき現場で働く人の労働条件や人間関係、自然資源や地球環境、所得格差や貧困問題などは見えなくなっていきます。イリイチが指摘するように、バランス感覚を持って状況を把握するのが難しくなり、第二の分水嶺を軽々と超えていってしまうのでしょう。

こうしたグローバル経済の特徴をローカル経済に持ち込まないように注意することが、コミュニティデザインの現場では大切になります。そのための工夫はいろいろあると思いますが、もっとも簡単なことは「顔の見える関係を大切にしよう」ということです。取り引きの相手がよく知っている人であれば、数字だけを見て他のことは何も気にしないという「傍若無人」な振る舞いはできないでしょう。グローバル経済の場合は、ケインズが提案したとおり政府がさまざまな介入を通じて市場を調整しなければならないでしょうが、地域においては「顔が見える」ということで調整されることがたくさんありそうです。

これが面識経済を大切にしたいと思う理由です。ただし、何度も言及しているとおり「世界の取り引きをすべて面識経済にせよ！」と提案したいわけではありません。我々の生活は、もはや自国や地域で生産されるものだけで成立させるのは難しい状態です。もちろん、海外で作られているスマホやパソコンを国内で生産したり、ＳＮＳなどが国産になること、地域産になることは好ましいことだと思います。[10]とはいえ、「顔が見える関係者だけでスマホを作ろう！」というのは無茶な話です。

だから本書で提案したいのは、「資本主義社会のなかにあっても、できるだけ生活における面識経済比率を高めよう」というものです。天然酵母のパンは、あの人の店で買おう。有機野菜は、あの農家から買おう。夕食は、あの人の店で食べよう。なぜなら、その人たちは原料をなるべく面識のある人から仕入れているから。そんなふうに「誰から買うか」「なぜその人から買うのか」といったことを少しずつ考えるようになることが、生活における面識経済比率を高めることになるのだと思います。もしいま、普段の買い物のほとんどを見知らぬ人から購入しているなら、1品目でも2品目でも顔が見える相手から購入するようにするだけで、面識経済比率を高めることができます。[11]

面識経済比率を高める方法

地域に「顔が見える相手」がほとんどいないという人もいるでしょう。そういう人は、買い物へ行った際にお店の人の名前を聞いたり、少し会話をしてみたりすると、これまで顔が思い浮かばなかった人が「顔の見える人」に変わります。そうなれば、生活における面識経済比率が少し上がったことになるでしょう。そのためには、お店を注意深く観察し、

11 面識経済についての本を書いたからといって、世の中すべての経済が面識経済になるべきだとは考えていない。これは理解しにくいことかもしれません。例えば、サッカーについての本を書いたからといって、世の中すべてのスポーツがサッカーだけになるべきだとは考えていない、という感覚に近いのかもしれません。「サッカーは生活の一部の趣味の領域だが、経済は生活全体に関係する支配的な領域だろう」という指摘もあるでしょうが、シューマッハーは「経済って部分的なものだよ」と指摘し、経済を過大評価しないよう警鐘を鳴らしています。また、カール・ポランニーの『大転換』を読んでいると、「経済に埋め込まれた社会」を生きるのではなく、もう一度「社会に埋め込まれた経済」として経済を捉えてみたいと思えてきます

12 コミュニティデザインのワークショップに参加すると、その地域でお店を営んでいる人が参加していることも多いので、そこで知り合って面識関係になることもあります。お店を応援してくれるお客さんに出会いたいという人も、お店の人と面識関係になりたいという

人も、時間を捻出してワークショップに参加することをお勧めします

特徴的な点やこだわっている点などを見つけ出し、店主にいろいろ質問してみるといいでしょう。「なぜこだわっているのか」「これまでどんなことに挑戦してきたのか」「何を目指しているのか」。そんな話ができたら、もうその店とは顔が見える関係にあるといえます。[12] もちろん、お返しに自分のことを話してもいいでしょうし、自分が気に入っているものをプレゼントしてもいいでしょう。こうした購買行為は、農業者の顔写真が貼り付けてある野菜を購入するだけでは達成できないことです。ましてや、スマホでクリックすれば翌日には商品が届く買い物に望むべくもありません。

以上のようなことをワークショップに参加する人たちと共有できれば、対話の内容が少し変わるのではないか、と思っています。自分たちの人生と地域を少しだけ良いものにする活動の具体的な内容が見えてくるのではないか、と思います。その活動の持続可能性を経済に求めるなら、「経済は万能ではない」、「注視しすぎるとバランスを崩しやすい」ことを念頭に置きながら、「小さな経済に留まること」、「顔が見える経済行為にこだわること」などの叡智に基づいた事業が発想されることでしょう。人生こそが財産であることを知り、その財産の力を最大限に発揮させて、お互いの顔が見える規模を維持した経済行為を生み出す人がたくさん暮らす地域。面識経済比率の高い地域。ラスキンに言わせれば、そんな地域こそが「豊かな地域」ということになるのでしょう。私は、そんな地域こそが「地域の商品化」でも「地域の消費化」でもなく、「地域の活性化」を実現させつつある地域なのだと思います。

対面の価値

さて、ここで「面識経済」という言葉が生まれた経緯について述べておきたいと思います。大きなきっかけは「コロナ禍」です。2020年からの約3年間は、感染拡大を防止するため「対面」でのやりとりを控えるべきだといわれた時期でした。コミュニティデザインのワークショップも開催できないことになりました[13]。

外出を控え、自宅にこもり、オンラインで会議や講演をして、あとは各種原稿の執筆と読書。そんな生活を続けるうちに、「対面」の価値を思い知ることになりました。オンラインでも「面《つら》を対している」わけですから対面といえば対面です。でもやはり、オンラインと対面は違う。オンライン会議で対面しながらも「コロナ禍が落ち着いたら対面で会いたいですね」という話になる。実際に対面できる日を待ち焦がれた期間でした。

その後、コロナ禍が落ち着いて仲間や友人と対面で会うことができ、「やっぱり対面はいいねぇ」ということを再確認しました。対面でワークショップができるようになると、参加者たちはオンラインワークショップとは違う盛り上がり方を見せてくれました。対面の価値を実感した

13 外出できなくなった結果、前述のとおり私は自分の自宅兼仕事場を設計し、仕事場には書庫を設置し、すべての参考文献を書庫に並べることができました。それでもまだ外出ができなかったので、こうした参考文献を読みながら書籍の原稿を書くことにしました。だから本書は参考文献に関する記載が多いのです

14 マスクで顔の半分くらいが隠されてしまっていた時期は、対面でも「顔が見える関係」をつくるのが難しかった時期だといえます

15 このあたりの実感は、私にポストモダンの建築思想を思い出させてくれました。近代主義（モダニズム）の単調さを乗り越えようとしたポストモダンの建築思想は、複雑なものを複雑なまま扱おうとしていました。そんなポストモダンの建築思想は、グローバル経済における単純化されたやりとりと、面識経済における複合的なやりとりの違いを認識する際に役立ちました。特に思い起こされるのは以下の2冊の書籍です。ロバート・ヴェンチューリ著、伊藤公文訳『建築の多様性と対立性』鹿

コロナ後の生活です。[14]

そんな姿を見ながら、面識関係にはさまざまな価値が内在しているので、面識関係に基づく経済活動には、単に数字だけのやりとりに終始しない多様性や複合性（ときには対立性も）が含まれているような気がしました。[15] そこから急に「面識」ということが気になり始めたのです。本書のタイトルも、当初はシューマッハーやイリイチの影響を受けて『ほどほど経済』くらいがいいかなと思っていたのですが、『面識経済』のほうが内容に即しているような気がしてきました。

14 ——島出版会、1982。ルシアン・クロール著、重村力訳『参加と複合』住まいの図書館出版局、1990

点と線から面へ

そんなとき、もうひとつ思い浮かんだ言葉がありました。それは「点・線・面」です。地域活性化などの話をしているとき、よく出てくるのが「一人で活動していても、それが点のままだと続かないだろう。活動する人が複数人になっても、それぞれが点として活動しているのでは続かない。点と点がつながって線になることで、いろいろ助け合ったり取り引きしたりできるようになる。こうした線が無数に生まれて面になると、その地域は活性化する」といった考え方です。「点が線になって、やがて面になる」という発想ですね。

これは誰が言い始めたことなのでしょう。私が近い言葉として思い浮かべるのは、バウハウスの教員だったワシリー・カンディンスキーが書いた『点と線から面へ』という本です。[16] この本は地域づくりに関するものではないのですが、書名が有名になってさまざまなところで引用されています。建築や都市計画を学んだ人ならどこかで目にしたことがある言葉でしょうから、地域づくりに関わるときに「そうか！　地域づくりも『点と線から面へ』だ！」と思いついたとしても不思議はありません。[17]

　カンディンスキーの『点と線から面へ』が、地域づくりの「点から線へ、そして面へ」という標語へと変換されたのだとすれば、私もさらに変換してみよう。対面や面識について考えているときに、そんなことを思いつきました。点で活動する人がつながって線になる。これは良いことだと思います。ただ、その線が増えて地域全体がつながって面になるというのは、ちょっと現実的ではないような気がしました。「地域の住民全員が知り合い」という状態ですから、実現不可能な気がしますし、実現しないほうがいいような気もします。仮に実現できたとしても、つながりの線が多すぎて一人ひとりの顔が思い出せないくらい複雑になりそうです。しがらみも多くなりそうです。だから「線から面へ」は目指さないほうが良いと思ったのです。

　その意味で、「点から線へ、そして面《つら》へ」と考えたいのです。地域におけるつながり（線）が増えていって面的な広がりを持ちそうになったとき、改めて面《つら》を大切にする。顔が見える関係を大切にする。お客さん

16　ヴァシリー・カンディンスキー著、宮島久雄訳『点と線から面へ』ちくま学芸文庫、2017

17　ただ、カンディンスキーが語った「点・線・面」は、地域づくりにおける「点・線・面」とは違う目的と視座によるものでした。カンディンスキーの本は、芸術を科学的に分析しようというものであり、具体的には版画における構成要素を点と線に分けて考察するというものです。カンディンスキーによると、「点」は版画における基本要素、「線」は副次要素であり、これらが複合的に組み合わさって「面」の上に配置され、そこから芸術的効果が生まれるのだから、各要素の特性を正確に把握しておくことが大切なのだそうです。その意味では、地域づくりにおける点・線・面とは違う話ですね。ちなみに、建築家の隈研吾さんは、「点、線、面」の次に「塊」があるとして、巨大なコンクリートの塊になりがちな建築を、点と線と面という小さな構成要素によって人間的なものにしたいと語っています。そんな隈さんは、カンディンスキーの著作について「半分は興味深いが、半分は興味が持てな

が増えて、事業が大規模になりつつあるときこそ、面識経済を大切にする。それを思い出すための標語として、「点から線へ、そして面《つら》へ」と唱えるのがいいんじゃないかと思いました。[18]

デューイの「パブリック」

面《つら》が大事。面識が持つ複合的な価値に自覚的であること。そんなことを考えているうちに、改めて対面でワークショップをやることの意義を整理しておきたいと思い立ちました。そのときに読んだ本のひとつが、ジョン・デューイ（**人物39**）の『公衆とその諸問題』でした。そこには、「古い時代の結合関係はそのほとんどがクーレイによってたくみに「面識的（フェイス・トゥ・フェイス）」と名付けられた類型に属する。こうした結合関係は重要なものであったし、また情緒的、知的傾向を形成するに際して、実に重要な働きをしたのであったが、それは地域的なものであり、近隣的なものであり、したがって可視的なものであった。人間がいやしくもこうした関係を共有していた場合には、彼らは直接的に、しかも彼らの愛情と信念とを了解しあうという形でそれを共有していたのである」[19]と書かれていました。面識の重要性が指摘されていますね。

ところが、これが「大社会」化していくと、面識社会はどんどん壊されていくことになります。

いものだ」と評しています。隈研吾『点・線・面』岩波書店、2020

18　2022年に公開された映画『峠：最後のサムライ』のなかで、長岡藩家老の河井継之助が、若き日の小山正太郎に対して「風景画もいいが、人物画も描くといい」と勧めるシーンがあります。そこで継之助は「面（つら）でこそ、相手の心の機微がわかる」と言うのですが、面識の重要性を表現した印象深いセリフだと思います

19　ジョン・デューイ著、阿部齊訳『公衆とその諸問題』ちくま学芸文庫、2014、p124

そうすると、公衆（パブリック）というものが消滅していくことになります。「精算と商取引とに応用された新しいテクノロジィは社会革命をもたらした。計画や予測を持たないローカルな共同社会は、そこに生起する事柄が遠隔のみえざる組織によって左右されているのを知った。遠隔のみえざる組織の活動領域はすこぶる広大であり、それが面識的な結合関係に及ぼした衝撃ははなはだ広範であり、かつ持続的なので、「人間関係の新しい時代」について語ることもあながち誇張とはいえない。蒸気と電気によって創り出された「大社会」も一個の社会ではあろうが、しかし共同社会ではない。結合された人間の行動様式の、新しく非人格的でかつ機械的な形態が共同社会を侵蝕しているのは、現代の生活の顕著な事実である」[20]。ここで、「遠隔のみえざる組織」というのは、大企業やグローバル企業、あるいは国家のことでしょう。それらの影響力が大きくなり、それが地域における面識関係に強い影響を与えたというわけです。[21]

面識社会が「遠隔のみえざる組織」の影響によって解体されると、そこに存在していた公衆（パブリック）も消えてしまう。日本の戦後は、これを経験してきた歴史だったといえるのかもしれません。そして、コミュニティデザインが取り組んでいることは、面識社会とパブリックの再構築だということになりそうです。[22]だからこそ、コミュニティデザイ

20 ジョン・デューイ著、阿部齊訳『公衆とその諸問題』ちくま学芸文庫、2014、p124-125

人物39

ジョン・デューイ（1859-1952）
アメリカの哲学者。プラグマティズム（実用主義）を大成させ、環境との連続性と相互作用による経験概念から社会論、教育論などを展開した。主著に『民主主義と教育』（1916）、『公衆とその諸問題』（1927）など。

ンの現場で経済を考えるなら、遠隔のみえざる経済に影響を受け過ぎるのではなく、面識経済についても考えたいと思うわけです。

クーリーの「社会意識」

さて、デューイの言葉のなかに登場した「クーレイ」とは誰のことでしょう。それは、アメリカの社会学者チャールズ・クーリー（**人物40**）のことです。[23] 彼はその著書『社会組織論』で、人間の個人的な心はどう形成されるかについて検討しています。そして、個人の考えは多くの他者の意見によって形成される、としています。「私が言ったり考えたりするすべてのことは、たしかに他人が言ったり考えたりすることによって影響されるのであって、なんらかのかたちでまた逆にそれ自体の影響力を他におよぼすのである」。[24]

人は環境や社会から影響を受け、逆に環境や社会に影響を与える存在でもあります。だから、

21 デューイは面識的社会のことを「誰かが怪我をしたら、自分のことのように痛い気がするような関係性」からなる社会だとしています（ジョン・デューイ著、阿部齊訳『公衆とその諸問題』ちくま学芸文庫、2014、p54-56）。アダム・スミスの『道徳感情論』に近い表現ですね。そのうえで、「このように親密な状態があれば、国家などはくだらないものである」と結びます

22 いつか「面識公共」という概念についても検討してみたいと思っています

23 クーリーは、社会学においてテンニースやトクヴィル、マッキーヴァーに並ぶほど著名な社会学者のようです。金子勇は、その著書『コミュニティの社会理論』の「はしがき」において、これまでの代表的な社会類型として「軍事型社会と産業型が社会（スペンサー）、ゲマインシャフトとゲゼルシャフト（テンニース）、機会的連帯と有機的連帯（デュルケム）、第一次集団と第二次集団（クーリー）、コミュニティとアソシエーション（マッキーヴァー）」と並べています（金子勇『コミュニティの社会理論』アカデミア出版会、1982、pi）

24 チャールズ・クーリー著、大橋幸ほか訳『社会組織論』青木書店、1970、p7。原著は1909年に書かれています

我々が自分の考えだと思っていることのほとんどは、社会から影響を受けたものだというわけです。[25]「一般にわれわれの内省的な意識、つまり広範囲にわたって目覚めている精神状態の多くは、社会意識なのである。というのは、他者との関係意識、あるいは他者との相互関係についての意識というものは、社会意識の一部とならざるをえないからである。自己と社会は双生児のようなものであって、われわれは前者も後者も直接的に意識するのである。そして個々バラバラの独立した自我といった観念はひとつの幻影にすぎないのである」[26]。人間はそれぞれの自我があってバラバラであるというのは幻想で、実際はかなりの共通点があるという主張ですね。この考え方は、エマソンの超越主義に通じるものがあるような気がします。

ところが、多くの人は自分の自我は自分だけのものだと考える傾向にあるそうです。ルネ・デカルト（1596－1650）はその代表格だった、とクーリーは指摘しています。「私が推測するところでは、デカルトこそ自己意識の基本性についての伝統的な見解にかんする、もっともよく知られた解説者なのである。哲学にとって疑問の余地のない基本的前提を追求した結果、かれは「ワレ想ウ、故ニワレアリ」という命題のうちにそれを見出したと考えたのであった。他のすべてのことが幻想であるとしても、かれにとってはこれこそ否定できないことなのであった。

25 経済についての考え方同様に、「私の考えだ」と思っていることのほとんどは、他者からの影響によるものなのでしょう。2章の冒頭で述べたとおり、だからこそ我々は有名な経済思想をなるべく正確に知っておく必要があるのだと思います

人物40

チャールズ・クーリー（1864－1929）アメリカの社会心理学者。「第一次集団」や「鏡にうつる自己」等、集団や組織における人間性の形成に関わる先駆的な概念を提示した。主著に『人間性と社会秩序』（1902）、『社会組織論』（1909）など。

「私は」とかれはいう、「すべては虚偽であると考えようと思ったが、このように思考している私自身が、なんらかのかたちで存在しているということは絶対に必要なはずだ、ということに気づいた。そしてこのワレ想ウ、故ニワレアリという真理は、それを脅かすにたる懐疑が、一点たりともさしはさめないほどに確実で明白な真理であることを認めたので、私はそれを探し求めていた哲学の第一原理として採択するのになんらの躊躇も必要ではないと確信したのであった」[27]。

こうしたデカルトの考え方にクーリーは異を唱えます。「ワレ」の意識は、多くの「ワレワレ」の意識に影響を受けてできあがっているのだから、「ワレ想ウ、故ニワレアリ」というのなら、同時に「ワレワレ」も虚偽でなく存在するということになるだろう、というのです[28]。「ワレ」が何かを考えられているということは、そこに影響を与えている環境や社会もまたすべて存在しているということなのです。「私は自分自身が意識しているのと同じように、直接かつ確実に自分が生活している社会集団を意識している。そして、デカルトが「ワレ想ウ」と言ったのと同じ根拠に立って、かれはこう言ってもよかったのではないか。「ワレワレ想ウ」と」[29]。

26 チャールズ・クーリー著、大橋幸ほか訳『社会組織論』青木書店、１９７０、p8。なお、コミュニティデザインの現場で感じる「経済の常識」もまた、ワークショップ参加者が「自分の考えだ」と思い込んでいる社会意識であり、さまざまな経済思想に影響を受けている可能性が高い。そう感じたからこそ、私は経済の本を書くべきだと考えました。そんなことを2章の冒頭で書きましたね

27 チャールズ・クーリー著、大橋幸ほか訳『社会組織論』青木書店、１９７０、p8-9

28 インド出身の哲学者、サティシュ・クマールも同様の視点から『君あり、故に我あり』という語りおろしの書籍を出版しています。クマールもまたデカルトの二元論を批判的に乗り越えようとして、バートランド・ラッセルやエルンスト・シューマッハーから話を聞いています（サティシュ・クマール著、尾関修ほか訳『君あり、故に我あり』講談社学術文庫、２００５）

「われわれ」の領域

デューイが面識社会について語るとき、クーリーの以下の言葉を念頭に置いていたといえるでしょう。「私が意味する第一次集団とは、顔と顔とをつきあわせている親しい結びつきと、協力とによって特徴づけられる集団なのだ。それらはいくつかの意味において第一次的であるが、主として個人の社会性と理想とを形成するうえで基本的であるという点において第一次的なのである。（中略）それは一種の「われわれ」というべきことになるだろう。それには「われわれ」の自然な表現とでもいうべき、一種の同情と相互の同一視とが含まれている。（中略）この親しい結びつきと協力との、もっとも重要な分野は、家族、子どもたちの遊び仲間、近隣、もしくは大人たちの地域集団などである」[30]。そのうえで、クーリーはトクヴィルの『アメリカの民主主義』の第一巻5章を以下のように引用しています。「「王政をつくり、共和制を施行するのは人間であるが、共同体は直接、神の手に由来するようにみえる」」[31]。確かに、市場よりもコミュニティのほうが「見えざる手」に差配されているように見えますね。

さて、面識関係にある集団を「第一次集団」と呼ぶとすると、現代は

29 チャールズ・クーリー著、大橋幸ほか訳『社会組織論』青木書店、1970、p11

30 チャールズ・クーリー著、大橋幸ほか訳『社会組織論』青木書店、1970、p24-25

31 チャールズ・クーリー著、大橋幸ほか訳『社会組織論』青木書店1970、p27

32 チャールズ・クーリー著、大橋幸ほか訳『社会組織論』青木書店1970、p101

33 ヴェブレンについては4章で触れましたね。なお、ヴェブレンとクーリーとデューイの3人は同世代の研究者でした

34 「食べていく」ことができる状態が「第一次的理想」だとすると、広告によって増やされた欲望や不安を消費によって解決させようとする状態は「第二次的理想」と呼べそうです。そして、ワークショップで理想の生活や人生について話し合ってもらうと、「第二次

「第一次集団」のなかで共有されている理想（第一次的理想）よりも、広告などによって人工的に作られた第二次的理想のほうが重視されてしまっている時代である、とクーリーは指摘します。「（第一次的理想とは）たとえば、われわれのフェアプレーの感情、親切の発達、女性崇拝、肉体労働の尊敬、社会を経済的にとか「実業原理」にもとづいて組織する努力といったものがそれである。それらがとってかわった諸観念（カーストや、独裁政治や、軍事的栄光や、「みせびらかしの余暇」等々の観念）は、第一次的理想の広い実現化を禁じる諸条件にもとづいた二次的で人工的な体系から生まれたことが、おそらく同様に明らかだろう」[32]。

ここで第二次的理想に含まれる「みせびらかしの余暇」とは、ヴェブレンのいう衒示的閑暇のことですね[33]。まさに、面識経済がグローバル経済に取って代わられる過程で、顔の見える関係のなかで大切とされてきた「第一次的理想」が、企業や国家に都合の良い「第二次的理想」へと取って代わられてきた、というのが経済の拡大にまつわる特徴だといえるでしょう。だからこそ、コミュニティデザインの現場では面識経済を大切にしたいのです[34]。

「われわれ」の内側と外側

ただ一方で、面識社会の内側と外側には遠慮のない社会が広がっていることにも注意しておいた

的理想」に影響を受けた意見が多く出てきます。そのうえで「だからお金が必要だ」ということになり、「だから仕事は大切だ」という発想になる。確かに仕事は大切ですが、それは第二次的理想を満たすための手段ではないはずです。こうした発想を対話によって少しずつ本質的な「第一次的理想」へと近づけていくのが、コミュニティデザインのプロセスだといえます

ほうがいいでしょう。特に日本においては、土居健郎（**人物41**）が指摘するように面識社会の内と外に「遠慮がなくなる社会」が存在しているのです。面識社会よりも内側というと、親族や家族ということになります。ここには「甘え」が存在しているため、遠慮なくさまざまなことが言い合えます。この領域を「A」としておきましょう（**図8－1**）。

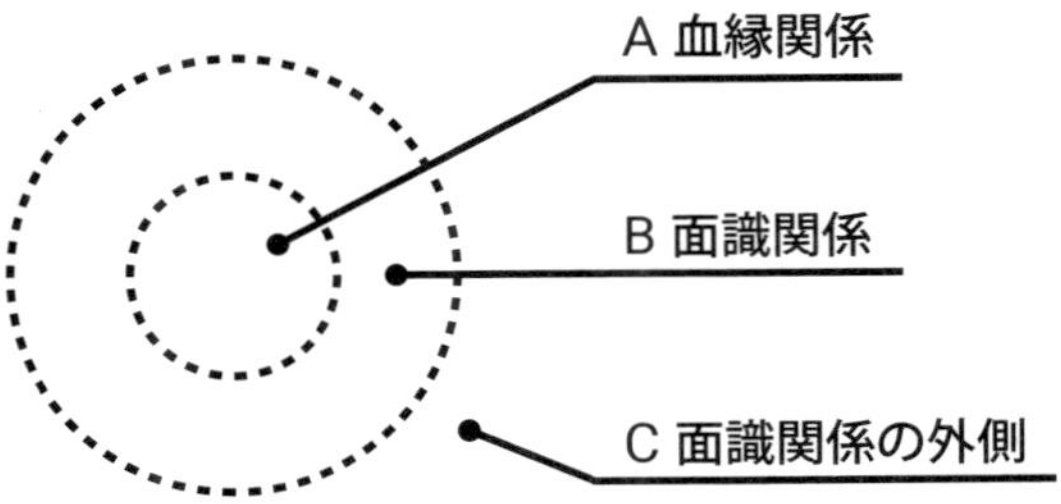

図 8-1 「われわれ」の内側と外側の領域

そのすぐ外側にある面識社会には遠慮や配慮が存在し、そこにはあまり「甘え」が存在しません。そこにいるのは顔見知りの人たちだから、不義理なことはできません。近すぎず、遠すぎない人間関係だといえるでしょう。この領域を「B」とします[35]。

一方、さらに外側にある見知らぬ社会においては、急に配慮がなくなって好き勝手に振る舞う人が多くなります。見知らぬ土地を訪れた人が「旅の恥はかき捨て」とばかりに勝手なことをしてしまうのも「面識社会の外」へ出たときの解放感から生まれる行動なのでしょう。この領域は「C」です。

土居は「親子間の確執や、またもともと親しかった者同士の間に起きたトラブルは、まさに当事者間に遠慮がなかったことが原因であると解されることが多い」[36]と指摘しています。これは「A」の領

35 なお、面識関係（B）は血縁関係（A）の外側にあるという図式にしましたが、これは関係性の近さを示したものです。必ずしも家族の周辺地域に住んでいる地縁関係だけを意味するのではありません。遠方に住んでいる顔見知りの人たちも「B」に含まれます。同様に、遠くに住んでいても血縁関係は「A」に含まれます

36 土居健郎『「甘え」の構造』弘文堂、1971、p37

域で起きやすいことですね。いわゆる「濃い関係」の間柄における注意点です。

その意味では、日本において面識関係が深くなればなるほど良いというわけでもなさそうです。むしろ、適度な距離感で面識を保つことができるような「面識経済」が理想的なのかもしれません。「B」の領域ですね。経済は、「B」の領域で行われている限りは単なる金儲けに走らず、面識による遠慮や配慮が付随した取り引きが維持できそうです。

それより内側（A）になると「家計」の範疇になり、多くの場合そこには市場経済が入り込みません。自分の部屋を使っても世帯主に家賃を支払うことはなく、食事を作ってもらっても代金を支払うことはありません。一方、その領域では「甘え」が発生しやすく、「遠慮」がなくなりがちです。

また、面識経済の外側（C）になると「配慮」がなくなってしまい、数字ばかりを追いかける経済の領域になってしまいそうです。面識経済の外側には、市町村スケール、都道府県スケール、国内スケール、グローバルスケールの市場経済が広がっており、スケールが大きくなるほど遠慮や配慮が消えていき、数字の多寡だけで判断しがちになります。[37]

人物41

土居健郎（1920-2009）日本の精神科医、評論家。日本人の心理特性として「甘え」の概念を精神分析に導入し、その精神構造を解明した。主著に『「甘え」の構造』（1971）、『表と裏』（1985）など。

自分たちごと

コミュニティデザインのワークショップでは、「自分ごと」と「他人ごと」の間に、「自分たちごと」をつくりませんか？　と問いかけることがあります。「自分ごと」は自分自身に関することだから強い関心を示しますし、必要なら行動を起こすでしょう。一方、「他人ごと」は自分に関係がないことだから無関心になりやすく、そのために行動することも少ないはずです。まちづくりや地域づくりは、どうしても「他人ごと」として捉えられることが多いので、あまり関心を持ってもらえず、「まちの未来を自分たちでつくろう」という行動にも結びつきにくいものです。

　そんなとき、「自分ごと」と「他人ごと」の間に「自分たちごと」としてのプロジェクトを生み出すことができたら、ワークショップで知り合った仲間とともに地域を少し良くする活動を展開することができるでしょう。起業する若者を「自分たちごと」として応援できるでしょう。そこには、「自分ごと」にも「他人ごと」にも見られないような遠慮や配慮が存在するのだと思います。[38]

　面識経済というのは、地域の経済を「自分たちごと」として捉えるた

37 最も外側の領域に存在する外国の人たちは、顔が見えない相手だからこそ戦争になると殺しあってしまうのでしょう。一方、最も内側にいる家族や親族は近すぎるがゆえに遠慮がなくなって揉めたり、場合によっては殺人事件へと至ることがあるのでしょう。最も内側と最も外側の間にある面識社会（Bの領域）は、遠慮や配慮を踏まえた関係性のなかに生きる社会であり、暮らしにおいて大切な領域だと思います。『コミュニティのちから』という本のなかには、「われわれが日本各地の「いいコミュニティ」の事例を観察するとき、（中略）ほかの人たちから影響を受け、他人を配慮する、やや控えめな、さまざまな小さな活動の重なりが、一つの大波ではなく、たくさんのさざ波のように存在するというプロセスが見られる」という表現が登場します（今村晴彦ほか『コミュニティのちから：〝遠慮がちな〟ソーシャル・キャピタルの発見』慶應義塾大学出版会、2010、p157）

38 「自分たちごと」としての活動を「コミュニティアクション」と呼ぶ場合もあります

めの概念なのかもしれません。Aの領域の「家計」も、Cの領域の「グローバル経済」も、なかなか「自分たちごと」として捉えるのは難しい。でも、時代はどんどん「家計とグローバル経済」だけを行き来するものになりつつある。[39] その先に幸せな地域があるようには思えないからこそ、Bの領域として「自分たちごと」の面識経済を発生させよう。コミュニティデザインや地域づくりで経済について考えるのなら、そんな話し合いをしたいと思います。

3種類の「やりとり」

コミュニティデザインの現場で経済について話し合うとき、Aの領域である「家計」の話題はあまり登場しません。ワークショップで自分の年収を明かしたり、他人の生活費を詮索したりすることはありません。そんなワークショップ、参加したくないですよね。ワークショップで経済について語るなら、Bの領域である「面識経済」か、Cの領域である「グローバル経済」に関する話題になります。[40]

このふたつの領域、面識経済とグローバル経済を使い分けながら、我々は地域における経済活動を行っているといえます。そこで、日々の生活を思い起こしてみると、他者とのやりとりが三種類に分けられることに気づきます。それらは、①非面識者（見知らぬ人）との貨幣を介した経済活動、

39 家計におけるコスパを重視するあまり、グローバル経済から少しでも安いものを調達しようとする時代です

40 正確に表現すれば、非面識であるCの領域には、グローバル経済だけでなく、「ローカル経済だけど面識はない人」とのやりとりも含まれます。ただ、この非面識ローカル経済は、きっかけさえあればBの面識経済に切り替わる可能性があるという意味で、グローバル経済とは区別して考えたいと思います

②面識者（顔見知り）との貨幣を介した経済活動、③面識者（仲の良い人）との貨幣を介さない経済活動の3種類です。[41]

①非面識者との貨幣を介した経済活動は、ネット販売、量販店、コンビニなどでのやりとりが代表的です。この種のやりとりの多くは、支払った貨幣が地域外へと流出します。また、店員はアルバイトなどで、曜日によって違う「見知らぬ人」と対峙することになります。[42]

②面識者との貨幣を介した経済活動は、行きつけのカフェや定期的に通う美容室などでのやりとりが代表的ですね。アルバイトではなく店主や担当者に直接挨拶ができ、自分のことも覚えていてくれる。あなたが旅行から帰ってきた場合、店主にお土産を渡すかもしれませんが、これは代金とは別のものです。逆に店主が一品おまけしてくれることもありますが、その代金を支払うこともありません。

③面識者との貨幣を介さない経済活動は、近所の人や仕事の仲間が贈り物をくれたり、困りごとを解決してくれたりするものです。「お菓子やパンをたくさん焼いたからお裾分けです」とか「旅行に行ってきたからお土産です」とか、「大工仕事なら得意ですから」と言って棚を取り付けてくれることとか。こうしたやりとりに対して代金を支払うことはありません。「次の機会に他の形でお礼しよう」と思うことでしょう。農村部では、帰宅すると野菜が玄関に置いてあるそうです。それも結構な頻度で。漁村ではビニール袋に入った生魚がドアノブに掛かっていることもあるそうです。[43] ところが誰がくれたものなのかがわからない。袋に名前が書いてあるわけじゃないのです。だ

41 組み合わせを考えれば、④非面識者との貨幣を介さない経済活動というものも存在しそうですが、ここでは検討しないことにします

42 ネット販売の場合、曜日によって違う人に対峙することすらありませんね

43 6章で想像してみた「無人販売所」が誕生する前の状態ですね

44 中山間離島地域は、インターネットの普及によって、昔に比べれば①のやりとりが増えたことでしょうね

から、顔が思い浮かぶ人に連絡して、「野菜くれました？」と確認し、本人を探し当ててはお礼を伝えなければならない。ありがたいけどめんどくさいことです。しかし、そうやって連絡して「私じゃないよ」「あの人じゃないかしらね」などと話をすることによって、面識関係を確認し合っているともいえます。連絡をもらった人は、自分が野菜を届けたわけじゃなくても「あの人には私の顔が思い浮かんだのね」という嬉しい気持ちになる。そんな繰り返しで、地域における面識関係が保たれているのでしょう。同時に、「私は地域のみなさんに対して何ができるかな」と考えるきっかけを作り出しているともいえるでしょう。

都市部と農村部の「やりとり」

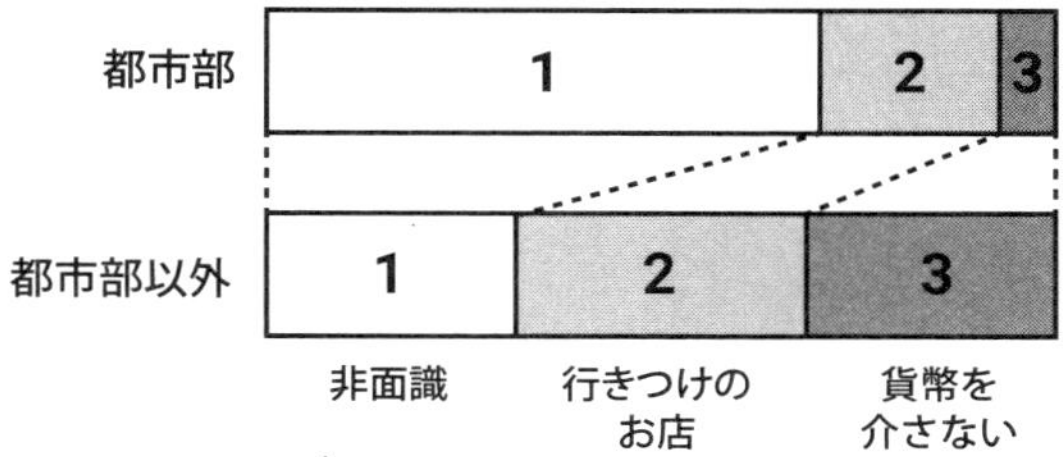

図 8-2　都市部と農村部の経済活動の比較

そう考えると、都市部における経済活動は、店舗が多いからこそ非面識の①が多くなり、そのなかでも行きつけの店で②が少し見られ、貨幣を介さない③のやりとりはほとんど見られない気がします。一方、都市部以外の地域（農村部）における経済活動は、生産者が多いからこそ③が多く、店の数が限られるからこそ②も多くなり、どうしても手に入らないものだけ①から手に入れているように感じます[44]（図8－2）。

さて、この三種類のやりとりのうち、生活や人生の土台にしたいものはどれでしょうか。私は③を土台にしたいと思います。まずは自分が「持てるもの」や「できること」を「貨幣を介さず」に提供したい[45]。それに対するお礼があったら、感謝を伝えながらそれを受け取りたい。面識で貨幣を介さない③のやりとりですね。これを土台だと考えたい。

もちろん、そんなやりとりで生活のすべてが賄えるわけではない。貨幣を介して入手すべきものもあるでしょう。その場合、できるだけ面識関係にある人から入手したいと思います。②のやりとりですね。これが③の上に乗っているというイメージです。その両者から手に入らないものやことについては、非面識のやりとりで調達したいと思います。①のやりとりです。これが一番上に乗っているイメージです（図8－3）。

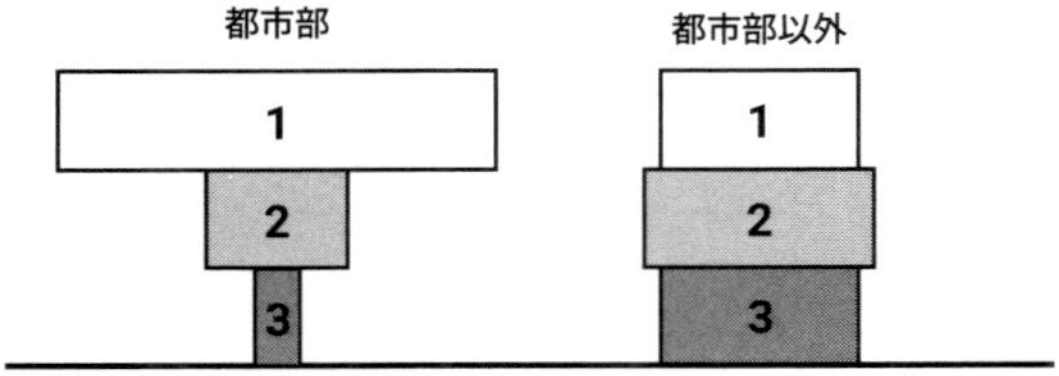

図 8-3　都市部と農村部の経済活動のバランスの比較

そう考えると、都市部での暮らしがひどく不安定に見えてきます。土台にしたい「③面識関係にある人との貨幣を介さないやりとり」がほとんどなく、一番上の「①顔が見えない人との貨幣を介したやりとり」がとても大きくなっている。少し揺れただけで崩れそうな構成です。こうなると「老後にどれくらいの貯金があれば安心か」というような気持ちになりがちです。貯金がなくなったら生活していけない。働かなければ食べていけ

45　ラスキンがいう「人生という財産」を運用し、持てる物や技を使って周囲の人に良い影響を与え続ける人生を送りたいと思います。それが「豊かな人生」だと思うので

46　しかも1章で検討したように、「食べていく」ために必要なお金のなかには、広告によって必要だと思わされているものを購入するための代金も含まれているのです。クーリーが指摘する「第二次的理想」を実現するための代金ですよね

ない。そう感じてしまうのも仕方がない不安定さです。若いうちから面識関係を増やし、なるべく②と③のやりとりで生活し、安心して生きていけるような人生の土台を固めたいものです。

そのためには地域の活動に参加するのがいいでしょう。コミュニティデザインのワークショップにもぜひ参加してもらいたいものです。そこには面識関係を醸成する機会がたくさんあります。対話の時間がたっぷり用意されています。一緒に活動することで、お互いの信頼関係が高まります。「食べていくためにはお金が必要で、そのお金を稼ぐためにたくさん働かなければならないから、ワークショップに参加する時間なんてない」という判断は、結果的に将来の不安を増大させてしまうような気がします。[46]

都市化の時代、逆都市化の時代

日本の戦後は都市化の時代でした。戦前までは都市部と農村部の人口比率は2：8だったのですが、現在ではそれが逆転して8：2になっています。人口の8割が都市部で生活しているというわけです。

これは、③や②のやりとり（面識のやりとり）が①（非面識のやりとり）に置き換えられていく時代だったともいえます。農村部から都市部へと若者が出ていく。それは、③貨幣を介さないやりとりが、②貨幣を介すやりとりに置き換えられ、さらには①見知らぬ人とのやりとりに置き換えられていく、ということでもあったのです。総人口が増えると同時に、都市部の人口比率も高まる。加速

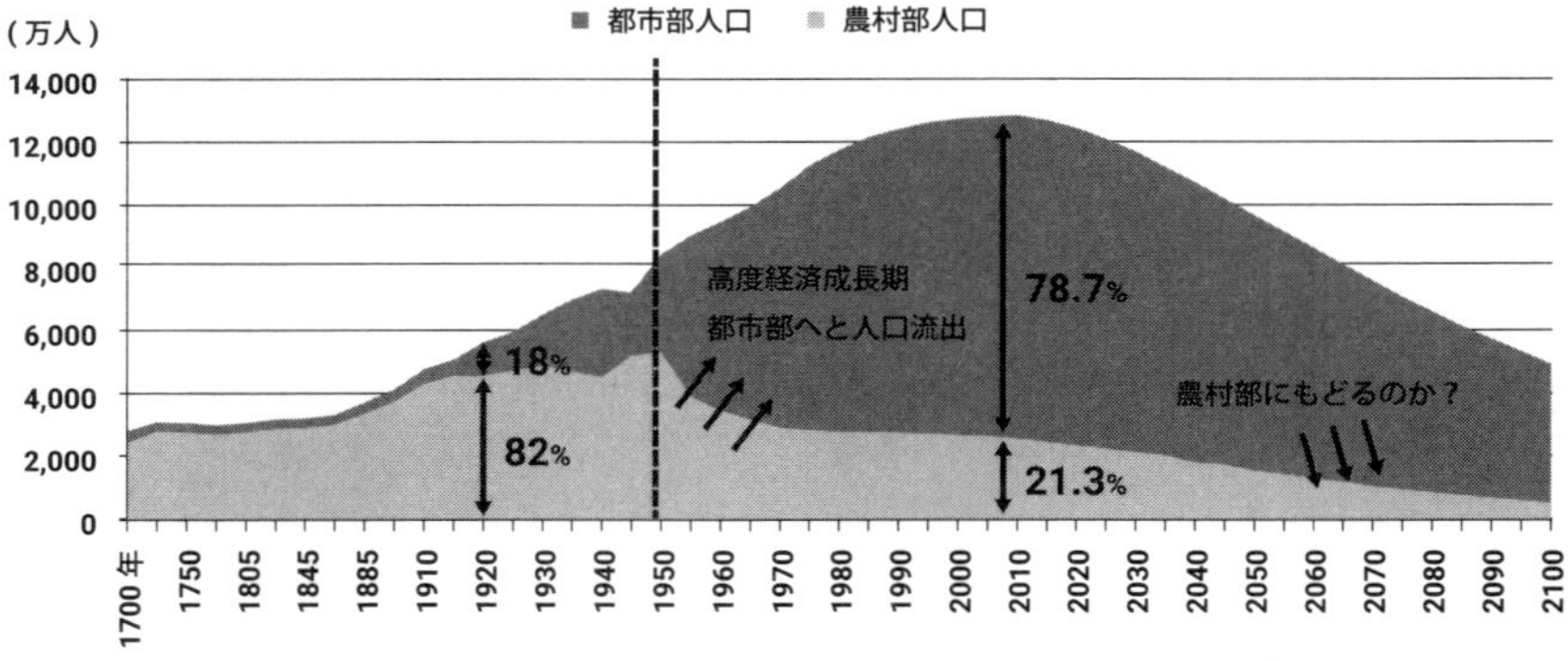

図 8-4　都市部人口と農村部人口の推移と予測

度的に①のやりとりが増えていく。高度に経済成長するはずです。大企業も出現するし、税収も増えるわけです。その代わり、生活における面識経済比率は低下し続けたことでしょう（図8－4）。

しかし、我々はすでに長く続く人口減少時代を生きています。この時代に、相変わらず①のやりとりが支配的な「都市的」生活を続けるのか。それとも③のやりとりを土台とした「面識的」生活を目指すのか。これは、都市から農村へと移住しなければ実現できない話ではありません。都市部で暮らしながら「面識的」生活を続けることはできるはずです。

かつて都市工学者の大西隆は『逆都市化時代』という本を書きました[47]。そのなかで大西は、都市部でも人口が減少する未来を予測し、それをチャンスとしてこれまでの都市のあり方を変えることを提案しています。「日本の都市は

47　大西隆『逆都市化時代』学芸出版社、2004。私はこの本に影響を受け、大西隆さんの研究室で博士論文を書きました

48　大西隆『逆都市化時代』学芸出版社、2004、p4

49　ガルブレイスは、「見せびらかし消費」について述べたヴェブレンと同じアメリカ制度学派とみなされています

その時代を積極的に利用して、開発への圧力が高かったこれまでの都市化の時代にはできなかった都市と自然との共生というような、失われつつある価値観を再生させるべきではないか」[48]という問いかけは、本書で主張している「面識経済という、失われつつある価値観を再生させるべきではないか」に通じるものがあります。都市計画家は人口減少時代に理想的な都市形態の実現を期待するのでしょうが、私は逆都市化の時代に都市的生活が面識的生活に切り替わることを期待しています。

ガルブレイスの「ゆたかな社会」

日本は戦後、③のやりとりを①のやりとりに置き換えつつ、生産年齢人口が増加し続け、高度経済成長を経験しました。その結果、「飽食の時代」を迎え、消費社会が到来しました。ジョン・ケネス・ガルブレイス（**人物42**）は、先進諸国で見られる消費社会のことを「ゆたかな社会」と呼んでいます。[49]

人類は有史以来、18世紀まで貧困と闘い続けてきました。その間、生活に余裕がある時代などほとんどなかったといえます。もちろん、一部の王侯貴族や富裕層は生活の余裕を手に入れていましたが、多くの人たちは「どうやって貧困から抜け出すか」を考え続けました。一時的に生活の余裕

人物42

ジョン・ケネス・ガルブレイス（1908－2006）　カナダ出身のアメリカの経済学者。制度派経済学の流れをくみ、「拮抗力」、「依存効果」等の独創的な概念から資本主義の本質に迫った。主著に『ゆたかな社会』（1958）、『不確実性の時代』（1977）など。

が確保できた時期もありますが、いずれはまた貧困生活へと逆戻りしてしまう。こうした状況を打開しようと検討されてきたのが経済学の歴史だった、とガルブレイスは指摘しています。[50]

ところが19世紀の後半になると技術の進展などによって一部の先進国では「ゆたかな社会」が実現します。「食べていく」ことで精一杯という状況から脱して、生活に余裕が生まれてくる。ところが、これまでの経験を踏まえると、一時的に余裕のある生活が実現したとしても、またすぐ貧困へと逆戻りしてしまうはずなので、気を緩めずに「よりゆたかな社会」を目指し続けなければならない。経済学は油断しなかったのです。つまり、ガルブレイスによれば、多くの先進国で「ゆたかな社会」が実現されたにもかかわらず、経済学は未だに貧困時代の論理で組み立てられているのです。[51]油断するな、もっとゆたかに、さらにゆたかに、というわけです。その結果、人間の生存に必要ではないものまで欲しがる人たちを大量に生み出し、「消費社会」や「ゆたかな社会」を出現させたのです。

かつてであれば、人は自分が何を必要としているかをよく知っていました。なにしろ、衣食住のいずれも足りていないのです。「人びとは自分の欲しい物を知るのにほとんど困難はない。人びとはこれらの欲望を飢餓の苦しみや気候の不快さによって知るのであって、隣人の所有者や

50 ガルブレイス著、鈴木哲太郎訳『ゆたかな社会』岩波書店、1960

51 トマス・カーライルは、こうした「貧困時代の論理で組み立てられた経済学」のことを「陰気な学問」と呼びました（ガルブレイス著、鈴木哲太郎訳『ゆたかな社会』岩波書店、1960、p25）

52 ガルブレイス著、鈴木哲太郎訳『ゆたかな社会』岩波書店、1960、piv。同様の指摘は同書のp4にも登場します。「19世紀のはじめには、自分の欲しいものが何であるかを広告屋に教えてもらう必要のある人はいなかったであろう」。この点を意識しつつ、哲学者の國分功一郎は「土曜日にテレビをつけると、次の日の日曜日に時間的・金銭的余裕をつぎ込んでもらうための娯楽の類を宣伝する番組が放送されている。その番組を見て、番組が勧める場所に行って、金銭と時間を消費する。さて、そうする人々は「好きなこと」をしているのか?」と述べています（國分功一郎『暇と退屈の倫理学』新潮社、2015、p22）

セールスマンのお世辞によって知るのではない」[52]。

ところが現在は、人々が生存のために欲しがっていた物を生産し尽くし、そのうえ生存とは関係ないものまで欲しがらせるような社会をつくってしまった。そして、他人が持っている物を見て、それを欲しがる人が増えていくような消費社会になってしまった。ガルブレイスは「生産が欲望を充足するばかりでなく欲望を育成するものでもあるとすれば、生産の拡大は、経済的進歩や、特に社会的進歩の満足な尺度ではないであろう」[53]と指摘しています。広告やデザインによって必要だと思い込まされた物を追いかける社会、「食べていく」を超えて欲しいものが増え続ける社会、クーリーのいう「第二次的理想」を追い求める社会において、「国民総生産」など生産の拡大を示す指標は社会的進歩の満足な尺度になり得ない、という指摘です。鋭い指摘だと思います。生産すればするほど、人々は欲しいものを増やされるわけです。それなのに国民総生産が増え続けることが豊かな社会だといえるとは思えない。むしろ、欲しいものを増やされ続けて、いつまで経っても満足できない社会ですよね[54]。

53 ガルブレイス著、鈴木哲太郎訳『ゆたかな社会』岩波書店、1960、piv

54 なお、巻末のメモによると私が『ゆたかな社会』を購入したのは2002年10月13日のようです。2005年にコミュニティデザイン事務所studio-Lを設立する前のことです。ガルブレイスの本を読んで、おしゃれな空間をデザインすることで人々の欲望を煽りながら仕事を増やしていく建築家という仕事に疑問を感じました。また、「おしゃれな空間」や「豪華な物」をたくさん所有することが富であるとか、ゆたかな社会の実現である、という「貧困時代の経済学的認識」から脱することが大切だというガルブレイス経済学(脱物質主義の経済学)に深く共感しました。もちろん、その背景には「良き人生こそが富である」というラスキン経済学の影響があります。そんな経緯で、「つくらないデザイナー」と呼ばれるコミュニティデザイナーとして仕事をするようになりました

非面識的な労働に忙殺される

これまでに述べてきたことをまとめると、「生活に必要なものを見極めて、不必要なものを欲しがらないようにしましょう」、そして「必要なものを購入するときは、面識関係にある人から入手しましょう」という2点に集約されます。これらはいずれも消費者側の視点ですね。一方、生産者側の視点も検討してみたいと思います。あなたが従事している仕事は、①（非面識）のやりとりが基本でしょうか。それとも②（面識）のやりとりが基本でしょうか[55]。

先に見たとおり、人口増加時代は①のやりとりが肥大化した時期でした。現在は人口減少時代とはいえ、仕事の多くはまだ非面識のやりとりを基本にしているのではないかと思います。商品やサービスを販売している人は、消費者の顔が見えない。開発や設計に携わる人も、利用者の顔が見えない。民間企業に勤めている人だけでなく、行政機関に勤めている人も同様に市民や利用者の顔が見えないことが多いのではないでしょうか[56]。

顔が見えない相手に対して労働を続けているとどうなるでしょうか。シューマッハーが指摘したとおり、数字を高めることだけに注力できる

55 ③は貨幣のやりとりがないので、それが仕事になっている人はほとんどいないと思います

56 私が学んでいた公共空間の設計も同じく利用者の顔が見えないものでした。コミュニティデザインの仕事を始めたのは、行政が整備する公共空間を設計する際に、利用者の顔が見えないことや市民の意見が反映されないことに違和感を覚えたからです

57 それではダメだということで、SDGsの目標が設定されたわけですが、非面識経済でそれらを実現させるのは難しいことでしょう

58 あるいは、忙しいなかワークショップに参加してもらっても、顧客を増やしたり売上を高めたりといった「数字を上げる」話し合いではない。長々と自己紹介したり、地域の未来について対話したり、理想の人生について夢を描いたりしている。「もっと効率的な話し合いを！」「経済的に成り立っていなければ持続可能じゃない！」と言いたくなる気持ちもわかります。なお、そういう人たちに「グローバル経済の

ようになります。その結果、資源を浪費していることや、利用者の健康に良くないことや、廃棄物が大量に発生することなどが気にならなくなる。[57] 売上や利益を高めることに邁進する。顔が見えない株主から追い立てられるように利潤を追求しなければならない。そして、働いている人は「顔が見えない人とのやりとり」によってどんどん忙しくなる。

つまり、消費者は「欲しいものを増やされて、それを購入する代金を手に入れなければならないから労働が忙しくなる」のであり、生産者は「顔が見えない相手に商品やサービスを売りつけるために、あらゆる手段を講じて結果を出そうとするから労働が忙しくなる」というわけです。そして、地域で生活する人の多くは、消費者でもあり生産者でもあります。そんな人に対して「地域の未来を考えるコミュニティデザインのワークショップに参加しませんか?」と呼びかけても、消費者と生産者という両方の立場から「忙しいので無理です」と返答されてしまいます。仕方のないことですね。[58]

論理(非面識が基本の論理)でローカル経済を考えないようにしませんか? ローカル経済は面識関係を基本にしませんか」と伝えたくて、私は本書を書き始めました

セネカの『人生の短さについて』

非面識的な労働に従事する人は、お互いの顔が見えない状況のなかでどんどん忙しくなる。だからコミュニティデザインのワークショップに参加する時間がない。その結果、地域でも面識関係にある友人をつくることが難しくなる。そんな人たちが生活している地域は、きっといつまで経って

も良い地域にならないでしょう。誰もが忙しくて地域づくりに携わることができないわけですから。

どうすればいいのでしょう。「そんな労働はおやめなさい」と言えば問題は解決するでしょうか。きっと、いきなり職種を変えるというのは難しいでしょうね。それならまずは、労働の時間を減らしていくというのはどうでしょうか。

古代ローマの哲学者、ルキウス・アンナエウス・セネカ（**人物43**）は、『人生の短さについて』のなかで、限られた人生の時間を労働に費やすのはおやめなさい、と警告しています。「多忙な人は、みな惨めな状態にある。その中でもとりわけ惨めなのは、他人のためにあくせくと苦労している連中だ。彼らは、他人が眠るのにあわせて眠り、他人が歩くのに合わせて歩く」。[59] これは、先進国が消費社会を経験するよりも1900年ほど前の言葉です。

セネカは言います。「わたしはこう言いたいのだ。あなたの人生の日々を監査してみなさい。そして、査定してみなさいと。そうすれば、あなたは見出すことだろう。あなたの手元に残る日々は、ほんのわずかな残りかすにすぎないのだということを」。[60] そして、「誰かが時間をください」とお願いすると、求められたほうは、いとも簡単に与えてしまう。どちらも、時間が求められた理由は気にするくせに、時間そのもののこ

59 セネカ著、中澤務訳『人生の短さについて 他2篇』光文社古典新訳文庫、2017、p85-86

人物43

ルキウス・アンナエウス・セネカ（BC1-65） ローマ帝国の政治家、哲学者。第5代ローマ皇帝ネロの幼少期の家庭教師としても知られ、またネロの治世初期にはブレーンとして支えた。主著に『人生の短さについて』（49）『幸福な人生について』（58）など。

とは気にしない。時間は、どうでもいいもののように求められ、どうでもいいもののように与えられる。あらゆるものの中で最も高価なものを、もてあそんでいるのだ。彼らがそんな間違いを犯すのは、時間が形を持たず、目に見えないからだ。だから、時間はとても安く見積もられている」[61]と続けます。

そのうえで、セネカは「労働の時間を減らし、古典を読んで叡智を手に入れるための時間を確保しなさい」と提案します。私なら「非面識的な労働を減らし、コミュニティデザインのワークショップに参加するための時間を確保しましょう」と提案したいところです。対面で開催されるワークショップに参加して、面識関係になる人を増やし、そのなかから友人を見つけ、対話のなかから叡智を手に入れて欲しいものです。

60 セネカ著、中澤務訳『人生の短さについて 他2篇』光文社古典新訳文庫、2017、p40

61 セネカ著、中澤務訳『人生の短さについて 他2篇』光文社古典新訳文庫、2017、p42

62 ケインズについては2章で触れましたね

63 ジョン・メイナード・ケインズ著、山岡洋一訳『ケインズ説得論集』日経BP、2021、p265

1日3時間の労働

労働の時間を減らすことについてはケインズも言及しています。[62]彼は1930年に書いた「孫の時代の経済的可能性」という論文のなかで、「百年後の世界、2030年ごろの世界には、人々の生活は経済的にみて、どのような水準になっていると予想できるのだろうか。孫の世代の経済的可能性は、合理的にみて、どのように考えられるだろうか」という問題を提起しています。[63]そのうえで、「技術の進歩」と「資本の蓄積」という2つの側面から100年後の世界を予想しました。その結果、「百年後の2030年には、先進国の生活水準は現在の4倍から8倍の間になっていると予想される」としています。[64]

ここからケインズは、100年後の生活水準が1930年当時の8倍になっていると想定します。そのとき、人々の生活における基本的なニーズは、ほぼ満たされていることになるはずだ、というのが彼の意見です。「人間のニーズには限りがないと思えるのは事実だ。だがニーズには二つの種類がある。第一は、絶対的なニーズであり、周囲の人たちの状況がどうであれ、必要だと感じるものである。第二は、相対的なニーズであり、それを満たせば周囲の人たちより上になり、優越感を持てるときのみ、必要だと感じるものである」[65]。ここでいう「第一のニーズ（絶対的ニーズ）」というのは、クーリーのいうところの「第一次的理想」に近く、「第二のニーズ（相対的ニーズ）」は「第二次的理想」に近いものですね[66]。そのうえでケインズは続けます。「第二の種類のニーズは、他人より優位に立ちたいという欲求を満たすものであって、確かに限りがないともいえる。全体の水準が高くなるほど、さらに上を求めるようになるからだ。しかし、絶対的なニーズは、限りがないとはいえない。おそらくは誰もが考えているよりはるかに早い時期に、絶対的なニーズ

64 ジョン・メイナード・ケインズ著、山岡洋一訳『ケインズ説得論集』日経BP、2021、p270。なお、そうなるまでの100年間には「技術の進歩による失業」を乗り越える必要など、幾多の困難が待ち受けていることも指摘しています

65 ジョン・メイナード・ケインズ著、山岡洋一訳『ケインズ説得論集』日経BP、2021、p271

66 ここに挙げたケインズの二種類のニーズについては、ガルブレイスも『ゆたかな社会』のなかで引用しています。「「第二の種類」の必要、すなわち他人におくれまい、あるいは他人の先を行こうという努力の結果として生じる欲望は、「満足させようとしてもきりがないかもしれない、なぜならば、一般的な水準が高いほど、これらの欲望も大きくなるからだ」。さらに、他の経済学者も、他人との張り合いということが欲望を作り出す上にかなりの役割を果たすものだと考えている。ある人の消費は隣人の望みとなる。このことは、欲望が満足される過程は同時に欲望を創り出す過程であることを意味し

が満たされ、経済以外の目的にエネルギーを使うことを選ぶようになる時期がくるとも思える」[67]。

つまり、2030年を生きる人の多くにとって、「食べていく」だけなら、そのニーズは満たされることになる、というわけです。もし広告によって欲しいものを増やされず、「第二のニーズ」を自分のなかに生み出しさえしなければ、あくせく働かなくても「第一のニーズ」を満たすだけの生活水準になっているはずだ、というのです。

そうなったとき、多くの人たちはどう生きるのでしょうか。ケインズは「とまどうことになるだろう」と言います。「切迫した経済的な必要から自由になった状態をいかに使い、科学と福利の力で今後に獲得できるはずの余暇をいかに使って、賢明に、快適に、裕福にくらしていくべきなのかという問題」が立ち現れるだろうというのです[68]。そして「経済的な必要から自由になったとき、豊かさを楽しむことができるのは、生活を楽しむ術を維持し洗練させて、完璧に近づけていく人、そして、生活の手段にすぎないものに

ている。満足される欲望が多ければ多いほど、新しく生まれる欲望も多いのだ（ガルブレイス著、鈴木哲太郎訳『ゆたかな社会』岩波書店、1960、p141）」。こうした状態はますます加熱しているように思えます。ガルブレイスの時代は隣人の欲望に煽られる程度で済んだのですが、現在ではSNSの投稿を通じて遠く離れた人が得た満足に煽られて大量の欲望が作り出されています。なお、ガルブレイスは『ゆたかな社会』の日本版への序文で、ケインズのいう「第一のニーズ」と「第二のニーズ」をそれぞれ「物理的な根拠に基づく必要」と「心理的な根拠に基づく必要」と言い換えています。これはわかりやすい用語の整理だと思います（ガルブレイス著、鈴木哲太郎訳『ゆたかな社会』岩波書店、1960、piv）

67 ジョン・メイナード・ケインズ著、山岡洋一訳『ケインズ説得論集』日経BP、2021、p271。第一のニーズ、絶対的ニーズ、物理的ニーズなど、呼び方はさまざまですが、この種のニーズは早い時期に満たされているという予想は共通しています。衣食住に関する基本的ニーズを満たすだけなら、かなり早い段階でニーズが満たされることになっているでしょう

68 ジョン・メイナード・ケインズ著、山岡洋一訳『ケインズ説得論集』日経BP、2021、p274

自分を売り渡さない人だろう」と指摘します。自分の生活を愉しむことができ、「生活の手段にすぎないもの＝労働」に自分の時間を売り渡さない人だけが、１００年後の世界における豊かさを味わうことができるというわけです。

とはいえ、いきなり労働から解放され、生活を愉しみ、自分たちの地域をよくするために、毎日コミュニティデザインのワークショップに出かけるようになるかといえば、それは難しいことでしょう。「人はみな長年にわたって、懸命に努力するようにしつけられてきたのであり、楽しむようには育てられていない。とくに才能があるわけではない平凡な人間にとって、暇な時間をどう使うのかは恐ろしい問題である」とケインズは言います。[69]だから、１００年後の世界でも人々は働くことになるのですが、それは生活における「第一のニーズ」を満たすためではなく、「暇が怖いから」という「人間の弱さ」によるものなのだそうです。そしてケインズは、「1日三時間働けば、人間の弱さを満足させるのに十分ではないだろうか」と言います。[70]

つまり、「食べていく」ことが難しくない時代において、人々はそれほど働く必要がなくなるのですが、やることがないので1日3時間くらい働けば暇を弄ぶこともなくなるだろうというのです。さらに、贅沢を求めなければ「食べていく」ことができるにもかかわらず、２０３０年になっても金儲けに邁進す

69 ジョン・メイナード・ケインズ著、山岡洋一訳『ケインズ説得論集』日経BP、２０２１、p275

70 ジョン・メイナード・ケインズ著、山岡洋一訳『ケインズ説得論集』日経BP、２０２１、p276

71 ジョン・メイナード・ケインズ著、山岡洋一訳『ケインズ説得論集』日経BP、２０２１、p277

72 この点についていえば、確かにケインズの予想は外れたといえるかもしれません。つまり、労働時間が3時間にならなかったという指摘に対しては「広告によって欲しいものが増やされてしまった結果、その支払いによって労働時間を減らすことができなくなっているだけじゃないか」といえるかもしれませんが、すべての人が「第一のニーズ」を満たすような生活ができていないという点についてはケインズの予想が外れたと言わざるを得ません

る人に対して、多くの人が「少し気味の悪い病気、半ば犯罪的で半ば病的な性癖、なるべくなら専門家に治療をお願いしたいと考えるような性癖だと認識できるようになるだろう」と予想しています。[71]

こうしたケインズの予想に対して、現代の先進国で生活する多くの人が「ケインズの予想は外れた。残念！　いまでも我々は忙しく働かされているよ」と言うでしょう。しかし、それは社会の見方によるのかもしれません。ガルブレイスが指摘するように、先進国においてはかつてに比べて生存のための「第一のニーズ」を満たすことが容易になっています。それでもまだ「お金が足りない」と懸命に働く人たちの多くは、「第二のニーズ」によって欲しいものを増やされているように見えます。そして、「第二のニーズ」を満たすためにお金が必要だということで、忙しく働き続けているように思えます。

自分の生活を見直し、「第一のニーズ」を満たしていると感じるのなら、労働時間を減らしてみる。そうやって空いた時間を、地域社会のための活動時間に充ててみる。世の中には「第一のニーズ」を満たすのが難しい生活を強《し》いられている人もいます。[72]身近な地域にも、そういう人がいるかもしれない。地域における面識関係をたどりながら、ひとりでも多くの人が「第一のニーズ」を満たすことができるよう活動したいものです。

ラッセルの『幸福論』

ケインズの友人であるバートランド・ラッセル（**人物44**）もまた、労働時間を減らすことの意義を説きました。[73]

ケインズが「孫の時代の経済的可能性」を発表した1930年に、ラッセルは『幸福論』を出版しています。この本の原題を直訳すると「幸福の獲得」というほどの意味で、具体的に幸福を手に入れるための方法がまとめられたエッセイ集です。前半は不幸の原因がどんなものであるのかについて述べられており、後半が幸福を手に入れる方法についての説明となっています。[74] 幸福になるための方法のひとつに仕事が挙げられています。「食べていくために自ら有害だと信じている目的におのれの技術をひさいでいる（中略）。そういう仕事では、真の満足は得られない。（中略）自尊心がなければ、真の幸福はまず不可能である。そして、自分の仕事を恥じているような人間は、自尊心を持つことは到底できない」。[75] 我々が幸福になるために、まずは自分の仕事を見直してみることが大切です。それが非面識的な労働である場合、商品やサービスを届ける相手の顔が見えなくなっているからこそ、本当に正しいと思える仕事をしているのかを自ら確認してみることが必要です。[76]

73 ラッセルは「ケインズの知性は、私の知るかぎりで最も鋭く、また明晰なものだった。彼と議論したとき、私は寿命の縮まる思いをしたし、何かしら自分が愚か者に見えてこないことは稀であった」と述べています（ジル・ドスタレール著、鍋島直樹ほか監訳『ケインズの闘い』藤原書店、２００８、p620-621）。なお、ラッセルは１９１２年に発表した『哲学入門』のなかで、「面識」について詳しく検討しています。「すべての知識が、面識に依存し、面識を基礎とする。それゆえ重要なのは、どのようなものを私たちは面識しているかを考察することである（バートランド・ラッセル著、高村夏輝訳『哲学入門』ちくま学芸文庫、２００５、p59）」。そのうえで彼は、人に対する面識だけでなく、物に対する面識、記憶や内観による面識などについても検討しています

74 不幸の原因には、競争、退屈と興奮、疲れ、ねたみ、罪の意識、被害妄想、世評に対するおびえなどが挙げられています。一方、幸福の原因には、熱意、愛情、家族、仕事、私心のない興味、努力と諦めなどが挙げられています

さらに、ラッセルは続く章で、労働以外のことに興味を持つ人も幸福であるとしています。それはサッカー観戦でもいいし読書でもいいのですが、ラッセルはサッカー観戦よりも読書を勧めます。なぜなら、サッカー観戦と違って読書は自分がやりたいときに取り組むことができる趣味だからです。ただし、ラッセルの時代と違って現在は、サッカー観戦もスマホがあればいつでも楽しむことができる趣味となりました。[77]

私がお勧めするのは、労働以外の時間でまちづくりの活動を展開することです。こちらもまた、自分がやりたいと思ったときにできる趣味です。労働は非面識のやりとりが主だとしても、趣味の時間はまちづくりで面識関係を愉しむこと。こうした趣味があると、気晴らしになるだけでなく、バランス感覚を養うことができたり、自分の労働を相対化することができたりするので良いとラッセルは述べています。

そして最終章でラッセルは、「自我と社会とが客観的な関心や愛情によって結合されていないとき、両者間の欠如が生じる。幸福な人とは、こうした統一のどちらにも失敗していない人のことである。自分の人格が内部で分裂してもいないし、仲間と対立してもいない人のことである」と締めくくります。この点について『幸福論』を解説する哲学者の小川仁志は「つまり、幸福には自分自身との調和と同時に、社会とのつながりも必要だということです。社会と対立したり、そこから独立したりしていては、幸福にはなれないのです」[78]と述べています。私はこの「社会」を「地域」に置き換えて考えた

人物44

バートランド・ラッセル（1872-1970）イギリスの哲学者、論理学者、政治活動家。数学や記号を論理学の手法で分析し、現代分析学の基礎を築く。『幸福論』（1930）など哲学の著述でも知られ、核兵器廃絶など平和運動にも取り組んだ。

いと思います。「顔が見える関係にある人たちが生活している地域」と対立している人が、仕事や趣味に充実感を覚え、幸福であり続けるのは難しいのではないかと思うのです。

さらに小川は考察を進めます。「ここで浮かび上がってくるのが、社会が不幸な場合、はたして自分は幸福になれるのか、という疑問です。その外の世界が不幸に満ちたものであった場合、自分は幸福になれるのかどうか。私は、ラッセルの答えは「ノー」であったと考えます。個人が幸福になるためには、社会も幸福でなければならない」[79]。こうしてラッセルは、その晩年に平和活動を推進していくことになります[80]。

これを地域に置き換えて考えると、地域が不幸に満ちているのに自分は幸福になれるとは思えない、ということでしょう。充実した仕事に携わる人が、趣味の時間を使って地域と関わることで、仲間とともに少しずつ地域が良くなる活動を続け、地域社会も自分の生活も幸福になっていく。そんな未来が理想的ではないでしょうか。

1日4時間の労働

ラッセルは仕事以外に趣味を持つことが幸福につながると説きました。

---

75 バートランド・ラッセル著、安藤貞雄訳『ラッセル幸福論』岩波文庫、1991、p240-241

76 面識的な仕事は、相手の顔が見えているからこそ「有害な労働」を続けるのが難しいと思います。とはいえ、自分の仕事が恥ずかしいものでないかは日々確認したほうがいいでしょう

77 ただし、スマホでのサッカー観戦は途中で広告が現れたり、別のお勧め動画にまどわされたりする点に注意が必要です

78 小川仁志『バートランド・ラッセル幸福論』NHK出版、2021、p96

79 小川仁志『バートランド・ラッセル幸福論』NHK出版、2021、p96

80 特に有名なのが、1955年にアルベルト・アインシュタイン（1879−1955）と連名で取りまとめた「ラッセル＝アインシュタイン宣言」でしょう。ここでラッセルは、核兵器の廃絶と科学技術の平和利用を訴えました。なお、1960年代に91歳のラッセル

私は趣味の時間を使って地域活動に参加し、仲間とともに地域を少しずつ良いものにしていくことをお勧めしました。ところが、実際には労働が忙しすぎて趣味や地域活動の時間が確保できない。このことはラッセルの時代も同じだったようです。だから彼は『幸福論』を出版した2年後の1932年、労働時間を短くすることを勧める『怠惰への讃歌』を発表しています。[81]

この本のなかで、ラッセルは労働時間が減らせない理由を歴史的に説明しました。太古より人間は、生きのびるために家族や親族が協力しながら働いてきました。品種改良も機械もないので、人間の筋力を使って食べ物を手に入れるという「生きのびるための労働」だったわけです。[82]その後、人間は筋力以外に水力や火力を利用するようになり、品種改良の技術も手に入れて、余剰生産物を生み出すことに成功します。[83]これが手元に残るなら、人々は労働時間を減らすことができたでしょう。しかし、余剰生産物は国王や司祭に納めることになりました。最初は兵力で威圧して、その後は宗教に

と会ったサティシュ・クマールは、ラッセルが政府に核廃絶を認めさせようと急いでいる姿を見て、「政府の政策転換と同時に、(国民の)心の変化も必要だとは思われませんか?」と促したが、老年のラッセルとは話が合わなかったことを記しています(サティシュ・クマール著、尾関修ほか訳『君あり、故に我あり』講談社学術文庫、2005、p185-186)。私は、ラッセルのように理論的な平和活動を実践する態度を尊敬しますが、クマールのように広くて深い思想に憧れます。ちなみに、クマールはラッセルだけでなく、『スモール・イズ・ビューティフル』の著者であるシューマッハーにも会いに行っています。そこでの出会いをクマールは「ラッセルと非常に対照的だった」と感動的に綴っています(サティシュ・クマール著、尾関修ほか訳『君あり、故に我あり』講談社、2005、p207)。そして、シューマッハーの説得に応じてイギリスへ移住し、1991年にシューマッハーカレッジを設立したり、1997年に『スモール・イズ・ビューティフル再論』の「まえがき」を書いたりしています

81 バートランド・ラッセル著、堀秀彦ほか訳『怠惰への讃歌』平凡社、2009

82 狩猟採集社会ですね

83 農耕社会ですね

よって「労働は美徳である」と信じ込ませることによって。その結果、人々は「よき人生」を送るため懸命に労働し、余剰生産物は権力者に納めるのが当然だと信じるようになりました。

さらに時代が下ると、産業革命によって労働生産性は飛躍的に高まり、余剰生産物が格段に増えました。[84] また、科学や思想の発展によって相対的に宗教の力が弱まりました。ラッセルによると、宗教の力が弱まっても「労働は美徳である」という考え方だけは残ったそうです。だから人々は生産性が上がったにもかかわらず働き続け、余剰生産物は国王や司祭だけでなく、新たに登場した資本家たちにも納めることになりました。

ラッセルは指摘していませんが、その後の世界は広告やデザインの力によって欲しいものが増やされることになり、労働者は政府や資本家だけでなく、消費を通じて企業にも給与の余剰分を「納める」ようになりました。[85] つまり、生産性が上がっても労働時間は減らない。[86] これでは幸福になるための「趣味や地域活動の時間」がいつまで経っても手に入りません。どうすればいいのでしょうか。

ラッセルは労働時間を減らせば良いと提案します。「普通の賃金労働者が、一日四時間働いたなら、すべての人に満足を与え、失業者もないだろう」[87]。友人のケインズは「１００年後に1日3時間労働が実現して

84 工業社会ですね

85 1932年の『怠惰への讃歌』の後、1958年にガルブレイスが『ゆたかな社会』でそのことを指摘しましたね。1971年にはパパネックが『生きのびるためのデザイン』で同様のことを指摘しています

86 この点について、個人的な経験があります。私が大阪の建築設計事務所で働き始めた当時、東京への出張は新幹線「ひかり」で3時間の移動を要したものです。往復で6時間ですが、在来線の移動時間と会議の2時間を加えると8時間を超えます。したがって、当時は多くの企業が東京出張は1泊2日の旅程でした。ところが、設計事務所勤務3年目に、新しい新幹線「のぞみ」が開通しました。こちらは2時間半で東京まで行けます。30分の短縮。往復で1時間の「暇な時間」が手に入ったわけです。「東京での1時間、何をしようかな」と楽しみにする間もなく「東京出張は日帰りで」ということになりました。在来線の移動時間を含めても8時間以内で往復できてしまうようになったからです。技術の進歩は生

いるだろう」と予言しましたが、ラッセルは「すぐにでも1日4時間労働を実現させよう」と提案しました。そのうえで、ラッセルもケインズと同じく「生涯、長い時間働いて来た人は、突然することがなくなると、うんざりするだろう」と指摘しつつも、「だが相当のひまの時間がないと、人生の最もすばらしいものと縁がなくなることが多い。多くの人々が、このすばらしいものを奪われている理由は、ひまがないという以外に何もない」[88]と述べています。ここでいう「人生で最もすばらしいもの」とは「幸福」であり、それを実現するための「広い趣味」のことでしょう。

それでは、この「広い趣味」というのはどういうものなのでしょうか。それは単なる消費ではないようです。「私が、働く時間は四時間に短縮すべきだといい出す場合は、何も残りのすべての時間を必ずしも全くつまらないことで過ごさなければならないというつもりではない。私の考える意味は、一日四時間の労働で、生活の必需品と生活を快適にするものを得るには十分であり、残りの時間は、自分で適当と思えるように使える自分の時間とすべきだというのである」[89]。

ところが、現在の教育は暇な時間をどう使うべきかを人々に伝えていないので、消費に搦《から》め捕ら

産性を上げますが、私の人生は豊かになった気がしませんでした。むしろ1泊2日だった頃のほうが、東京の美術館や博物館を巡る時間を手にしていた気がします。なお、ラッセルの『怠惰への讃歌』を引用しながら「怠惰の思想」を語った多田道太郎（1924－2007）は、その著書の「あとがき」を「1978年2月2日、満員の新幹線車中にて」という言葉で締めくくっています。これはまだ「のぞみ」が登場する前のことでしょうが、同じような問題意識から生まれた言葉のように感じます（多田道太郎『物くさ太郎の空想力』冬樹社、1978、p223）

87 バートランド・ラッセル著、堀秀彦ほか訳『怠惰への讃歌』平凡社、2009、p21

88 バートランド・ラッセル著、堀秀彦ほか訳『怠惰への讃歌』平凡社、2009、p21-22

れやすいとラッセルは指摘します。「それで、教育を現在一般の状態より一層進歩させ、ひまを賢明に使わせる趣味を幾分か与えることを、教育が目指さなければならないのが、かような四時間労働という社会制度の一つの重要な使命である」[90]。つまり、暇な時間を消極的な消費行動で埋めるのではなく、積極的な役割を担う人を増やすような教育が必要だということです。「都会人の快楽は、おおむね受け身になった。即ち映画を見ること、フットボールの試合見物、ラジオの聴取等がみなそうである。こうなったのは、都会人の積極的な精力がすっかり仕事に吸い取られている事実の結果である。だがもし都会人にもっとひまな時間があるなら、自分で積極的な役割を演ずる快楽を昔のように味わえるであろう」[91]。

現在の学校教育で、暇な時間の賢明な使い方を学ぶことができるでしょうか。むしろ、暇な時間はすべて勉強の時間に充て、少しでも偏差値を上げるような教育が行われていないでしょうか。そういう教育を受けた大人たちが地域で生活するわけですから、暇な時間はすべて労働の時間に充て、少しでも年収を上げることを目指すのも当然でしょう[92]。そのために、遠い場所で生活する非面識の相手に対して効率よく商品やサービスを販売し、少しでも利益率を高めることに集中するでしょう。

コミュニティデザインのワークショップで行っているのは「非面識的

89 バートランド・ラッセル著、堀秀彦ほか訳『怠惰への讃歌』平凡社、2009、p28。ここで言われる「生活の必需品と生活を快適にするもの」というのは、ケインズのいう「第一のニーズ（絶対的ニーズ）」であり、ガルブレイスのいう「物理的な根拠に基づく必要」でしょうね

90 バートランド・ラッセル著、堀秀彦ほか訳『怠惰への讃歌』平凡社、2009、p28-29

91 バートランド・ラッセル著、堀秀彦ほか訳『怠惰への讃歌』平凡社、2009、p29

92 『怠惰への讃歌』の解説で塩野谷祐一（1932－2015）は、「閑暇を知的に使うセンスを養うためには、教育が必要である。学校（school）という言葉の語源はギリシャ語のスコーレであり、その意味は閑暇（leisure）である。学校で学ぶということは、労働でなく閑暇を意味する。そして学校は本来、労働のための技術を学ぶところではなく、閑暇のあり方を学ぶところである。大学で学ぶことはないと豪語して、金儲

な労働の時間を短縮することはできませんか？」という問いかけであり、「余剰の時間を使って、地域を良くする愉しい活動をしませんか？」という提案です。それによって新たな趣味を手に入れ、同じ趣味を愉しむ友人を見つけてもらいたいと思っています。それは、ラッセルがいう「趣味を通じた幸福」を手に入れる方法であり、ラスキンがいう「他の人に良い影響を与える裕福な人生」を歩む道ではないかと考えています。

ワークショップでは、以上のようなことを伝えたうえで参加者に対話を繰り返してもらっています。少し大げさかもしれませんが、学校教育が労働時間を減らすきっかけにならないのなら、生涯学習としてコミュニティデザインのワークショップにできることがあるのではないか、というようなことを考えています。

けの世界に飛び込んだ若者がいたが、金銭欲以外に人間的生活のセンスを学ぶことを知らなかった不幸な人間である。アメリカ式のビジネス・スクールが尊敬を集めているが、「忙しい」と「閑暇」とを結びつけたこの撞着語法はブラック・ユーモアと言えよう」と指摘しています（バートランド・ラッセル著、堀秀彦ほか訳『怠惰への讃歌』平凡社、2009、p265）

活動的な人生と消費的な人生

ラッセルは、労働時間を減らした人が公共的な役割を果たしてくれることに期待しました。「余暇が出来た時には、人々は疲れていないから、消極的で味気ないような享楽だけを要求することはあるまい。少くとも一パーセントの人々は、多分、職業につかわない時間を、公共的に意味のある研究に注ぎ込むだろうし、その人たちが生活していくのには、何もこの研究にたよっていないから、彼らの独創性は妨げられないだろうし、学界の長老が設けた基準に調子を合わせる必要もないだろう」[93]。人口の1％が公共的に意味のある研究に携わるようになるだろうという予測には勇気づけられます。きっと、コミュニティデザインのワークショップに参加してくれる人もこのなかに含まれるだろうと思うからです。労働時間を減らし、公共的な活動に時間を使う人が増えていけば、地域の状況は少しずつ改善されていくことでしょう。

また、ワークショップに参加するような人ではない「普通の人」も「気だてが良くなるだろう」とラッセルは予想します。「普通の男女も幸福な生活をする機会を持っているので、今までよりもっと人に親切になり、人を苦しめることも少なくなり、また他人を疑いの目でみる傾向も減るだろう。（中略）気だてがいいことは、あらゆる徳性のうちで、世人が最も望んでいるものであるが、苦しい奮闘の生活の産物でない」[94]。これもまた、より良い地域の実現のために大切なことだといえます。

以上が「労働時間を減らして、地域での活動時間を増やしていこう」という考え方です。その前提として、残念ながら多くの労働が「何のために働いているのかわからない」という「意義の感じられないもの」、「つまらないもの」、「苦しいもの」だということがあります。また、非面識的な労働は「顔が見えない相手とのやりとり」になるので、利益の最大化だけに意識が集中しがちだということもあります。それは「精神がすり減る」ような労働でしょう。その結果、わずかな余暇の時

93 バートランド・ラッセル著、堀秀彦ほか訳『怠惰への讃歌』平凡社、2009、p32

94 バートランド・ラッセル著、堀秀彦ほか訳『怠惰への讃歌』平凡社、2009、p32

95 しかも、より強い快楽には「限界効用逓減の法則」が作用してしまいます。これは経済学の用語ですが、簡単にいえば、人はもっと刺激的なもの、もっと珍しいもの、もっとおいしいもの、もっと高級なものを求めるようになっていくという話です。それらを購入し続けるとなれば、労働時間を減らせるはずもありません

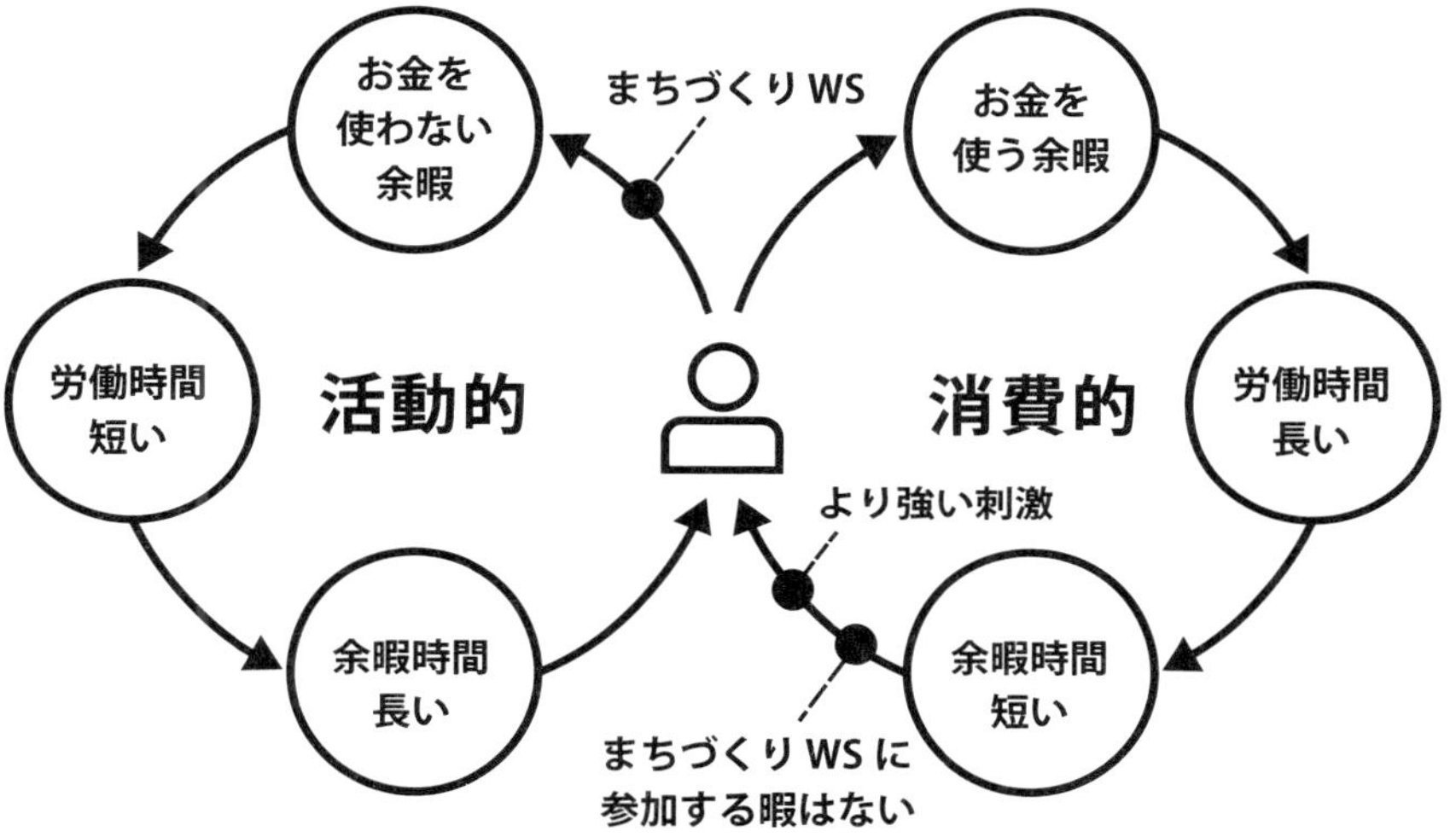

図 8-5　活動的な人生と消費的な人生の比較

間に強い快楽を欲しがるようになり、消費的な人生を歩むことになりがちです。しかし、どうやらその方向に幸福は存在していなそうです。それどころか、より強い快楽を得るためのお金を手に入れるために、より長い労働時間が必要になってしまいます。[95]

したがって、もしあなたが非面識的な労働に従事していて、そこに仕事の意義を感じられない場合、労働時間を減らすことを考えてみるのがいいでしょう（図8－5）。そのためには、余暇時間に使うお金を減らすことが重要になります。まちづくりに携わることは、それほどお金を使いません。それでいて仲間を増やすことができます。新たな経験や知識を愉しむこともできます。しかも、自分が生活する地域が少しずつ良くなっていくという実感も得られます。面識関係のなかで愉しく生きていくことができる地域に近づいていくことでしょう。そんなふうに考えているからこそ、私たちは「仕事の時間を少し減らしてコミュニティデザインのワークショップに参加しませんか？」と問いかけています。[96]

非面識的な仕事

以上、非面識的な労働に携わる人に向けて、「労働時間を減らしてみてはどうですか？」と提案した人たちの意見を紹介してきました。セネカは人生の短さを強調し、頼まれ仕事をなるべく減らすよう勧めました。ケインズは２０３０年には１日３時間の労働になるだろうと予言しました。ラッセルは１日４時間の労働で生きていけると示しました。

また、４章で紹介したソローは、「私は、５年を超える年月を自分の手で働いて生きた経験から、１年につき６週間ほど働けば、暮らしに必要なあらゆる対価をまかなえることを発見しました。つまり私は、その程度働くだけで、冬の日のすべてと夏の日の大部分を自由にし、研究のために空けることができたのです」[97]と述べています。年52週間のうちの６週間だけ働くということですから、１日１時間労働に相当するような労働時間で「食べていける」というわけです。[98]ケインズやラッセルよりも短いですね。

96 たまに、「人々が消費しなくなると企業の売上や利益が減ってしまい、日本のＧＤＰや国の税収が下がってしまい、賃金が上がらなくなったり社会保障が充実させられなくなったりするぞ」と言う人がいます。しかし私は、これまで見てきたとおり「食べていくため」「第一のニーズ」「絶対的ニーズ」を満たすだけなら、多くの人は労働時間を減らして賃金を下げてもいいのではないかと思っています。また、労働時間を減らすことで生まれた余暇の時間に、お金を使わずまちづくり活動をすれば、国の社会保障に依存しなくても地域で生活を支え合うことができるのではないかと思っています（このあたりのことは１章で述べましたね）。そして何よりも、ラッセルが言うように人口の１％が消費を少し控えたからといって、国の経済全体に壊滅的な打撃を与えるとは思えないのです。なお、本書が10万部売れて、その読者全員が消費を減らしたとしても、日本の総人口の０・１％にも満たない影響力しか持ちえません

97 ヘンリー・Ｄ・ソロー著、今泉吉晴訳『ウォールデン：森の生活（上）』小学

彼らが前提とした労働は、肉体を酷使し精神をすり減らすようなものでした。ラッセルは労働時間を減らすと「すりへった神経、疲労、消化不良の代りに、人生の幸福と歓喜が生まれるだろう」と書いています。[99] 私は、その種の労働が非面識的なものによく見られるのではないかと考えています。

では、すでに面識的な仕事に携わっている人はどうすればいいのでしょうか。面識経済の担い手である人もまた、仕事の時間を減らしたほうがいいのでしょうか。顔が見える関係の人たちと仕事をする場合、相手の興味に応じて自分の興味も広がるし、新たな分野の知見を深めるきっかけもたくさんありそうです。そして、顔が見える関係のやりとりを繰り返すからこそ、友人や仲間を増やしていくこともできそうです。したがって、面識経済に資する仕事をしている人の多くは、その時間を減らす必要がないような気がします。[100]

面識的な仕事として思い浮かぶのは、天然酵母のパンをつくって販売するような店です。パンの材料は顔が見える生産者から仕入れ、丁寧に焼いたパンを顔が見える地域の方々に販売する。パンを焼くための燃料も地域の薪《まき》などが使えるとさらに良いでしょうね。長野県松本市の奈川地区でワークショップを開催した際、製材業を営んでいた実家の敷地内に「製材所のパン屋」をつくった姉妹に出会いました。製材所にある木

—館文庫、2016、p173

98 実際には夏に集中して働いていたようです

99 バートランド・ラッセル著、堀秀彦ほか訳『怠惰への讃歌』平凡社、2009、p31

100 この章では、非面識的な経済行為のことを「労働」とし、面識的な経済行為を「仕事」としています。そして、金銭を介さない面識的な行為を「活動」と呼びたいと思っています。これは、ハンナ・アレントが英語で書いた『人間の条件』の邦訳に登場した「労働、仕事、活動」を意識したものですが、彼女の定義とは少し違った意味を含んでいます（ハンナ・アレント著、志水速雄訳『人間の条件』ちくま学芸文庫、1994）。なお、アレントの論旨を理解するには、むしろ彼女がドイツ語で書いた『活動的生』の邦訳に登場する「労働、制作、行為」のほうが適切な気がします（ハンナ・アーレント著、森一郎訳『活動的生』みすず書房、2015）

材を使って、自分たちでパンを焼き、顔が見えるお客さんに対して直接販売する。すばらしい仕事を見せてもらいました。

島根県の離島にある海士町で仕事をしていたとき、よく泊めてもらっていた旅館「但馬屋」は、食材のほとんどを自分たちで調達したり、顔が見える関係の人から仕入れたりしていました。私が牛乳好きだということを知ってくれてからは、泊まるたびに島では手に入れにくいであろう牛乳を用意してくれていました。島外に牛乳代を流出させてしまっていたのです。申し訳ないと思いつつ、同時に但馬屋の愛も感じていました。

こうした仕事に出合うたびに、面識経済の担い手は地域の宝だと感じるようになりました。これまでに300地域ほどにお邪魔してワークショップを開催させてもらいましたが、いずれの地域にも面識経済の担い手がいて嬉しくなりました。私は、面識的な関係を大切にした食事のことを「地域ごはん」と呼んでいます。彼らの顔を思い浮かべながら食事の絵を描き、文章とともに綴った書籍をまとめたこともあります。[101]

仕事の悦びと面識経済

面識的な仕事は食事だけに見られるものではありません。陶芸や木工などの手仕事にも多く見ら

101 山崎亮『地域ごはん日記』パイ インターナショナル、2017。山崎亮『地域ごはん日記：おかわり』建築ジャーナル、2022

102 多々納弘光『出西窯と民藝の師たち』青幻舎、2023、p46

103 スタッフのうち、何人かは興味深い企画展や事例を見つけるのがうまくて、しょっちゅう「これ行きませんか？」と誘ってくれます

れます。特に4章で紹介した民藝の仕事には、使い手の顔を思い浮かべながら生み出されたものが多いように感じます。作ったものが誰にどう使われるのか。使った人がどんな感想を持つのか。常に他者を意識しながらものづくりを進めていたようです。柳宗悦が指摘した「他力道」によるものづくりですね。

民藝運動は「仕事の悦び」を大切にしました。島根県にある出西窯の創設者、多々納弘光（1927－2017）は河井寛次郎の言葉を次のように紹介しています。「河井先生は「喜ぶことこそが美しさを生むんだ」ということもおっしゃいました。「喜べばみな美し」という心偈《こころうた》もあります。これは後になっても繰り返しいわれたことです。「もし、つくるうえで喜びがなくなったら、これは大問題だぞ」と。まさにそうだと思います」。[102] 面識経済に資する仕事には悦びが内在していて、だからこそ美しいものが生み出されるのでしょう。こうした仕事は、趣味のようでもあり、地域への貢献でもあるように思えてきます。

コミュニティデザインの仕事も似ています。仕事と余暇の区別がほとんどありません。弊社studio-Lのスタッフたちは、各地で「顔が見える人たち」と一緒にプロジェクトを進めています。それらを少しでも面白いプロジェクトにするため、日々ネタ集めをしているような生活です。仕事がない日も、スタッフと一緒に美術館の企画展を観に行ったり、面白そうな事例を視察しに行ったりしています。[103] そういう場所で「これ、次のワークショップで使えそうですね」、「こういう表現だと人と人とのつながりが可視化されますね」などとアイデアを交換するのが愉しいのです。そんな時間が「仕事なのか、余暇なのか」と切り分けて考えたことはありません。[104]

面識経済比率の高い地域へ

以上、面識経済を意識した人生について述べてきました。面識関係、つまり顔が見える関係には、目には見えないけれども重要な要素が含まれています。それは、相手を思いやること、仕事を褒めること、共に喜ぶこと、応援することなどです。ラスキンが「人生という財産が持つ力」として挙げたことに近いものです。

もちろん、我々の生活をすべて面識経済で賄うのは難しいことです。ただし、生活における面識経済比率を高めることはできそうです。そのためには、生活者と労働者という両面から考えるべき点があります。[105]

生活者として考えたいことは、①地域の経済循環を意識すること、②必要なものは面識関係にある人から購入すること、③なるべく広告を見ないようにして欲しいものを増やさないことの3点です。労働者として考えたいことは、①非面識的な労働時間をなるべく減らして、余暇の時間を地域の活動に充てること、②面識的な仕事を愉しみ、地域の面識経済に貢献することの2点です。これらによって「地域の活動」と「面識的な仕事」が増え、地域における面識経済比率が高まることを期待します。

104 仕事と余暇を混ぜ合わせて、働きたいだけ働くことができるように、studio-Lは個人事業主の集団にしてあります。労働基準法によって労働時間=余暇時間を規定されたくないのです

105 「生活者と労働者」を「消費者と生産者」と表現しても良いでしょう。ただ、私は「消費者」という言葉があまり好きではないので、ここでは使いませんでした。なお、私が消費者から生活者という表現に切り替えるきっかけを与えてくれたのは、天野正子『「生活者」とは誰か』（中公新書、1996）です。この中で「消費者から生活者へ」と主張した経済学者として紹介されている大熊信行は、『社会思想家としてのラスキンとモリス』（論創社、2004：原著は新潮社、1927）の著者でもあります

106 面識関係にある人と会うと仏頂面のままというわけにはいきません。少し口角を上げて笑顔で挨拶することでしょう。笑顔でいると寿命が延びるという研究結果もあるそうです。その研究結果によると、作り笑顔でも寿命は2年延びるということです（石川善樹『友だ

そんな地域でワークショップを開催したら、興味深い対話が繰り広げられるでしょうね。グローバル経済の常識を地域経済に当てはめるような話にはならなそうです。余暇の時間を使って学び合う人も多そうです。ワークショップに持ち寄るお菓子も誰が作ったものなのかがわかるし、それぞれに物語がありそうです。地域で起業する若者を応援する面識関係も生まれるでしょう。高齢になっても健康で愉しく、安心して暮らしていけそうな地域ですね。[106]

そして、実はすでにそんな地域が全国各地に存在しているような気がします。面識経済を大切にして生きる人の割合は、定住人口や交流人口のように数字で示すのが難しいので、あまり目立たないかもしれません。でも、各地を訪れると確実に面識関係を大切にして買い物をしたり余暇を過ごしたりしている人たちに出会います。

いつか、そんな人たちを巡る旅がしてみたいものです。きっと、各地で「あの人がつくるパンは美味しいよ」、「この人がつくる器は素敵だよ」という紹介を受けることでしょう。そして、誰かが私の暮らす地域にやってきたときにも、面識のある人々を紹介することができるでしょう。その日のために、私も自分が生活する地域で面識関係を耕しておきたいと思います。

——ちの数で寿命はきまる』マガジンハウス、２０１４、p28-30)

おわりに

　ある講演会で、経済について普段から考えていることを語ったことがあります。[1]通常の講演ではコミュニティデザインに関係しそうな経済の話をするのですが、その日は経済に興味のある人が多かったからか、資本主義や市場経済について踏み込んだ話をしました。

　講演が終わった後、主催者のひとりが近寄ってきて「山崎さん、資本主義についての本を書きませんか？」と提案してくれました。その方は、書籍の編集や執筆の仕事もしている人だったのです。

　確かに書いてみたいテーマでした。各地でワークショップをするたびに、「地域の経済をどうするか」「仕事をどうするか」という話になることが多いのです。そのたびに「語りたい」と思うことがあるのですが、話が長くなりそうなので控えることが多いのです。もしじっくり聞いてくれる人がいるなら、40時間ほど「コミュニティデザインと経済」について語りたいと思うくらいでした。[2]

「じゃ、私が40時間の話を聞いて文章にしますよ」と編集者が提案してくれたので、数日に分けて語り続けました。[3]ところが、できあがってきた原稿を見て「これは難しいな」と思いました。頭に思い浮かんだことを隠さずすべて語ったつも

1　埼玉県のときがわ町で２０２１年２月21日に開催された「ときがわ自然塾」にて。ときがわ町での取り組みは、以下の本で詳しく解説されています。神山典士『トカイナカに生きる』文春新書、２０２２

2　特に、「地域活性化」という言葉が、かなりの割合で「地域の経済活性化」と捉えられてしまっており、「儲かる商売をたくさんつくれば活性化したということにしておこう」という話になっている点については言いたいことがたくさんありました

3　実際は40時間もしゃべり続けたわけではありません。でも、数日に分けて10時間以上は話をしたと思います

4　だから本書は異常なほどに脚注が多いレイアウトになっています。そして、この「あとがき」にまで脚注がたくさん貼り付いています

りだったのですが、原稿を読むとさらに新しい情報が頭に思い浮かぶのです。その情報を原稿に書き加えるのですが、しばらくして読み返すとさらに加筆したいことが思い浮かんでくるのです。

きっと「語りおろし」という形式で書籍を作ることができる著者というのは、一度語ったことにごちゃごちゃ付け加えたくならない、潔い人なのでしょう。その点、私はとても未練がましい。原稿を読んでいると、付け加えたい思想や詳述したい事例が次々と思い浮かぶ。「この話題については、あの本のなかに詳しく書かれている」と思いついたら参考文献を記したい。そんなことを続けていたある日、「これは自分自身ですべて書き下ろしたほうがいいな」ということに気づきました。

そのことを編集者と出版社に伝えたところ、「それなら書き下ろしで」という話になりました。編集者には文字起こししてもらった分のお礼をしたうえで、自分の語りを参考にしつつ、すべての原稿を書き起こしました。書き起こしながらも次々と思いつくことがあったので、それらはできる限り脚注に記しました。[4]

本書が生まれたきっかけが講演だったこと、最初は語りおろしから始まったこと、かつて「山崎の話は文章よりも講演のほうが頭に入りやすい」と複数人から言われたことなどが理由で、今回の原稿は「ですます調」で語るように書きました。みなさんにとって、少しでも読みやすい書籍に仕上がっていれば幸いです。

本書を執筆するにあたって、多くの人のお世話になりました。まずは経済の専門家ではない私が参考にさせてもらった多くの経済関連書籍を執筆された方々に感謝します。ここですべての著者の名前を並べることはできませんが、感謝の念とともに著者名や著書名を脚注に記しました。

また、コミュニティに関連する書籍をお贈りいただいた著者の方々には格別の感謝を申し上げます。[5] ありがたいことに、コミュニティ関連の書籍が出版されるたびに出版社や著者がそれを贈ってくれます。なかには書籍の帯に推薦文を書かせてもらったり、巻末に解説文を書かせてもらったりするものもあります。そのために精読した本の内容が頭に入っていて、本書を執筆しているときにも随所で思い出されました。[6]

さらに、各地で開催した講演会やワークショップに参加してくれた方々に感謝します。みなさんとの対話や実践が、面識経済について考えるきっかけになりました。

経済の素人が経済についての本を書くというのは不安なものです。特に『面識経済』などという、ウェブ検索しても全く出てこない言葉を書名に掲げた本の執筆です。少しでも価値のある内容になっているのかどうかを、友人である経済学者の安田洋祐さんに問うてみたことがあります。[7]「経済学者がなかなか取り扱わない分野の本になりそうで興味深い」という意見をいただき、心強く感じたものです。ありがとうございました。なお、このときの対談は私のユーチューブチャンネルで公開しています。安田さんの正確な表現を確認したい方は、ぜひ検索してみてください。[8]

安田さんは本書の帯に推薦文も書いてくれました。本書の脚注に登場していただいた山口周さんも、帯に推薦文を書いてくださいました。ど

5 また、著者ではないものの、本書の参考になりそうな本をお贈りいただいた方々にも感謝いたします。特に、『公民館のしあさって』を編集された西山佳孝さんからは、沖縄の奥共同店の『創立百周年記念誌』という貴重な本をお贈りいただきました。ありがとうございます

6 本文中にも書きましたが、私の仕事場兼自宅には書庫があって、そこにすべての蔵書が並んでいるため、参考文献がすぐに取り出せるようになっています。これはとても執筆しやすい環境だと感じました。仕事場と住宅がセットになった「小商い建築」という概念は、今後ますます広がるでしょうね

7 安田洋祐さんは、『欲望の資本主義』という本や、その元となったテレビ番組などに関わっていた経済学者です。国の懇談会やテレビのコメンテーターなどでご一緒したことから面識関係になりました

8 ユーチューブで「山崎亮チャンネル」と検索し、そのなかで「安田洋祐」と検索すると対談動画が出てきます

うもありがとうございました。

　そして、本書を執筆するきっかけを与えてくれた神山典士さん、「語りおろし」から「書き起こし」になって執筆時間が倍増したにもかかわらず、辛抱強く原稿提出を待ってくれた光文社の樋口健さんと杉本洋樹さん、偉人たちの顔をかわいいイラストにしてくれたコナガイ香さん、脚注と図版の多い内容をうまくレイアウトしてくれた三森健太さん、どうもありがとうございました。[9]最後に、studio-L の仲間たち、特に図版や略歴の収集と整理を担当してくれた神庭慎次、[10]醍醐孝典、[11]藤山綾子[12]に感謝します。

　本書が、コミュニティにおける経済行為の重要性と危険性が共有されるきっかけとなるとともに、みなさんの生活における面識経済比率を上げるきっかけになることを願っています。

２０２４年11月、兵庫県芦屋市の仕事場にて。

9 光文社の樋口健さんは、私の大好きな友人である小国士朗さんの『笑える革命』という本の編集も担当されていたとのこと。幸運な偶然に喜んでおります。小国さんは、面識関係を大切にしながら「笑える仕事」を次々と展開されている人です

10 studio-L のコミュニティデザイナー兼グラフィックデザイナー。本書の図版整理全般と、私が手描きした図の清書を担当してくれました

11 studio-L のコミュニティデザイナー。本書に登場する人物の略歴をまとめてくれました

12 studio-L のコミュニティデザイナー兼グラフィックデザイナー。本書に登場する人物の肖像写真の収集と写真の補正を担当してくれました

山崎亮（やまざきりょう）
studio-L代表。関西学院大学建築学部教授。コミュニティデザイナー。社会福祉士。1973年愛知県生まれ。大阪府立大学大学院および東京大学大学院修了。博士（工学）。建築・ランドスケープ設計事務所を経て、2005年にstudio-Lを設立。地域の課題を地域に住む人たちが解決するためのコミュニティデザインに携わる。まちづくりのワークショップ、住民参加型の総合計画づくり、市民参加型のパークマネジメントなどに関するプロジェクトが多い。著書に『コミュニティデザイン』（学芸出版社）、『ソーシャルデザイン・アトラス』（鹿島出版会）、『コミュニティデザインの時代』（中公新書）、『まちの幸福論』（NHK出版）、『ふるさとを元気にする仕事』（ちくまプリマー新書）、『コミュニティデザインの源流』（太田出版）、『縮充する日本』（PHP新書）、『地域ごはん日記　おかわり』（建築ジャーナル）、『ケアするまちのデザイン』（医学書院）などがある。

面《めん》識《しき》経《けい》済《ざい》

資《し》本《ほん》主《しゅ》義《ぎ》社《しゃ》会《かい》で人《じん》生《せい》を愉《たの》しむためのコミュニティ論《ろん》

2025年2月28日　初版第1刷発行

著者　山崎亮
編集協力　神山典士
ブックデザイン　三森健太（JUNGLE）
イラスト　コナガイ香

発行者　三宅貴久
発行所　株式会社　光文社
〒112－8011　東京都文京区音羽1-16-6
電話　編集部　03-5395-8172
書籍販売部　03-5395-8116
制作部　03-5395-8125
メール　non@kobunsha.com
落丁本・乱丁本は制作部へご連絡くだされば、お取り替えいたします。

組版　萩原印刷
印刷所　萩原印刷
製本所　ナショナル製本

ISBN978-4-334-10556-3